本书为桂林理工大学博士启动基金项目成果
本书出版受桂林理工大学屏风学者及创新团队计划基金、桂林理工大学人文社会科学学院MPA专项建设基金资助

桂林理工大学公共经济与管理丛书

玉苗 著

中国草根公益组织运行机制研究

ZHONGGUO CAOGEN GONGYIZUZHI YUNXING JIZHI YANJIU

图书在版编目(CIP)数据

中国草根公益组织运行机制研究/玉苗著. —武汉：武汉大学出版社，2017.2

桂林理工大学公共经济与管理丛书

ISBN 978-7-307-19042-9

Ⅰ.中… Ⅱ.玉… Ⅲ.慈善事业—社会团体—研究—中国 Ⅳ.D632.1

中国版本图书馆 CIP 数据核字(2016)第 315470 号

责任编辑:郭 静 冯芬芬　　责任校对:李孟潇　　整体设计:马 佳

出版发行：**武汉大学出版社** （430072 武昌 珞珈山）

（电子邮件：cbs22@whu.edu.cn 网址：www.wdp.com.cn）

印刷:虎彩印艺股份有限公司

开本：720×1000 1/16　印张:18.25　字数:345 千字　插页:1

版次:2017 年 2 月第 1 版　2017 年 2 月第 1 次印刷

ISBN 978-7-307-19042-9　定价:55.00 元

内 容 提 要

21 世纪以来，草根公益组织迅猛发展，成为公益事业的生力军。作为真正的民间组织，草根公益组织对于中国公益事业的发展、社会领域的建设和发育、政府职能的改革、社会管理体制创新、转型期的社会整合、社会资本的构建、社会精神文明建设等都有着重要的意义。然而，由于外部环境的限制以及草根公益组织本身的不成熟，草根公益组织整体发展情况不容乐观，亟待理论研究。本书选取草根公益组织的典型个案，通过深入草根公益组织内部，对草根公益组织的运作和管理进行长期跟踪调查、收集资料，将草根公益组织的发展放置在社会转型的宏观背景下，并结合相关理论，对草根公益组织生存和发展密切相关的资源动员、内部治理和内部激励等机制的发展历程和特征进行了详细地描述，对其发展动力和发展逻辑进行了分析，在探讨三个机制发展的共性和内在联系的基础上归纳了中国草根公益组织发展的政府、社会、市场和草根公益组织四维变量，提炼了中国草根公益组织“倚靠体制的自主性发展”路径。

目　　录

第一章 绪 论

进入21世纪，尤其是最近几年来，草根公益组织大量兴起，迅速发展，在数量上占据了绝对优势，成为中国公益事业的生力军，在很大程度上决定了中国公益事业的未来发展走向。然而，由于外部环境的种种限制以及草根公益组织本身的不成熟，被称为“第三世界”的草根公益组织整体发展情况不容乐观，其中的大多数在生存线上苦苦挣扎。它们当中，不乏一些怀抱社会理想，具有坚定信念，强烈的社会使命感和责任感的草根公益组织，在理想、信仰、社会责任感和使命感等精神力量的激励下，选择直面现实、坚持不懈、大胆创新、勇于实践，用实实在在的努力为自己赢得生存和发展的空间。本文关注的是中国社会转型背景下，草根公益组织如何突破内外制约，走上适合自己的本土化发展之路。

第一节 问题和背景

一、研究背景

我国当代公益慈善事业的发展是对改革开发后社会转型的回应。中国的公益慈善组织有两个来源，即自上而下和自下而上的两种路径①。遵循自上而下发展路径的组织，被称为官办慈善组织。它们与政府改革相关联，在相当程度上是政府改革和政府职能社会化的产物，主要是由政府各部门发起成立，在人事任免、内部治理等方面受政府的控制，获得政府资源的支持，工作人员有些是国家公务员，有些具有事业单位编制，也因为具有政府背景在募捐市场上具有相对优势，资源一般比较雄厚，运作上体现明显的行政化、官僚化作风。另一种是自下而上的公益慈善组织，他们与市场经济的发展以及与之相关联的经济、社会民主化进程有关，是公民有组织地参与经济过程、社会过程乃至政治过程的产物，所以他们主要的社会资源，包括人、财、物、信息、管理和相应的组织资源等，主要来

---

① 王名，贾西津．中国NGO的发展分析［J］．管理世界，2002（8）．

自市场、社会、海外等开放的竞争世界。这条道路的基本特征是：在党政权力不及、政策失灵或者默许的边缘地带，往往依靠精英人物发起成立一定的组织，他们动员媒体和各种社会力量，利用来自民间的各种资源，瞄准一定的社会问题开展积极的活动，活动领域及方式的多样性，组织管理及运作的自发性，制度设计及约束的随意性。自下而上的发展路径是应社会需求，是公民自愿发起、为公益目的而设立并独立运作的民间组织，又被称为草根组织。这类组织在 21 世纪，特别是 2008 年汶川地震后大量涌现，成为公益领域的主力军。

希望工程的创始人、公益领袖徐永光仿照毛泽东的三个世界理论，将我国公益领域划分为三个世界①：第一世界就是目前主导公益行业、力量最强大的官办民间组织、官办慈善机构，第二世界是非公募基金会，第三部门里的第三世界，就是没有政府背景的草根组织。草根组织数量庞大，因为双重管理制度的制约，大多没有在民政部门登记，但据相关估计，其数量是民政登记社会公益组织数量的 10 倍。从数量上看，草根组织应该作为慈善公益行业的主体，但实际上这支数量庞大的草根组织队伍力量却还十分薄弱，基本还处于婴幼儿期，在外部环境和内部制约的双重困扰中，生存普遍艰难，发展更是举步维艰。

据相关研究，草根公益组织生存和发展主要面临合法性困境、资金困境、人才困境、定位困境、能力困境、知识困境、管理困境、信任困境等。有人认为将目前中国公益组织所面临的问题皆归咎于“体制问题”，将目前公益组织所面临困境的矛头都指向“体制问题”，是无解的死胡同，是没有可行的解决方案，应该放弃把“体制”当做万能的挡箭牌，公益组织自己应该“立足于中国现实土壤，并努力寻找突围之路、解决方案”。②这种观点也许太绝对。事实上，中国慈善公益事业的发展需要政府主动地自上而下的改革，给公益组织更多的制度空间、更好的政策环境；但同时也需要公益组织自身的努力，自下而上地推动政府的改变。因为在国家与社会的关系当中，国家虽然占据了主导，但市场经济的不断推进也给草根组织释放了更多自由的社会空间。国家名义上对社会组织实行严格的双重管理制度，以期将社会组织都纳入行政控制体系中，但事实上，由于过高的门槛，反而使更多的社会组织游离在体制之外，是政府没有控制到的。而政府出于社会需要，实际上也默认体制外社会组织的存在。这恰恰说明了政府在社会组织管理方面有心无力的现实和无奈。体制外的社会组织是体制内组织的 8 至 10 倍，这些草根组织自生自灭，只要没有太多的威胁，政府是不支持、不表态、不接触的默认态度。这实际上是给了草根组织一个生存的机会和空间。另外，市

---

① 徐永光．论公益界的“三个世界”[EB/OL]．基金会信息中心网，2012-01-13.

② 刘京．美国公益启示录：寻找中国公益组织突围的钥匙 [J]．公益时报，2011-11-22.

场经济的推进、社会的发展也为草根公益机构提供了更多的资源。这时，草根的处境一定程度上要看草根自己的智慧和努力。

然而，当今对体制问题的分析、讨论已经较为成熟，而从草根公益组织角度努力方向的研究还远远不足。在这样的现实情况下，很有必要加强从草根公益组织的视角，深入草根组织内部，通过研究组织的管理和运作的实践，总结出草根组织的生存和发展之道。而不是一味地强调国家制度对草根组织种种不利的限制，强调草根发展中政府的决定性作用，被动等待政府层面的改革。实际上，许多草根组织在面临制度与资源的双重制约时，并不只是被动顺应和等待，而是积极努力在实践中摸索、创新，运用各种策略改善自己的生存环境，赢得生存和发展。所以，我们希望更多地从草根公益组织的视角，来谈谈“夹缝中”的生存、发展之道，即草根公益组织如何改变处境，如何运用现有的条件、资源，采取怎样的策略、措施，通过怎样的努力，实现生存和发展。

二、具体研究的问题

本书希望通过深入草根公益组织的内部，动态地考察在中国转型社会的背景下，面对内外双重制约，草根公益组织的生存发展之道，重点选择了与草根公益组织当前所面临的合法性困境、资源困境、人才困境、治理困境等密切相关，并对公益组织的生存和发展至关重要三个环节和机制，即资源动员、内部治理和激励等进行研究，考察这些机制发展的具体历程和基本特征及规律，从这些机制发展的共性和内在联系中探讨草根公益组织的本土化发展路径。具体问题是：

（1）草根公益组织的资源动员机制经历了怎样的发展过程？其变化和发展的内在动力是什么？在本身缺乏合法性、专业能力不强、公信力不高等缺陷制约下，以及外部环境不力、官办垄断慈善资源、社会支持不足等情况下，如何进行资源动员，采取了怎样的方式和策略，呈现出怎样的特点？

（2）草根公益组织的内部治理机制如何？在不同的发展阶段，其内部治理机制是否有变化？其发展的动力、方向是什么？在中国特殊国情和草根公益组织内部制约的情况下，如何实现科学、高效的治理？

（3）草根公益组织的内部激励机制是如何变化发展的？在不同的时期，草根公益组织采取什么方法、措施，设计了怎样的制度安排来激励组织成员为组织使命而奋斗？草根公益组织激励机制变化和发展的动力、特点和方向是什么？

（4）草根公益组织资源动员机制、内部治理机制、内部激励机制的发展具有怎样的共性和内在联系？从中反映了草根公益组织发展的影响因素有哪些？其遵从的是怎样的模式？什么样的发展道路才适合中国草根公益组织？

第二节　本研究涉及的重要概念

一、草根公益组织及相关概念

我们看到经常使用的和公益组织相关的表达有：公民社会组织、第三部门、第三部门组织、第三域、非政府组织、非营利组织、民间组织、社会组织、社会团体、志愿部门、志愿域、志愿组织、草根组织、公益组织等。各国在用词习惯及对组织范围的界定上有所差异，这些概念的内涵和外延有时候基本一致，可以相互通用；有时候它们又有不可忽略的差异，或者是相互包含的关系，或者是相互交叉的关系，让人眼花缭乱，莫衷一是。因此，十分有必要进行辨析和界定。

第三部门："第三部门"是来自西方文化的用语，指政府系统以及市场或系统之外的所有民间组织或民间关系的总和。康晓光认为："在中国，第三部门内的组织包括：人民团体类组织，国家规定的免登记社团，事业单位，地域型组织，在民政部门登记注册的社会团体、民办非企业单位、基金会，在其他政府部门登记注册的第三部门组织，海外力量第三部门在中国的分支机构，挂靠在合法组织下的各种兴趣组织，互联网上的虚拟社团，政府反对组织。此外，大量以企业法人身份登记注册，但按照第三部门组织的理念与方式，从事非营利活动的组织，按照功能来看，也应该归入第三部门的范畴。"①可以说这是一个广义的第三部门概念。同时康晓光教授也给出了狭义的第三部门概念，认为，主要包括在民政部门登记注册的社会团体、民办非企业单位、基金会，挂靠在合法组织下的各种公益组织、大量以企业法人身份登记注册，但按照第三部门组织的理念与方式，从事非营利活动的组织。

非政府组织：非政府组织强调组织的非官方性，表明组织不属于政府组织系统，明显不同于政府组织。非政府组织有广义与狭义之分。广义的非政府组织，包括除政府和企业之外的所有社会组织。狭义的非政府组织，是不以营利为目的且具有正式组织形式，具有一定的自治性、志愿性、公益性或互益性的非政府系统社会组织。

非营利组织：具有组织性、非政府性、非营利性、自治性、志愿性五大特征。非营利性指不以营利为目的，不进行利润分配，不得以任何形式将组织的资产转变为私人财产。非营利组织和非政府组织在内涵和外延上一致，经常可以互

① 康晓光，冯利主编 . 2011 中国第三部门观察报告 [M]. 北京：社会科学文献出版社，2011.

换使用，两者的区别主要是侧重点不同，非政府组织强调的是有别于政府的主体独立性以及和政府的区别，而非营利组织主要侧重于经济方面，主要强调和企业等营利机构的区别。

民间组织和社会组织：民间组织和社会组织是我国政府官方用语，主要出现在政府的政策、报告、文件、法律法规中。从社会组织在我国的发展来看，其概念经历了从社会团体到民间组织再到社会组织的演变过程①。在政府话语系统中社会组织主要是指：由社会公众自愿组建、成立的非政府、非营利，具有组织章程、合法注册的组织，包括社会团体、民办非企业、基金会三大类。政府最开始使用的是民间组织概念，后来因为在中国历史文化中，民间组织具有与政府对抗的色彩，为了避免这种传播的偏差，2007 年党的十七大后政府逐渐采用"社会组织"代替"民间组织"，"社会组织"开始成为政府文件及规章制度中的用语。

慈善组织：慈善组织是非营利组织、非政府组织中的一个类别，具有非营利组织、非政府组织的组织性、非政府性、非营利性、自治性、志愿性。除了这些共性之外，慈善组织具有自己的个性，集中体现在利他性和慈善性。利他性指的是慈善组织的服务对象主要是弱势群体，具有满足基本需求的特点；慈善性则指慈善组织开展活动的主要资金不能来自受益者，而应主要来源于社会捐赠和受益者之外的其他主体。

志愿组织：志愿组织强调了组织的自愿性，但志愿性并非为公民社会组织所特有，一些政党组织也强调其成员参加组织的志愿性。一般来说，慈善组织都是成员志愿参加的，是志愿组织；但并不是所有的志愿组织都是慈善组织，有些志愿组织是为了共同的兴趣、爱好或者利益，如协会、行会等就不是慈善组织。

草根组织：在西方语境中，人们往往是从组织的活动范围来界定草根组织，将那些直接提供服务，主要活跃在基层和社区等小范围内的非营利组织称为草根组织。这样的草根组织概念强调的是其"基层性"。在中国的语境下，草根组织强调的是其民间性，指的是由民间力量在自愿基础上，自下而上组建、发展的非营利组织，主要与具有官办背景的组织相区别。如王名认为，在我国，草根组织系民间人士自下而上发起、直接从事公益服务或者组织社区活动的一类组织②。乔松、王乐芝认为草根组织主要依靠社会力量进行运作，无论在组织结构上、管

---

① 姚华平．国家与社会互动：中国社会组织建设与管理的路径选择［D］．华中师范大学博士学位论文，2010.

② 王名．非营利组织管理概论［M］．北京：中国人民大学出版社，2002.

理上，还是财政上都不存在对政府的依附关系，相对自治，强调志愿、参与精神①。由于中国社会组织双重管理制度的制约，大多由社会力量自下而上发展起来的组织往往难以获得在民政部门注册的合法身份，游离于体制外，因此人们也产生了根据组织的法律地位进行界定，将未能得到合法身份的公益组织通常界定为草根组织。如史传林认为，草根组织是跨越国家设置的双重管理的制度门槛，未能得到合法的身份和地位而游离于正式制度之外的非政府组织②。综上所述，草根组织是指在现行法律框架内，因各种原因不能在民政部门登记注册，从而无法获得法人资格的民间自发组建的组织，但是在相当程度上有非营利组织的核心特征，即非政府非营利性的组织③。同时，也有按照西方“草根组织”概念的界定，将那些主要活跃在基层和社区等小范围内的非营利组织称为草根组织。

草根公益组织：根据组织的性质，草根组织可以分为公益型草根组织和互益型草根组织。草根组织中仅仅具有互益性的组织不能算作慈善组织，那些从事捐赠、志愿服务等公益活动的才属于慈善组织，可称为草根公益组织。结合学者们的论述和本文研究目的，本文的草根公益组织采用宽泛定义：指的是由民间发起成立，进行公益活动的具有全职工作人员和实体组织的公益组织，而并不只是将是否注册作为草根公益组织的评判依据。包括：（1）已经在民政部门注册，具有合法身份的组织；（2）挂靠合法社团、组织，或在机关、团体、企事业单位内部经本单位批准成立的草根公益组织；（3）工商注册的并取得企业法人资格而从事公益性活动的草根公益组织；（4）未注册也未挂靠，没有合法身份的草根公益组织。由于中国社会组织双重管理体制的制约（虽然近年来有松动的迹象），能够在民政部门注册获得合法身份的组织只占草根公益组织队伍中的小部分，大部分草根公益组织是缺乏合法身份的。有鉴于此，本文的研究对象侧重于那些缺乏合法身份的草根公益组织。

要特别指出的是，本文探讨的草根公益组织不包括那些没有全职工作人员的爱心 QQ 群、志愿团队。虽然这些团队也是由民间自发组建，但是在公益组织朝着专业化、职业化方向发展的趋势下，完全依靠志愿者而没有专门的全职工作人员进行管理，那么这些公益团队面临的生存压力、团队的活动方式和专业做公益的组织区别很大。

---

① 乔松，王乐芝．中国草根组织与政府关系模式的探讨［J］．吉林建筑工程学院学报，2009（8）．

② 史传林．草根 NGO 的伦理困境与改善策略［J］．学术交流，2009（8）．

③ 贾西津．第三次改革——中国非营利部门战略研究［M］．北京：清华大学出版社，2005.

二、草根公益组织运行机制

组织发展：发展是指事物由小到大、由简单到复杂、由低级到高级的变化过程。在本书中，草根公益组织的发展指的是草根公益组织不断突破初创期的合法性困境、资金困境、人才困境、知识困境、治理困境等发展困境，朝着专业化、规范化、制度化等方向发展的过程。从这个角度来看，草根公益组织不断实现发展的过程，具体体现在其不断突破各种发展困境上，尤其是合法性困境、资金困境、人才困境、知识困境、治理困境等，而与这些困境密切相关的机制或环节的发展则成了草根公益组织发展的关键。它们分别是：资源动员机制，与合法性困境和资金困境密切相关，资源动员主要是实现合法性资源和资金的动员；内部治理机制，与治理困境密切相关，主要解决组织的决策、领导、监督、执行等问题的制度安排；内部激励机制，与人才困境、知识困境、能力困境等密切相关。因此，对于草根公益组织的发展，我们在本书集中探讨的是资源动员机制（包括组织合法性的发展）、治理机制和激励机制的发展等。

资源动员机制：那些能够满足需要，有利于组织发展的物品和非物品都视为资源。资源有物质资源和非物质资源，或者说是有形资源与无形资源之分。有形资源：例如人力、物力、财力、场地空间等；无形资源：例如技术、知识、组织、社会关系等。公益组织资源最重要的包括人、财、物等有形资源，以及合法性资源、信任资本、符号资源、关系网络、情感性资源等无形资源。资源动员就是对各种资源的有效调动。资源动员机制就是组织为了有效动员资源而采取的策略、方式、手段等的总称及其关系。草根公益组织的资源动员机制是有效调动人、财、物、信任、合法性、符号、社会网络、公共关系等有形、无形资源以满足组织生存和发展需求，实现组织宗旨的各种策略、方式、方法、手段等之间的总和及其关系。

内部治理机制：治理分为内部治理和外部治理。非营利组织内部治理是对组织的内部人为基础的治理，所要解决的是组织内部的利益协调与整合问题，主要途径是通过组织的机构设置和权利安排来解决与组织有关的效率问题。非营利组织外部治理则是指通过组织的捐助人或出资人、服务对象或受益人、政府主管部门、专业协会、所在社区、社会舆论、国家法律法规等外部力量对组织行为和组织使命的监督①。内部治理还有广义和狭义之分，广义上的公益组织内部治理包括人力资源、薪酬福利管理、财务制度、员工的激励约束机制、组织发展战略以

① 徐晞．我国非营利组织治理问题研究［M］．北京：知识产权出版社，2009.

及一切与组织管理控制有关的一系列制度安排；狭义上的治理指决策权、执行权、管理权和监督权在组织不同部门的相互制衡的制度安排。本书主要是在狭义层次上使用“非营利组织治理”概念。

内部激励机制：激励是通过某种方式引发行为，并促进行为以积极状态表现出来的一种手段。激励就是刺激需要、引发行为、满足需要、实现目标的一个动力过程，其目的在于激发人的正确行为动机，调动人的积极性和创造性，以充分发挥人的智力效应，做出最大成绩。在管理学中，激励是指管理者在管理过程中将有意识的外部刺激，转化为被管理者的自觉行动，从而最大限度调动被管理者的积极性，实现管理目标的过程。激励有激发和鼓励的意思，是管理过程中不可或缺的环节和活动。有效的激励可以成为组织发展的动力保证，实现组织目标。激励以组织成员的需要为基点，以需求理论为指导；激励有物质激励和精神激励、外在激励和内在激励等不同类型。公益组织的内部激励机制，其实质是探讨和解释关于其内部动力来源的问题，即组织设计了怎样的制度安排，运用怎样的技术、手段、方法、措施等把人吸引到组织来，使人们愿意为组织工作，奉献聪明才智，并愿意留在组织里。

第三节 研究综述

目前，学界对非政府组织（NGO、非营利组织、第三部门、社会组织、社团、公民社会组织等类似概念）进行总体性研究的成果比较多，草根公益组织的研究大体上还是在非政府、非营利组织的概念语境下进行，针对性的专门研究较为零散。由于学者学术训练、表述偏好和研究侧重点有异，在具体的实际研究中，草根非政府组织、草根 NGO、草根非营利组织、草根民间组织、草根志愿组织、民间非政府组织、民间公益性社会组织等也往往是以草根公益组织为主体的研究，因此，本文对草根公益组织发展的相关研究并不拘泥于原文是否采用了“草根公益组织”这个概念，而以其研究的对象是否是“由社会力量自下而上组建，以社会公共利益为取向的志愿性非营利组织”为参考的标准。综观涉及草根公益组织的研究，主要集中在草根公益组织的功能、发展（生存）困境、行动策略、发展对策、管理、能力建设等方面。

一、草根公益组织发展困境及原因的研究

在草根公益组织的相关研究中，生存和发展困境是关注的焦点。从内容上，现有文献常常强调草根公益组织在生存和发展上面临的身份困境（或称注册困境、合法性困境）、资金困境、人才困境、知识困境、管理困境、信任困境等方

面；从来源上来看，这些困境有外部和内部两个来源，外部包括宏观的体制、政策环境、历史、文化等的影响；内部因素主要是和草根公益组织本身密切相关。

（一）草根公益组织生存和发展所面临的困境

草根公益组织是第三部门（非政府组织、非营利组织、社会组织）中的重要组成部分，学术界对第三部门在我国的发展困境做了大量研究，这些困境也是草根公益组织遇到的困境。何增科认为，中国的公民社会组织存在注册困境、定位困境、人才困境、资金困境、知识困境、信任困境、参与困境和监管困境①。王名等指出中国 NGO 在资源方面存在社会资源不足，公益产权基础薄弱和专业能力缺乏，多元力量难于整合等问题②；管理层面存在双重管理限制、社会监督乏力、市场机制挤压公益等问题；制度环境层面，法律环境为制约中国公民社会发展的重要因素③。俞可平则认为现存的制度环境在许多方面已经难以适应它进一步生长的需要，其中有些制度性因素已经成为制约公民社会发展的瓶颈④。王名、贾西津认为⑤我国的 NGO 先天弱质、后天困难，大多数 NGO 在政府规制和市场挤压下艰难寻求生存和发展之路，存在的主要问题集中在资源不足，能力不足，缺乏自治。姚华平认为，我国社会组织的生存和发展面临体制性障碍、合法性障碍、功能性困境和自律性困境。

草根公益组织作为非营利组织中的一类，既有非营利组织发展的共性，也面临草根组织独特的问题。目前学者对于草根公益组织发展困境的研究，总的来说，可以归纳为以下几点：第一，“合法性”困境；第二，资金困境；第三，人才困境；第四，自身能力发展困境；第五，内部治理/管理困境。

1. 合法性困境（注册困境、身份困境）

合法性由英文单词 legitimacy 翻译而来，实际上其含义与汉语的“正当”比较接近，表明某一事物具有被承认、被认可、被接受的基础，其具体的基础往往比较多元，如某种习惯、某条法律、某种主张、某一权威等。因此合法性的内涵往往包括：符合传统的；根据法律的、符合法律的；与既定的规章、原则、标准相一致的；符合推理规则的、有逻辑的、并因而有效力的；正当的，等等。高丙中在《社会团体的合法性问题》⑥ 中，将社会团体的合法性分为社会合法性、行

① 俞可平．中国公民社会的制度环境［M］．北京：北京大学出版社，2006.

② 王名．中国非营利评论（第一卷）［M］．北京：社会科学文献出版社，2007.

③ 王名．中国非营利评论（第一卷）［M］．北京：社会科学文献出版社，2007.

④ 俞可平．中国公民社会：概念、分类与制度环境［J］．中国社会科学，2006（1）.

⑤ 王名，贾西津．中国 NGO 的发展分析［J］．管理世界，2002（8）.

⑥ 高丙中．社会团体的合法性问题［J］．中国社会科学，2000（2）.

政合法性、政治合法性和法律合法性四种。社会合法性表示社团由于符合文化传统、社会习惯、社会共同利益等而具有合法性；法律合法性表示社团由于满足了法律规则而获得的合法性；政治合法性表示社团由于符合国家的思想价值体系而被承认享有的合法性；行政合法性表示社团由于遵守行政部门（国家机关或具有一定行政功能的单位）及其代理人确立的规章、程序而拥有的合法性。在这四种合法性中，社会合法性是一切社团开展活动的基础。然而，中国当前的国家与社会的关系使社会组织的社会合法性降为有限的合法性，它们只能在有限的空间，以有限的方式进行活动；行政合法性是一种形式合法性，是社团法人的前提条件；政治合法性是一种实质合法性，对于社团的存在和发展都是至关重要的，在中国的公共空间的任何事物都要首先解决政治合法性问题，并且组织的活动要不断地接受政治合法性的检验；法律合法性实际上是整合前述三种合法性的核心。在这四种合法性中，行政合法性、政治合法性、法律合法性都是由国家认定，可统称为国家合法性。社会合法性的基础在于社会，而在我国，受长期的“强国家——弱社会”格局的影响，社会合法性也往往以“政府为基础”①，具有局限性和依附性。由此可见，在我国现阶段，国家依然是合法性的首要提供者②。

我国的社会组织管理体制对社会组织是控制取向，采取预防和抑制的措施，规定了社会组织必须登记注册才能获得合法身份，对登记注册的各项条件进行了严格限制，更重要的是双重管理制度，要求社会组织在登记注册前首先必须获得业务主管单位的同意。国务院在1998年实施的《社会团体登记管理条例》规定了（实质上对社会组织提出了综合的合法性要求）：政治上达标、行政上挂靠、符合法律程序、得到社会支持，哪一个方面都不可缺少。可见在草根公益组织合法性的赋予当中，国家占据了主导和决定的地位。2014年以后，社会组织双重管理体制有了松动的迹象，国家民政部规定一些特殊类型，如公益慈善类、社会服务类无需业务主管部门而直接登记注册。这对草根公益组织合法性困境的解决是一个有利因素。然而，草根公益组织的合法性不仅仅是注册登记的问题，其实质是政府对草根公益组织的信任问题。在“强国家——弱社会”的整体格局影响下，作为社会力量代表的草根公益组织的合法性仍然主要由政府所决定，因此，草根公益组织的合法性困境并不会在短期内解决。

2. 资金困境

草根公益组织缺乏合法身份，合法性不足，使资源渠道受限于组织的自我投

① 陈津利．中国慈善组织个案研究［M］．北京：中国社会出版社，2008.

② 孙立平等．动员与参与：第三部门募捐机制个案研究［M］．杭州：浙江人民出版社，1999.

入、私募及海外资源，资源渠道单一导致了资金困境，成为制约草根公益组织生存和发展最直接的障碍。萨拉蒙教授所主持的对 22 个国家进行的调查结果显示了自创收入、公共部门支持和社会捐助成为非营利组织收入的三大来源①。郭国庆与周批改等人通过对 8 个国家的 NGO 的分析研究，认为国外 NGO 的资金来源不外乎四个渠道：民间捐赠、服务收费、政府补贴和外国援助②。而中国的情况又与国外不同，中国当代公益事业是在改革开放以后，政府部门利用社会资源弥补财政不足而出现的“组织外形化”的产物③。中国公益组织的资金主要来源于社会捐赠，包括境外援助，政府对公益组织的资金支持非常有限，加之中国的公益慈善组织大多以弱势群体为服务对象，还处于以慈善救助为主的发展时期，自然难以通过服务收费的方式获取资金。因此，中国公益组织的收入渠道主要是社会捐赠和境外援助。

但草根公益组织往往因为没有合法身份，不能向社会募捐，资源渠道非常有限。据调查，草根公益组织的筹资渠道主要有国际基金会、国际公益组织、负责人的收入、非公募基金会、企业捐赠、机构自己的营利性项目、政府公益创投项目，等等④。草根公益组织的生存和发展主要依赖组织成员的自我投入，或者完全依赖海外资源，很难获得政府资源的支持，大量的社会捐赠主要流向政府或官办组织，草根公益组织很难受益，完全处于自生自灭的状态。据统计，由各级政府和有关部门创办的一千多家公募基金会、数千家慈善总会和两千多家半官半民性质的红十字会，垄断了全国 90%以上的捐赠资源，这些资源很大一部分受政府控制，使草根公益组织，无法获得本土资源，面临无米之炊⑤。2005 年中国环保公益组织总共募集到 29.77 亿元资金，但绝大多数资金是由仅占有全部公益组织数量 10%左右的拥有官方背景的机构完成，少量的官办公益组织掌握了大量的资金，而最需要资金的草根公益组织却生存艰难⑥。

---

① ［美］萨拉蒙等．全球公民社会——非营利部门视角［M］．贾西津等译．北京：社会科学文献出版社，2002.

② 周批改，周亚平．国外非营利组织的资金来源及启示［J］．东南学术，2004（1）.

③ 田凯．组织外形化：非协调约束下的组织运作一个研究中国慈善组织与政府关系的理论框架［J］．社会学研究，2004（4）.

④ 2010 年“调研中国”上海财经大学调研团队．游走于理想和现实之间——上海地区草根 NGO 生存状态调研报告［J］．南风窗，2010（12）.

⑤ 侯雪竹．专家称官民不分体制导致慈善组织负面频发［N］．京华时报，2011-11-17.

⑥ 杨磊．2768 家环保 NGO 生存困境 22.5%没有筹到经费［N］．21 世纪经济报道，2006-04-25.

3. 人才困境

草根公益组织的资金困境直接导致了草根公益组织的人才困境，具体体现在从业人员缺乏相应的专业知识、技能和经验；难以引进专业人才；人才流失严重，留不住专业人才等。首先，草根公益组织是以组织使命为先，主要靠社会理想、组织使命等吸引人，草根公益组织的从业人员往往具有较强的理想色彩，但专业素质和经验相对不足。根据多项调查，中国草根公益组织工作人员及核心志愿者呈现年轻化的趋势，以二十多岁的大中专毕业生、在校生为主力。这些年轻人加入公益组织大多是因为认同公益行业的社会价值，根据腾讯公益基金会、南都公益基金会、刘鸿儒金融教育基金会联合零点研究咨询集团 2010 年共同发起并合作进行的，以草根公益组织为研究主体的“中国公益人才发展现状及需求调研暨素质能力模型建模”项目①（以下简称“2010 年公益人才调查”），在调查的 451 个公益组织中，公益人才选择来到公益组织的因素主要有：认同公益领域的工作价值（61.5%）。这些年轻成员大多是经验和能力还较为欠缺，加上发起人与从业者一般都具有理想主义情怀，重理想轻技术，易动感情而理性不足，还常常因为缺乏相关专业的训练，管理水平与社会经验都显得不够充足。

第二，草根公益组织的资金紧张，待遇低，高素质的专业人才往往是“找不到、请不起、留不住”。目前我国公益行业薪酬普遍不高，而作为中国公益世界中的第三世界的草根公益组织则面临更严峻的资源危机，主要依赖项目生存，资金紧张，且来源不稳定，专职工作人员的工资待遇低，缺乏社会保障，造成草根公益组织“吸引不了一流的人才，也无法留住一流人才”的困境。根据“2010 年公益人才调查”，80% 多的公益人才表示愿意将公益作为终生的事业，并表示会留在本机构工作，但从实际情况看，近 6 成的机构有人员离职流失，且其中近 8 成流向了非公益领域，待遇低是主因，占 43.1%，这体现了公益人才在意愿上希望留下，但迫于现实压力，不得不流动的现象。

人才困境导致草根公益组织自身综合素质不高、专业能力不强、自我发展能力不足、组织发展受限。因为缺钱，招不到人、留不住人；而没有专业的高素质人才队伍作为保障，组织的资源拓展、专业化、规范化发展难以保障，甚至导致组织进一步萎缩，造成“没钱没人，没人更没有钱”的恶性循环。

4. 治理困境

草根公益组织的治理困境主要表现为组织的缺乏规章制度、内部管理混乱不规范；组织缺乏民主和分权，缺乏监督，各项权力高度集中于创始人或某个负责

① 腾讯公益基金会、南都公益基金会等 . 2010 年中国公益人才发展现状及需求调研报告 [EB]. 腾讯公益网，2010-12-17.

人，形成个体精英治理模式。草根组织个体精英治理模式产生于组织本身的特殊性、特定的外部环境以及社会需求等因素，是中国公益组织在特定环境和特定发展阶段的产物，具有其必要性与合理性，并在特定时期发挥了积极功能，但靠领袖的个人魅力而不是有效的内部治理维系机构的发展，它同样可能演变为“专制家长”，存在持续性问题。对于草根公益组织来说，其发展的长久之道是走上内部有效治理的“制度时代”①。草根公益组织的发起人通常在组织的地位举足轻重，创始人或主要负责人的坚持、能力、资源和意志往往决定了组织的发展和命运。但是个人魅力型的人治也带来风险，草根公益组织在发展创业初期，靠的是领袖的个人魅力，掩盖了管理机制上的风险，“和任何机构一样，NGO 要有长远的发展靠人治是不行的，一定要有一系列制度和规范化的东西”②，需要确立民主管理制度，建立清晰的治理机制，让决策机构与执行机构分离，进行战略规划等。

（二）草根公益组织发展困境的原因剖析

王名、贾西津认为，中国 NGO 发展中的问题并不完全是由 NGO 自身的管理和能力建设不足所造成的，中国 NGO 发展中出现的问题实际上是社会结构变迁的结果，反映了整个社会在转型。

对于草根公益组织发展困境的分析，主流的观点是从外部和草根公益组织自身两个方面来分析。外部原因包括宏观体制结构、历史、文化等，内部原因主要是草根公益组织自身的存在的缺陷。邓胜国的观点很具有代表性。他认为，目前制约我国草根 NGO 发展的原因分别来自外部环境的挑战和草根 NGO 自身的挑战。从外部环境看，首先，社会对 NGO 的了解与认知程度还非常有限，国人对草根 NGO 的认识并不到位，以至于公众对 NGO 的捐赠与志愿参与严重不足。其次，现行 NGO 的双重登记管理体制使草根 NGO 很难获得合法的身份，也就没有减免税资格和募款资格，甚至随时面临被取缔的风险。再次，公共权力与公共资源的垄断性，事业单位占据了绝大部分公共服务的资源，再加上官办 NGO 垄断了募款市场，并通过行政手段劝募，严重挤压了草根 NGO 生存与发展的空间，导致草根 NGO 即使获得合法身份，其生存与发展的空间也非常狭小。最后，政府的扶持政策不到位，一方面政府购买 NGO 的服务还远未制度化，另一方面国家制定的减免税政策难以落实，草根 NGO 的生存面临严重的资金障碍。从草根公益组织自身而言，主要是因为草根 NGO 缺乏使命感，缺乏理想与抱负，缺乏

① 徐永光．中国 NPO 治理现状和展望：从英雄时代到制度时代［EB］．新浪网，2005-03-09.

② 赵灵敏．“汉达”10年：草根 NGO 的坚守与困惑［J］．南风窗，2006（16）.

合作精神，治理结构不完善，社会公信度不高，组织能力不强①。

王裕瑞认为草根公益 NGO 发展的瓶颈包括制度性障碍、文化意识障碍、组织自身障碍②。制度性障碍主要是政府对社会组织的管理体制，包括登记管理、社会公募权的分配、税收优惠、资金支持等政策，实际上限制草根公益组织的发展；文化意识障碍包括中国社会缺乏公益慈善传统，中国传统文化的家族主义倾向使公民的公益慈善意识不高，社会信任危机等使草根公益组织发展的社会环境不佳，公民参与不足，社会支持不高；组织自身的障碍主要是草根公益组织自身成长机制不足，资源渠道单一、内部运作管理机制不全等。

总之，在草根公益组织发展困境的分析中，主要有体制障碍论、文化障碍论和草根公益组织自身障碍三种视角。其中以强调体制和文化障碍为多。强调体制障碍的观点，往往将目前中国草根公益组织所面临的问题皆归咎于“体制问题”，而体制问题的核心实际是政府对草根公益组织的信任问题。由于政府对社会力量代表的草根公益组织缺乏信任，担心草根公益组织的发展所带来的政治和社会风险，自然而然构建了一套以防范和抑制草根公益组织发展为取向的管理体制。而政府对社会力量的怀疑和防范取向则具有深厚的历史传统和文化原因，进一步深究，体制障碍的根源在于文化，文化障碍论顺理成章。文化障碍论的观点认为中国草根公益组织的发展困境的根源在于文化，将矛头直指中国传统文化，对以儒家思想为主体的中国传统文化持批判和否定的态度，认为当前中国第三部门发展困境的实质在于脱离中国本土情境而盲目西化，儒家宗教性下的社会家族化趋势、伦理本位下的特殊主义以及威权体制下的官家公共性是制约第三部门在中国发展的本土情境③。而对于草根公益组织本身的障碍，则认为是列于体制、文化障碍之后，重要性弱于前两者。

二、草根公益组织运行机制的研究

对草根公益组织发展障碍的不同认识导致了突破障碍的不同策略以及草根公益组织发展的不同路径的主张。概括而言，草根公益组织的发展策略主要包括突破体制障碍的策略和突破自身障碍两方面；在发展路径的研究上，以自上而下，从政府或体制角度、文化视角等方面提出为主，而从草根公益组织本身出发的研究较少。

---

① 邓国胜．中国草根 NGO 发展的现状与障碍［J］．社会观察，2010（5）．

② 王裕瑞．草根公益组织的现状及发展［D］．山东大学硕士学位论文，2010．

③ 刘杰，田毅鹏．本土情境下中国第三部门发展困境及道路选择［J］．社会科学研究，2010（5）．

（一）草根公益组织资源动员机制的相关研究

草根公益组织的发展策略（包括生存策略和行动策略）是以草根公益组织为视角，从草根公益组织本身出发的研究，内容上主要考察草根公益组织突破合法性障碍、资源障碍、人才障碍等的策略；从主体上，主要考察公益组织对待政府、媒体、企业等的策略。

1. 草根公益组织扩展合法性及对待政府的策略

目前，学界对草根组织发展面临的困境、障碍研究比较多，对草根组织走出困境的对策、行动策略也有所涉及，但主要针对的是“合法性困境”的对策。如周玲《中国草根非政府组织的合法性危机与治理困境及应对策略探析》① 等。文章认为解决合法性困境可供选择的路径有加快出台《慈善法》、借鉴国外有效经验、降低“门槛”采取自动登记备案制和变主体身份限制为行为过程监督等。李月娥等②指出草根公益组织遇到的组织合法性困境的对策为培育公民社会，增强公众对公益组织的认同感，承认草根公益组织的合法地位，加强对公益组织的监督与管理，加快有关民间公益组织的政策法规建设，完善自身组织建设，提高管理能力。

从草根公益组织的视角出发，中国的草根公益组织可以凭借良好的工作效率、领导人的个人魅力、活动的正当性、强调自身的非营利性和公益性等来赢得社会的承认和认可，从而赢得相应的社会合法性。社会合法性是草根公益组织生存和发展的基础。但草根公益组织在成立之初所具备的社会合法性往往是非常有限的，只能在有限的空间、以有限的方式进行活动，要进一步发展则需要扩充组织的合法性，一方面是借助媒体等对外展示和增强其社会合法性；另一方面是寻求国家合法性的支持。寻求国家合法性支持成为草根公益组织生存和发展的关键。因为，国家权威在社会生活的方方面面还有着不可抗拒的巨大影响，相对于国家权威的承认和认可，社会的承认和认可被降低到了一个次要的层次上。因此，对中国的民间组织而言，赋予其合法性的主体不仅仅是社会和道义，更重要的是国家。因此，草根公益组织突破合法性障碍的策略在实际中主要表现为对待政府的策略。

草根公益组织寻求国家合法性的策略主要有：试图通过建立顾问委员会、理

① 周玲．中国草根非政府组织的合法性危机与治理困境及应对策略探析［J］．重庆大学学报，2009（2）．

② 李月娥等．草根公益组织发展的困境与对策——“沈阳青春志愿者”个案分析［J］．行政与法，2011（8）．

事会等方式获得知识精英的支持，诉诸于政府官员的个人联系①；利用国家权威，包括主动将自己纳入国家行政体系，如挂靠政府部门或准政府部门，加入政府的项目等；利用国家权威及其符号，如邀请政府现任官员或者已经退职的前政府官员担任名誉职务，或者邀请他们参加（出席）这些草根组织举办的活动；采取合作策略，志愿组织往往给自己借上合法组织的牌子，比如将自身变成政府组织下的志愿团队，以此获得团队的合法性②。草根 NGO 的主要行动是非正式政治，即在国家底线控制的夹缝中求生存，通过寻找代言人，和政府官员搞关系，以行为的合理性来谋求身份合法性，寻求媒体支持，结交盟友利益互换等方式来达成的，虽然有很大的积极意义，但因为非正式性导致其社会关系随意，与组织的领导人的人格魅力关系巨大，因此有很大的缺点。

草根公益组织对待政府的策略以迎合与合作为主流，草根公益组织与合作的策略是草根组织研究的热点。康晓光等著的《NGO 与政府合作策略》一书总结草根公益组织与政府合作的本土经验，建立起一套包含知己知彼、优势互补、互惠互利、持续改进四大合作原则；了解合作的外部环境、寻找双方的利益交叉点、对方寻找合作突破口、表达合作意向、获得合作方信任、精心设计项目、合理分工、踏实做事、分享合作成果、完善合作关系等十大合作策略和若干合作措施的具有“行动指南功能”的“策略框架”三级体系③。王娟《从我国草根民间组织与政府合作看其发展策略》从草根民间组织的视角，归纳了草根民间组织与政府合作的策略，包括积极与官方民间组织合作，以项目为平台创建沟通桥梁，注重个人沟通与情感回馈等三个方面，以及草根民间组织与政府合作的特点，包括寻求政府的支持以实现组织的目标，合作制度化，保持相对独立性等三个方面，最后归纳出草根民间组织与政府“两主体互补式”的合作模式④。

与多数对中国草根组织的研究都将“合作”视为草根组织处理与其他组织间关系的最佳行动策略不同，何艳玲等人基于对一个草根组织的个案研究，发现：其一，“合作”并非总是草根组织与其他组织优先选择的行动策略。为了避免不必要的风险，“不合作”（与政府相关部门）可能是边缘草根组织经常选择的策

① 和经纬，黄培茹，黄慧．在资源与制度之间：农民工草根 NGO 的生存策略——以珠三角农民工维权 NGO 为例［J］．社会，2009（6）．

② 朱健刚．行动的力量——民间志愿组织实践逻辑研究［M］．北京：商务印书馆，2008．

③ 康晓光等．NGO 与政府合作策略［M］．北京：社会科学文献出版社，2010．

④ 王娟．从我国草根民间组织与政府合作看其发展策略［D］．华中师范大学硕士学位论文，2008．

略。其二，面对不同类型的组织，草根组织可能采取四种性质不一样的行动策略：拒绝（不愿合作）、避免（不敢合作）、默许（可以合作）、欢迎（积极合作）。同时，提出了一个“依赖——信任——决策者”的分析框架，对草根组织行动策略进行了解释①。

总之，草根公益组织面对政府，一般采取自我克制策略，让国家容忍草根NGO的存在，随后展示自身价值，将自身纳入行政系统，或者和政府发生符号性的关系来使自身合法化。

2. 草根公益组织的资金动员

对于一个非政府组织而言，制约其生存与发展的因素中最关键的是它所存在于其中的制度环境，以及它所能获取的社会资源。前者决定了NGO可能的生存空间，后者则是NGO的生命之源，只有在两者兼具的前提下，NGO才可能得到健康的发展。中国NGO要克服制度与资源的约束，最终仍然只能依靠自己的努力，发挥对社会的积极作用，消除政府与社会的疑虑，争取政府与社会更多的信任和支持，为自己的生存及发展赢得更为有利的条件②。

对于资金困境，草根公益组织有三种道路可供选择：一是走社会化资源动员道路，积极争取来自基金会、社会公众、企业等的捐助、赞助；二是走传统社会动员之路，接近政府、积极争取政府支持，与政府合作，动员政府资源；三是自力更生之路，通过投资、服务收费、会费、创办社会企业等方式提高自创收入的比例。

对于社会化资源动员道路，我国民间慈善机构则通常以“项目网络机制”为主要筹资模式，慈善筹款的“项目化”就是事先定好资金的主要目标人群和事项，然后面向海内外机构进行宣传和策划。这是一种借鉴市场经济中的营销规则和方法的筹资网络③。廖雪飞提出公信力、营销策略和社会关系网络是草根公益组织公募活动取得成功的三个缺一不可的要素④；熊小叶主张草根公益组织要加强与其他NGO的合作和交流，实现资源共享和规模效应⑤；网络草根公益组织

① 何艳玲，周晓锋，张鹏举．边缘草根组织的行动策略及其解释［J］．公共管理学报，2009（1）．

② 邓莉雅，王金红．中国NGO生存与发展的制约因素——以广东番禺打工族文书处理服务部为例［J］．社会学研究，2004（2）．

③ 朱力，龙永红．我国现代慈善资源的动员机制［J］．南京社会科学，2012（1）．

④ 廖雪飞．草根NGO的“公募”之路——以“农家女文化发展中心”为例［J］．中国非营利组织评论，2007（2）．

⑤ 熊小叶．社会资本与草根非政府组织筹资［J］．经营管理者，2010（5）．

“多背一公斤”所形成了独具特色的资源动员模式：以网状开放型的组织结构为依托，采用社会化和公益营销的方式，通过与社会公众、政府、企业、媒体及其他 NGO 等社会主体的良性互动，构筑起组织内外部的参与体系，最终实现网络资源动员与现实资源动员的整合①，也给草根公益组织社会化资源动员道路提供了借鉴。草根公益组织“绿色知音”通过加强与新闻媒体的联系，发展与基层民众的联系，获得了社会合法性，树立社会公众形象，提高知名度，很快形成自己的资源优势，从而吸引政府与企业与其合作，实现资源动员②。这一经验对于中国自下而上的公益组织的发展具有较好的参考价值。

对于政府资源的动员，利用私人关系来动员体制内的资源，或借助官办、半官办社团的行政网络，加入政府主办的项目，进入政府网络、获得政府行政支持也是草根公益组织采取的策略③。

草根公益组织突破资金困境的第三条道路是自力更生之路，通过投资、服务收费、会费、创办社会企业等方式提高自创收入的比例。其中，创办社会企业的方式是近年来在草根公益组织中颇为盛兴的潮流。社会企业不是纯粹的企业，也不是传统的非营利组织，它就是用商业手段解决社会问题的组织，是社会公益与市场经济有机结合的产物④，是克服非营利组织自身问题、维持非营利组织可持续发展的一个新的探索方向。社会企业在西方国家已经发展了近二十年，已经成为欧美第三部门的重要发展趋势⑤。然而，社会企业对于中国大陆还是一个较新的概念，传入中国还只是最近几年的事情。近两三年，社会企业在公益界迅速升温，尤其是中国的草根 NGO 几乎到了言必称社会企业的地步⑥，不少草根公益组织还勇于实践，其中，涌现出一些具有创新性、运作良好的案例，如深圳残友集团、北京采桑子文化艺术发展中心、欣耕工坊、柳州爱农会、多背一公斤、北京富平培训学校、北京工友之家同心互惠店等。

作为新鲜事物，社会企业在我国的发展还存在众多困境⑦。首先，我国公益慈善事业发展尚处于初级阶段，制度政策体制不完善、行业不规范、公益组织鱼

① 张志祥．网络草根组织资源动员研究——以多背一公斤为个案［D］．上海大学博士学位论文，2009.

② 王名．2003 中国非政府公共部门［M］．北京：清华大学出版社，2003.

③ 赵秀梅．中国 NGO 对政府的策略——一个初步的考察［J］．开放时代，2004（6）.

④ 沙勇．社会企业发展演化及中国的策略选择［J］．南京社会科学，2011（7）.

⑤ 郑胜分，王致稚．台湾社会企业的发展经验［J］．中国非营利研究评论，2010（1）.

⑥ 徐永光．社会企业运动有汹涌之势［J］．商务周刊，2011（5）.

⑦ 韩青妍．我国发展社会企业的困境与对策研究［D］．湖南大学硕士学位论文，2009.

龙混杂、良莠不齐，公信力极为脆弱，公益与商业紧密相连往往被认为是对公益的玷污，滋长腐败的温床。这种情况下，公益组织采用社会企业形式进行运作，对公益原本脆弱的公信力带来一定的损伤，社会公众也较难以接受。第二，社会企业横跨社会组织和企业两个领域，法律地位不明确，管理也面临困境，难以保证以公益之名行逐利之实的行为，有损公益事业的健康发展。第三，社会企业“面对市场的残酷竞争，同时要肩负社会责任和公益使命，社会企业的路，容不得半点偏差，走得格外艰难。若偏离了公益性，偏重了商业性，将有欺骗公众和侵占公共资源之嫌；若偏离了商业运作，又将陷入入不敷出进而向社会伸手求援的悖论。”① 第四，对于公益组织来说，转向社会企业，采用商业化运作存在人才、知识和能力困境。来自商业背景的人士，如果转战公益，特别是社会企业，容易获得成功，因为他们带入的先进的管理和技术，有效的市场化运作手段，如果切合了公益的需求，是很容易存活并长大的。但是，公益组织转向社会企业经营，就面临缺乏市场化经营理念、手段、资源等问题。因此，在现实中，公益组织经营社会企业成功的案例较为少见，大部分的所谓社会企业还主要是以公益的名义到处筹款，维持运作，还没有真正在市场的竞争中获得稳定可持续回报的能力。第五，我国的社会企业大多处于初创期，规模大多不大，就员工而言，少则三五人，多至数十人；就经营额而言，少则几万元，多则不过数百万元。资金小，规模小，效益小限制着它们的生存发展②。目前中国的社会企业面临社会公益服务与扩大再生产的矛盾。因为产品附加值不高与人力成本高昂之间的矛盾，使得它们很难积累起足够的资金用于扩大再生产。徐永光将我国的社会企业划分为 NPO 慈善型、NPO 企业型、混合投资型、私人投资型四种，认为根据对世界范围社会企业发展现状的分析，非营利型、慈善型的社会企业很难做大③。

（三）草根公益组织的治理机制研究

非营利组织治理问题的实质是中国非营利组织的成长问题，中国非营利组织在发展中遇到的种种困难最深层的原因是治理问题④。赵黎青则批评国内许多学者过多地关注组织的外部环境而对中国非营利组织自身的发展与建设关注不够，认为中国非营利组织能否健康地发展起来，从根本上还是要取决于自身的素质，其治理状况直接关系到组织的成败与否。良好的治理能够保证非营利组织使命的

① 陆丰．不管白猫黑猫，满足需求就是好猫？［EB］．中国公益创业网，2011-09-12.

② 司马言．中国社会企业：难以言说的希望［EB］．公益慈善论坛，2011-06-07.

③ 徐永光．社会企业发展模式内地选择之困［EB］．南都公益基金会官方网站，2011-01-05.

④ 刘春湘．非营利组织治理结构研究［D］．中南大学博士学位论文，2006.

完成以及运行效率的提高，有利于非营利组织获得更多的捐赠，并且吸引公众选择其提供的产品和服务①。治理问题影响到非营利组织的社会公信力，如果非营利组织治理不善，辜负的将是社会公众的信任和支持，更易引起公众的不满，甚至影响到社会和谐，因而具有深远的社会后果②。

长期以来，受各种因素的影响，中国绝大多数草根公益组织的治理模式都是个体精英统治型，或者说是创始人统治型，领导人集决策和操作于一身。草根组织个体精英治理模式产生于组织本身的特殊性、特定的外部环境以及社会需求等因素，是中国公益组织在特定环境和特定发展阶段的产物，具有其必要性与合理性，并在持定时期发挥了积极功能，但靠领袖的个人魅力而不是有效的内部治理维系机构的发展，但它同样可能演变为“专制家长”，存在持续性问题。对于草根公益组织来说，其发展的长久之道是走上内部有效治理的“制度时代”③。

而制度化治理，对于草根公益组织而言，几乎与西方非营利组织的理事会治理模式为同义语，即谈到公益组织的制度化、规范化，似乎只有理事会一种模式，趋之若鹜。近几年来，一些草根组织陆续开始设立理事会，但大多组织的理事会流于形式，有的组织甚至从成立以后至今还没有召开过理事会会议④。造成中国非营利组织理事会虚设的原因，首先在于非营利组织产权不清晰，理事会权责不对等⑤；其次是制度设计上的缺陷，双重管理体制，使非营利组织受登记管理部门和业务主管部门的双重控制，理事会的独立性难于得到保证；此外还有理事会人员组成的问题⑥，理事成员太多，理事成员缺乏时间、精力、相关专业知识、动力等影响了理事会功能的发挥。在西方公益组织中，理事会一直被认为是组织治理的核心，其主要职能包括对内治理及对外联结，承担确定组织使命、制定组织发展战略和重要制度、决定组织重大事务和发展方向、对外筹款、建立和维护组织的公共关系和公共形象等责任。在中国公益组织的实际运作中，理事会的决策等重要的治理功能受到制约，而更多充当的是社会资源网络或顾问团的角色，公益组织的员工也多认为理事会的角色相当于顾问，理事会也就是组织的顾

① 徐晞．我国非营利组织治理问题研究［M］．北京：知识产权出版社，2009.

② 程昔武．非营利组织治理机制研究［M］．北京：中国人民大学出版社，2008.

③ 徐永光．中国NPO治理现状和展望：从英雄时代到制度时代［EB］．新浪网，2005-03-09.

④ 娜拉．中国草根NGO的问责现状与问题［EB］．中国人民大学非营利组织研究所网站，2009-09-07.

⑤ 社会资源研究所．徒具虚名的NGO理事会［EB］．新浪公益，2011-06-15.

⑥ 程昔武．非营利组织治理机制研究［M］．北京：中国人民大学出版社，2008.

问团①。

可见，在实际运作中，草根公益组织中理事会并没有发挥其治理功能，说明中国草根公益组织不能盲目照搬西方公益组织的运作和管理模式，而应当从实际出发，挖掘中国本土资源，借鉴国际经验，在此基础上探索适合中国草根公益组织的治理模式。而这方面的实践及研究都仍极为缺乏。

（四）草根公益组织激励机制的研究

人才是一个组织的核心竞争力，一支高素质的、专业的、稳定的、团结的人才队伍是草根公益组织发展的根本保证。缺乏高素质的专业人才队伍，草根公益组织的各项工作都将难以保证，发展更无从谈起。从这个意义上说，草根公益组织的发展所面临的各种困境可以归为人才困境。与其他任何组织一样，公益组织治理能力的提高需要组织凝聚力和对组织成员的吸引力，应设立对组织成员的激励机制。

目前，学界对草根公益组织的内部激励机制还缺乏专门研究，有限的研究成果主要是在非营利组织的大框架下进行，并且多以规范性研究为主，缺乏实证案例。如毛刚从人性的基本假设出发，研究了非营利组织管理者的薪酬激励和非物质激励②。程昔武借鉴有限理性经济人假设、公司治理中的激励与约束模型，结合非营利组织管理和运作上的特点构建了非营利组织激励与约束机制的理论分析框架，在实证分析的基础上，概括出非营利组织激励与约束机制建设的内容，阐述了构建的原则，并在原则的指导下提出了实施策略③。

长期以来，我国非营利组织对其成员缺乏有效的激励，直接制约着组织的进一步发展。总体而言，我国非营利组织面临着专职人员规模小、人才不足、人员流动频繁、员工工作缺乏动力、效能低下以及没能有效地利用志愿者资源等问题④。对公益组织激励机制的实证研究见于我国学者郭于华等对“希望工程”的激励机制的研究⑤。研究认为，在社会结构中存在着一种“事业共同体”，这一共同体既非因血缘纽带或共同地缘而联系的群体，亦非仅仅基于共同利益关系、情感联系和共同信仰。这是一种基于认同、以“事本主义”为原则而形成的心理

① 娜拉．中国草根 NGO 的问责现状与问题［EB］．中国人民大学非营利组织研究所网站，2009-09-07.

② 毛刚．我国非营利组织内部治理机制研究［D］．西南交通大学博士学位论文，2005.

③ 程昔武．非营利组织治理机制研究［M］．北京：中国人民大学出版社，2008.

④ 徐晞．我国非营利组织治理问题研究［M］．北京：知识产权出版社，2009.

⑤ 郭于华等．事业共同体：第三部门激励机制个案探索［M］．杭州：浙江人民出版社，1999.

共同体。对这种“事业共同体”的激励可通过“反身性激励”和“结构性激励”来实现。所谓“反身性激励”就是通过激发成员内心的崇高使命感和成就感，以唤起成员之间、成员与组织之间互动、互激的行为动机；所谓“结构性激励”就是通过组织的制度安排和结构设计，通过塑造组织特有的“文化”以形成组织发展的动力。在非营利组织中，成员更多地是从使命感、责任感出发，从事具有高成就需求的“崇高”事业。这一方面是由于非营利组织成员人性中的“崇高美德”，另一方面是由于非营利组织的文化塑造。该研究所提出的“事业共同体”概念对本书的研究具有重要的启发。

而草根公益组织与官办公益组织相比，理想色彩更浓厚，物质基础更薄弱，在激励机制上面临更多的困难和更大的挑战，但对于草根公益组织的激励机制，仍缺乏研究。

三、草根公益组织发展路径的探索

对于当前中国草根公益组织应如何突破困境，走怎样的发展路径，现有的研究主要是从政府的角度或从草根公益组织与政府互动合作的角度提出解决方案，强调政府在变革宏观体制环境，为草根公益组织创造良好的制度环境，营造社会公益氛围等方面的作用。熊莲主张政府应转变观念，增强对草根 NGO 的信任和认同；推动完善相关制度和法律，拓宽草根 NGO 的生存发展空间；创新管理方式，加强对草根 NGO 的培育和扶持。同时他主张草根 NGO 积极参与社会公共事务，获得政府的合法化认同；与政府治理目标保持一致，赢得政府的长期支持；提升组织能力，有效承接政府转移的职能；根植民众，搭建政府与公众沟通的平台①。邓国胜主张分领域、分层次、分地域渐进改革。所谓分领域，就是优先发展公益慈善类的草根 NGO、基层社区的自组织和行业协会；就是优先发展支持性 NGO，通过支持性组织的发展，推动基层草根 NGO 的蓬勃发展；所谓分地域，就是优先在发达沿海城市或省份进行 NGO 管理体制的改革试点。通过降低草根 NGO 的登记注册门槛，加大政府职能转移和购买草根 NGO 服务的力度，落实 NGO 的减免税政策等扶持措施，大力培育与发展 NGO，激发社会的活力②。允春喜、张绪龙等从草根组织与政府关系的视角探讨中国草根组织发展路径③，

① 熊莲．我国草根 NGO 发展研究——以重庆绿联会为例［D］．重庆大学硕士论文，2007.

② 邓国胜．中国草根 NGO 发展的现状与障碍［J］．社会观察，2010（5）．

③ 允春喜，张绪龙．中国草根组织发展路径探析——基于草根组织与政府关系的视角［J］．北京航天航空大学学报，2013（1）．

认为草根组织与政府之间是双向影响的关系，政府的价值选择与职能发挥起着关键性的作用。中国草根组织发展存在立法规范缺失、社会资源匮乏、自主活动受限、外部监督不足等困境，因此，必须相应地从实现政府控制，力争政府资助，完成政府职能过渡，推动政府强力管制等方面进行解决和改善，从而实现其“又好又快”的发展。这些对策主要都是政府角度自上而下的分析为多，比较缺乏从草根公益组织的视角提出建议。

从文化的视角，刘杰、田毅鹏认为，当前中国第三部门发展困境的实质在于脱离中国本土情境而盲目西化。儒家宗教性下的社会家族化趋势、伦理本位下的特殊主义以及威权体制下的官家公共性是制约第三部门在中国发展的本土情境。从这个意义上讲，本土情境下中国第三部门的发展道路选择，其实质是要由原来的“西化”道路转向“化西”的途径，实现第三部门在理念、组织运营以及与政府关系等层面的“创造性转化”①。

唐文玉、马西恒②从草根公益组织个案的基础上来看，总结了草根公益组织“去政治的自主性”的生存策略，认为这是一种适应“选择性支持”的制度环境的有限自主性，是一种主动或有意识地压缩了公共利益表达功能的公共服务提供上自主性。“去政治的自主性”是当前中国特殊体制下的产物，亦是当前中国民办社会组织功能失调的一种表现。

四、对现有研究的分析

从中国草根公益组织的现有研究可以看出，现有的研究关注了这类组织的生存和发展的困境，从包括体制、文化等在内的外部条件制约和草根公益组织内部因素两方面对草根公益组织的合法性困境、资源困境、人才困境、自身管理困境、自身能力困境等进行分析，并就草根公益组织的突破发展障碍的发展策略（生存策略、行动策略）进行了经验研究和总结。这些中国草根公益组织的行动和发展的研究，对草根公益组织的发展具有一定的启示，对于后续的研究无疑起到了抛砖引玉的作用。然而对草根公益组织问题，当前的研究还存在以下不足：

第一，现有的研究基本上还是将草根公益组织放在非政府组织、非营利组织、社会组织、NGO 等概念内进行总体性研究，无视这些组织的内部差异；而且学术研究投入精力更多的是那些具有政府背景的官办机构，对于占 90%的民间

---

① 刘杰，田毅鹏．本土情境下中国第三部门发展困境及道路选择［J］．社会科学研究，2010（5）．

② 唐文玉，马西恒．去政治的自主性：民办社会组织的生存策略［J］．浙江社会科学，2011（10）．

自发组建的草根公益组织关注不够，相关的研究积累对于庞大的草根组织队伍而言仍显单薄。

第二，在有限的关于草根公益组织的研究中，大多采用“自上而下”的分析方式，从宏观的、政府的角度对草根组织生存、发展的困境进行了较为充分的研究，将草根组织所面临的困境的矛头直指“体制问题”，将草根公益组织发展的所有问题归结于体制的、外部的问题，而忽视了草根公益组织自身的努力，缺乏深入草根公益组织内部，在对草根公益组织的行动和运作机制进行全面、深入考察和分析的基础之上，从草根公益组织本身的视角去探讨草根公益组织突围的出路的研究。

第三，现有研究大多以西方的公民社会理论、法团主义、社会资本理论等为分析视角，而缺乏中国本土化的理论视角。西方理论的运用使研究也呈现西化的色彩，而对中国本土的草根公益组织实践的分析有些水土不服。

第四，不同性质的草根公益组织发展形式和路径也不尽相同，当前研究还缺乏对草根公益组织的分类专项研究。面对转型的中国社会，草根公益组织需要采取什么样的行动策略进行资源动员，在内部进行怎样的激励，以实现生存、发展，这是需要进一步研究的问题。为此，研究者需要深入组织的日常实践，在组织研究的领域内加强对话，继而提出对中国社会和组织现象更具洞察力和说服力的分析框架和分析工具①。

第四节　研究设计

一、研究思路和目的

（一）研究思路

本书的研究思路如图 1-1 所示，首先从外部环境和内部制约两个方面探讨草根公益组织生存和发展的困境之源，然后选择与草根公益组织生存和发展困境密切相关的资源动员机制、内部治理机制和激励机制等发展机制，将它们都放置在社会转型的宏观视角下，再分别结合动员系统论、权威理论、需要理论、共同体理论等对各个机制及其发展进行分析，在讨论这三大机制的内在联系和发展共性的基础上，总结归纳草根公益组织发展的重要因素和本土化路径。

本书的研究思路主要有两个特点：第一，坚持草根公益组织本位的视角，主

---

① 孙莉莉．政治结构与社会基础：中国草根志愿组织研究进展［J］．求实，2010（5）．

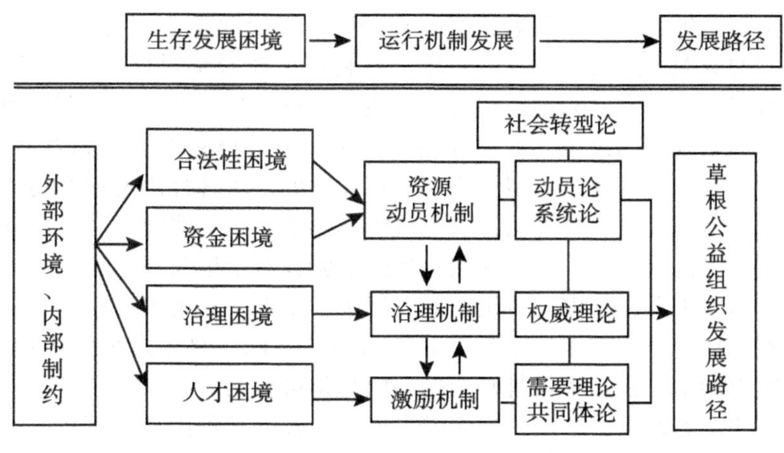

图 1-1　研究思路图

要是站在草根公益组织自身发展的角度，从草根公益组织自身条件出发，以草根公益组织为中心，来考察和分析与草根公益组织发展密切相关的各种外部因素和内部条件，在客观分析草根公益组织发展的内外制约的前提下，强调草根公益组织用智慧和行动，通过自身的积极性、主动性和创造性地发挥，不断优化发展环境，争取自我的存续与发展。第二，本书将草根公益组织发展机制具体操作为草根公益组织突破合法性和资金障碍的资源动员机制，突破内部治理障碍的内部治理机制，突破人才障碍、能力障碍等内部激励机制等运行机制的发展的具体策略、办法和相关因素的总和，从这三大运行机制的共性与内在联系中探析草根公益组织的发展。

1. 草根公益组织本位的视角

本书坚持从草根公益组织本位的视角出发探讨其发展，主要是基于当前有关草根组织的研究更多的是从宏观的角度，如从政府的角度、社会的角度来谈如何推进草根公益组织的发展，而作为主体的草根公益组织却往往丧失了主体性，缺乏草根公益组织视角的现实。

目前，大多数研究更多关注的是草根公益组织发展的外部制约，将目前中国公益组织所面临的问题皆归咎于“体制问题”，将草根公益组织的发展完全寄托在政府身上，呼吁政府主动地自上而下地改革，给公益组织更多的制度空间、更好的政策环境。诚然，中国的历史传统是国家统领社会，在转型社会中，政府对于社会依然具有较高的控制力，甚至决定了各种民间组织的生死。中国公益组织的出现主要也是政府改革，主动释放社会空间的结果。但是，公益组织作为社会主体之一，具有社会属性，面向社会、服务社会、扎根于社会是其最终取向。市场经济的不断推进、社会的发展也为草根公益组织释放了更多自由的社会空间，提供了更多的资源。这时，草根的处境一定程度上要看草根自己的智慧和努力。草根公益组织应通过自己的创新和努力，通过自身对社会的贡献，获取政府的信任和支持，推动政府的改革、外部环境的改善，为自身赢得生存和发展的空间。在现实生活中，许多草根公益组织为了生存和发展，在各种困境中坚持不懈，使出浑身解数，不断尝试各种方法，在实践中不断地探索，演绎了一个个动人的故事，也积累了丰富的经验。总结这些宝贵的经验，对草根公益组织的发展大有裨益。从这个角度来看，草根公益组织的发展中，草根公益组织并不是只能完全被动地等待外部环境的改善，而是具有相对自由的空间，自主发挥的余地，因此，草根公益组织的本位视角不仅是必要的，而且是可行的。

更重要的一点在于，中国公益组织发展所面临的种种困境，其重要原因在于脱离中国本土情境，盲目西化而导致的水土不服。现代公益组织源起于现代西方资产阶级国家，是适应西方资本主义国家的经济、政治、社会、文化等条件的产物，形成了服务于西方资本主义国家及社会的一整套公益理念和运作管理模式。而我国的公益组织，尤其是草根公益组织，则主要是伴随着改革开放，在 20 世纪 90 年代中后期兴起，其理念和运作管理模式，大多是以西方公益组织为模板加以模仿，而缺乏反思，对中国本土的公益资源也缺乏挖掘、整理和运用。中国的社会、政治、经济、文化等与西方资本主义国家具有本质差异，决定了中国的公益组织面临不同的发展环境，具有不同的发展道路。因此，中国草根公益组织实现发展的根本在于，根植于中国本土实际，寻找到适合自己的本土化特色发展道路。可见，草根公益组织本位的视角对于草根公益组织的发展不仅是非常必要的，而且是非常重要的。

2. 从运行机制的发展中探析草根公益组织的发展路径

在坚持草根公益组织本位视角的基础上，本文进一步将草根公益组织发展机制具体操作为草根公益组织突破合法性和资金障碍的资源动员机制，突破内部治理障碍的内部治理机制，突破人才障碍、能力障碍等内部激励机制、运行机制的发展的具体策略、办法和相关因素的总和，从这三大运行机制的共性与内在联系中探析草根公益组织的发展。这主要是从草根公益组织发展所处的阶段和所面临的主要任务，以及研究的简便可行来考虑的。

概括地说，草根公益组织的发展涉及方方面面，衡量指标主要有内部指标和外部指标两种。外部指标着眼于公益组织的对外影响，包括组织形象的提升、组织影响力、组织公信力的增强、公益品牌的形成等。内部指标主要着眼于公益组织本身能力的发展、素质的提高、组织规模扩大、组织凝聚力的增强、运作和管理机制的发展成熟、组织的可持续性、组织使命的实现等庞杂内容。但对于目前大多数处于初创期的草根公益组织而言，其发展处于一个初级的、求生存的阶段，合法性困境、资源困境成为首要的两大障碍，而治理困境和人才困境成为其进一步发展的障碍。突破这几大障碍也就是草根公益组织在现阶段实现发展的主要任务和体现。因此，本书将草根公益组织的发展视为组织合法性的发展、资源的增加、内部治理和内部激励的逐渐规范和完善。

草根公益组织的发展机制是一个较为抽象的概念，不能进行直接观察而研究。因此，对于草根公益组织发展机制的研究，选取了与公益组织生存和发展密切相关的资源动员、内部治理、内部激励等机制，对这些机制的发展历程、发展特点和发展的基本规律分别进行动态的、详细的考察和分析，然后再从这三个机制发展的共性和内在联系中探讨草根公益组织发展。

（二）研究目的

一般而言，社会研究的目的至少可以分为三类：探索性研究、描述性研究和解释性研究①。探索性研究是指对某些新的或较少研究者涉及的社会现象或社会主题予以初步的和大致的研究。探索性研究在社会科学中十分有价值，尤其当研究者要开发新的研究领域时，常常借由探索研究产生新观点。描述性研究是指对某些社会现象的状态和特点予以比较清晰的报告。解释性研究则是指发现研究对象不同层面的关系，并通过或多或少的概括和抽象之后予以报告。

本研究为描述性和解释性研究，通过对一个典型草根公益组织的发展历程，尤其是其资源动员、内部治理和内部激励机制的发展历程的描述性和解释性分析的基础上，探讨草根公益组织的发展路径，以期为其他草根公益组织的生存、发展提供借鉴，为促进中国民间公益事业的发展提供一些有益的启示。

二、质性研究方法

本研究基本属于描述性和解释性的范畴，探讨在社会转型大背景下草根公益组织的组织发展路径，本研究采用的方法是质性研究中的行动研究，运用参与观察法、访谈法和文献法搜集研究资料。

（一）质性研究

就社会科学领域而言，因为基于不同的方法论背景和指导，其具体的研究方法至少就有定量研究方法和质性研究方法之分。质性研究的目的不在验证或推论，而是在探索深奥、抽象的经验世界之意义，所以研究过程非常重视研究对象

---

① ［美］巴比．社会学研究方法［M］．李美华等译．台北：时英出版有限公司，1998.

的参与及观点的融入。同时，质性研究对于研究结果不重视数学和统计的分析程序，而是强调既有各种资料的收集方式，完整且全面性地收集相关资料，并对研究结果做深入的诠释。质的研究方法的主要特点①：（1）自然主义的探究传统。首先，质的研究必须在自然情境下进行，对个人的“生活世界”以及社会组织的日常运作进行研究。自然探究的传统还要求研究者注重社会现象的整体性和相关性，对其发生的事情进行整体的、关联式的考察。（2）对意义的“解释性理解”。质的研究的主要目的是对被研究者的个人经验和意义建构作“解释性理解”或“领会”，研究者通过亲身的体验，对被研究者的生活故事和意义建构作出解释。（3）研究是一个演化发展的过程。（4）使用归纳法。质的研究主要采纳的是一种归纳的方法。归纳的过程通常由如下步骤组成：研究者将自己投入实地发生的各种事情之中，注意了解各方面的情况；寻找当地人使用的本土概念，理解当地的文化习俗，孕育自己的研究问题；扩大自己对研究问题的理解，在研究思路上获得灵感和顿悟；对有关人和事进行描述和解释；创造性地将当地人的生活经历和意义解释组合成为一个完整的故事。质的研究的重点是理解特定社会情境下的社会事件，而不是对该事件类似的情形进行推论。（5）重视研究关系。在研究中，研究者需要对自己的角色、个人身份、思想倾向、自己与被研究者的关系以及所有这些因素对研究过程和结果所产生的影响进行反省。

陈向明是内地质性研究方法的代表人物，她的定义是：质的研究是以研究者本人作为研究工具，在自然情境下采用多种资料收集方法对社会现象进行整体性探索，使用归纳法分析资料和形成理论，通过与研究对象互动，对其行为和意义建构获得解释性理解的一种活动②。陈向明进一步指出，上述定义包含如下几层涵义：（1）研究环境：在自然环境而非人工控制环境中进行研究。（2）研究者的角色：研究者本人是研究的工具，通过长期深入实地体验生活从事研究，研究者本人的素质对研究的实施十分重要。（3）收集资料的方法：采用多种方法，如开放式访谈、参与性和非参与性观察，实物分析等收集资料，一般不使用量表或其他测量工具。（4）结论/理论的形成方式：归纳法。自下而上在资料的基础上提升出分析类别和理论假设。（5）理解的视角：主体间性的角度，通过研究者与被研究者之间的互动，理解后者的行为及其意义解释。（6）研究者与被研究者之间的关系：互动的关系。在研究中要考虑研究者个人及其与被研究者的关系对研究的影响，要反思有关的伦理道德问题和权力关系。

---

① 陈向明．质的研究方法与社会科学研究［M］．北京：教育科学出版社，2000.

② 陈向明．质的研究方法与社会科学研究［M］．北京：教育科学出版社，2000.

质的研究具有以下长处①：(1) 在微观层面对社会现象进行比较深入细致的描述和分析，对小样本进行个案调查，研究比较深入，便于了解事物的复杂性；(2) 注意从当事人的角度找到某一社会现象的问题所在，用开放的方式收集资料，了解当事人看问题的方式和观点；(3) 对研究者不熟悉的现象进行探索性研究；(4) 注意事件发生的自然情境，在自然情境下研究生活事件；(5) 注重了解事件发生的动态过程；(6) 通过归纳的手段自下而上建立理论，可以对理论有所创新；(7) 分析资料时注意保存资料的文本性质，叙事的方式更加接近一般人的生活，研究结果容易起到迁移作用。

从以上论述中可以领悟到，对经验和现象及其背后的意义之理解与诠释是质性研究方法的核心所在，这种核心指向和主张与本研究旨趣十分吻合。因此，本研究在非实证主义方法论的指导下，采用质性研究的方法去展开具体的研究，并且对研究发展和研究结论并不打算做统计学意义上的推论。

(二) 研究个案的选取和介绍

个案研究是社会研究的重要方法，它从研究对象中选取一个或几个个体，进行深入、细致的调查，通过详细描述研究对象的全貌，了解其发展、变化的全过程，达到以少量典型反映总体或从特殊性中发现一般性的目的。对于个案研究，人们常常发出这样的疑问：对单个个案的研究，有代表性吗？能有多大的代表性？个案研究的结论怎么能推论到总体？关于个案研究的代表性问题是“虚假问题”，因为个案研究并不一定要求个案具有代表性。个案研究方法的逻辑基础不是统计性的扩大化推理（从样本推论到总体），而是分析性的扩大化推理（从个案上升到理论），个案研究的目的主要是通过解剖“麻雀”，即对具有典型意义的个案进行研究，形成对某一类共性（或现象）的较为深入、详细和全面的认识，所以个案所需要的不是代表性，而是典型性 。

个案研究可以有两种基本取向，一是质性取向的个案研究，二是量化取向的个案研究。质性取向的个案研究，从理论上说具有深度描述、全面分析、重视脉络、强调研究对象的独特性和典型意义的特点，同时，它更具解释、描述和探索等功能。从研究的具体操作层面而言，采用质性取向的个案研究方法是因为本研究关注的不是被研究对象的客观的分类计量、因果假设论证或通过统计推论寻找事物规律，而是被研究对象的建构过程和人们在特定社会文化情境中的经验与解释。个案研究实质上是通过对某个（或几个）案例的研究来达到对某一类现象的认识，而不是达到对一个总体的认识。据此，谨慎选择一个或少数几个关键个案

① 陈向明．质的研究方法与社会科学研究［M］．北京：教育科学出版社，2000.

来彰显某个议题，并且对之进行深入分析研究。

要特别说明的是，本研究采用个案研究，目的并不是要从一个个案推导整个草根公益组织的全貌，重点则在于从自下而上的视角，从动态的过程去揭示草根组织在现有条件下的运作实践，展示草根公益组织生存的智慧、探索和努力，实现机构使命的信念和毅力，以及它们依然面临的困难，借此，总结草根公益组织生存发展的本土经验，以探索草根公益组织的发展路径。本文研究个案选取主要遵循两项基本原则：个案的典型性和研究的可行性。本书的个案是运作较好、有一定社会影响力的草根公益组织，其集中体现了这一类组织的重要特征。通过对个案的剖析可以形成对草根公益组织生发机制、运作机制的较为深入、详细和全面的认识。

1. 案例的基本情况

个案介绍：B 组织①，成立于 2006 年 3 月，是工商注册的非营利机构，目前整个团队有全职工作人员 23 人（截止 2012 年 12 月），主要活动为组织著名学者到高校、党政机构进行巡回演讲，面向在校大学生组织开展读书、思想交流、讨论、社会实践等活动。7 年来相继催生志愿者服务站、义教组织、农村志愿工作组、户外筹款工作组、健康食品社会企业、志愿者艺术团、二手衣物店等公益团体，活动领域从文化交流扩展至志愿精神倡导和志愿者培训、工友服务、农村工作、户外筹款、原生态农产品营销、公益文艺节目巡演等领域；生存方式从单一的自筹，发展为申请基金会项目资金、创办社会企业、挂靠官方组织借力发展、向公众筹款生存等多元生存方式。团队成立以来，依托原有的文化资源，借助该省官办基金会的平台，与政府、媒体、企业、高校社团、社会公众等进行广泛、频繁的合作，策划组织了民间大型抗旱活动、大型户外筹款活动等大型活动，获得包括《人民日报》《中国青年报》《公益时报》《河南商报》《大河报》、新华社、新华网、人民网、新浪网、搜狐网、腾讯网等国家级、省级、市级的视、听、纸、网等媒体的上百次报道，具有较大的社会影响力。组织获得的荣誉包括：农村工作组获得国内著名民间公募基金会典范工程影响力单项奖，健康食品社会企业获南都公益基金优秀社会企业奖，农村工作组和户外筹款工作组获省优秀志愿团队，义教组织获得省共青团青帆夜校、雷锋号荣誉，机构创始人获得南都公益基金银杏伙伴成长计划、省五四青年奖章、全国优秀志愿者荣誉。B 组织内含 8 个公益团队，分别是：

（1）善文化中心，成立于 2006 年 3 月，主要是面向高校学生进行读书、思

① 应研究对象的要求，对机构名称以及旗下各公益团队进行了化名。

想、文化交流、公益研究等，身份是工商注册的公司。

（2）志愿者服务站，成立于2008年5月，主要面向在校大学生进行志愿精神的倡导和志愿者培训，2011年3月挂靠A省志愿者协会。

（3）农村志愿工作组，成立于2009年5月，主要在基层农村开展扶贫、救灾、原生态农产品开发、农村组织化、互助合作化宣传、推广等工作，2010年2月，挂靠A省Q基金会。

（4）义教组织，成立于2009年8月，主要针对城市流动儿童开展教育等服务，2011年3月挂靠A省志愿者协会。

（5）户外筹款工作组，成立于2010年5月，主要面向社会公众，通过策划、组织各种户外公益活动向社会各界募款，传播公益文化、倡导公益理念，2010年5月成立之时便挂靠A省Q基金会。

（6）健康食品社会企业，成立于2010年8月，主要经营健康、绿色、原生态农产品，关注食品安全、倡导城乡互助。其身份是工商注册的商贸公司。

（7）志愿者艺术团，成立于2011年12月，主要面向社会公众，深入社区、广场、单位、工厂、学校等，通过公益文艺节目的巡演，进行禁毒、防艾等知识、政策的宣传，以及相关公益文化和理念的传播，成立之时便挂靠A省Q基金会和志愿者协会。

（8）劳工互助二手衣物店。2012年3月正式成立运行。

B组织是对以上8个公益团队的统称。除善文化中心之外的7个公益团队都是在善文化中心的发展过程中逐渐催生，它们与母体保持着千丝万缕的关系。在对外时，各个公益团队互相独立，是平等合作的关系；在组织内部，却依然保持着一家人的意识和习惯，自称为“B组织”，而在当地草根公益界，熟悉这几个团队发展历程的行业人士也往往将这几个公益团队视为一个整体。

2. 案例发展的基本历程

B组织于2006年3月正式成立，总结这7年的历程，我们可以把B组织的发展分为四个阶段，分别是探索和困惑阶段、转型和积累阶段、扩张与壮大阶段、调整和规范阶段。

2006年3月至2007年下半年，艰难创业和探索时期：这是B组织艰难创业的时期，也是其在经济与公益之间进行探索和备感困惑的时期。在这个阶段，几个即将硕士毕业的热爱学术交流并怀揣公益梦想的青年学子，设计创办一个机构，邀请知名学者到A省高校巡回演讲，传播前沿思想理论，开展省际校际文化交流，打造不同学科、学派之间对话、交流、辩论的平台，弥补学术理论及信息方面的差距，促进A省高校学术繁荣、人文振兴，为培养更多有理想、有社会责任感的新青年而服务。由于注册非营利性机构太难、太麻烦，而注册公司则比较简单快捷，因此创办公益事业的初衷便以“文化传播有限公司”的形式出现。然而“公司”背景使后来公益活动遭遇了社会信任危机、合法性困境。另一方面，企业的组织形式也使几个创始人对机构的定位及发展出现分歧，经济效益与社会效益的争论一直伴随着机构的运行，机构的运行一直都是困难重重，B组织处于风雨飘摇的艰难支撑阶段。

2007年下半年至2009年，转型和积累时期：在经历了种种失败的努力和探索之后，强烈的公益理想、社会责任心，加上开始和一些NGO组织联系，参加一些NGO的培训，机构创始人决定近几年内暂时放弃在公益与经济效益之间寻求平衡、顾此失彼的努力，而是转向全心全意做公益慈善事业，陆续开辟了包括农村和城市社区等社会实践领域，服务群体从高校学生群体扩展至农民、农民工及其子女；从知识、组织、实践、人员等多方面为公益事业的发展打下了基础。在知识、理论上，已经完成了草根公益组织运作管理以及社会企业家技能的两大系统的培训，通过相关系统的培训和学习进行了公益知识、理念的积累；在组织上，至2009年底，志愿者驿站、农村志愿工作组、义教组织都已经成立，并开展工作，原来B组织的大学生读书交流活动在大学城开辟了新点；在实践上，通过农村调查、农民工维权、义教等公益活动积累了公益行动的经验，健康食品馆的前身——本土食尚已经开始探索社区支持农村的道路，并进行了相应的实践，获得了宝贵的经验；重走联大路，骑车环游滇池等游学活动也为后来以户外活动为形式进行筹款的筹款小组成立奠定了基础；通过与其他NGO的接触，合作开启了走入公益行业的道路；社工、农业发展等相关专业人员的进入，积累了公益的人力资本。随着团队的增多和活动的大量开展，机构的人员得到不断充实，一个十几人的团队正在形成。但这阶段的资金主要来源于创始人的投入和筹集，靠的是亲友的资助和借债，催生出来的民间公益组织，力量依然薄弱，完全没有独立生存的能力，依靠的是母体——B组织的经济支持，在法律上更没有合法地位。在平时的活动中，整个机构和催生的组织都还在默默地积蓄力量，默默地做着事情，在学习中积累经验，和其他机构、企业、政府等缺乏来往，更少有合作，这些组织及其活动还不为外界所熟知，其在公益圈内的影响力也还未彰显。

2010年2月至2011年5月，迅速扩张和“辉煌”时期：经过两年时间的学习和积累，2010年至2011年上半年，机构进入了迅速扩张和壮大的“辉煌”时期。B组织旗下各团队在“跨界合作”思想的指导下，通过挂靠官办公益机构，与政府部门、民间公益组织、媒体、高校、企业等建立广泛联系，开展合作，频创佳绩，为同行所侧目赞叹、媒体所热议追捧、资方所关注青睐、社会所熟知认可。当时，整个B组织成为A省民间公益组织中的佼佼者、领头羊；成为各种媒体的常客和焦点；成为政府部门、官办公益组织的良好合作伙伴；国内资助型基金会的热门资助对象；大学生进行志愿服务的热门候选；社会公众眼里的公益明星。2010 年 B 组织的强劲发展态势，使中心上下人人信心倍增，踌躇满志，计划在 2011 年乘胜追击，继续实行扩张、分化的战略，逐步实现旗下各志愿团队的独立运作，以壮大中心的公益事业，产生更广泛的社会影响。在扩张、分化的发展战略指导下，2011 年上半年，中心加快了扩张的步伐，并着手开始各团队的分化独立操作。但与此同时，各种风险已经在悄悄积累。

2011 年 5 月至 2012 年 7 月，挫折与调整时期：2011 年上半年，从外界看来，B 组织在扩张、发展、壮大的道路继续前行，表面上，维持着辉煌，但与此相伴的风险和隐患也在无形中渐渐积累。最终给机构的发展带来了一次沉重的打击。之后，机构进入学习、调整、规范的整顿时期：把更多的精力放在内部学习和治理上；重新审视过去所走过的道路；集中梳理、总结、消化所积累的经验和教训；通过集体学习相关理论，提升理论水平和实务能力；进一步加强团队之间的沟通、交流，以增强凝聚力，实现团队的整合；对组织的治理机制进行调整。

2012 年 7 月至今：重整后的稳步发展。经过一年时间的调整，组织进入了稳步发展时期，表现为资源渠道稳定多元，资源总量相对充足，组织的各项工作形成了较为成熟的模式，治理相对民主和完善，组织成员相对稳定，组织团结一致，具有较高的组织认同感和内聚力。

3. 选择“B 组织”为研究个案的缘由

（1）个案所在省是中国草根组织最活跃的地区之一，当地草根公益组织发展在全国具有典型性，一直被专业人士誉为“中国 NGO 的天堂”、“中国 NGO 之都”，“中国 NGO 的摇篮”、“中国非政府组织最活跃的地方”。受国际 NGO 良好的机构治理的影响，本土 NGO 的内部机构治理比全国其他地区的本土 NGO 都要更完善①。（2）“B 组织”经历丰富而典型。B 组织在 7 年历程中经历了很多困难、挫折，一直在不断地为生存、发展努力探索，出现了一些创新和值得总结的经验。（3）B 组织旗下 8 个公益团队，服务领域各不相同，采用的生存策略各有特点，几乎囊括了目前草根所能采用的生存方式。通过 B 组织的个案，我们可以得到草根公益组织生存的真实面貌。（4）B 组织是该省较为活跃，并具有较大的知名度和社会影响力的草根公益组织。团队与政府、官办公益机构、企业、媒体、其他草根公益组织、高校社团等具有广泛的互动合作关系，近年来多次成功策划和组织大型公益活动，频频在媒体上曝光、获得省内外多项荣誉，积累了较高的知名度和社会影响力。（5）B 组织团队是当地本土公益组织的领头羊。倡导

① 佚名 . NGO 大舞台：A 省的第三部门［EB/OL］. 21 世纪网，2007-10-10.

跨界合作，建立公益产业链的B组织常常牵头组织本土公益机构的大型合作，在草根公益圈中颇有人气。(6) 可进入性和熟悉性。笔者在过去几年曾多次参与该机构的活动，也一直还在关注机构的发展，因此对机构的整个发展历程比较熟悉；加上早年便与机构的创始人、主要负责人建立了信任关系，进入机构进行调查研究相对便利。

（三）收集资料的方法

1. 参与观察法

参与观察即观察者深入到观察对象的社会环境、社会关系之中，通过与被观察者的共同活动进行观察、收集资料，并从大量现象中概括出观察对象的主要特征。在机构最初发展的三年时间里，笔者是以志愿者的身份介入研究个案的活动的。确定论文研究主题之后，经机构创始人同意，笔者两次分别以长期志愿者和研究者的身份进入机构，和机构的全职工作人员同吃、同住、同工作，参与各个机构的日常工作和项目：义教组织的义教、农村工作组的下乡支农活动、志愿者服务站的志愿者培训活动、健康食品社会企业的店面销售、户外筹款工作组的网络宣传工作，并参与机构工作会议、团队建设、民主生活会等，跟随各机构负责人参加与企业、其他民间公益组织、媒体、政府等的合作洽谈，全程跟踪参与了大型公益筹款活动的策划、宣传、招募、培训、组织、协调、善后、分享、总结等工作，时间累计两个月。在活动间隙，到当地的国际NGO、官办公益慈善组织、其他草根公益组织等十几家机构等进行探访；与组织的项目官员、工作人员、政府民政部门民间组织管理处工作人员、机构的企业合作者、热心公益的企业、媒体朋友、参与公益活动的热心志愿者、协助机构开展农村工作的大学生村官、机构农村工作项目点的村民、村干部等进行非结构访谈、交流。在不同的活动中，笔者既有以研究者的身份参加活动并对活动参与者进行访谈，也有以志愿者的身份同参与者进行闲聊，并从中收集研究资料以获取所需资料。

2. 访谈法

访谈是质性研究的主要方法之一。通常由访谈者引导，通过面对面的互动方式，从访谈对象那里获得关于研究对象的第一手资料。访谈法不仅可以获得相关的事实材料，还可深入了解访谈对象的态度、价值观和情感等，并从二者的因果联系中获得对研究对象的解释性理解。基于访谈情境和效果的考虑，本研究采用非结构性的访谈方式——“访谈指引法”，即建立一个可供遵循，兼具弹性与约束力的架构，在访谈进行期间，根据不同的访谈对象自行决定问题顺序及用字遣词，甚至临场提出更进一步的问题，使访谈内容更具关联性与自然性。依据这一原则，笔者着手进行访谈设计，拟制出对机构创始人、机构的主要负责人、工作人员的“访谈提纲”，并进行了深入访谈。通过归纳整理，结合研究目的，对于其他参与者，包括组织的全职人员、兼职人员、活动参与人员、活动收益群体、与机构有合作关系的企业、媒体、高校社团等相关人员、其他公益组织均进行了非正式的访谈。

3. 文献法

文献研究法即通过收集各种文献资料，获取与研究主题、研究问题有关信息的方法。文献研究法的特点是不直接与研究对象接触，避免了因接触导致的资料“失真”现象，同时它具有资料收集和分析方法相联系的特征，为开展研究提供了理论依据和可借鉴的研究手段。本文的文献资料主要涉及：慈善公益方面的文献，时间主要是1994年以来，特别是2000年以来的研究文献，范围包括草根组织、草根公益组织、公益组织、非政府组织、NGO、非营利组织、公（市）民社会、第三部门、民间组织、社会组织、社会团体、志愿组织等；相关学科的公益慈善研究，包括历史学、行政管理、公共管理、政治学、法学、经济学、伦理学、社会学、社会保障学、新闻学等对公益慈善的研究慈善公益事业的有关法律法规。相关理论：包括社会转型理论、国家与社会关系理论、公民社会理论、法团主义理论、社会资本理论、社会资源理论、社会网络理论、资源动员理论、社会动员理论、资源相互依赖理论、激励理论、第三部门理论、政府失灵、契约失灵、志愿失灵等理论；关于研究个案的相关资料，机构历史、使命、主要开展的活动、项目、机构年度工作计划、机构年度工作总结、财务报表、会议记录、机构的各项规章制度、获得媒体报道的资料等。资料来源包括：国内外相关学术论著、期刊论文、报纸及网络资料、官方公文、组织内部资料等。

三、研究视角和理论

“系统的一般理论远离特定的社会行为、社会组织和社会变迁，已不能解释我们观察到的现象；而对于特定事件的详尽而系统的描述又缺乏整体的概括性。”① 宏大的巨型理论往往对具体的实际过程的揭示缺乏力度，而直观的、经验的分析要么过于地方化，要么倾向于简单的归纳。可见单独采用宏观的或者微观的理论视角都难以达到对一个具体社会现象的深入、全面的认识。因此，借鉴前人研究的经验和成果，结合本研究的目的，笔者拟采用宏观与中观相结合的综合视角对草根公益组织的运作实践进行探索、解释，而不拘泥于单一的理论。

在宏观视角上，本研究拟采用社会转型理论的视角统领整个研究，将草根公益组织的发展放置在社会转型的背景中，将草根公益组织的运作实践视为社会转

① ［美］罗伯特．金．默顿．论理论社会学［M］．何凡兴等译．北京：华夏出版社，1990.

型在微观层面的一个产物，或者说，是社会转型在微观层面的一种体现。中国当代公益事业的发展本身就是社会转型的产物。社会转型的社会的整体变迁和发展，主要内容包括经济体制的转轨、政治体制的转变、社会结构的变化、文化转型等多方面。经济、政治、社会、文化构成了公益事业发展的宏观制度环境，深刻地影响了公益组织的生存和发展的策略、道路选择。“要使中国的非营利组织研究真正能从单纯的对国外理论概念的引介转向对本土经验的实证研究，从单一的国外经验模式介绍转向结合中国实际的比较研究，首先需要确定符合中国实际的研究视角或者说是理论立场，要在中国社会转型，特别是在社会结构转型的大背景下来认识中国非营利组织的特点。”①

社会转型理论视角为草根公益组织的发展研究提供了一个宏观的分析框架，方便我们把握草根公益组织生存和发展的总体特征和一般趋势。但是，具体到草根公益组织生存和发展的重要环节——资源动员、治理、激励等，我们还需要结合一些相关的中观甚至微观的理论视角进行分析，以使我们的研究和分析更加深入和细致。具体来说，在关于草根公益组织的动员方面，我们将涉及系统论、社会资本论、社会信任理论等；在关于草根公益组织治理方面，我们将涉及权威理论；在草根公益组织的激励方面，我们将涉及需要理论和共同体理论等。不同层次的理论视角的结合，使研究能够站在一个全局性的高度，同时又能深入到草根公益组织的具体运作之处。

四、框架和意义

（一）本书框架

本书框架分为基础部分、主体部分和结论部分三大部分。其中，第一章的绪论和第二章的草根公益组织发展的内外制约及发展概况是本书的基础部分。在第一章中，我们对整个研究的基本情况，包括研究的背景与核心问题、相关的研究文献、相关理论做梳理与评述；对文章的研究设计进行介绍，包括介绍个案的基本情况及其典型性，交代了本研究的研究类型、研究思路、研究方法，对本研究所涉及的核心概念进行界定，并提出研究的理论视角；最后简单介绍章节结构安排，研究的意义，存在的不足做了归纳。第二章是草根公益组织发展的环境分析，涉及外部环境和内部制约。草根公益组织生存和发展的外部环境，社会转型、法团主义管理体制环境、文化模式转型；而我国草根公益组织发展的内部制约主要来自发展起步晚、发育时间短、总体处于初创期，西化色彩浓厚，本土特

① 郑杭生主编．中国特色社会学理论的应用——当代中国社会的热点问题［M］．北京：中国人民大学出版社，2005.

征不突出。因此，如何突破内外制约实现发展，成为草根公益组织发展机制研究的重要内容。

本书将草根公益组织的发展具体落实到突破组织发展的内外制约上，表现为获取外部资源，突破合法性障碍和资源障碍的资源动员机制的发展，突破治理困境的内部治理机制的发展，以及与突破人才困境、能力困境、知识困境密切相关的内部激励机制的发展这三个方面。因此，本书的主体部分包括第三、第四和第五章，它们分别梳理草根公益组织的资源动员机制、内部治理机制和内部激励机制的发展历程，对其发展特征进行归纳，对各机制的发展动力进行分析，总结和解释各机制发展的基本规律。

本书的结论部分是第六章的中国草根公益组织的发展机制，它是对前面三章个案组织的资源动员、内部治理、内部激励机制的发展进行了详细描述和分析之后的一个总结性的理论概括。本章首先从个案的动员机制、内部治理机制和内部激励机制的发展之间的内在联系中提炼出影响组织发展的合法性、资源和创始人（负责人）因素；进一步分析得出影响草根公益组织发展机制的四个变量，即政府、社会、市场和草根公益组织，构建了草根公益组织发展机制的四维解释模式；以四维解释模式分析、比较了草根公益组织发展的几种机制——政府取向、社会取向和市场取向的发展，指出单一取向的发展机制都存在明显的问题，而融合了政府取向、社会取向和市场取向，以政府取向为先导，社会取向为基础和主体，市场取向为补充，将三种取向优势互补的综合取向发展才是草根公益组织发展的真正路径；最后，本章以综合取向的发展路径对个案组织的“倚靠体制的自主性发展”进行了解释。本章最后部分是结语，对整个研究进行了简练地回顾，对研究的基本结论和草根公益组织未来发展的前景进行了展望，指出了研究的创新点，存在的不足和进一步研究的方向。

（二）研究意义

第一，目前，学界对公益慈善组织的研究更多地还是纳入非政府组织、非营利组织、社会组织、第三部门等大概念框架中，进行笼统的分析。“中国发展简报”创刊主编 Nick Young 曾对 NGO 这个概念做出了这样的调侃：“‘NGO’是人类发明出来的最可笑的词汇之一。它涵盖了数量如此众多又千差万别的机构，不禁让人迷惑。这种称呼给人的感觉就好像是将椅子、沙发、橱柜甚至电视机统称为‘非桌子家具’一样。”非政府组织之类的概念中包含的组织是“大象到蚂蚁”的差别，因此，无视公益慈善组织与其他非政府、非营利组织之间的差别，不能得到对公益慈善组织真实的认识。另外，虽然已经有越来越多的学者将公益慈善组织从第三部门、非政府组织的大军中抽离出来专门研究，但关注的焦点主要还是在官办慈善组织上，对于占公益慈善组织 90%的草根公益组织缺乏应有的关注。在有限的关于草根公益组织的研究中，自上而下的宏观视角居多，深入组织内部，从草根组织的视角，动态研究草根公益组织的生存、运行的研究还十分缺乏。因此，本书作为草根公益组织专项研究，丰富、深入了公益组织的研究，动态、真实、生动、完整地展现了草根公益组织在社会转型背景下的生存状态和运作实践，一定程度上能够增强社会对草根公益组织的认识。

其二，通过个案研究，探寻我国草根公益组织在中国转型社会背景下，面临内外制约时的具体运作实践，为以后的研究积累了实证材料，对促进草根公益组织在转型期生存和发展提供一定的借鉴。在目前国内对于公益慈善组织尤其是草根公益组织的研究不充分的情况下，本研究对于探索社会转型期背景下如何更好地促进草根公益组织的发展具有一定的现实意义。对于同类草根公益组织有一定的借鉴意义。

第三，草根公益组织是中国公益组织中的主力军，很大程度上决定了中国公益慈善事业的未来。从这个意义上说，关注草根公益组织的生存和发展，促进草根公益组织的发展不仅是草根公益组织自己的事情，也是政府、社会、企业、媒体、公众的事情，需要整个社会的力量共同努力。本研究主要以草根公益组织为视角，是希望让草根公益组织自己发出声音，让政府听到、让全社会都听到，都来关注草根公益组织的生存和发展，一起努力，帮助草根公益组织走出困境，帮助草根公益组织成长。

第四，包括草根公益组织在内的社会组织是政府职能改变、社会管理创新、社会建设的重要载体，因此，研究草根公益组织的发展问题，促进草根公益组织的发展，不仅仅能促进中国民间慈善公益事业的发展，还对政府职能改革、社会管理创新、社会建设等事业具有间接地推动作用。

第二章　草根公益组织发展内外制约

草根公益组织的生存环境和发展概况是草根公益组织发展的基础和起点，也是我们研究转型社会时期，草根公益组织生存和发展之道的起点。因此，在本章中，我们将分析草根公益组织生存和发展的内外环境，发现草根公益组织发展的机遇与挑战。

第一节　草根公益组织发展的外部环境

草根公益组织不是悬浮在真空之中，而是受到所面临的政治、经济、社会、文化等环境因素的广泛影响。本节将从四个层面来分析草根公益组织的生存环境：一是国际宏观环境；二是国内宏观环境，即以国家为主体的有关经济、政治、社会等对社会结构的变动产生影响的制度和政策；三是制度环境，即草根组织所面临的具体的相关制度政策，这里主要是指与社会组织直接相关的国家层面社团管理规章等方面的制度，主要包括五个方面的内容：宪法、法律、行政法规、党的政策；四是非正式制度，即一个草根组织所处的文化传统、社会规范、观念制度等为人们“广为接受”的社会事实。

一、宏观环境：快速转型的社会

从总体上说，草根公益组织生存和发展的宏观环境可以概括为快速转型的社会。1989 年郑杭生教授提出“转型中的中国社会”① 这一概念，用“社会转型”来说明中国改革开放以来的巨大变化，认为“社会转型”是中国的基本国情，当前中国的各种现象无不带有转型的特点，或者说，社会转型体现在中国社会的各个方面。此外，陆学艺、李培林等也是对“社会转型”研究较早的专家。经过多年的实践，目前“社会转型”已经发展成为描述和解释中国改革以来社会发展和变迁的重要理论范式。按照郑杭生教授的观点，社会转型意指“社会从传统型向

① 郑杭生．中国社会学年鉴 1979—1989［M］．北京：中国大百科全书出版社，1989.

现代型的转变，或者说由传统型社会向现代型社会转型的过程，说详细一点，就是从农业的、乡村的、封闭的半封闭的传统型社会，向工业的、城镇的、开放的现代型社会的转型。“社会转型”和“社会现代化”是重合的，几乎是同义的。① “中国的社会转型，是中国的社会生活和组织模式从传统走向现代、迈向更加现代和更新现代的过程。或者说中国社会转型是中国的社会生活和组织模式即社会实践结构不断从传统走向现代、走向更加现代和更新现代的变迁过程。”② 郑杭生教授认为，在社会转型的过程中，传统和现代并非截然对立，完全断裂，事实上，两者除了有相互矛盾、相互对立的一面，还有相互依存、相互吸收的一面，呈现出你中有我，我中有你的复杂交织局面，同时，传统并非一种包袱，而是看作一种可资利用的资源，传统因素不仅可以转化为现代因素，甚至还可以成为促进现代化的深层因素③，关键是“开发传统”的技术。关于我国社会转型的起点，学界基本认同1840年的鸦片战争，既是中国近代史的开端，又是中国走向现代化的开端。到目前为止，这一转型过程已大致经历了三个阶段：1840—1949年为第一阶段；1949—1978年为第二阶段；1978年至今为第三阶段，与前两个阶段相比，此阶段的社会转型速度加快、广度拓宽、深度加深、难度加大，因此称为“社会转型加速期”。④ 草根公益组织的生存与发展就处于这样一个传统与现代因素在经济、政治、社会、文化等方面复杂交织的社会转型加速期，它既给草根公益组织的发展带来了机遇，同时也使草根公益组织的发展面临许多挑战。

在经济方面，转型表现为：第一，从高度集中的计划经济体制向市场经济体制转换，市场机制在资源配置中发挥基础性作用，“但国家权力作为一种特殊的政治资本，仍然在相当大的程度上对资源的配置起着十分重要的作用，在资本形式的流动与相互转化过程中，具有很高的交换价值和意义”。⑤ 第二，单一的公有制经济向以公有制经济为主体、多种所有制经济共同发展的经济格局转换，个体、私营、“三资”等各种非公有制经济发展起来，成为国民经济中的重要组成部分。第三，封闭的经济环境向对外开放转换，海外资源进入中国。经济的转

① 郑杭生．中国社会的巨大变化与中国社会学的坚实进展——以社会运行论、社会转型论、学科本土论和社会互构论为例［J］．江苏社会科学，2004（5）．

② 郑杭生，李强．当代中国社会结构和社会关系研究［M］．北京：首都师范大学出版社，1997.

③ 郑杭生．社会转型论及其在中国的表现［J］．广西民族学院学报，2003（5）．

④ 郑杭生．中国社会大转型［J］．中国软科学，1994（1）．

⑤ 孙立平等．动员与参与：第三部门激励个案［M］．杭州：浙江人民出版社，1999.

型，一方面给中国公益组织活动发展提供了自由流动的资源，使草根公益组织依赖社会资源进行生存和发展具有了可能性，草根公益组织获得了一定的独立性和自主性；另一方面，由于行政力量对资源配置仍发挥重要影响，这使得体制外的草根公益组织在发展过程中无法绕开体制，直接对社会资源进行大规模动员；同时对海外资源的依赖也将增加草根公益组织的政治风险性。因此，利用体制因素往往成为草根公益组织发展的策略，而如何利用体制，也就成为了对草根公益组织生存智慧和能力的挑战与考验。

在政治上，经济领域的市场化改革促使政府进行改革，政治体制从全能主义体制转变为权威主义体制，这使转型时期的政府既有计划经济时期，“全能”政府的影子，又发展出权威主义体制的新特点。具体而言：其一，政府不再全面干预社会生活，政府改革留出了一些领域，需要社会力量的支持和补充，在政府默许的地方出现了“自由活动的空间”，但这并不意味着政府放弃对社会生活各方面的控制权。其二，政府进行社会干预的手段发生了变化，由原来的以行政手段进行直接干预为主，变为行政、法律、经济、技术等多种手段共同使用，进行间接控制、“分类控制”①，以实现“行政纳社会”②，达到政府对社会的控制和利用的效果。对于庞大的现代国家来说，一盘散沙式的人群是无足轻重的，而第三部门中的组织是集体行动的最有力的工具，因此独立于政府的民间组织是权威主义的“天敌”。对于这样的危及自身根本利益的“天敌”，政府首选的对策是控制和限制其发展和影响。但是，经济、社会、文化、国际环境毕竟变了，全能主义体制下简单的一刀切式的“禁止策略”已经行不通了，需要根据各类组织的属性采取各种不同的对策。更何况，如果处理得好，还可以借助对方的力量解决自己的问题，达到“为我所用”的最佳效果。为此，政府根据外部环境的变化，采取了限制与发展并重的两手策略。一方面通过“分类控制”限制独立的第三部门组织的发展。另一方面，在重要的领域在通过创办、扶持公益组织的方式，利用公益组织解决社会问题，降低行政成本，提高社会管理效率。总之，转型社会的政治改革，一方面使草根公益组织获得了一定的生存空间，但草根公益组织的生存空间大小仍由国家行政力量所决定，其命运总体上仍掌握在政府手中，国家的权威仍然对社会具有深刻的影响，国家仍然是公益组织合法性的首要提供者，获得国家合法性支持对公益组织的生存和发展具有决定性的意义。

---

① 康晓光，韩恒．分类控制：当前中国大陆国家与社会关系研究［J］．社会学研究，2005（6）．

② 王名主编．中国民间组织 30 年——走向公民社会［M］．北京：社会科学文献出版社，2008.

在社会领域，经济改革和政治改革使社会发生适应性的变迁，给草根公益组织的发展带来了机遇和挑战。首先，社会出现分化，为公益事业的发展提供了社会基础。郑杭生等根据社会资源在不同社会群体中配置差异的视角，按以职业为主的多元标准将城市社会区分为管理阶层、专业技术人员阶层、办事员阶层、工人阶层、自雇佣者阶层、私营企业主阶层、其他等 7 个界限相对清晰的社会阶层①。李强教授则从经济利益关系的角度，将当今的中国社会各阶层区分为四个主要社会群体，即特殊获益者群体、普通获益者群体、利益相对受损群体和社会底层群体②。事实上，贫富差距拉大成为中国转型社会的一个突出问题。其次，社会转型还带来了一系列新的社会问题，如贫困、教育、医疗、失业、养老等各种社会问题。在这种背景下，老的需求还没有得到弥补，新的需求又不断涌现出来，而新的公共物品供给机制并没能及时形成，其结果是出现了严重的“供不应求”局面。这种“供需缺口”呼唤并催生新的社会服务供给体制。第三，社会转型带来了传统社会组织形式的解体，单位制、身份制社会走向瓦解，“单位人”成为“社会人”，“组织化”的社会变成“原子化”个人的社会，封闭、静止的社会走向开放、流动，熟人社会变为陌生人社会。社会解组催生互益/公益组织等非营利组织作为现代共同体组织形式满足人们的认同、关爱、信赖、归宿等共同体需求；另一方面，陌生人社会、原子化个人带来社会信任机制、社会动员方式的转型，对公益组织的生存和发展带来前所未有的挑战。第四，对外开放培育了公益组织发展的条件，但同时也给公益组织的发展带来风险。民间的国际交流增多，西方的价值观、管理知识、科学技术在国内得到有效传播。一批接受了西方第三部门价值观的领导、干部、知识分子成为最早一批草根公益组织的创建者，通过这些早期公益组织的示范作用，又带动了一大批草根组织的创建和成长。另一方面，对西方模式和经验的照搬，又使公益组织过度西化，而导致水土不服，面临发展困境。

希望工程的创始人、公益领袖徐永光就提出，转型时期中国 NPO 的生存与发展的环境有三个特征③：第一，经济改革和政治改革导致政府职能的重大转变，在经济领域和社会领域留下一些管理和服务的“真空”，这种“真空”对非营利组织产生了强烈的需求。第二，所有制结构的多元化，产生了政府控制之外的资源，使非营利组织有可能不依赖政府而生存和发展。第三，尽管如此，改革

① 郑杭生．关于城市社会阶层划分的几个问题［J］．江苏社会科学，2002（3）．

② 李强．当前中国社会的四个利益群体［J］．学术界，2000（3）．

③ 徐永光．全球社团革命的中国经验——以中国 C 基金会为例［EB/OL］．中国基金会网，2001-03-15．

开放 20 多年来在政府—社会权力对比格局中，政府始终处于绝对主导地位。这种环境为中国 NPO 的发展创造了必要的条件，同时也产生了有力的制约，使得中国 NPO 整体处于发育不良的状态。

二、制度环境：法团主义管理体制

制度环境是草根组织所直接面临的、具体的政策法律环境，它主要由国家针对社会组织所指定的相关法律、条例、办法、政策等组成，对草根组织的发展具有直接的作用。

（一）政策环境

1978 年之后，随着中国改革开放进程的不断深入，经典科学社会主义理论的部分论断已经很难解释日益鲜活和丰富的社会主义建设实践，于是逐渐形成了包括邓小平理论、"三个代表"重要思想和科学发展观等重大战略思想的中国特色社会主义理论体系。这一时期，中国慈善/公益事业应社会主义建设实践的需要而生，并在指导中国改革开发和发展全局的中国特色社会主义理论体系框架下，逐渐突破经典马克思主义的禁区，迅速发展。进入新世纪，社会主义和谐社会理论的提出为我国慈善事业的发展提供了理论依据与合法性。2004 年 9 月召开的中共十六届四中全会正式提出了"构建社会主义和谐社会"的概念，并明确指出"健全社会保险、社会救助、社会福利和慈善事业相衔接的社会保障体系"是提高党的执政能力的一个内容。2005 年，党的十六届五中全会审议通过的关于"十一五"规划建议中也提出了，"加强社会福利事业建设，完善优抚保障机制和社会救助体系、支持社会慈善、社会捐赠、群众互助等社会扶助活动"的任务。2006 年 9 月，党的十六届六中全会通过的《中共中央关于构建社会主义和谐社会若干重大问题的决定》，站在时代和全局的高度，深刻阐述了构建社会主义和谐社会的重要性和紧迫性，明确提出了构建社会主义和谐社会的指导思想、目标任务、工作原则和重大部署，并将完善包括慈善事业在内的社会保障体系作为构建社会主义和谐社会的重要任务之一。因为社会主义和谐社会内在的总的要求是"民主法治、公平正义、诚信友爱、充满活力、安定有序、人与自然和谐相处"，而要达到这一要求，需要解决许多诸如缩小贫富差距、城乡差距，保护弱势群体等社会热点与难点问题，而这些热点与难点问题的解决均有赖于我国慈善事业的发展。2007 年 10 月 15 日，胡锦涛同志在十七大报告中指出："要以社会保险、社会救助、社会福利为基础，以基本养老、基本医疗、最低生活保障制度为重点，以慈善事业、商业保险为补充，加快完善社会保障体系。"之后，历年党和政府的重要会议、重要文件中也多次从作为社会保障的重要补充的角度，谈慈善事业的发展。从中，我们可以清楚地看出党中央和政府始终是将慈善事业定位为社会保障制度的重要补充。民政部自2006年起至今发布了两个慈善事业发展指导纲要，分别是《中国慈善事业发展指导纲要（2006—2010）》和《中国慈善事业发展指导纲要（2011—2015年）》。两个纲要集中体现了政府部门对慈善事业的认识。《中国慈善事业发展指导纲要（2006—2010）》明确提出了发展慈善事业的总体要求、主要目标、工作原则、基本政策和措施。《中国慈善事业发展指导纲要（2011—2015年）》将慈善事业定位为中国特色社会主义事业和社会保障体系的重要组成部分，认为加快发展慈善事业，对于新形势下调节利益分配、缓解社会矛盾、促进社会公平、增进社会和谐，对于提高公民社会责任意识、营造良好社会风气、促进社会主义精神文明建设、增强民族凝聚力，具有重要作用；明确提出以邓小平理论和“三个代表”重要思想为指导，深入贯彻落实科学发展观，坚持党委领导、政府推动、民间运作、行业发展、制度规范、全民参与的发展方针，平等自愿、公开透明等基本原则和以社会主义核心价值体系为指引，以构建慈善文化为主要目标。总体而言，第二个纲要比第一个纲要对中国慈善事业的认识更深入、更清晰，并引入了社会主义的因素。

从宏观政策环境来看，国家对慈善公益事业的发展持大力支持的态度，按理说，这对草根公益组织的发展提供了一个良好的发展契机和政策环境。但由于政府对于慈善公益事业的性质没有达成共识，现实中政府倾向于把慈善公益事业控制在手中，以支持具有政府背景的公益组织为主，对于草根公益组织则是宏观上鼓励，微观上束缚。

（二）制度环境

长期以来，党和政府对来自民间的社会组织保持着怀疑、警惕的态度，对社会组织以实现控制为首要目标，在保障控制权的基础上，对社会组织加以利用，支持其发展。在这样的心态影响下，党和政府编制了一整套具有鲜明的国家法团主义色彩的社会组织监管制度①，其主要内容包括登记制度、管理制度、支持政策等。

首先，在社会组织的准入方面，我国采取双重许可制。许可制是指国家对社团的成立采取资格准入制度，社团的成立要得到国家有关部门的批准和登记，未经批准成立的社团为非法组织，国家对它们总体上采取禁止态度。许可制还可以分为“单一许可”“双重许可”乃至多重许可。其中，双重许可是指社团的成立不但要经过政府或地方政府相关机构的认可，而且还要到专门的登记机构去审批、登记才能成立。我国政府对社会组织采取的是双重许可制，

① 顾昕，王旭．从国家主义到法团主义——中国市场转型过程中国家与专业团体关系的演变［J］．社会学研究，2005（2）．

《社会团体登记管理条例》、《民办非企业单位登记管理暂行条例》、《基金会管理条例》等都规定，成立社会组织，首先要经业务主管单位审查同意，后经民政部门同意后才可登记注册，取得法律合法性。法律又规定业务主管单位是指“国务院有关部门和县级以上地方各级人民政府有关部门、国务院或者县级以上地方各级人民政府授权的组织，是有关行业、学科或者业务范围内社会团体的业务主管单位”。在实际运作中，由于业务主管单位要为所辖的社会组织承担很大的政治风险，使得它们不愿意成为社会组织的业务主管单位，导致大量缺乏政府背景的草根组织找到主管单位而无法注册，没有合法性。此外，现行法规还从社会组织的人数、场地、注册资金等方面设立了高门槛，规定“在同一行政区域内已有业务范围相同或类似的社会团体，新申请不予批准”。双重许可制度将缺乏政府背景的草根组织挡在了“合法”的大门外，丧失了最基本的生存权。工商注册、挂靠合法组织、借助个人关系寻求政府权威支持等手段成为草根组织寻找合法生存的策略。

其次，在社会组织的日常监督管理方面，实行登记部门与业务主管部门的双重管理制度。如《社会团体登记管理条例》第二十七条规定，登记管理机关履行下列监督管理职责：（1）负责社会团体的成立、变更、注销的登记或者备案；（2）对社会团体实施年度检查；（3）对社会团体违反本条例的问题进行监督检查，对社会团体违反本条例的行为给予行政处罚。第二十八条规定业务主管单位履行下列监督管理职责：（1）负责社会团体筹备申请、成立登记、变更登记、注销登记前的审查；（2）监督、指导社会团体遵守宪法、法律、法规和国家政策，依据其章程开展活动；（3）负责社会团体年度检查的初审；（4）协助登记管理机关和其他有关部门查处社会团体的违法行为；（5）会同有关机关指导社会团体的清算事宜。在实际运作中，业务主管单位对社会组织的内部运作，如人事、决策、重大活动等干涉太多，损害了社会组织的自主性和独立性。双重管理制度实际上将非营利组织置于政府的直接控制之下，因此，它不可能具备完整意义上的独立性或自治性，也绝不可能成为纯粹的民间组织。但另一方面，非营利组织毕竟不是政府机关，它成立的初衷就是为了满足社会需求，因而必然具有追求自治的内在冲动。双方的共同影响造就了中国非营利组织的半官半民性①，即处于政府直接控制之下的“自上而下型”的非营利组织同时具有一定程度的“民间性”，反过来，表面上应是纯民间组织的“自下而上型”的非营利组织实质上仍

① 王颖，折晓叶，孙炳耀．社会中间层——改革与中国的社团组织［M］．北京：中国发展出版社，1993.

然难以真正摆脱政府机构的控制①。因此，不少草根公益组织为了保持自身的独立性、自主性，宁可放弃民政注册，而选择工商注册。

第三，选择性支持。中国现行的社会组织政策法律体系体现了政府对社会组织的“选择性支持”。从生长路径上看，政府倾向于支持那些自上而下生成的，从政府体制内分离出来的社会组织；从功能上看，政府会选择支持那些为社会提供专业性公共服务的社团。政府为那些体制内的公益组织提供行政办公经费、办公和活动场地、解决工作人员的事业单位编制等。此外，体制内公益组织基本上垄断了税收优惠和公募权。如我国的基金会分为公募基金会和非公募基金会两种，公募基金会一般是具有政府背景，能够面向社会公开募捐；而非公募基金会大多由企业、私人等社会力量设立，不能向社会公开募集善款。在功能方面，政府倾向于支持与政府职能改革密切相关的，如工商经济、公益慈善、社会福利、社会服务类社会组织，或者政治风险较小的组织，如文娱、科技、体育和环保组织等，而对于法律类、维权类、倡导类等敏感组织则以控制和抑制为主。从国家对社会组织的选择性支持来看，自下而上的草根公益组织即使能顺利注册，获得合法身份，在实际的运作中也难以与具有政府背景的组织竞争。

现行的社会组织管理体制具有社会转型的色彩。中国公益组织的发展面对着与西方非营利组织发展完全不同的制度环境。在西方，非营利组织经过长期的发展，现处于政府、市场、社会三者空间相对均衡的制度环境中，而中国民间组织则是生成发展于改革开放、社会转型的制度环境中，是在经历了国家与社会高度合一的状态之后，随着政府职能转型而逐渐从国家领域分离出来的有限的、局部的和具有一定依附性的社会空间，在组织性质、登记管理等许多方面还延续着国家统一管理社会时期的模式②，它体现了国家对社会高度防范的取向，以维持国家对社会空间的有效控制作为首要目标。在法团主义的管理体制下，国家通过对合法性、公募权等稀缺资源的控制，以及政治、行政资源的辐射力约束社会组织的发展。由于国家的力量强大，已经获得国家支持或承认的社会组织拥有丰厚的经济、政治和社会资本，新兴的草根组织难以通过竞争撼动其垄断地位。因此，从总体上来说，现行的法律政策环境不利于草根公益组织的发展。

然而，中国民间组织的特点是与国家的边界交织，权利主要不是受到正式制度的保障，而是通过与国家的互动获得，有较大的弹性空间③。如社会组织的政

① 郑杭生．中国特色社会学理论的应用——当代中国社会的热点问题［M］．北京：中国人民大学出版社，2005.

② 王名，刘培锋．民间组织通论［M］．北京：时事出版社，2004.

③ 王名，刘培锋．民间组织通论［M］．北京：时事出版社，2004.

治合法性、行政合法性的获得，主要是与政府互动的结果。高丙中等研究者认为，中国的非营利组织有四种合法性，即社会合法性、行政合法性、政治合法性和法律合法性①。所谓社会合法性主要有三个基础：一是地方传统；二是当地的共同利益；三是有共识的规则或原理。行政合法性是一种形式合法性，其基础是官僚体制的程序和惯例，获得形式有机构文书、领导人的同意、机构的符号和仪式等多种。行政合法性是社团法人的前提条件，因为社团管理条例规定，一个社团必须先找到一个主管单位，才有可能申请为法人。政治合法性是一种实质合法性，它表明一个社团或其活动符合某种政治规定，即“政治上正确”。中国的草根公益组织在创立初期往往只具备有限的社会合法性，它们往往依靠有限的社会合法性，通过诉诸于政府官员的个人联系②，借用合法组织的牌子③，或借助官办、半官办社团甚至政府的行政网络④等策略寻求行政合法性；通过表明组织与国家政策、法律、意识形态、中心任务、价值取向等的一致，获得政治合法性。当草根公益组织在政治、行政和社会领域所具有的相当强的合法性和正当性，就成为他们获得法律合法性的前提，具备实现充分合法性可能。此外，对于那些具有社会合法性、政治合法性、行政合法性，但还没有达到法律合法性要求的草根组织，掌管法律合法性赋予大权的民政部门也采取了“不接触、不承认、不取缔”的“三不”方针，对其所开展的活动并不主动地加以干涉，这也为草根公益组织的生存和发展提供了制度空间。

三、非正式制度环境：文化模式转型

非正式制度是人们在长期实践中无意识形成的，具有持久的生命力，并构成世代相传的文化的一部分，包括价值信念、伦理规范、道德观念、风俗习惯及意识形态等因素。人是有思想的动物，人的行为受到思想的影响，慈善行为也是如此；而且慈善行为更多地与个人的价值观、道德观以及社会舆论联系在一起，所以更多地受到个人思想和社会文化的影响。当前，我国处于社会转型的加速时期，社会转型向深度发展，其表现之一，即为处于社会深层的，以人生观、价值观、道德观等为主要内容的文化模式的转型。文化转型指的是在大的历史尺度上

---

① 高丙中．社会团体的合法性问题［J］．中国社会科学，2000（2）．

② 和经纬，黄培茹，黄慧．在资源与制度之间：农民工草根 NGO 的生存策略——以珠三角农民工维权 NGO 为例［J］．社会，2009（6）．

③ 朱健刚．行动的力量——民间志愿组织实践逻辑研究［M］．北京：商务印书馆，2008．

④ 赵秀梅．中国 NGO 对政府的策略——一个初步的考察［J］．开放时代，2004（6）．

发生的主导性的文化观念、价值体系、文化习惯的总体性的转变。文化转型通常表现为对传统文化的认同和信仰的危机。后发国家的文化转型还常常表现为“西化”的压力，处于对传统文化的认同危机及“西化”压力的双重矛盾中，呈现多种文化形式的冲突、矛盾、复杂交织。“鸦片战争”既是中国社会由传统型社会向现代化社会转型的转折点，同时也是中国文化模式转型的转折点，是西风东渐、中国现代文化模式逐渐产生的起点①。从此正式开始了100多年的中国文化模式转型的艰难历程，以及随之而来的中西文化之争。1978年改革开放之后，中国的文化模式转型进入转型加速期，呈现出传统文化、现代西方文化、社会主义文化等多种文化形态并存、冲突、复杂交织的状态。在文化模式转型背景下，支撑当代中国慈善公益事业发展的，实际上有三种文化，分别为中国传统慈善文化、现代西方慈善/公益文化、社会主义文化。这三种文化的内容、特点、地位都有较大的区别。

（一）中国传统慈善/公益文化对当代公益事业的贡献

中国传统社会的文化模式可以简要地表述为：儒道互补，佛为中用；三教九流，尽显其中②。这里，“儒道互补，佛为中用”是指儒、道、释分别在不同时期占主导地位或在主导地位中占有一席之地，所谓“儒治世，道治身，佛治心”，所谓“据于儒，依于老，逃于禅”，都是说，儒、道、释三者以自己不同的社会功能而互补，以自己不同的方式加入到主文化之中去。儒学在主文化和亚文化中主要是以显文化的面貌出现；而道学和佛学在主文化中主要是以潜文化的形式出现，在亚文化中则主要是以显文化的形式出现。此外，传统社会事实上存在多姿多彩的亚文化如侠文化、节日文化、行业文化等，此所谓三教九流，尽显其中。因此，中国传统慈善/公益文化以儒家、道家、佛教三者慈善思想为主。在中国传统文化中，具有“慈善”内涵，或与“慈善”接近的概念主要有“仁爱”、“行义”、“义举”、“救济”、“施舍”、“慈悲”、“普济”、“布施”、“福田”、“行善积德”等，从概念中就体现儒家、佛教、道家等多种思想的渊源。

1. 儒家思想对于当代公益事业的价值

儒家文化是中国传统社会的主体文化，具有“重今生不重来世”的“入世乐生”精神，符合人们的世俗要求。它把道德上的自我完善作为价值起点，“把自我的身心和谐、人际和谐、天人和谐作为最高的价值追求，形成普遍和谐的思

① 郑杭生等．转型中的中国社会和中国社会的转型：中国社会主义现代化进程的社会学研究［M］．北京：首都师范大学出版社，1996.

② 郑杭生等．转型中的中国社会和中国社会的转型：中国社会主义现代化进程的社会学研究［M］．北京：首都师范大学出版社，1996.

维模式。这种思维模式注重综合以及事物之间的整体联系，具有明显的辩证思维方法和朴素的整体观、系统观①。这种普遍和谐的思维模式要求从我做起，即首先“正心”、“修身”，做到身心和谐。其次推己及人，达到人与人、人与社会之间和谐，所谓“齐家”、“治国”、“平天下”。再次，由人间扩展到自然界，实现人与自然之间的和谐。这种和谐精神不仅强调事物之间的同一性和整体性，提倡人与人之间的友善、宽容、和解，给人类带来和睦与和平。在传统型社会向现代型社会的转型过程中，儒家思想对于当代中国的慈善/公益事业还有许多值得挖掘的价值。

首先，儒家思想将道德上的自我完善作为价值起点，强调个人的道德修养。以孔孟为代表的儒家思想非常重视人格修养，其理想的人格目标是圣贤君子。而要实现该目标则必须立德，主张以道德意识作为人的根本属性，认为人如果不具备道德意识就不是人，就与禽兽无异。孔子说“仁者，人也”，人之所以为人就在于其有仁德。作为道德主体，自我不仅仅以个体的方式而存在，同时体现了类的本质。儒家的“义利观”的重义轻利、以义至上、以义制利，必要时“杀身成仁”，“舍生取义”。现如今，西方资本主义世界的社会发展实践已经证明，功利原则的不适当扩张，往往会引发拜金主义、唯利是图、人的商品化等异化和丑恶现象，从而对社会发展和人的发展产生不良影响。面临这一问题，儒家的“义利之辨”，则可以提供某些积极的、合理的文化因素，在一定程度上起到补偏救弊的作用。儒家义利统一、以义制利的文化传统便可转化为限制功利原则的不适当扩张、避免人的商品化。总之，儒家重视个人道德修养、强调自我完善的思想与当代社会投身公益事业，追求有意义的生活方式，完善个人身心、体现个人价值的理念是内在一致的。

其次，儒家提出“仁者，爱人”，认为提高道德修养的方式在于处理人与人之间的关系中。孔子提出仁者爱人，亲亲为大。具有道德的人首先要对与自己具有血缘关系的亲人、族人尽到责任和义务，此所谓施由亲始。但这并不意味着“仁”止于血亲，儒家学说进一步主张“不独亲其亲，不独子其子”，而应该“推己及人”，达到“亲亲而仁民”，形成“四海之内皆兄弟”、“老吾老以及人之老，幼吾幼以及人之幼，鳏寡孤独皆有所养”，实现人类社会的守望相助，天下大同，共为一家。对于“推己及人”的基础，儒家思想认为在于“人性本善”。孟子提出人皆有“不忍之心”、“羞恶之心”、“辞让之心”、“恻隐之心”，其中，“恻隐之心，仁之端也；羞恶之心，义之端也”。（《孟子·公孙丑》）因此，人

① 于怀超. 社会发展理论研究［M］. 北京：中共中央党校出版社，2002.

的恻隐之心、不忍之心才能够以他人的感受为自己的感受，以他人的需求为自己的需求，“己欲立而立人，己欲达而达人”，“己所不欲，勿施于人”，推己及人地，在帮助他人、成就他人过程中，实现自我道德修养的提高。“推己及人”作为一种自然而朴素的心理机制——“人同此心，心同此理”，具有坚实和广泛的社会基础，成为当代中国民众开展慈善、公益活动的心理基础，在陌生人社会中实现互相扶持的效果。儒家利人终利己的施善理念与现代公益事业的互惠利他是相通的。

第三，儒家还主张将“仁爱”扩展到自然界，达到“亲亲而仁民，仁民而爱物”（《孟子・尽心上》）的境界。重视天人关系，主张“天人合一”是儒家文化，也是中国哲学的基本精神，反映自然经济生产条件下，人与自然需要保持和谐统一的要求。在儒家思想中，强调人是自然的产物，人要依赖自然界才能生存、发展，人与自然共生并存。因此，儒家的仁爱思想不仅“爱人”，而且还从对生态资源、生态系统的保护出发，提出了“好生”等思想。孟子曾说：“亲亲而仁民，仁民而爱物。”儒家文化主张尽物之性，节制欲望，形成自然资源的良性循环。“数罟不入湾，鱼鳖不可胜食也；斧斤以时入山林，林木不可胜用也。”（《孟子・梁惠王上》）人类的生产活动，要有益于生态环境的发展，只有生态系统不断发展，自然界生物系统对人类的支持能力、供应能力才能不断扩大。这种价值取向与现代公益所追求的人与自然和谐相处是一致的。此外，儒家的“积极入世”“天下兴亡匹夫有责”“先天下之忧而忧，后天下之乐而乐”的强烈社会责任感和担当意识，也是中国当代公益事业所珍视的思想财富。

2. 佛教、道教等宗教文化对现代慈善公益事业的影响

佛教的“慈悲”“普济”“布施”“福田”、行善积德等都不同程度地包含了“慈善”的内涵。归纳起来，佛教的慈善思想主要有慈悲观念、修善功德观和因缘业报的行善积德说。(1) 慈悲观念。慈悲观是佛教教义的核心，也是佛教慈善渊源中最重要的内容。对于奉佛信众来说，必须胸怀慈悲，以慈爱之心给予人幸福，以怜悯之心拔除人的痛苦。佛门还进一步讲“大慈大悲”，把慈悲扩大到无限，扩大到一切众生。佛教徒应怀慈悲精神，以正、悟、智、善的慈航普度众生，实行“与乐、拔苦”的义举，为一切众生造福田。所以，佛教高僧都深怀大慈大悲之心，把赈济、养老、育婴、医疗等救济事业看成是慈悲之心的外化。(2) 修善功德观。修善功德观主要是出家的佛教徒行善的依据。佛门中有“十善十恶”之说，佛教徒以“十善十恶”为准尺，明善辨恶并求改过积德，产生一种崇贤尚善的力量。佛法对于修行实践的佛教徒在修善方面还有更高的要求：即“修三福”、“持五戒”、“修福田”、“布施”等。所谓福田，就是行善有如农民播种于田，必有秋收之获，多行善事于前，将会受诸报于后。劝导世人多行善

举，多积功德。至于布施，大乘佛教就认为，“以己财事分与他，名之为布；己惠人，名之为施”。它还将布施分为财布施、法布施和无畏布施三种。（3）因缘业报说。佛教认为，“业有三报：一现报，现做善恶，现受苦乐；二生报，今生作业，来生受果；三后报。或今生受业，过百千生方受业。”善恶行为的潜在力量在时空中承续相沿，生起一种“业力”，它将带来或善或恶、或苦或乐的因果报应，由前世引发至今世，并延伸至来世，便形成善业善果、恶业恶果的业报轮回。因缘业报说更具威慑力地规范着人们的善恶行为，缘于对来世受苦受难的恐惧，人们注重对自身的修养，广结善缘，尽量地积善积德，踊跃参加修桥补路等活动，使民间慈善活动和社会公益事业持续不衰。在当代中国大陆地区，佛教文化处于边缘化地位，影响人群主要限于宗教人士和普通的信徒、居士，以及社会中文化程度较低、年龄较大的民众，属于一种亚文化。

道家和道教，“赏善罚恶，善恶报应”等道德观念；“积善余庆”、“积恶余殃”以及“道法自然”等思想中蕴含了慈善思想。《太平经》的“承负说”亦成为后世慈善活动的依据。“承负说”是在“积善余庆、积恶余殃”的善恶报应论和天人感应思想的基础上发展而来的。它认为，任何人的善恶行为不仅自身有报应，而且对后世子孙也有影响；人的今世祸福也都是先人行为的结果。如果祖宗有过失，子孙也要承负其善恶的报应。如果自身能行大善，积大德，就可避免祖先的余殃，并为后代子孙造福；如果从恶不改，神灵将赏善罚恶，毫厘不爽。至于善恶相承负的范围是：承负前五代，流及五代。这种思想，在以血缘关系为纽带的中国封建社会，自有其特殊意义。在民间社会，人们暗暗地做好事、修阴功，其慈善活动的思想渊源即可上溯于此。由此而论，“承负说”的提出，不仅推动了后代道教众徒力行善事义举，而且在中国民间社会也产生较大影响①。

3. 传统文化中的慈善亚文化

在当代中国，“义卖”“义演”“义教”“义拍”“义诊”等都具有免费、慈善的内涵，从事慈善活动的志愿者还常常被称为“义工”。这种现象是对传统慈善亚文化的传承。美国人类学家雷德菲尔德在其发表的《乡民社会与文化》一书中提出：在较复杂的文明中，存在着“大传统”和“小传统”两个层次的文化传统。所谓大传统一般是指一个社会里上层的贵族、士绅、知识分子所代表的主流文化或者社会中的上层精英文化，而所谓的小传统是指一般社会大众所代表的生活文化。大传统的成长和发展主要靠文字、教育，而小传统则基本上是通过口传；大传统反映的是官方的权威与正统意识，而小传统则是由非官方的传统价

① 周秋光，徐美辉．道家、佛家文化中的慈善思想［J］．道德与文明，2006（2）．

值、规范以及习惯构成，反映的是社会的下层、非正式的民间意识①。“中国传统伦理文化中，存在着地主、文人、士大夫等统治阶层和思想阶层的‘大传统’与平民阶层的‘小传统’之间的分野，前者宣扬仁爱与礼教，倡导以‘仁’为核心的道德体系，后者则崇尚情义与平等，信奉以‘义’为特色的道德观。”②

在中国古代，人们常常把民间的各种善行称为“义举”，很多纯粹民间的慈善活动或具有慈善功能的组织常以“义”来命名，例如义仓、义庄、义田、义学、义渡、义冢、义埋、义葬、义赈等，常有“义举”之人被称为“义士”。与“仁爱”不同，中国古代民间社会的“义举”主要受到民间“义”道德观念的影响。“中国传统伦理文化中，存在着地主、文人、士大夫等统治阶层和思想阶层的‘大传统’与平民阶层的‘小传统’之间的分野，前者宣扬仁爱与礼教，倡导以‘仁’为核心的道德体系，后者则崇尚情义与平等，信奉以‘义’为特色的道德观。”③ 平民阶层的“义”是，主要用于处理外在于家庭、家族，包括邻里、同乡、朋友、同行等在内的同一等级内部人际关系的行为准则，包含仗义救危，守信重诺，抑强扶弱等道德规范。平民阶层之“义”追求不分亲疏厚薄的普遍之爱，与先秦墨家的“兼爱”神似，其源头乃墨家之“义”。墨子曰：“义，利也。”认为“义”的实质就是“利”，是“爱人利他”和“利天下”。墨子主张“兼相爱，交相利”，爱人者，利之也，爱乃利之本质内容，利乃爱之表现形式。通过利人实现爱人。亚文化中的是“义”，包含“忠义”“信义”“仁义”“侠义”等④。在中国古代也有思想家将对需要帮助者的帮助作为“义”（义务和责任）的内容，清代石成金《传家宝·人事通》说：“义者，宜也。为所当为，谓之义。如为子死孝，为臣死忠之类是也。其次则于宗族乡党之中，见有贫而不能婚嫁殡葬的，须当量力以赠之；见有遭难困苦、衣食不给的，须当量力以济之。见有含冤负屈，而不能伸的，须当出力率众慷慨公道以白之。至于修桥、修路、施药、施棺、赈饥、济乏、喜道人善、广行方便，皆义也。”⑤

（二）社会主义文化

现阶段，社会主义文化为当代中国公益事业的发展提供了一定的合法性支

① 邓万春．动员主体再造与客体多元化——基层组织动员个案研究［D］．中国社会学学术年会，2006 年．

② 肖立斌．中国传统道德中“仁”与“义”的对立统一［J］．道德与文明，2006（1）．

③ 肖立斌．中国传统道德中“仁”与“义”的对立统一［J］．道德与文明，2006（1）．

④ 杨江，赵晗冰．从伦理观看当代中西慈善文化差异［J］．当代教育理论与实践，2012（3）．

⑤ 石成金．传家宝全集［M］．北京：北京师范大学出版社，1992.

持，但从整体上来看，这种合法性支持还显得比较薄弱，不够充分、不够系统，并存在与经典马克思主义脱节的情况，总而言之，中国的社会主义文化还未能给中国公益事业提供坚实的文化支持。

我们先来看第一个问题，“社会主义文化为当代中国慈善公益事业的发展提供了一定的合法性支持”。这里包括两个层面，一个是从政府主导层面来说，另一个是从广大普通群体来说。从政府的角度来说，以改革开放为分水岭，政府对慈善公益事业的认识发生了大逆转。从新中国成立到20世纪90年代以前，由于经典马克思主义对慈善事业的批判和否定态度，我国政府将慈善事业定性为认为统治阶级笼络和缓和阶级矛盾的工具，麻痹和消弭无产阶级革命意志的重要手段，认为其与社会主义相对立，是对“社会主义优越性”的否定，因此彻底否定了慈善事业。改革开发后一段时间内，政府依然没有接纳慈善事业，而是自始至终保持了高度的警觉性，排斥着慈善事业。但由于环境所迫，政府无力包揽保障事业，只能试探着让慈善组织在社会上活动。一些有远见的长期从事民政工作的领导也开始尝试改革民政救济体制，明确提出了社会福利社会办的指导思想。20世纪80年代中期后，政府借助民间力量来辅助慈善救济事业的尝试收到了一定的成效。20世纪90年代中叶，改革开放进入关键时期，贫富差距不断拉大，社会问题日益突出，对民间慈善愈加强烈的现实需求，新中国慈善事业迎来了新的发展环境。1994年《人民日报》发表《为慈善正名》的社论标志着党和政府对于慈善事业的认识逐渐走向正面。之后，党和政府逐渐将慈善事业定位为社会保障制度的补充、社会主义和谐社会建设的重要力量等试图为慈善事业提供合法性。

实际上，当代中国的慈善/公益事业是改革开放和中国特色社会主义市场经济实践和理论发展的产物①，包括邓小平的社会主义初级阶段论、先富带动后富论、三大代表重要思想、科学发展观、社会主义和谐社会论等在内的中国特色社会主义理论体系为社会主义中国的慈善公益事业提供了一定的合法性基础。从改革开放的总设计师邓小平围绕如何实现共同富裕（先富带动后富）这一社会主义的奋斗目标逐渐涉及慈善事业的发展问题。邓小平从理论上基本扭转了无产阶级和中国共产党对于慈善事业的否定和批判态度，从宏观和战略的高度给予了它应有的地位。小平同志对慈善事业的判断源自于他的社会主义本质论和社会主义发展论。邓小平指出，社会主义的本质就是解放生产产力，发展生产力，消灭剥削，消除两极分化，最终达到共同富裕。先富的人和地区通过多种方式来帮助和

① 靳环宇．马克思主义理论中慈善事业观的演变探讨［J］．商业时代，2008（26）．

扶持落后地区和个人实现共同富裕，其中就包括通过慈善的方式。“三个代表”重要思想、社会主义和谐社会都从党的方针、路线、主张、发展目标等角度论证了社会主义慈善公益事业与党及社会主义的契合度，改变了慈善事业与社会主义不相适应，甚至是对社会主义优越性的否定这个判断。政府试图以邓小平理论、“三个代表”重要思想和科学发展观等为主要内容的社会主义文化来主导中国当代慈善公益事业的发展。这在官方话语体系、具有政府背景的公益组织中，中国特色的社会主义文化正在成为慈善文化格局中的主文化和显文化。

我国当代的慈善公益事业主要是改革开放后向西方学习的产物。最早推动中国公益事业发展的主要来自三方面力量：其一是政府中具有创新和改革意识的领导干部，尤其是民政部门的领导干部，他们通过到西方国家进行考察，引入慈善事业的理念和运作模式，在党和政府的支持下创办了具有官办背景的慈善公益组织。其二是精英知识分子，他们往往具有海外背景，或者出国留学，或者和海外交往密切，他们不仅成为西方非政府组织的理念和模式的最早的传播者，也成为国内草根公益组织最早的创建者。其三是来自国际非政府组织的直接推动，中国的改革开放，为国家非政府组织进入中国提供了便利，他们不仅带来了大量的资金，直接培育和推动一大批草根组织的成立，更重要的是，通过国际非政府组织的示范、引导，以及大量的能力建设项目，国际非政府组织将西方以公民社会理论为主的公益理念和模式引入中国公益界。当前我国慈善公益事业的文化基础则来源于西方以“市民社会”理念为核心的主流文化和价值观。客观地说，当前我国公益领域，西方市民社会理念逐渐夺取了文化霸权，并且非常强势①。

一般认为，公民社会是指介于国家、市场以外的社会公共领域，在某种意义上，公民社会与第三部门的概念是可以互换的。公民社会的基本内涵是以市场经济为基础，以契约文化为中轴，以尊重和保护公民的基本权利为主旨的社会自主领域②。公民社会理论的基本价值或原则主要是个人主义、多元主义、公开性、开放性、法制原则，它们构成了公民社会的文化特征③。(1) 个人主义。个人主义的假设一直是公民社会理论的基石。在“个人主义”的视角下，“原子式的个人”是社会生活的基本单位，每个人都是自足的实体，个体具有最高价值，是目的本身，个人先于社会而存在，社会只是个人的集合体，社会只是个人目的的手

① 康晓光主编．依附式发展的第三部门［M］．北京：社会科学文献出版社，2011.

② 吴俊斌．公民社会基础理论研究［M］．北京：人民出版社，2010.

③ 何增科．公民社会与第三部门［M］．北京：社会科学文献出版社，2000.

段，社会、国家是为了保障个人的权利或利益而组成的，除了个人的目的，社会或国家没有任何其他目的。(2) 多元主义。它要求社团组织的多样性，思想的多元化，主张权力分散于个人及社团之中，反对国家和他人干预其内部事务，保持个人及各种社团的自主性。(3) 公开性和开放性。政务公开化和公共领域的开放性是公众在公共领域进行讨论和进行政治参与的前提条件。(4) 参与性。强调公民参与社会政治生活和制约国家权力。(5) 法治原则。倡导法治原则是为了划分国家行动的界限，反对国家随意干预公民社会内部事务，从而确保公民社会成为一个真正自主的领域。

此外，西方思想都从不同角度为公益事业的发展做着理论辩护和合理性证明。其中社会影响较大的主要有中世纪基督教的博爱、谦卑、原罪等慈善思想；包括道德情感论、功利主义、义务论、互助进化论等在内，以人为本位、肯定人的价值、维护人的权利的近代人文主义公益观；当代，从社会救济和社会保障、法学、政治学、人类学、伦理学、社会责任运动、哲学等多学科提出了若干相关的思想和体系，如社会正义理论、社群主义、新公共管理理论、女性主义、生态主义等①，构成了西方现代公益事业的理论源泉。可见，现代西方公益文化内容之丰富。

在西方各种理论指导下，西方现代公益文化主要呈现出以下特点：(1) 强调公益组织的主要使命是形成对政治国家的制度化、规范化制衡，使自身免受政治国家的超常干预和侵犯，发挥保障公民的基本权利与防止专制和极权主义的屏障作用，其目的在于维护公民个人的自由。(2) “权利”概念成为西方现代公益事业的基石。西方现代慈善文化强调社会中的任何个体都应享有一系列的基本人权，这些权利是自然法赋予的，由宪法和各种法律制度保障的，是伴随着人的属性而产生的，是不可剥夺、不可转让的。可以将西方现代慈善文化概括为“基于权利行使和义务履行的善行”。行善既是个体行使其追求自身善的观念的权利，也是利益相关者履行自己的公民义务。西方现代公益理念中的“权利观”落实到行善对象的选择上，集中体现为“权利原则”——任何人都平等享有基本权利，因此任何人都应受到公平合理的对待，既不享有任何特权，也不履行任何不公平的义务，并且权利与义务相一致。根据权利原则，在现实操作过程中，西方公益组织主要按照权利缺失的状况来确立其行善对象。就帮助内容和行善方式而言，主要围绕“权利”这一概念来确定救助内容和选择行善方式。(3) 注重平等，认为如果能够实现人人平等，那么就能公平分配资源，这样就能够使得所有人都

① 卓高生．当代中国公益精神研究［D］．中山大学博士学位论文，2009 年．

有追求其自身善的观念的公平机会。从而实现“人人平等”成为善的最高境界。“平等观”体现在整个行善过程中，强调施助者和受助者双方的平等性，一方面提高受助对象的参与意识，另一方面在决策、实施、监测、评估各个环节增加受助对象的发言权。(4) 强调公益事业的专业化、职业化、去神圣化。(5) 在组织内部治理上强调以各利益相关方组成理事会治理维护者，注重组织的民主、分权、制衡和监督；在外部治理上注重国家法律、社会及第三方独立监督。(6) 在组织的功能定位上，认为第三部门独立于政府和企业的，是政府和企业之外为社会提供服务的主要力量，甚至在某种程度上，应该是比政府更重要的社会公共服务的供给者。它应该积极参与公共治理，参与公共政策的制定，并有效制约政府的权力，促进民主化、推进公民社会建设。(7) 在国家与社会的关系上，正如德国宪法所规定：国家以公民为本，由公民所缔造，应保障言论自由、游行自由、结社自由的基本人权，保障个人能够自下而上地参与国家事务；国家是自下而上反映公民声音的大众团体的体系，国家和社会不应对立，国家存在的合理性在于国家和社会的合作。所谓公民社会，并不是和国家对立的一种形式，也不是国家所统治之下的社会，而是独立的一种社会形态，能够独立于国家之外，又能够和国家合作，并积极参与①。

西方公益事业的思想基础归根到底是个人主义，是资本主义价值和理念的忠实守护者和传播者。个人主义是“一种政治和社会哲学，高度重视个人自由，广泛强调自我支配、自我控制、不受外来约束的个人或自我。……作为一种哲学，个人主义包含一种价值体系，一种人性理论，一种对于某些政治、经济、社会和宗教行为的总的态度。”② 在西方社会的文明进程中，个人主义作为一种生活方式、人生观和世界观，具有整体性和普遍性意义，它构成了西方人赖以把握人和世界关系的基本方式和存在状态。在公益领域，个人主义表现为对“平等、自由、人权”等价值的强调，以及在功能上维护西方私有制经济基础上的政治制度。西方现代公益思想的奠基人卡耐基在《财富的福音》一书中，明确提出发展西方现代公益事业以承认现行的资本主义私有制、市场经济、个人主义等制度和理念为前提，其目的也是在于维护现有制度和秩序，并继续在公益中坚持维护资本主义的个人主义理念。“非营利部门是美国社会价值的‘守护者’。非营利部门存在的本身就是美国根本价值观的鲜明体现——维护公民社会空间的自由，表达人的个性、思想和创造力。美国的非营利部门发展了多元化和个人自由主义。

① 王名等. 德国非营利组织 [M]. 北京：清华大学出版社，2006.

② 简明大不列颠百科全书 [M]. 北京：中国大百科全书出版社，1985.

这种作用超越了非营利部门在现实社会中的实用的服务功能，因为非营利部门存在和繁荣的事实本身就是对美国价值观的最大维护和最佳体现。”①

“个人主义”注重个人的主体性和价值，强调个人发展，尊重个人各种正当权利的实现，个人自由和个性的发展，具有其进步的一面。但是，资本主义私有制的发展已经表明，个人主义往往容易发展成为极端个人主义、极端利己主义，导致人人为己，人人将他人视为达到目的的手段，也将自己降低为“物”的层次，用马克思主义的表达方式，就是造成了人的“异化”、人与人关系的“异化”，人的片面发展，社会成为生存竞争的“丛林”。中西两种文化是在彼此相对独立的环境中形成的，分别具有一整套完整的理念和逻辑，在终极价值观方面两者都是非常成熟、自成体系的②。现代西方公益文化的个人主义倾向与我国源远流长的集体主义传统并不契合。此外，现代西方公益中的个人主义是以资本主义私有制经济、政治多元主义为基础，这和我国的公有制经济基础、人民民主专政的政治制度也具有本质的差异。这就决定了中西方公益文化具有本质的区别。

令人担忧的是，在当代中国的社会转型背景下，公益文化格局呈现西方市民社会理念逐渐夺取了文化霸权③，社会主义公益文化、传统慈善文化影响式微，一蹶不振。今天的中国还不具备令人满意的支持公益事业的文化基础，我们需要重建这种文化基础。但是还有很多人认为，重建中国慈善文化的唯一出路是“洋为中用”，说得更露骨一些就是“全盘西化”。诚然，现代西方公益文化不乏对中国公益事业的借鉴之处，如其对社会责任感、公民参与意识、权利观、平等、财富即责任、科学治理机制、外部监督机制、项目管理制度等都有值得中国学习和借鉴的地方，但支撑现代中国公益事业的文化绝不是“全盘西化”。因此，中国并不缺乏本土资源，相反我们拥有丰富的本土慈善文化资源。这也并不意味着中国当代的公益文化建设要“全盘复古”，而是在继承中国传统文化的基础上，坚守中华民族真正的文化之根的前提下，按照“古为今用，洋为中用”的原则，借鉴外部世界的一些公益理念，重建我们今天的慈善文化，支持我们现代的慈善事业。”④

① 卢咏．第三力量：美国非营利机构与民间外交［M］．北京：社会科学文献出版社，2011.

② 康晓光主编．依附式发展的第三部门［M］．北京：社会科学文献出版社，2011.

③ 康晓光主编．依附式发展的第三部门［M］．北京：社会科学文献出版社，2011.

④ 康晓光主编．依附式发展的第三部门［M］．北京：社会科学文献出版社，2011.

第二节　草根公益组织的自身障碍

一、发展起步晚、发育时间短，处于初创期

发展起步晚，发育时间短，总体上还处于初创期，这是我国草根公组织的的首要特征。我国的草根公益组织是在改革开放的背景下发展起来，它们大多“与境外在华资助机构开展的援助活动分不开，一大批草根组织通过在境外在华资助机构的项目资助得以发育和成长起来。”①另一方面，中国草根公益组织的兴起也和社会转型、市场经济改革、社会自由流动资源增多、社会问题增多等有关。最早的草根公益组织于20世纪80年代中后期出现，如1988年红枫妇女心理咨询服务中心成立，是最早的草根公益组织之一。90年代后，自然之友（1993）、北京农家女文化发展中心（1993）、北京星星雨教育研究所（1993）等一批草根NGO相继成立，它们在环保，社会服务等公益领域开展的活动引起了公众的注意。1995年世界妇女大会在北京的召开为中国草根公益组织的发展提供了契机，对处于萌芽状态的中国草根组织起了催化剂的作用。世妇会期间，中国很多人民团体、社会团体、学者和政府官员都参加了世妇会的公益组织论坛，与国外的公益组织有了正面接触。这次大会的召开及媒体的报道直接引发了少数精英创办真正公益组织的冲动。中国草根公益组织开始从后台走向前台，数量逐年增多。早期中国的草根公益组织主要集中在北京、云南等地，活动领域集中在妇女、环保与扶贫等领域，公益组织的领导人多为体制内精英，草根公益组织的资金也主要来源于境外资助机构。进入21世纪，随着市场经济改革的不断深入，社会自由流动的资源增多，同时社会问题凸显，草根公益组织迎来了迅速发展的时期。尤其是2008年汶川地震，巨大的灾难引发了草根公益组织的喷井，大量的草根公益组织应运而生，围绕着抗震救灾、灾后重建等开展活动。近年来，随着企业对公益领域的支持、非公募基金会的兴起、社会企业理念的传入，越来越多的年轻人投身公益创业的领域，为草根公益组织的发展输入了大量新鲜血液②。经过十多年的发展，目前中国的草根公益组织已经遍布全国31个省市自治区。活动领域由传统的妇女、环保与扶贫扩展到流动人口、艾滋病、法律援助、残障儿童、孤儿与罪犯子女的教养等各个公共服务领域。大多数学者估计，中国草根公益组织其总

---

① 邓国胜．中国草根NGO发展的现状与障碍［J］．社会观察，2010（5）．

② 王名主编．中国民间组织30年：走向公民社会［M］．北京：社会科学文献出版社，2008．

体数量在 100 万到 150 万之间，也有的估计是民政注册社会组织总数的十倍。

但总体上看，我国草根公益组织起步较晚，发育时间尚短，大多数仍处于初创期。根据腾讯公益基金会、南都公益基金会、刘鸿儒金融教育基金会联合零点研究咨询集团 2010 年共同发起并合作进行的，以草根公益组织为研究主体的“中国公益人才发展现状及需求调研暨素质能力模型建模”项目（以下简称“2010 年公益人才调查”），在调查的 451 个公益组织中，77.6%诞生于 2000 年以后，其中 2005 年之后诞生的组织更是高达 46.8%①。管中窥豹可见一斑，一个局部性的调查也反映了当前我国草根公益组织是以处于初创期的公益组织为主体的现实。管理界普遍认为，组织像任何有机体一样，存在生命周期。一般来说非营利组织包括四个阶段，即创立期、成长期、成熟期和衰退期，各阶段表现出不同的特点，都面临某种危机和管理问题，都要采用一定的管理策略解决这些危机以达到成长的目的②。对于草根公益组织来说，初创期的主要问题是实现生存和独立运作，成长期的主要危机是治理危机，主要面临规范化、制度化治理的压力。

中国草根公益组织自身存在的种种问题，大多和整个草根公益组织群体、乃至整个公益行会处于初创期相关，认识、理解草根公益组织的种种策略和行为不能离开其处于初创期这个背景。

（1）组织使命的模糊性。草根公益组织以生存为先，只看哪个领域钱多，就做哪个，或者哪个领域时髦，就做哪块，结果自己也不知道自己这个组织是做什么的，组织为什么要存在，缺乏使命感③。组织使命模糊、不清晰，也在于公益组织中的领导管理层对宏观社会发展现状和走向等问题，及组织本身所拥有的条件、优势认识不清，不能准确把握两者之间的契合点，而不断地寻找组织的定位、不断地变化组织使命，尤其是当设定的组织使命在现实中遭遇困境时。

（2）规模小。根据“2010 年公益人才调查”，从全职人员规模、资金规模和项目规模上看，机构均比较弱小，近半数的机构全职人员在 3 人以下，其中还有 10%的机构无全职人员，项目数量也以 1～3 个为主，机构的年资金规模更是有 55%在 50 万以下④。

---

① 腾讯公益基金会、南都公益基金会等．2010 年中国公益人才发展现状及需求调研报告［EB/OL］．腾讯公益网，2010-12-17.

② 陈晓春．市场经济与非营利组织研究［M］．长沙：湖南人民出版社，2001.

③ 杜志莹，宋宗合．草根 NGO 面临五大组织障碍，缺使命感留不住人才［J］．公益时报，2009-10-14.

④ 此项调查中，包括未注册的、工商注册的和民政注册的草根公益组织占样本总数的 66.5%，其余还包括官办公益组织、境外组织等。

（3）在内部治理上精英主导。初创期的组织很多依靠个体精英的强烈意志、组织能力、个人关系与社会声望，没有良好的治理结构或决策程序，组织的生存和发展高度依赖创始人或主要负责人，正所谓“成也萧何败也萧何”，导致组织发展面临许多风险，发展也不稳定。

（4）知识困境、专业化程度不高、能力弱。很多人是凭借一腔热血进入公益领域，缺乏从事公益的所学的专业知识、能力，加之草根公益组织人员的年轻化倾向，资源和经验都较为欠缺，导致整个组织执行能力、管理能力、自主生存能力等都还比较差，工作效率较低。“真正活跃的、有能力承接政府转移职能、有能力实施项目的草根公益组织数量非常有限。”①

（5）竞争力低、项目品牌、组织形象、公信力等都处于建设中。处于初创期的草根公益组织难以与官办公益组织进行竞争，它们很难形成项目品牌，组织形象还在塑造中，由于内部管理不规范，也缺乏公信力。

（6）缺乏合作，碎片化生存。由于目前中国的草根公益组织普遍规模小、能力弱，因此更需要合作，优势互补。然而，现实中绝大多数公益组织之间的合作很少。“民间组织网络化水平低，一定程度上呈碎片化。政府限制联合和限制地域性分支机构的建立的政策，抑制了民间组织的发展壮大。中国民间组织总体呈现分散化生存态势，相互的联系可能更多是会议、培训，很难就共同行动和共同行为准则达成一致。”②

二、西化倾向明显、本土特色不足

导致第三部门西化特征的根本原因是市场化改革和对外开放，它给中国带来了广泛而深刻的变化，这些变化遍及经济、社会、政治和文化领域，正是这些变化共同塑造了当前中国大陆第三部门的西化特征。一方面，社会的转型为第三部门的发育提供了需求的“拉力”。另一方面，转型中大学教育内容的西化、中产阶级的兴起、自由资源出现以及政治环境的变化又为第三部门的发展提供了巨大的“推力”。在这种“推拉”的双重作用下，中国的第三部门开始呈现出一系列的“西化”特征③。具体到中国的草根公益组织，其西化特征与草根公益组织的兴起背景、资源来源、创始人特征等直接相关。“中国草根公益组织的发展与境

① 邓国胜．中国草根 NGO 发展的现状与障碍［J］．社会观察，2010（5）．

② 王名主编．中国民间组织 30 年：走向公民社会［M］．北京：社会科学文献出版社，2008．

③ 康晓光，韩恒．行政吸纳社会——当前中国大陆国家与社会关系在研究［J］．中国社会科学，2007（2）．

外在华资助机构开展的援助活动分不开，一大批草根组织通过在境外在华资助机构的项目资助得以发育和成长起来。”①草根公益组织的境外资助背景使其不自觉地按照西方价值理念和公益模式进行运作、管理。其次，草根公益组织精英色彩浓厚，组织发起人或主要负责人的思想、价值取向对组织的西化特征也产生了深刻影响。中国的草根公益组织，大多由一两个社会精英发起，这些创始人大多具有高学历、高素质与杰出的才能②，其中很多本身就是中产阶级，接受了西方价值观念，并把西方第三部门公益的理念和运作模式作为中国公益组织运行的“样板”进行模仿。中国草根公益组织的西化特征主要表现在指导理念的西化、组织层面的西化、行为特征的西化、功能方面的西化等方面。

（1）指导理念的西化。总体上来看，当前中国的草根公益组织，基本上接受了西方的价值观，在理念层面已经基本被西化，尤其是在“显性”或者“宣称”层面③，普遍以西方的公民社会理论作为组织发展的指导思想。这具体体现在，首先，在组织使命上，常常宣传以构建或促进公民社会建设为组织使命。其次，接受了西方公益的权利观、平等观，强调受助者的权利，以及施助双方的人格、尊严的平等，倡导人人公益。第三，接受了公益事业应该专业化、职业化的理念，一些草根公益组织缺乏远大的理想，缺乏对行业的引领、对社会责任的担当，往往只沉浸于自己找到的某个特定项目和某种特定职能之中，只专注于自己的专门目标，而对自己在整体社会中所承载的使命和责任不进行充分的认识和自觉的承载，缺乏对更为广阔的时代精神和社会责任作出回应的表现。

（2）在组织结构上，照搬西方的理事会治理制度，强调组织的民主、分权、制衡和监督。但在实际运作中，理事会治理中却遇到了严重的障碍，或被架空，或徒具虚名，只是偶尔会给组织提一些建议，充当顾问的角色，甚至理事会形同虚设，成立之后，从不开理事会议，导致有结构无功能的现象。

（3）在功能定位上，草根公益组织以独立的第三部门自居，认为第三部门是政府和企业之外为社会提供服务的主要力量，甚至在某种程度上，应该是比政府更重要的社会公共服务的供给者。它应该积极参与公共治理，参与公共政策的制定，并有效制约政府的权力，促进民主化、推进公民社会建设。

（4）与政府的关系上，很多草根公益组织对政府抱着抵制情绪，认为国家与

① 邓国胜．中国草根 NGO 发展的现状与障碍［J］．社会观察，2010（5）．

② 康佳玲等．游走于理想和现实之间——上海地区草根 NGO 生存状态调研报告［J］．南风窗，2010（24）．

③ 康晓光，冯利主编．2011 中国第三部门观察报告［M］．北京：社会科学文献出版社，2011．

社会是相互制衡的关系，公益组织是独立的第三部门，为了保持组织的独立性，防止政府的干预，草根公益组织往往与政府部门保持距离，不屑与政府交往、合作。

对于中国本土丰富的慈善公益资源，草根公益组织或者是意无意地忽视了，或者是采取蔑视的态度，觉得中国的传统都是过时的，只有学习西方的公益理论和模式，才是现代公益，才代表先进，才能真正与国际接轨。因此，大多数草根公益组织对于所谓的“国际先进理念和模式”缺乏应有的反思和批评，反而是盲目模仿、照抄照搬，对于中国本土的公益慈善资源缺乏自信，更缺乏理论自觉性。然而，中西方公益组织所面临的发展环境、任务截然不同，决定中国草根公益组织的发展路径也不同。而盲目照搬西方，只能使身处中国转型社会复杂背景下的草根公益组织陷入水土不服的困境中。草根公益组织发展面临诸多困境，从根本上说是盲目照搬西方公益理论和运作管理模式的结果。因此，中国公益组织实现发展的根本在于寻找到适合草根公益组织发展的本土化特色道路。

虽然，西方色彩浓厚、本土特色欠缺是草根公益组织整体的特点，但其中也不乏一些具有反思批评精神和创新精神，具有本土意识、理论自觉性的草根公益组织在实践的过程中，秉承“立足现实、开发传统、借鉴国外、创造特色”原则，不断摸索、创新，走出了一条与西化道路不同的发展道路，显示了中国草根公益组织的智慧。本书就选取了这些在中国特色本土化的发展道路上不断探索和创新的草根组织的公益实践为例，在此基础上，探讨中国转型社会背景下，草根公益组织的中国特色本土化发展路径。在具体研究上，我们将草根公益组织的发展视为与突破各种发展困境相联系的资源动员机制、内部治理机制和内部激励机制的发展。

第三章　草根公益组织的资源动员机制

资源是草根公益组织生存、发展、实现组织使命的关键和保障。有效调动资源是草根公益组织实现生存和发展的第一步。因此，考察草根公益组织的发展，我们从资源动员开始。

以往的文献在探讨公益组织的资源动员时，往往仅将资源限定在资金、物资、设备等有形资源上，而本文的资源却是相对广义的概念，不仅包括有形的资金、物资、设备等，还包括无形的合法性、权威性、专业知识和能力、经验、社会网络、公共关系、公信力等对于草根公益组织的生存和发展发挥关键作用的东西，其中又以资金与合法性为最。

在本章，我们将以社会转型理论与系统论相结合为分析框架，梳理个案组织资源动员的发展历程和资源动员机制的特点；然后结合相关理论对草根公益组织资源动员的发展进行解释；最后，分析草根公益组织资源动员机制发展的一般规律。

第一节　资源动员发展的分析框架

对于资源动员的研究，目前学界侧重研究动员方式的变迁，其中的焦点是现代动员方式与传统动员方式的区别，以及动员环境变化对动员方式的影响，社会转型成为动员研究的一个重要视角。

一、社会转型视角下的动员研究

中国学者一般把改革开放前的社会动员称为传统社会动员，而把改革开放后的社会动员视为现代社会动员。“梳理中国共产党在革命、建设和改革不同时期的动员历史，不难发现一个明晰的发展趋势：由革命时期的军事动员到新中国成立初期的政治动员，再到改革开放以后的社会动员”，① 其中体现了动员的两种

① 唐明勇，孙晓晖．危难与应对——新中国视野下的危机事件与社会动员个案研究［M］．北京：中共党史出版社，2010.

基本模式：一种是以政治为核心，以集中统一、自上而下层层动员、人民群众的广泛发动为主要手段和表现形式的传统社会动员；一种是以利益为杠杆，以政策引导、制度激励、社会的自主参与为主要手段和表现形式的现代社会动员①。传统社会动员与现代社会动员相比较，差别是明显而突出的②：首先，社会动员的内容不同。传统社会动员的内容主要是政治内容、革命内容、阶级斗争的内容，内容相对比较单一。传统社会动员的内容是为当时党的中心工作服务的，是当时我国社会发展的需要。现代社会动员的内容，主要是社会主义现代化建设的内容，经济内容是中心，政治的、文化的内容与经济内容结合在一起，通过党的“一个中心，两个基本点”的基本路线集中体现出来，内容相对全面、综合。其次，社会动员的方式不同。传统社会动员方式，主要是一种组织动员、领导动员、层层动员的方式。这种动员方式是适应革命战争时期的集中统一需要的，也适应了解放后计划经济体制的特点。现代社会动员适应现代社会的发展，出现了传媒动员、竞争动员、参与动员等多种方式。第三，传统的社会动员理论是动员主客体界限分明、具有明显单向性的动员形态，即政府组织为动员主体，人民大众为动员客体，两者一般互不渗透；现代的社会动员理论则强调了动员客体的主体性地位，即主客体之间的界限并不是很分明，不再是过去明显的单向性特点而更加重视主客体之间的双向交流与沟通，即动员的“双主体论”③。

学者们也指出，虽然现代社会动员与传统社会动员具有明显的差异，但是现代社会动员从传统社会动员中发展而来，保留了传统社会动员的深厚传统，并受制于社会转型期的宏观结构。因此，“对目前中国资源动员手段、策略、方式的探讨，不能隔断动员传统的延续，更不能脱离总体社会结构转型的语境。”④ 对于社会转型背景，学者们集中探讨了资源配置方式和社会结构转型对资源动员方式的影响。如孙立平等在《动员与参与：第三部门募捐机制个案研究》⑤ 一书中将公益组织资源动员的实践放在社会结构、资源配置的宏观背景中，以希望工程的资源动员为案例，提出了“组织化动员”和“准组织化动员”两种动员方式。

---

① 中共四川省委党校课题组．西部大开发中社会动员与大众参与的现状分析［J］．天府新论，2006（4）．

② 郑永廷．现代思想道德教育理论与方法［M］．广州：广东高等教育出版社，2000．

③ 唐明勇，孙晓晖．危难与应对：新中国视野下的危机事件与社会动员个案研究［M］．北京：中共党史出版社，2010．

④ 刘威．慈善资源动员与权力边界意识：国家的视角［J］．东南学术，2010（4）．

⑤ 孙立平，晋军，何江穗．以社会化的方式重组社会资源——对“希望工程”资源动员过程的研究［D］．中国扶贫论文精粹，2001．

孙立平等人认为，国家垄断社会资源的计划经济体制、“总体性社会”中的再分配制度和单位制构成了组织化动员的基础①。改革开放前，中国社会是一个“总体性社会”，国家垄断了全部的稀缺资源，并控制着整个社会的资源分配和管理，社会动员紧紧地依托政治与行政组织进行，是一种“组织化动员”，其特征为：动员者与被动员者之间存在一种隶属性的组织纽带，动员者往往掌握了对被动员者而言至关重要的稀缺资源，被动员者事实上处于无从选择的被动地位。改革开放后，中国进入“后总体性社会”，社会出现了“自由流动资源”和“自由活动空间”，国家控制资源范围缩小、力度减弱，但通过间接的、非正式的方式，行政和政治体制对资源配置仍然具有巨大影响。在社会动员方面，组织化动员方式出现了相当的局限性，而纯粹社会化动员仍条件不成熟，效果欠佳。因此，以社会化、市场化的运作方式将体制内外的资源紧密结合起来的“准组织化动员”成为“后总体性社会”的有效动员方式。作为“后总体性社会”的特有产物，“准组织化动员”与组织化动员既存在显著的差异又具有某种连续性：它面向社会，面向市场，但又不纯然是市场化、社会化的，而是在具体的运作中，利用了体制内的力量，与行政力量之间具有十分微妙的关系。

还有学者指出，改革开放以来，动员形式由“政治意识形态和领袖权威崇拜”主导的群众运动转向以追求实际利益为轴心的市民选择②；动员主客体正由政治体系“对社会动员”转变为“由社会自主动员”③。在转型社会中，社会动员方式的突出特点是：传统和现代并非如此泾渭分明、非此即彼而存在，而是杂糅在一起，我中有你，你中有我，呈现出一种复杂的过渡色彩，这是由转型期的社会结构和资源配置方式所决定的④。

二、动员系统论

在系统论的视域下，社会动员是一个由动员主体、动员客体、动员方式、动员环境以及动员任务等各要素组成，具有相关结构和功能的有机系统。动员系统要素及其关系、结构的不同，则决定了动员系统的不同。

---

① 孙立平等．动员与参与：第三部门募捐机制个案研究［M］．杭州：浙江人民出版社，1999.

② 邓万春．社会动员：能力与方向［J］．中国农业大学学报，2007（1）.

③ 龙太江．从“对社会动员”到“由社会动员”——危机管理中的动员问题［J］．政治与法律，2005（2）.

④ 孙立平等．动员与参与：第三部门募捐机制个案研究［M］．杭州：浙江人民出版社，1999.

（1）动员主体：动员主体是动员活动的启动者、发起方和组织人，在动员活动中处于主导性地位，其核心任务是进行动员决策，即担负着对动员活动的设计、实施、检查、总结和重新组织新过程的任务。社会动员的成败优劣一定程度上决定于动员主体的结构情况，决定于主体组织及其人员的素质，决定于主体如何管理和提高。

（2）动员客体：动员客体是动员主体的活动对象，即被动员者。动员客体也有组织和个人之分。组织化的群体，动员难度和成本相对较小，而个人往往带有分散性和无组织性，动员的难度和成本相对较大。动员活动能否顺利开展乃至最终成功，一定程度上也取决于社会大多数成员思想和行动的服从情况和配合程度，而这些最终取决于动员活动的客体结构及客体素质。

（3）动员关系：动员关系指的是动员主体与客体之间的关系性质，往往决定了动员手段、方式的采用。动员主体与客体之间的关系有静态和动态之分。从静态结构分析，动员主体与客体之间的关系有平等和不平等之分：当动员主体与客体之间关系平等，动员往往基于自愿原则，以宣传、引导、说服、教育等为主；当主体与客体之间关系不平等，主体处于强势，客体处于无从选择的弱势地位时，动员则可能滑向强制、压迫；当主体处于弱势，而客体处于强势时，动员则考验智慧和耐心。从动态的角度看，主客体之间的关系存在是否可以转换的可能。

（4）动员方式：动员方式是动员主体为实现特定动员目标对动员客体所进所采月的动员策略、手段的总称。动员方式是连接动员者和被动员者的中间桥梁，在动员活动中起着黏合剂的作用。动员方式存在的必要性在于，动员主体自身的力量、资源相对不足，以致无法实现组织目标，而作为动员客体的社会相关成员积极性和主动性欠缺，处于不活跃的状态。动员方式通过连接动员主体与客体凝聚、塑造并直接决定动员活动结构，它实质上反映了动员主体与动员客体之间消弭隔阂、填补鸿沟、趋向认同和一体化的过程。动员方式影响、制约和规范着动员目标，并决定着动员功能的发挥。日常用语中的宣传、教育、发动、组织、鼓动、控制、运动等词语正是关于动员方式的形象化描述。现代社会的动员方式主要有宣传动员、组织动员、参与动员、教育动员、引导动员、示范动员、竞争动员等。

（5）动员环境：动员环境，就是指社会动员所面对的环绕在动员对象周围并对其产生影响的客观现实，主要来自政治、经济、文化和社会等各个领域。动员环体之外的其他社会动员要素都处在一定的客观现实之中，从根本上说都是这些现实环境和条件的产物。因此，发挥动员环体的影响作用，必须认真分析和研究动员活动的场所、环境和条件，努力创造和完善符合动员目标的动员环境。

（6）动员任务：动员任务即动员目标，动员任务一般是促使特定对象形成或改变一定的价值观念、态度与期望，从而产生持续性的参与行为或其他预期行为。动员任务的设定应和动员主体的实际情况相适应；动员任务重要性、难度等往往影响到动员方式的选择；动员任务的完成情况是对动员系统功能的检验。

动员系统论是一个偏向中观的分析框架，动员系统中各动员要素的变化，动员要素排列、组合的不同，都会使整个系统发生变化。因此，它适合用于研究进行社会动员的差异性。

三、“社会转型+动员系统”分析框架

社会转型视角为社会动员研究提供了一个宏观的分析框架，方便我们把握转型期社会动员的总体特征和一般趋势。然而，社会转型不仅带来了宏观动员环境的变化，也导致了动员系统各要素的变化：动员主体和动员客体多元化、动员主客体关系复杂化、动员方式中传统与现代依存、动员目标多元并分散等。动员系统各要素的变化必然带来整个社会动员系统变迁，呈现复杂性、内部差异性。表现为：不同的动员主体可能具有不同的动员系统；同一个动员主体，面对不同的动员客体时，可能采用的是不同的动员方式；同一个动员主体，面对同样的动员客体，但动员任务不同，整个动员系统也会有差别……因此，要更加深入、细致地考察转型期公益组织的资源动员的丰富性和动态性，还需要在社会转型理论宏观视野中，加入一个相对中观层次的分析框架，即动员系统论。

对于草根公益组织的资源动员，我们将采用社会转型理论与系统论相结合的方式，将草根公益组织的资源动员视为一个系统，在这个系统中，草根公益组织为动员主体，草根公益组织的动员对象——政府、基金会、企业、媒体、社会公众、事业单位等为动员客体，合法性、资金、人力、物力、经验、专业能力等草根公益组织所急需的资源为动员任务，草根公益组织所采用的动员策略、方法、途径等为动员方式，社会转型背景下的经济、政治、社会、文化等条件为宏观动员环境，社会转型对草根公益组织动员系统的直接、具体的影响为微观环境分析。

第二节　B组织资源动员发展的历程

在短短七年时间里，B组织能够从一个工商注册的，只有三五个人的“企业”公益组织，发展成为一个筹资百万左右，在省内外具有一定知名度和影响力的草根公益组织，其中的关键因素之一就是，团队在实践中积极学习、勇于探索不断地丰富和创新资源动员方式，为整个团队的生存和发展提供了资源保障。总

结起来，在这六年的发展历程中，团队主要经历了五个资源动员时期：2006年3月——2007年10月，“市场化动员”阶段；2007年11月——2008年5月，私人化动员时期；2008年5月——2010年1月，以私人化动员和业内动员为主；2010年2月——2012年6月，“准社会化动员”为主的，私人化动员为基础和配合；2012年7月——至今，“准社会化动员”为主体，私人化动员为基础和配合，市场化动员发展和补充的多元化动员时期。

一、工商注册的“公司”：市场化动员为主

市场化动员指的是公益组织遵从市场机制，采用经营行为，主要通过市场交换获取组织运作所需的资源的动员方式。B组织最初采用的是工商注册，市场化运作进行资源动员以支持公益活动。2006年3月，由几个硕士毕业生自我动员、共同出资，工商注册成立以“公司”为名的非营利机构。之所以选择工商注册，据创始人Z介绍，主要有两个方面的原因：一是，注册非营利机构太难、太麻烦，他们没有这样的资源和能力。二是，希望通过企业经营的市场化方式来筹集资源，自力更生，开展公益活动，以保持公益的独立性和持续性，避免一味地依赖社会资助的传统公益模式。

> “当初就是想做公益事业，并不想注册什么公司”，“但在现实的中国，注册非营利性机构太难、太麻烦，甚至根本就不是我们几个学生所能做到的。工商注册的企业身份则比较简单快捷。因此我们就注册了公司，来做这个文化事业。”
>
> “如果这个事业要可持续发展，那么不管我们是不是企业，不管企业是不是应该追求‘利润最大化’，我们都要有经济支撑点，我们必须赚钱。我们拒斥‘唯利是图’的时候，不能连‘图利’都否定掉了，不能走到另一个极端——‘唯义是图’，除非我们有源源不断的无偿资助——即使这样，也不是我们所欲的，我们还是希望自己解决生存和发展的问题，而不是一味依赖社会资助。”（资料来源：创始人的2010年7月5日的反思博文《我们的路为什么越走越窄》）

由于我国社会组织双重管理制度的限制，纯民间的非营利组织缺乏政府背景，难以找到愿意为之负责的业务主管单位，也就难以在民政部门注册，而处于“非法”状态，随之而来的是资源获取、开展活动困难。不少非营利组织则采取了“曲线救国”的策略，在工商部门进行登记，一定程度上解决了组织的身份问题。然而，工商注册的身份同样也会给公益组织带来许多困扰。B组织在开展公

益活动时常常因其“公司”的身份被社会公众和合作方等质疑，而使公益活动的实施开展受到一定影响。

> “我们在策划组织知名学者巡回学术演讲时，不管是邀请学者，还是联系学校，都碰到这个问题：你们是什么机构？是‘公司’？——潜台词我想大家都清楚：一个公司怎么来搞学术交流？是不是搞商业化运作，靠神圣的学术来牟利？由此，人们往往有一种近乎本能的拒斥。”即使机构组织者忙不迭地解释：“我们虽然是公司，但是不以盈利为目的；我们是几个热心学术交流的学生，不会把学术交流搞成商业运作。”但人们往往还是将信将疑，“后来我们在联系学术活动时，干脆就避而不谈‘公司’背景，而是以‘B 组织’的名义，免得多费口舌了。但是心细的人还是会追问下去，我们还是要费力地解释。”（资料来源：创始人的 2010 年 7 月 5 日的反思博文《我们的路为什么越走越窄》）

在社会的共识中，“公司”、“企业”的组织形式往往就是以“追逐利益的最大化”为目标，和非营利，甚至公益、慈善没有联系。因此，当公益组织以“公司”、“企业”组织形式出现时往往不具有“合法性”，甚至人们往往会认为这是“打着公益的旗号，做着利己的事情”，而遭到社会公众的质疑，使这类公益组织陷入“合法性危机”和“信任危机”。这实际上是“组织外形化”的现象，即组织形式与组织运作不一致的现象。近几年，用商业手段解决社会问题的社会企业新理念得到了广泛传播，也得到了公益界和商界的认可，被认为是社会公益慈善的 2.0 升级版，许多传统公益组织纷纷进行尝试，社会企业之风在公益界正盛。回过头来看，Z 和他的伙伴们在 2006 年做的“文化公司”，其经营理念就是现在所说的“社会企业”，只是，当时还不被普通大众所理解所接受，因此显得超前，而处于无法让服务对象、合作伙伴认同，甚至无法说服自己的困惑中。

> “社会公益不应该是企业的责任和目标，企业的目标应该是利润最大化。企业就应该唯利是图。很多朋友提醒我，让我注意企业的角色和定位。每当这个时候，我往往会一时语塞。是啊，企业的目标就是利润最大化，这是教科书里面的常识，也是社会的共识。如果企业不以盈利为目标，而追求公益——那是政府或非盈利机构的事情，那岂不是角色错位了吗？企业不像企业，岂非怪胎？社会岂不乱了“纲常”？
>
> 每当这个时候，我往往会脑筋一转，抢白一番：为什么企业就不能不以追求利润最大化为目标，就不能追求社会公益？社会、企业为什么不能多样

化、多元化，我们难道没有不盈利的权利和自由吗？为什么追求利润最大化的“唯利是图”行为和思想，是大家所接受和赞赏的，被认为是社会“正途”；而追求公益的企业行为和思想，反而遭到质疑和诟病，被认为是“邪路”呢？更何况，我就想做这个学术交流事业，我没办法说服政府、高校去组织知名学者巡回演讲，我也难以马上注册社团法人，我注册企业来做这个事情就不行吗？（资料来自创始人的2010年7月5日的反思博文《我们的路为什么越走越窄》）

由于存在“公司”和“公益组织”两种身份，经济目标和社会效益两种目标，在机构内部，也时常引起认同的偏差和混乱，往往导致在公益活动和经济利益方面顾此失彼，始终难以找到一个既能保持公益的纯洁性，又能实现经济利益的经营之道。

记得我创立公司时的设想是：以知名学者巡回学术演讲为龙头，以人文社科学术书籍租售及茶吧经营为基础，以网站、图书出版及学术资讯服务为辅。这个思路是不通过学术演讲来直接赚钱，而是希望通过它来带动人文社科图书的租售，带动茶吧的经营，吸引更多的文化人认同和支持我们，来租售图书、喝茶聊天。为了公司的所有开支有来源，我想当然地计划：一年销售图书60万元，实现利润12万元。我设想：几万名研究生，每人一年买三本书，一年图书消费额至少200万元。再加上学校图书馆的采购额，我们只要占有其中20%左右的市场份额就足够了。但这显然是闭门造车想出的“应然”，而不是市场的“实然”。一年来，图书租售所得的利润几乎为零，相反积压了七八万元的资金。茶吧经营一直没有“开张”。

从我们的主观愿望来说，我们一开始就没有想通过组织巡回演讲赚钱。说句实话，如果通过在我心目中有着“神圣”地位的学术活动来赚钱牟利，是我自己都不能容忍的。记得我在创办文化公司前的策划论证中，只是计划每场演讲能有100元的中介服务费用——一个月也就只有600~800元，这根本不够一个月的房租或一个人的工资。但遗憾的是，我们这个目标只在少数几轮演讲中实现过——而且这往往是靠一些学者接受微薄演讲课酬之后的回赠。在大多数时候，我们的工资仍然没有保障，我们仍然要承担不少亏损，甚至在不少演讲中还会“入不敷出”，产生直接亏损——工资、房租等费用更是没有来处了。（资料来自创始人的2010年7月5日的反思博文《我们的路为什么越走越窄》）

从2006年3月开业，到2006年底，在组织了20多名知名学者在几个省市几十所学校进行巡回学术演讲100多场之后，公司便已亏损了11万，加上图书、固定资产的积压，公司的前期投入已经所剩无几。虽然，团队人员使出浑身解数，加大了经济项目的投入，但种种努力最终都以失败告终。2007年上半年，其他投资者见扭亏无望，纷纷撤资，以市场运作支持公益的道路前景堪忧。

为什么纯粹的市场运作无法支撑公益？创始人Z自己的解释是：第一，对于经营的设想过于理想化，没有认真调研市场；第二，文人不擅长做商业，也不真正感兴趣；第三，大量人力、物力、财力投入到公益活动中，挤占了用于经济项目的资源。实际上，以上的原因只是表面现象，纯粹的市场化运作之所以失败的深层原因在于体制：Z所从事的是思想文化产业，这一产业是政府高度垄断的产业，在这样的产业里，没有任何政府背景、体制因素，缺乏政府的合作与支持，单纯依靠民间经营是难以成功的。在快速转型社会中，虽然市场机制起着资源配置的基础作用，但是，政治、体制、行政的力量仍对社会生活的各方方面产生深刻的影响，只是这些因素影响社会的途径和手段变得隐蔽、间接。

二、走向熟人社会：运用个人社会资本的私人化动员

2007年上半年，机构筹资的资金几乎用光，加上其他合伙人因扭亏无望，撤资离开，机构一度面临资金断流的经济危机。这时，创始人Z通过亲戚、朋友又筹集了20万来维持机构的运作，并决定放弃在经济目标与社会公益两者之间寻求平衡的努力，放弃经济项目，把时间、精力、资金全部用到公益上，全心全意把公益活动做好。从这个时候开始，B组织全面转向公益，真正成为以公益为唯一目标的非营利的“公司”。

> 到2007年的时候，一开始筹备的二三十万就花的差不多了，现金马上要断流了。这时候又进一步向亲戚、朋友筹集了大概20万的资金。经过一番折腾后，我们经过讨论决定今后几年我们暂时不做经济项目，至少要把剩下的这10到20万块钱用好，全部来做公益。这段时间把公益做好，然后减少开支，人也减少，每个人的工资也减少，这个时候就开始全面向公益转型。除了文化交流活动之外我们还和一些民间公益组织进行了互动，当时共同组织了一些NGO的论坛。2008年的时候我参与了“草根公益协力”，进行了草根公益组织运作方面的培训，这时就开始了一个新的完全做公益的阶段。而且这时候我们不仅仅是做文化交流，还开始催生一些新的机构——2008年4、5月的时候和其他几位朋友开始创办“北斗星小组”。2008年5月份做了一些汶川的抗震救灾活动。然后到2008年的9、10月份又增加了

两个人开始做一些大学生的公益实践活动。这时候我们的工作领域就不仅仅是大学生的读书交流，而且还到农村、到户外进行一些游学的活动。这时候可以说我们的公益模式发生了一个比较大的改变。（资料来自访谈，编号Z2011-10-2）

B组织最初的工作对象是在校大学生，倡导大学生关心社会，积极进行社会实践。随着活动的开展，越来越多有理想、有信念的大学生聚集到B组织，他们因专业背景、个人出身、成长经历、兴趣爱好等的不同，相继组成志愿者驿站、农村志愿服务小组、义教小组等公益团队，依靠B组织的资源开展活动。而随着机构旗下志愿团队、公益活动的增多，仅靠原有的注册资金已经不能满足日益增长的资金需求。但此时机构已经放弃了经济项目，缺乏自创收入；作为公益组织，也没有合法身份，不能公开向社会筹资。面对资金缺口，唯一的办法就是依靠创始Z的投入。这一时期，创始人利用个人社会关系，向亲朋好友，以及不断构建、扩大个人的社会关系网络，动员个人关系网络中的资源而维持。因此，依靠个人社会资本筹资成为资源动员的主要方式。

我们2006年创办B组织之初，依靠股东（出资人）、亲友的支持，两年内筹集了50万元，支撑着机构日常办公、人员等行政支出。后来也不断寻求社会各界支持，特别是信任、认同度较高的亲友、企业家的支持。这些资助款往往使用起来相对限制较少，可以用于办公、人员支出，只是工资比较低、办公条件比较差。（资料来自访谈，编号Z2011-10-2）

机构没有任何营利性的经营行为，有没有办法获得社会捐款，却一直在做公益，这个费用是怎么来的？很多人，包括志愿者都很好奇，其实主要是靠Z，实在困难的时候，Z会从亲戚朋友那边想办法筹集一些。（资料来自访谈，编号B-2012-1-9）

创始人Z依赖个人社会资本进行资源动员是机构向公益转型和积累时期的动员方式。除了机构运作资金依靠创始人Z通过个人关系向亲好友筹资解决之外，机构的人力资源也主要通过创始人Z的个人关系引进，一般是创始人从朋友、同学圈中动员加入，少有公开招聘。在活动开展、志愿者招募等方面则主要是以社会化的方式进行动员，如到高校张贴海报，在机构博客、网站上、QQ群等自媒体上发布公告等方式，以活动本身的吸引力来吸引人参加。在这一时期，机构缺乏合法身份，筹资渠道狭小，仅限于创始人的熟人圈；筹资依赖的是个人信任关系和情感等社会资本；筹资也并非常规化、专门化的工作，而只是在资金紧张时的临时举措。

值得注意的是，在B组织的初创期，通过短短几个月的大型公益演讲活动，二十多位全国各学科各领域的著名学者轮番上场，上百场次的巡回演讲在西南边陲演绎精彩，虽然使机构亏损，但另一方面，在思想文化界产生了轰动效益，在社会上引起了强烈的反响，使B组织一次又一次地成为各界媒体关注的焦点，成功打造了机构的文化交流品牌，积累了丰富的学术资源，赢得了一批精英知识分子的支持，也积累了自己的媒体资源，同时在高校学生中产生了影响，吸引了一批青年学子。失之东隅，收之桑榆，有形的资金资源换取了媒体资源、精英知识分子资源、高校志愿者资源、机构品牌等资源，这些资源的收获和积累成为B组织日后发展的重要依托。

三、走向陌生人社会：业内动员和媒体动员的尝试

2008年初，B组织创始人开始接触到NGO领域，参加了相关的培训，系统学习了非营利组织的理念和运作。也是在这个时候，创始人才了解到NGO可以向基金会申请项目、获得资助这样的一个筹资渠道。2008年5月，B组织创始人在完成NGO的培训之后，进行了实践操作，发起成立了一个以传播志愿文化、倡导大学生志愿服务、陪伴志愿者成长为目的的志愿者组织，并按照NGO方式进行运作。由此至2009年底是B组织进入了重要转型和积累时期。

经过两年的时间，B组织实现了全面向公益转型，并不断学习，积极尝试和探索：陆续开辟了包括农村和城市社区工作领域，服务群体从高校学生群体扩展至农民、农民工及其子女；在知识、理论上，已经完成了草根公益组织运作和管理以及社会企业家技能的两大系统的培训，通过相关系统的培训和学习进行了公益知识、理念的积累；在组织上，志愿者驿站、农村志愿工作组、义教组织都已经成立，并开展工作；在实践上，通过农村调查、农民工维权、义教、户外实践活动等公益活动积累了公益行动的经验；通过与其他NGO的接触、合作开启了走入公益行业的钥匙；社工、农业发展等相关专业人员的进入，积累了公益的人力资本。随着团队的增多和活动的大量开展，机构的人员得到不断充实，一个十几人的团队正在形成。

在2009年以前，机构的资金依然主要来源于创始人依赖个人社会关系在熟人圈中进行筹资，资源动员以创始人的名义，利用个人社会资本面向熟人社会进行动员为主，但同时也出现了以组织名义借助媒体资源，面向陌生人社会进行动员的现象。

首先是志愿者小组以公益团队的名义首次获得了基金会的项目支持，筹资渠道得到拓展。2008年初，B组织创始人开始接触到NGO领域，参加了相关的培训，系统学习了非营利组织的理念和运作。也是在这个时候，创始人才了解到

NGO 可以向基金会申请项目，获得资助这样的一个筹资渠道。2008 年 5 月，B 组织创始人在完成 NGO 的培训之后，进行了实践操作，发起成立了一个以传播志愿文化、倡导大学生志愿服务、陪伴志愿者成长为目的的志愿者组织，并按照 NGO 方式进行运作。该志愿小组后来获得了来自非公募基金会的项目支持，自此，向非公募基金会筹资成为团队资源动员的一个努力方向。由于非公募基金会属于公益圈内，我们将草根公益组织以项目形式向基金会等支持型组织进行筹款的方式称之为业内动员。

其次，与官办公益组织进行合作，借助官办组织的合法身份开展社会动员。2008 年 5 月 12 日汶川地震，由于 B 组织缺乏公益组织的合法身份，无法向社会公开募捐，策划好的救灾项目面临流产。经媒体朋友的建议，B 组织选择与官办公益组织合作，借用官办公益组织的合法身份进行社会化动员活动。

> 机构与 C 基金会的合作最早是 2008 年 5 月的汶川地震，当时很多公益组织都跑到灾区去救灾了。我们作为一个公益组织面对这么大的灾难也不能坐视不管，但是我们不可能都去灾区，当时就设想着在这边做点事情，就设计策划了“关爱身边的灾区学子”项目，主要是资助每位灾区大学生 2000 元作为生活费；另外就是暑假时护送灾区学子回家，并做灾区社会调查。那钱从哪来？就需要上街向市民募捐，我们机构没有募捐资格，就想到和官办的机构合作。媒体朋友推荐了红十字会、C 基金会等官办机构，说 C 基金会是一个比较开放的组织，后来就选择了 C 基金会。在媒体朋友的引荐下，我亲自到 C 基金会的办公室找秘书长谈“关爱身边灾区学子”的设想，秘书长觉得项目不错，就同意合作了。其实就是同意我们以 C 基金会的名义到街头募捐，开展活动。后来，我们从高校中动员了 100 多位大学生志愿者到市中心街头向路人募捐，最后总共筹到了 4 万元，资助了 19 位灾区学子，护送一位灾区学子回家。（资料来自访谈，编号 Z2011-10-2）

与官办组织合作，以官办组织的名义开展活动，解决了草根公益组织合法性不足的问题，同时官办组织长期经营积累的品牌影响力也提高了活动的合法性、权威性和可靠性，社会资源的动员效率更高了。但是，这次项目合作之后，B 组织并没有和官办组织进一步建构合作关系，而是继续坚持独立的草根身份，按照自己的理念和方式运作。对此，创始人 Z 的解释是：

> 和 C 基金会第一次的合作可以说是成功的。以 C 基金会的名义，我们到街头募捐就没有人怀疑，也有人愿意捐款，我们的救灾项目也能顺利开展

了。社会合法性在特殊紧急时候，对一个公益项目的开展至关重要，借助官方机构的品牌和资源能调动更多的社会资源，但官办机构和我们这些草根公益组织在理念上还是有差别的，官办机构做事更多体现的是慈善的理念，关注的重点是怎样把钱花出去，送到受助人的手中，程序越简单越好，过程公开透明，账面一目了然；而我们草根组织强调更多的是公益的理念，公益与慈善相比，前者是“授人以渔”，后者是“授人以鱼”。公益更强调对人的培养，调动人自己的潜力最终实现自我的发展。慈善在紧急的时候，如突发性事件、重大灾害发生时是特别需要的，但平常时期需要更多的是公益。我们平时开展的活动，在没有官方机构支持的时候同样也可以做得很好。所以汶川地震过去之后，没有特别强烈地感觉有继续和C基金会合作的必要，另外就是一直忙于其他事情，没有时间和精力去考虑这个事情。（资料来自访谈，编号Z2011-10-2）

第三，实施媒体战略，借助媒体的力量，面向社会进行动员。2009年8月、9月，农村志愿服务小组借助媒体的力量，开展帮助老知青义卖原生态苹果活动，成为面向社会进行广泛动员的首次尝试。其运作流程如下：志愿服务小组实地调查、了解情况、策划和制定活动方案——在B组织网站、博客上公布活动方案，并开展志愿者招募——联系合作媒体，通过媒体对义卖活动进行预告和前期活动宣传，面向社会进行动员；同时，继续使用组织的社会资源网络，在高校知识分子、退休革命老同志、干部群体中进行动员———志愿团队在大学生志愿者的协助下开展义卖活动，市民参与——合作媒体和其他数家媒体进行后续报道，再次对活动和组织进行宣传。之后，志愿小组还举行了类似的农村土特产品义卖活动，运作流程基本一致。

随着B组织旗下志愿团队的组建和公益活动的开展，资金紧张的问题越来越突出，单纯依靠创始人的投入和社会关系在狭小的熟人圈中进行资源动员，已经不能满足组织发展的需要，客观实际迫切要求资源动员方式的变革。这时候，B组织也努力做了社会化动员的尝试，但是对于草根公益组织来说，社会化动员方式存在困难：一是，草根公益组织缺乏合法身份，没有向社会募捐的资格，也难以得到基金会的项目支持，社会资源的动员之路被堵；第二，即使借助媒体的力量，或者草根公益组织获得了合法身份，能顺利进行社会化动员，但由于公益慈善资源被官办组织和政府部门所垄断，以及受制于社会文化、公益氛围、公民意识等大环境的影响，社会对民间公益的支持不足，留给社会化动员的空间不足，纯粹的社会化动员效果并不十分理想。第三，在中国这样一个具有“强国家——弱社会”传统，“在政治、行政因素对于社会生活的各个领域仍然有着相当大影响的“快速转型社会”中，在完全脱离体制内的组织因素，脱离仍然起着重要作用的“政治优势”的情况下，在社会中积聚起较大规模的社会资源是相当困难的。要对社会资源进行有效的动员，就必须利用已有的体制和组织因素”①。而体制和组织因素恰恰是草根公益组织所缺乏的。

对于草根公益组织来说，社会资源本应为其生存之本，但社会化动员对应的是一种与国家相对应的公共生活领域的存在，相对发达的市场经济，较为完善的个人私有财产制度，成熟的社会捐赠文化等。而这些，在我国目前都不具备。因此，纯粹的社会化动员对于纯粹来自民间的公益组织也是困难重重。

四、“准社会化动员”为主，私人化动员相配合

2010年2月，随着B组织内部的农村工作小组、户外活动筹款小组等相继挂靠官办基金会C，B组织开创了借助官办公益组织合法身份开展资源动员的“准社会化动员”时期。在这一阶段，“准社会化动员”成为组织主导的资源动员方式，同时，以社会企业为形式的市场化动员再次启动，并逐渐成为资源动员的重要补充，而一直发挥重要支持作用的“私人化动员”在组织中的地位和作用有些下降，但仍撑起了组织资金来源的半壁江山。

1. “准社会化动员”的形成背景

B组织“倚靠体制，面向社会”的“准社会化动员”模式形成之前，市场化动员、运用个体社会资本的私人化动员、以项目形式向基金会的业内动员、组织借助媒体进行社会动员等资源动员方式在机构发展的不同阶段，发挥了相应的作用，但都具有自身的局限性。工商注册、纯粹市场化的这种“企业为形，公益为质”的“组织外形化”方式，一定程度上解决了组织的身份问题，但同样也让公益组织陷入“信任危机”；此外，公益人士缺乏市场运作和管理的相关知识、技能和资源也直接导致纯粹市场化动员效果不佳。运用个体社会资本进行资源动员，具有信任度高、效率高、资金使用自由等优点，但个体社会资本具有局限性，随着公益组织机构的扩大，资源需求的上升，其动员效果也不足以满足日益增长的资源需求；以项目形式向国内基金会筹资的方式受限于草根公益组织的合法身份，以及国内资助型基金会数量的欠缺；向境外基金会筹资则面临政治风险。对于草根公益组织来说，社会化动员方式也是困难重重：第一，是缺乏合法身份，没有向社会募捐的资格，也难以得到基金会的项目支持；第二，社会化动员对应的是相对发达的市场经济、独立的公民社会、成熟的捐赠文化等。而这

① 孙立平等．动员与参与：第三部门募捐机制个案研究［M］．杭州：浙江人民出版社，1999.

些，在我国目前都不具备。第三，由于公益慈善资源被官办组织和政府部门所垄断，以及受制于社会文化、公民意识等大环境的影响，社会对民间公益的支持不足，社会化动员的空间有限，效果难以保证。第四，“在政治、行政因素对于社会生活的各个领域仍然有着相当大影响的“快速转型社会”中，在完全脱离体制内的组织因素和“政治优势”的情况下，在社会中积聚起较大规模的社会资源是相当困难的。要对社会资源进行有效的动员，就必须利用已有的体制和组织因素”①。而体制和组织因素恰恰是草根公益组织所缺乏的。

寻找新的动员方式成为B组织迫切的选择，而方向就是向体制靠拢，寻求政府的支持与合作，借用体制力量，放大草根公益组织的优势，动员体制内外资源。这条路并非有意为之，而是在现实的困境中，由草根公益组织一步一步摸索、实践出来的。

然而，在政府的眼中，草根公益组织都是些游离政府管理之外的“非法组织”，但鉴于社会对草根公益组织的巨大需求，只要草根公益组织对政府没有太多的威胁，政府倾向于让这些草根组织自生自灭，采取的是“不支持、不表态、不接触”的默认态度。所以争取政府的信任和支持，更多的是草根公益组织的事情，需要更多的主动性和积极性。然而，合作关系本质上是一种资源互换，单个的草根公益组织对政府而言，实在是微不足道，除了活跃于基层、具有亲民性之外，草根组织似乎没有什么优势可言，加上初创期的草根组织，还存在资金少、规模小、不规范、非专业、能力弱等问题，因此，直接争取政府的支持与合作不具备现实性。

在这种情况下，B组织采取了“曲线救国”的方式，先绕过政府，取得具有政府背景的官办公益组织的支持与合作，借助官办公益组织这个中介，将草根组织与政府间接联系起来，随着时间的推移，接触、了解的增多，草根公益组织就有可能取得政府的信任和支持。相比较而言，草根公益组织与官办公益组织进行合作具有更大的现实可行性。因为，同属于公益领域，缺乏合法性和资源的草根借用官办组织的资源，而行政化的官办组织也需要社会色彩浓厚的草根组织来加快社会化的进程。B组织与官办公益组织的合作始于一次影响深远的危机事件——2010年西南大旱。

2. 农村工作小组挂靠官办公益组织的动员和运作模式

2010年春，B组织迎来了发展契机。此时，西南大旱的严峻形势开始显露，长期在基层开展志愿服务的农村志愿小组最早觉察了旱情的严重性，并策划抗旱

① 孙立平等. 动员与参与：第三部门募捐机制个案研究［M］. 杭州：浙江人民出版社，1999.

救灾项目，但同样因为缺乏合法身份问题，而难以实施，于是再次选择与官办公益组织C基金会进行合作，解决合法身份的问题。不同的是，这次的合作并非临时性的项目合作，而是签订了长期的合作协议，农村志愿小组从纯粹的草根组织变身成为官办机构的志愿团队，在官办组织的麾下，以官办组织的名义，依托官办组织的资源和平台开展活动，并接受官办组织的管理和指导。草根一脚踏入行政系统，意义深远，这是社会与行政、体制外与体制内进行链接的开始。谈起农村志愿团队和官办公益组织C基金会长期合作的缘由，创始人Z说：

> 2010年1月，在农村工作的村官向我们反映村子旱灾缺水的情况，农村小组就想做点事情，刚开始是和乐施会合作，申请了一个项目，后来因为乐施会里有些成员有反政府的言论，政府就限制它在内地直接支持草根型的NGO，农村小组和乐施会的合作项目就这样搁浅了。没有乐施会的项目基金，农村小组想到向社会募集善款进行救灾。这时，农村小组需要一个合法身份，就考虑和C基金会合作。在这之前，我也专门跑去咨询已经挂靠C基金会的Y组织的负责人，他说，还挺好的，后来我就到C基金会去谈，先是谈"送水救灾"的项目，再谈挂靠长期合作的事情，后来就都谈成了，签了三年的协议，到了2月农村小组成为C基金会外围志愿团队，条件是每年筹款至少10万，每年至少开展活动一两次。（资料来自访谈，编号Z2011-10-2）

挂靠C基金会，获得了合法身份，农村小组依托官办组织的资源和平台，以C基金会外围志愿团队的名义开展了一场持续近5个月、声势浩大、影响深远的民间抗旱救灾大型活动。活动主要是倡导全社会为缺水乡亲们捐款、捐水、捐抗旱物资和设备，支持灾区度过难关，恢复生产，提高持续抗旱的能力，并倡导市民节约用水。在活动中，农村小组将C基金会推到前台，作为主办单位，将自己定位为承办组织，实际上整个活动的策划、实施、协调、监管等主要是农村小组在做。然而，借助C基金会的资源和品牌影响力，草根组织第一次广泛地调动了体制内外的资源：市交通运输管理局、市工商行政管理局、市计划供水节约用水办公室等政府部门积极配合，市公交集团有限公司免费提供价值数十万的公交站牌和公交车车体广告宣传，主办媒体为活动设置专栏并负责追踪报道及宣传推广，通过公交公益广告、报纸、电视台、电台、网络等媒体及单位通知、广场活动等多种方式对社会进行广泛的宣传动员；机关事业单位、企业、市民等反响热烈，在社会各界的大力支持下，活动共募集善款上百万，饮用水数百吨，到灾区送水二十多次，援助了为近百万名群众和近十万名小学生；在下乡送水的环节中，许多爱心企业、大量的志愿者也加入进来，借助C基金会的团委工作系统，送水下乡的工作也得到基层政府部门、团委的支持和配合，提供各种便利，减少了工作成本，提高了工作效率。

农村小组在这次活动中收获丰厚，不仅积累了工作经验、开拓了农村工作基地，并得到省内外媒体的广泛宣传，名声鹊起，被省内甚至国内公益界所熟知和认可，树立了组织形象。经历了大型抗旱活动的成功，农村小组迎来了发展壮大时期，短短几个月，人员从原来的3人增加到10人，南都公益基金会、乐施会、壹基金等纷纷向其抛出橄榄枝，一个刚刚正式成立不到一年的草根公益组织年度筹资达到近40万的骄人成绩。2010年底，农村工作小组作为全国优秀新生民间公益组织的代表，获得“壹基金典范工程影响力单项奖”，并获“省优秀志愿者团队”称号。

可以说，挂靠C基金会之后，开展的大型活动成就了农村志愿服务小组。但是，大型活动并非农村小组的工作重点，作为扎根社区的服务型公益团队，农村小组以对农村地区的扶贫开发为工作重点，其运作发展模式是典型的NGO项目运作模式，即以通过设计项目——向资助型基金会申请项目——申请成功、获得资助、执行项目。因此，与C基金会的挂靠合作关系的资源动员也主要体现日常运作和管理中，可归纳为以下几点：

（1）合法性资源。挂靠C基金会，草根公益组织成为C基金会的外围志愿团队，具有从事公益活动的合法身份，筹资渠道拓宽，可以向基金会申请项目、与境外公益组织合作、向政府部门申请补贴、向社会募捐、与企业进行合作等。

（2）C基金会所链接的体制资源，如共青团系统、政府资源、官方媒体、其他官办组织等。其中，C基金会所链接的共青团系统对农村工作小组在基层开展工作帮助很大，借助共青团的组织系统很顺利得到基层政府的信任、支持和配合，减少了进入社区，建立信任关系的成本，降低了工作成本，提高了工作效率。

（3）作为三方合作的中间纽带，C基金会帮助草根组织协调基金会、境外公益组织、企业等重要资源。C基金会作为经验丰富、且具有官方背景的大型公益机构，是境外公益组织、政府部门、企业等青睐的合作对象。因此，C基金会会利用机构本身的优势，为旗下的草根公益组织争取资源。另外，C基金会的监管，也降低了第三方的资助风险，利于草根组织与其他资方进行合作。

2011年，C基金会与香港乐施会内地某办公室合作开展整合资源推进A省贫困山区农村社区发展等综合项目。该项目首期合作资金100万元，项目实施后，在A省贫困山区农村一些小型基础设施和农民生活环境能够得到改善，农民增收方式多样化且有效，农民除种植粮食外，副业也能得到发展。同时通过支持外围组织参与农村扶贫发展及灾害管理工作，并通过培训、项目阶段评估总结等方式，使其在项目实践中得到锻炼和提高，社会扶贫力量得到一定的成长壮大。C 基金会与香港乐施会首期合作的这 100 万元项目资金，主要是由 C 基金会数家外围志愿团队通过申请项目的形式来使用。各外围志愿团队将项目建议书初稿交 C 基金会，C 基金会与香港乐施会办公室进行了协商，主要针对项目建议书中存在的问题、需要调整以及细化的地方进行指导。在此过程中，C 基金会成为境外公益机构、C 基金会及其外围团队三方合作的中介和平台。(资料来自新闻报道)

（4）C 基金会的无形资源，如品牌、社会影响力、公信力。公益组织的品牌、社会影响力和公信力是开展公益活动的根基，获得社会信任和支持的关键，需要长期努力才能得来，而这却是初创期的草根公益组织所缺乏的。借用 C 基金会的品牌、社会影响力和公信力，草根公益组织省去了积累的漫长过程，在开展活动、进行社会动员时效率更高，并在此过程中树立自己的品牌、影响力和公信力。

（5）智力支持：C 基金会为草根组织提供公益理念的指导、行业规范、政策咨询、活动建议和意见；传授管理经验、工作方法；提供相关的培训、学习机会；

（6）财务托管：C 基金会在机构的账户中开辟专项计划来托管草根公益组织的来自各个渠道的资金，包括基金会项目款、政府补贴、企业合作、社会捐赠等，并指导草根公益组织进行规范化的财务管理；为草根组织的筹款活动出具捐赠发票，颁发志愿服务证书、捐赠证书等。

（7）有形资源，C 基金会作为一个运作型基金会，其善款一般为定向筹集、定向使用，机构本身的运作经费也十分有限，对外围志愿团队的支持也是力不从心，外围志愿团队主要还是依靠自己的努力谋求生存、发展。但 C 基金会也会视情况不定期地给予草根志愿组织小额的活动行政经费的支持（一般是 2000 元左右），更多的是提供免费活动场地和物资，如新闻发布会、媒体沟通会、分享会等的活动场地。

（8）交流平台。C 基金会同时还是各外围草根志愿团队交流、合作的平台，公益组织与政府部门、公益组织与企业之间交流的平台等。

对挂靠 C 基金会给农村小组的影响，负责人 S 表示：

挂靠 C 基金会首先让我们有了合法的身份，其次 C 基金会的团委系统为我们在农村开展工作提供了便利，C基金会托管财务也省去了我们的很多麻烦，在申请项目方面，C基金会也会为我们提供便利，比如，香港乐施会10万元的修路项目，就是通过C基金会得到的。

但是C基金会的工作模式和我们草根还是不一样的，C基金会的项目一般是由下面的团委系统落实，首先是基层团委上报，然后C基金会审批，然后把款打到下面的团委，再由团委分发到村委，最后到具体要资助的人。如果是一些工程项目，那么下边的团委，一般是找施工队、包工头，承包给他们，工程结束之后，验收付款就算完了。而我们做公益，更注重的是过程，注重在这个过程中培养村民的自我发展意识，提高村民的自我组织、自我管理、自我协调能力，引导、帮助他们自己组织人力、物力来做。这样，即使外来的人走了，他们自己也可以发展得很好。虽然最后出来都是一口井、一条路，但是过程是完全不同的。但是团委一般不愿意这样干，因为这样太麻烦了。所以，我们大多时候也只能按照C基金会一贯的模式来做。我们向其他基金会申请项目，除了其中的行政经费部分可以到自己手上，项目款都是通过C基金会的账户，由C基金会拨给项目点上的团委，然后团委来管理款项。所以，有时候感觉，挂靠C基金会，我们的工作理念没办法落实，作用也没有发挥出来。(资料来自访谈，编号S2011-10-17)

农村小组的另外一位工作人员T认为：

挂靠C基金会主要是解决了草根的身份问题，同时可以借用C基金会的一些资源和平台，但实际能提供的资源还是很有限的，生存还是得靠我们自己努力。C基金会和我们草根之间实际上是一种相互利用的关系，我们利用C基金会的资源和平台，C基金会利用我们做事，宣传他们的公益理念。希望C基金会多给我们提供点行政经费，不过，估计这个比较难，不太可能，因为C基金会的钱也都是定向的，能自由支配的也不多。(资料来自访谈，编号T2012-1-7)

3. 户外筹款小组挂靠官办公益组织的动员和运作模式

有了官办组织作为依靠，有了官办组织的平台和资源，草根组织如虎添翼，终于可以大展拳脚，大有作为，能得到政府、资方、社会等的信任，能调动之前不能调动的许多资源，能让公益活动产生更大的影响……挂靠合作的种种便利，使B组织创始人再次心动，他很快接受C基金会的建议，将机构中以开阔眼界、社会实践锻炼等为目的，以户外活动为手段，多次组织大学生进行户外旅游、探险活动的社会实践部独立出来，成立了户外筹款小组，以参与者 AA 制分担活动成本，通过组织户外活动的方式倡导公益，进行筹款，支持公益事业。2010 年 5 月户外筹款小组一经成立，就以 C 基金会外围志愿团队的身份出现。在谈到户外筹款小组的成立时，创始人 Z 说道：

> C 基金会和香港苗圃行动合作开展徒步筹款活动已经好多年了，徒步筹款已经成了 C 基金会的招牌，但光是和外来的组织进行合作也不是办法，C 基金会又不可能自己单独去做这个事情，所以它需要推出一个本土的户外活动筹款组织，以它的名义推广本土徒步筹款活动，把这个公益品牌本土化。另外，筹建 AA 户外筹款小组，把它独立出来也是我们自己的意思。催生了那么多志愿小组都还是在依靠大团队的资源来做公益，这是不长久的，要独立出来专门做公益，就需要有一个专门筹款的组织，这样公益才可以更持久些。我们的设想就是，让 AA 户外筹款小组负责筹资，筹资到的钱，再由其他志愿小组通过项目申请的方式来用。（资料来自访谈，编号 Z2011-10-2）

随着 B 组织内部志愿团队的增加，人员的扩充，公益活动开展日益频繁，对资源的需求也急剧上升。筹资成为维系机构生存、发展、实现使命的重要工作，筹资工作由原来的其他工作人员兼任、救急时的举措、非专业化的工作变为设立专门的部门、安排专职人员、组建专业工作团队、进行常规性的工作。从 B 组织大团队的角度，户外筹款小组是公益组织扩展资源渠道、加强资源动员的产物。

AA 制户外活动方式进行筹款，同时倡导“人人公益、快乐公益”的理念，以专业公益组织策划运作、政府支持、企业赞助、媒体动员、社会参与的跨界合作方式进行运作，这实际上是来自香港地区的公益运作模式。自 2005 年 C 基金会与香港公益组织进行合作开展大型徒步筹款公益活动以来，经过数年反复实践，这运作模式及其背后的理念已经在落地生根，进入本土化发展阶段。从这个意义上说，户外筹款小组也是 C 基金会引入外来公益模式和理念进行本土化的产物。

那么，为什么组织一经成立就选择挂靠官办组织，以其内部组织的形式出现？原因是显而易见的：一是，为了有一个合法身份，按照中国的社会组织管理制度，公益组织开展活动都要事先登记注册，否则就是非法，而作为一个以面向公众筹款为目的的公益组织，更需要一个合法身份，否则，轻则得不到社会的信任，活动无法开展，重则可能牵涉非法集资，需要负法律责任。二是，为了便于资源动员。草根公益组织挂靠官办公益组织，实际上就是链接上了官办组织背后的政府资源，链接了体制资源，此时，草根组织处于体制内和体制外的交界点上，背靠体制，面向社会，进退自如，其优势得到放大，能有效地调动体制内外资源。

而实际上，挂靠C基金会之后，依托C基金会的资源和平台、借助团省委的体制优势，户外筹款小组以承办者的名义策划、组织了几次大型公益活动，广泛动员了政府部门、企业、媒体、高校、社会公众各界的参与，成功动员了体制内外资源，规模浩大、影响深远、效果显著、具有创新性，因而被社会和公益界所认可、称赞，形成特点鲜明的公益品牌，户外筹款小组也因此名声远播省内外，成为远近闻名的草根公益组织。

作为一个以组织户外活动进行筹款和公益倡导的组织，大型户外活动是户外筹款小组的重点。大型活动中户外筹款小组与C基金会之间的分工与合作，能够清楚地反映这种挂靠合作关系的实质。

首先，在大型活动开始之前的策划阶段。由户外筹款小组进行活动策划、写出活动具体方案，呈报C基金会领导审阅，C基金会领导具有建议权，甚至否决权。在这个过程中，C基金会领导有时会提出一些参考意见和建议，双方一起讨论，共同修订活动方案。活动一般是以C基金会以及相关政府部门的名义主办，户外筹款小组虽然负责策划、执行、管理、协调等大部分工作，是实际的主办者，但对外则以承办者身份进行宣传。

第二，在活动方案敲定之后，进入活动宣传和筹备阶段。媒体宣传、志愿者招募和培训、社会动员、招商、报名咨询、接收和管理善款、准备各种物资、细化活动方案和流程、编制活动手册、组建工作团队等大部分工作由户外筹款小组自行完成。C基金会在期间的作用主要有：（1）某些关键环节提供支持，帮助动员体制内资源。比如，一般由C基金会出面召集省级市级的各大媒体记者，主持召开新闻发布会，对即将开展的大型公益活动进行宣传、造势，并和其中一两家媒体达成合作关系，开设专栏，定期发布活动信息，对活动进展情况进行追踪报道①。由于C基金会的关系，活动往往很容易就能免费获得价值不菲的公交站牌、公交车身和移动电视广告宣传，以及在各大媒体上持续宣传的机会，这往往成为吸引企业参与的地方。另外，在某些情况下，C基金会会帮助协调一些关键资源，如通过省团委争取其他政府部门、机关事业单位、基层政府部门、企业、各基层团委系统等的支持。（2）在活动准备过程中出现困难时出面协助。当户外筹款小组在向企业招商或者和地方基层政府沟通出现困难时，C基金会会利用省团委的资源进行协助。（3）C基金会作为活动的名义主办方，提供账号接收社会

① 实际上，对于活动的追踪报道，一般是由户外筹款小组人员自行采写，呈报C基金会秘书长审阅修改后，再交由合作媒体发表。媒体宣传的责任实际在草根公益组织身上。

捐赠，开具捐赠发票，提供捐赠证书、志愿者证书、荣誉证书等。

第三，活动实施当天，省团委、C 基金会领导出席重要仪式，象征性参与活动，以增加活动的合法性和权威性，并起到示范性作用。这一天，省团委领导、C 基金会领导都会出席活动开幕式，以主办方的名义发表讲话，并参与当天活动。而活动的执行、管理、安保、后勤保障、医疗卫生、协调工作、宣传、物资管理等各项工作一般 C 基金会并不直接参与，而全由户外筹款小组依托大量的服务志愿者完成。

第四，总结、表彰及善后工作。主要包括媒体报道、总结分享会、善款的使用去向交代等。C 基金会在此阶段的主要作用有：(1) 为活动提供志愿者证书和各种荣誉证书，对活动参与和支持者进行表彰。(2) 为户外筹款小组举办活动的总结分享表彰大会提供免费的场地，C 基金会领导以颁奖嘉宾出现，增加活动的权威性。(3) C 基金会出面举办庆功会，犒劳为活动作出贡献的工作者和服务志愿考。而更具体细致的善后工作，如公布善款数额，对赞助方、活动参与者表示感谢，对活动中的不足表示歉意，活动经验总结等则由户外筹款小组具体落实。

在与 C 基金会挂靠合作的关系中，C 基金会给予户外筹款小组的资源包括：

(1) 合法性资源。挂靠 C 基金会，草根公益组织成为 C 基金会的外围志愿团队，具有从事公益活动的合法身份，筹资渠道拓宽，可以向基金会申请项目、与境外公益组织合作、向政府部门申请补贴、向社会募捐、与企业进行合作等。

(2) 公募权。挂靠 C 基金会，户外筹款小组以 C 基金会外围志愿团队的名义向社会开展募捐，C 基金会为户外筹款小组设立专门的账户，并开具捐赠发票，捐赠者享受减税免税待遇。所得善款成为专项基金，并以项目申请的方式，支持其他草根公益组织开展公益活动。这解决了草根公益组织无法向社会募捐而资源不足的问题。

(3) C 基金会所链接的体制资源，如共青团系统、政府资源、官方媒体、其他官办组织等。如果没有政府的支持，单独依靠草根公益组织是很难举办大型公益活动的。

(4) C 基金会的无形资源，如品牌、社会影响力、公信力。公益组织的品牌、社会影响力和公信力是开展公益活动的根基，获得社会信任和支持的关键，需要长期努力才能得来，而这却是初创期的草根公益组织所缺乏的。借用 C 基金会的品牌、社会影响力和公信力，草根公益组织在开展活动、进行社会动员时更加顺利。

(5) 作为三方合作的中间纽带，帮助协调重要的资源，如基金会、境外公益组织、企业等资源。

(6) 智力资源：提供公益理念的指导、行业规范、管理经验、工作方法等的传授、政策咨询、活动建议和意见、相关的培训、学习机会，搭建交流的平台等。

（7）财务托管。用C基金会的账户接收管理草根公益组织的来自各个渠道的资金，包括基金会项目款、政府补贴、企业合作、社会捐赠等，出具捐赠发票，管理善款；颁发志愿服务证书、捐赠证书等。

（8）有形资源，如一定的活动行政经费的支持；免费活动场地，如新闻发布会、媒体沟通会、分享会等的活动场地；为草根公益组织的公益活动提供志愿者证书、捐赠发票、捐赠证书、荣誉证书等。

从资源动员的角度来看，草根公益组织挂靠官办公益组织的运作方式是一种特殊的资源动员，其特点是：

（1）官办公益组织和草根公益组织分工合作，联手进行动员。官办公益组织主要负责体制内资源，如政府部门、机关事业单位、党政媒体、团委系统、其他官办组织、国企等的动员；而草根公益组织主要负责体制外资源，如大学生社团、大学生志愿者、普通市民、私企、个体户等的动员。

（2）动员对象丰富，动员涉及面广。因活动规模宏大，需要政府、企业、媒体、公益组织等各界共同合作才能完成，需要动员各方的资源。在活动中，政府机关、事业单位、企业、媒体、公益组织等组织以及市民、大学生、农民、农民工等个体都是动员的对象。

（3）传统和现代动员方式相结合，以现代动员方式为主。传统的动员方式包括组织动员、领导动员、层层动员、典型示范等，其突出的特点是，被动员者接受动员往往是迫于某种压力，如个人的单位人身份、上下级关系等，而非出自完全自愿，实际处于无法选择的境地。传统动员方式对体制内资源仍具有较高的效率，是现代社会对体制内资源动员惯用的手段。现代动员方式的核心是动员结果如实反映了动员客体的真实意愿，是动员客体在完全自主、自愿的基础上做出的选择，这时动员客体往往是出于对活动的兴趣或认可而接受动员。在大型活动中，主要是通过策划、加强提高活动的吸引力，设计给企业相应的回报、通过公益营销、媒体动员等现代化动员手段动员的。

（4）从动员的内容和目标来看，既有对“人人公益、快乐公益”、企业社会责任等理念的倡导和传播，也有对资金、物资等有形资源的动员。

（5）从动员的效果来看，每次大型活动，都动员了数个政府部门、十几家企业、十多家媒体、十多所高校，数百乃至上千大学生志愿者、市民以各种形式支持或参与活动，调动社会资源价值数百万，改变了一些政府部门对公益事业的认识和态度，增强了企业的社会责任感，为社会营造良好的公益氛围，使公益理念得到较大范围的传播，促进了公益文化的建设，为公益事业筹集了一定数额的善款。总而言之，大型活动达到了“跨界合作”、社会总动员的效果。

通过与官办公益组织的合作，以官办公益组织为中介和桥梁，沟通政府，实现政府部门对草根公益组织的信任、支持与合作的“曲线救国”策略在户外筹款小组身上奏效了。2011 年，户外筹款小组承办的大型徒步筹款活动迎合地方政府需求，增加徒步的生态、环保和文化因素，使草根组织的公益徒步活动与地方政府的环保和文化宣传工作联系起来，建立了合作的基点。在徒步活动的策划方案中，户外筹款小组工作打出了“生态”、“文化”的口号，精心设计了“保护母亲河，宣传 PL 江，市民参评 PL 江治理”的环节，并作为重点推出，号召市民关心母亲河，身体力行参与检阅政府对 PL 江治理的效果，并宣传 PL 江之美及沿途的民间文化。这实际是个政绩工程的展现，市民的参与传达出政府关心民意、注重民声的民主化倾向。因此，经过草根公益组织的多次主动沟通、协商，户外筹款小组与 PL 区政府宣传部达成了合作协议，为活动提供 4 万元行政经费支持，并商议将徒步 PL 江的活动常态化，每年定期举行，双方的合作关系也常态化。这是草根公益组织依托官办公益组织的平台，直接动员政府资源，与政府部门开展合作的开始。和政府宣传部门合作关系的建立，也带动了对其他政府部门的动员，如文明办、文体局、园林局、环保局等单位都在活动过程中给予了支持。

2011 年底，户外筹款小组依托大型徒步活动的志愿者资源组建志愿者艺术团，团队设计以文艺表演的形式，到基层社区、广场、工地、工厂、学校等开展巡演，丰富基层民众文化生活的同时，达到公益理念宣传、倡导的作用。自组建以来，志愿者艺术团开展了几次大型巡回演出，活动以配合政府的防艾禁毒宣传、新春慰问、雷锋精神、五一劳动等为主题，受到政府及基层社区、居民的欢迎。而 PL 区宣传部看到了志愿团队执行力和活动影响力，主动提出建立长期合作关系，希望借助志愿者艺术团深入社区，进行政策宣传和倡导。2012 年底，志愿者艺术团以 PL 区宣传部为业务主管单位，更名为 PL 区志愿者艺术团，独立注册为民办非企业，获得了独立的合法身份。活动除了进行志愿精神、公益文化的倡导和宣传，还配合政府进行政策宣传、公民教育等。

从依托官办公益组织的平台进行资源动员、开展活动、提升组织的能力，到通过展现组织的实力，主动和政府沟通，获得政府的信任、支持，并建立稳定的合作关系，户外筹款小组实现了草根公益组织质的飞跃。户外筹款小组从与 C 基金会的挂靠关系中受益良多，C 基金会的平台就是户外筹款小组出生、成长的平台。

相比前几年，2010 年以后机构发展较为迅速，这主要得益于 C 基金会提供的支持和平台。借助和官办公益组织的这种策略合作关系，和广大的媒体、企业以及政府合作，做了很多原来做不到的事情。之前，机构没有太多往这方面去想，自从与C基金会合作后，也积累了一些合作的经验，同时也在反思过去对这块重视不够。(资料来自访谈，编号Z2011-10-2)

如果不是挂靠C基金会，不是以团省委、C基金会的名义主办，没有政府主导，光靠我们草根自己，大型活动根本就办不起来。政府的行政系统资源很重要，企业、社区，它们认可的是"团省委、C基金会"，它们是冲着这个才来赞助、支持活动的。(资料来自访谈，编号B2012-1-10)

2012年，AA户外筹款小组与C基金会的挂靠合作关系进入第三年，经过了前期的积累，AA户外筹款小组大型活动的资源动员效果得到质的提高。

草根公益组织与官办公益准组织的挂靠合作关系实质一种非对称依赖的关系，其中以草根公益组织对官办公益组织的资源依赖为主。草根公益组织不仅依赖官办公益组织的合法性资源、媒体资源、体制资源、组织资源、场地物资等有形资源，也依赖于其品牌、社会影响力、公信力、公益理念、工作经验、学习机会等无形资源。在这样的非对称性依赖关系中，草根公益组织逐渐成长、成熟，最终实现自立；但也有可能逐渐演变为官办公益组织的下属，受制于官办组织而渐渐失去本组织的独立、自主性。

3. 义教组织、志愿者驿站挂靠省志愿者协会

挂靠官方组织是草根公益组织获得合法性的策略和途径。B组织团队中，农村小组、户外活动小组已经先后挂靠官办组织获得了合法性，并借助官办组织的资源和平台开展活动，做出了成绩。只剩义教组织和志愿者驿站还没有合法身份。加上随后义教组织因为合法性问题而遭遇停办风波，加速了其寻求合法身份的紧迫感和行动，最终也走上了挂靠之路。

2010年12月，义教组织因合法性问题，被举报为"非法办学"，遭到有关部门的查处，引出沸沸扬扬的"停办风波"。后经过《人民日报》、《中国青年报》等国家媒体以及各地方媒体的宣传、报道，义教组织获得全国广泛的关注和支持，最终社会合法性为其保驾护航，组织得以保留。但是其法律合法性、行政合法性的问题依然悬而未决。直到2011年3月，经过不断努力，义教组织最终挂靠省志愿者协会，成为其团体会员，才有了自己的合法身份。

2010年，户外筹款小组在依托C基金会的资源和平台做了几次大型公益活动，媒体报道比较多，社会影响比较大。所以2011年初，省志愿者协会就主动找到ZSY，希望能与户外筹款小组合作。趁这个机会，ZSY也就把

志愿者驿站和义教组织介绍给了志愿者协会。挂靠省志愿者协会，主要的作用是使志愿者驿站有了合法身份，但比起C基金会的资源，还是少了很多。后来，下半年后，就由C基金会的秘书长也接管志愿者协会的工作，两家都是团省委的，所以账户、财务也由C基金会来管，实际上是一家。（资料来自访谈，编号B2012-1-3）

挂靠省志愿者协会对义教组织的作用不大，主要是获得了合法身份。省志愿者协会给我们的支持，除了合法身份之外，还有就是在我们开展活动联系资源时提供一些支持，比如活动场地联系不下来时，会帮忙联系。（资料来自访谈，编号J2012-1-2）

五、社会企业的新探索促成动员方式的多元格局

不管是依靠个人社会资本的熟人社会动员、准社会化动员，还是社会化动员，归根到底都是依赖社会捐赠，具有不稳定性和依赖性，使公益组织面临能否持续和独立的问题。因此，公益组织摆脱对社会捐赠的依赖，提高自我造血的能力，提高独立性和自主性，增强参与竞争和抵抗风险的能力，是公益组织发展的新方向。社会企业就是这样一种方向的探索。在以“准社会化动员”为主的时期，B组织也进行社会企业的探索和实践。

1. 城乡互助健康生活馆

2009年9月，创始人Z参加“社会企业家技能培训”①，并在完成培训之后，以“社区支持农村”，开发、销售贫困地区的原生态土特农产品满足城市食品安全需求的同时解决农村贫困问题的思路，设计了一份商业计划。Z的商业计划最终被评为优秀，获得了5万元的启动资金，然后又说服了一名在2010年抗旱救灾中结识的企业家对这个计划投资了10万元，加上其他支持者的捐献，最终共筹资20万，于2010年8月工商注册了“城乡互助健康生活馆”，以社会企

① 2008年6月至2009年3月，我国一家非公募基金会——友成企业家扶贫基金会和英国文化协会合作，引进了“社会企业家技能培训项目”进行试点。该项目面向公益组织从业者、社区领导、年轻人以及现有或潜在的社会企业家提供关于社会企业的培训，希望通过培训，他们能够把自己的社会企业创业想法发展为成熟的商业计划，或者将商业实践运用于自身的组织，从而在所处的社区中创造新的就业机会、更多的财富和更好的社会服务，使中国的社会企业部门能够实现自我发展。项目面向完成培训的学员征集社会企业创业计划，最优秀的商业计划还能从项目奖励机制获得启动资金的资助。他们还将与英国乃至世界各地的社会企业家们建立联系，以获得同行的支持、辅导和资助的机会。从2009年开始，“社会企业家技能培训项目”进入正式运营期。他们通过各种公益门户网站广泛发布招收学员的信息。

业的理念进行运作，所有出资者承诺不分红、不撤资，企业所有利润继续留在企业以服务公益目标。自此，“城乡互助健康生活馆”成为该省第一家社会企业。

城乡互助健康生活馆以“社区支持农村、城乡互助”、“造血式扶贫”为理念，通过推广、销售来自贫困农村地区，不用农药、化肥、饲料添加剂的原生态农产品、土特产品和健康食品，满足市民对健康食品的需求，同时以城市消费带动农村生态农业的发展，提高农村自主发展的能力，促进农民增收、脱贫。

城乡互助健康生活馆的发展面临很多困难。首先是资金紧缺，投入不足，规模难以扩大。由于社会企业在中国还是个新事物，还有好长一段路要去走，学习的成本昂贵，以盈利为目的的企业不愿意为其学费买单。而向基金会申请项目，则竞争激烈，加之，基金会倾向于认为，以商业手段实现公益目的的组织，已经具备自我造血的能力，不需要或者并不是他们资助的重点。而拓展销售渠道、加强宣传力度、改变营销手段等是专业的商业手法，正是公益人士所缺乏的。

城乡互助健康生活馆发展所面临的第二个难题就是缺乏专业人才、专业知识和技能。由公益组织转型而来的社会企业，往往面临这个困难。公益人士身怀理想主义，原本对唯利是图的商业就不大认同，而且缺乏相关的市场化运作知识、理念和技能，对经营企业所需要的财务、管理、营销等业务能力也比较薄弱。因此，公益人士经营社会企业鲜有成功的案例。和企业进行合作，或者引进相关的人才是这类社会企业常用的策略，但是，由于与企业的理念差异，以及社会企业的待遇问题，都难以现实。

城乡互助健康生活馆发展所面临的第三个困难是激烈的市场竞争。社会企业虽然以社会公益为首要目标，但是实行的却是市场运作，其手段、方法等也要遵循市场规律，所有的市场主体都是平等地参与竞争，社会企业没有特权。在这里，社会企业不仅要和其他社会企业竞争，还要和一般的商业企业竞争。然而，在激烈的市场竞争面前，规模小、非专业化且稚嫩的社会企业的优势何在？核心竞争力何在？如何与大规模的、成熟的、专业化的商业企业竞争以获得生存和发展？这是困扰着无数社会企业的难题。城乡互助健康生活馆也面临同样的问题，城乡互助健康生活馆依托农村工作的项目点提供货源，存在货源不充足、不稳定的情况，且整个经营规模偏小。其竞争对手除了在其之后成立的几家业务类似的社会企业外，还有那些依托大型生产基地提供货源，实现了产销一体化、规模化、专业化的纯商业性质的原生态农产品企业。这些大型企业通过连锁经营，不断地挤占社会企业的市场，对小规模、非专业的社会企业形成巨大冲击。

城乡互助健康生活馆发展所面临的第四个困难是社会支持不足。普通公众对以商业手段达到社会公益目的的社会企业理念还持观望、怀疑态度，在行动上也缺乏支持。

由于以上的种种困境，城乡互助健康生活馆在运营的最初一年多时间里一直处于亏损状态，并需要B组织的支持才能运作。2011年底2012年初，B组织经全体工作人员代表大会讨论决定，2012年全年的重心工作是整合团队力量，共同提升、巩固团队的经营项目，选派精干人才队伍，分工合作，共同致力于健康食品店的扭亏为盈。2012年7月，经过了调整和改革，在团队成员的共同努力下，健康食品店首次实现了赢利，全年销售额42万元，实现扭亏为盈，达到收支平衡而略有结余的状态，支持着B组织团队一名全职工作者、一名实习生的工资，另外为B组织承担着办公场地的租金和水电、物管等行政费用，为B组织的公益事业支出超过10万元。

2. 二手衣物店

除了城乡互助生活馆，B组织也曾试图借鉴北京工友之家同心互惠店的运作模式，创办社会企业，通过接收、整理来自社会捐赠的二手衣物，出售给城市低收入群体（尤其是农民工群体），在倡导节约、环保理念的同时，帮助低收入群体降低生活成本，提高公益组织的自我造血能力。为了使设想变为现实，B组织曾委派工作人员到北京工友之家进行了为期半年的学习，工作人员学成归来之后也开展了几次实践，到工地及工友集中居住的社区进行二手衣物义卖，为创办二手衣物店做了很多努力和准备。2012年3月，劳动互助二手衣物店正式创办运营，运营第一年就实现赢利。2012年二手衣物店总收入93882元，支出6万多元，除了解决了3位人员的工资、房租、水电、运费等外，部分支持公益项目，年终结余2.8万元。

3. 爱心义卖屋项目运作

2013年3月，B组织内部的户外筹款小组联合其所挂靠C基金会、当地一家媒体以及爱心企业共同筹办了爱心义卖商店，以社会企业的理念进行运作。义卖屋主要靠义卖企事业单位捐赠的爱心商品和公众捐赠的有纪念意义或收藏价值的爱心物品，来筹集公益资金，支持民间公益事业发展。义卖屋义卖资金及公众捐款全部投入专用捐款箱，进入C基金会的专项基金，并定期公布和接受社会各界监督。

随着B组织内部社会企业项目的增设，运作经验的积累，2012年7月以后，几个社会企业项目都实现了收支平衡而有结余，不仅实现了自身的延续和发展，还为B组织内的其他公益小组提供了重要的支持。到2012年底，市场化动员筹资12%，私人化动员占42%，准社会化动员46%。B组织的资源动员系统中，市场化动员开始成为了重要的补充，“准社会化动员”为主，私人化动员和市场化动员为重要补充的动员格局逐渐形成。2013年，B组织中的社会企业项目的市场化动员水平和效果进一步提升，市场化动员在组织动员系统中的作用越来越突出。

第三节　B 组织资源动员发展的特征

在上一节中，我们回顾了 B 组织的资源动员的发展历程，这一节中，我们采用系统论对 B 组织资源动员发展历程中所体现出的特征进行描述性的总结。

一、动员系统要素的发展

草根公益组织的动员系统各要素深受社会转型大环境的影响，呈现与改革开放前不同的特点，具有一般社会动员系统的共性，同时也因草根自身的特点及其在社会中的地位，而与其他动员主体（如官办公益组织）的动员系统存在差异。

（一）作为动员主体的 B 组织：身份多元化、合法性扩展、能力提升

动员主体是动员活动的启动者和组织者，在动员活动中处于主导性地位，担负着对动员活动的设计、实施、检查、总结等任务，动员的成败优劣一定程度上取决于动员主体的结构和素质。B 组织动员系统的发展首先取决于作为动员主体 B 组织，具体体现为身份多元化、合法性扩展和能力提升。

1. 身份多元化

2006 年 3 月至 2008 年 4 月，B 组织只有一个身份，即工商注册的企业，但无论是对外宣传、开展活动，还是组织内部，工商注册的“企业”身份并不是强调的重点，而常常是以从事公益，非营利目的的“××之家”示人。但以“公司”的身份开展公益活动，仍常常引起误会，为了避免不必要的麻烦，从 2008 年汶川地震之后，B 组织选择资助成立不同的草根公益小组，如志愿者驿站、义教小组、农村扶贫小组等，对外以草根公益组织的身份，强调组织的自愿性、非营利性和公益性，开展公益活动；而对内，这些草根公益小组统一接受 B 组织的领导和管理，由 B 组织提供活动经费、场地、人员等。2010 年 2 月以后，农村扶贫小组以挂靠官办公益组织 C 基金会，作为其外围志愿团队的身份开展活动；随后，B 组织又成立了户外活动筹款小组，同样以挂靠的形式解决了身份问题；义教小组、志愿者驿站等也纷纷挂靠官办组织，变身为官办组织的志愿团队。2010 年 8 月、2012 年 3 月、2013 年 3 月，B 组织又相继推出按照社会企业理念进行运作的城乡互助健康食品店、二手衣物店、爱心义卖店等公益性质的实体店。至此，B 组织及其志愿团队从事公益具有了三种身份，一是官办公益组织的志愿团队，二是工商注册的社会企业，三是志愿团队的内部团队。

2. 合法性的扩展

组织身份的实质是组织合法性。从组织理论看来，任何人类组织，无论是企

业、政府还是非营利组织，都需要获得合法性（如国家的承认、社会的认同），才能维持其生存并发展壮大。"合法性"表明某一事物具有被承认、被认可、被接受的基础，是组织存在和发展的基本前提。在公益组织的社会合法性、行政合法性、政治合法性和法律合法性四种①中，行政合法性、政治合法性、法律合法性都是由国家认定，可统称为国家合法性。社会合法性的基础在于社会，而在我国，受"强国家——弱社会"格局的影响，社会合法性也往往以"政府为基础"②，具有局限性和依附性。由此可见，在我国现阶段，国家依然是合法性的首要提供者③，国家的合法性要求比社会的合法性要求更重要，遵从国家的合法性要求有重要的生存价值④。许多草根公益组织在成立之初只是具有了有限的社会合法性，而缺乏国家合法性，只能依靠有限的社会合法性，在有限的空间、以有限的方式进行活动。因此，扩充合法性，寻求国家合法性支持成为草根公益组织生存和发展的关键。

从资源动员的角度来看，组织合法性是进行资源动员的基本条件。B 组织合法性的发展表现为三方面：第一，合法性的完善，合法性的种类增加，从社会合法性到政治合法性、行政合法性和法律合法性。B 组织成立之初是以工商注册的企业，开展公益活动的社会合法性受到限制，缺乏社会信任。2009 年后，B 组织选择成立不同的草根公益小组，如义教小组、志愿者驿站、农村扶贫小组等以民间公益组织的身份开展公益工作，强调活动的非营利性、公益性，获得一定的社会合法性，并通过大众媒体的宣传，不断展示和扩展组织的社会合法性。然而，这种社会合法性未得到以民政部门为代表的体制力量的认定，是非正式的，仍然比较脆弱。2010 年 2 月以后，农村扶贫小组以挂靠官办公益组织 C 基金会，作为其外围志愿团队的身份扩展了政治合法性和行政合法性；随后，B 组织又成立了户外活动筹款小组，同样以挂靠的形式解决了政治合法性和行政合法性的问题；义教小组、志愿者驿站等也纷纷挂靠官办组织使合法性得到扩充。政治合法性与行政合法性属于国家合法性的范畴，国家合法性的获得对于草根公益组织的发展具有重要的意义。

第二，B 组织合法性的发展表现为合法性质量和效力的提升，尤其是社会合

---

① 高丙中．社会团体的合法性问题［J］．中国社会科学，2000（2）．

② 陈津利．中国慈善组织个案研究［M］．北京：中国社会出版社，2008．

③ 孙立平等．动员与参与：第三部门募捐机制个案研究［M］．杭州：浙江人民出版社，1999．

④ 邓宁华．"寄居蟹的艺术"：体制内社会组织的环境适应策略——对天津市两个省级组织的个案研究［J］．公共管理学报，2011（3）．

法性范围得到扩展，质量得到提升。社会合法性的本质就是社会公众的认同，其前提是社会认知，只有通过大众传媒的宣传和推广，为社会所熟知，组织社会合法性的范围才能得到扩展。因此，社会合法性需要不断地向社会展示以获得更大范围的认可和支持。这方面，B组织通过各公益小组具有创新性的公益活动和项目吸引大众媒体的报道，与媒体保持了良好的互动合作关系，借助大众媒体的传播使一个原本默默无闻的草根组织走进公众的视野，为人们所熟知，成为省内外都有知名度和影响力的优秀公益组织，从而将组织社会合法性的范围大大扩展。另一方面，B组织最初的社会合法性是因为符合社会文化期待、社会公众利益而具有的合法性，其基础来自社会，属于制度外的合法性，国家力量并没有介入对其社会合法性的认定。但在中国"强国家——弱社会"的格局影响下，社会合法性并不完全取决于"社会"，而也需要国家的认定，未经政府或体制确认的"社会合法性"仍是脆弱不牢靠的。在B组织的各公益志愿小组挂靠官办组织的C基金会之后，C基金会的体制背景代表了体制力量对草根组织合法性的确认，C基金会的合法性有效地转移到B组织，提高了其社会合法性的质量和效力。

第三，B组织合法性的发展还表现为合法性的独立性的增强。以前，工商注册为"企业"，是草根公益组织应对社会组织双重管理体制的被动选择，无奈之举；而对于社会公众而言，人们对这类公益组织往往持不信任的怀疑态度。结果，草根公益组织为了获得"合法性"反而陷入了"合法性危机"。近年来，尤其是2009年以来，随着"社会企业"理念的引进和传播，商业手段、企业运作理念在慈善、公益领域的运用被视为突破传统慈善弊端的一种社会创新、组织革新而受到业界追捧，在社会上也逐渐为公众所知所接受而具有了合法性。在这样的背景下，2010年8月之后，B组织相继推出了"城乡互助健康食品馆"、2012年3月推出"二手衣物店"、2013年4月推出"爱心义卖屋"等社会企业组织形式的公益组织或项目，它们都具有相对独立的合法性。

（二）动员客体：由单一到多元，由体制外到链接型再到体制内

动员客体是动员主体的活动对象。动员活动能否顺利开展乃至最终成功，一定程度上也取决于社会大多数成员思想和行动的服从情况和配合程度，而这些最终取决于动员活动的客体结构及客体素质。按照动员客体的组织化程度，可分为组织化的客体和非组织化的客体。按照组织与体制的关系，动员客体可分为体制内客体、中介型客体和体制外客体三种。所谓体制内客体，主要是传统社会的政治体系，包括政府、政党等；所谓中介型客体是那些站在体制中间，衔接体制内外的组织，它们具有半官半民性，同时受到行政机制和社会机制的约束。衔接型组织是体制内外两种力量汇聚的平台，也是体制内外相互沟通的桥梁，其类型包括具有体制背景的公益组织、转型中的事业单位等。如红十字会、公募基金会、

官方媒体、事业单位、国有企业等；而体制外客体主要是纯粹的社会力量，主要受到社会机制的约束，包括草根组织、民营企业等。

在B组织资源动员过程中，动员客体呈现出由单一到多元，从体制外客体到中介型客体再到体制内客体的发展过程。在市场动员阶段，B组织的动员客体主要是体制外的客体，而且以非组织化的个人为主；私人化动员时期，与组织负责人具有私人关系的个人成为动员对象；业内动员则以非公募基金会和境外基金会为主，它们都属于组织化和体制外的动员客体；准社会动员为主的时期，B组织通过动员具有体制背景的中介性客体，实现了对体制内客体的动员。至此，B组织的动员客体实现了体制外客体、中介型客体、体制内客体、组织化客体和非组织化客体等多元客体的动员。

（三）动员关系：平衡的艺术

动员关系指的是动员主体与客体之间的关系，往往决定了动员方式的采用。动员主体和客体之间的关系有静态和动态两个考察维度。从静态的维度来看，是平等和不平等的关系，从动态的维度来看，则是动员主客体是否存在相互转化、相互渗透的可能性。在传统动员模式中，动员主体与动员客体之间关系不平等，动员主体强势，而动员客体弱势，动员主体与动员客体往往是隶属关系，动员主体掌握了动员客体的关键资源，动员客体实际上处于无从选择的被动地位；动员主体与客体泾渭分明，难以转化。主强客弱的刚性关系造就了以行政命令、摊派等为主要手段，依托行政网络，自上而下、层层动员的组织化动员方式。从静态的维度来看，动员关系有平等关系、主强客弱和主弱客强三种类型。当草根公益组织面对一般的体制外客体时，属于平等的动员关系；当草根公益组织面对体制内和链接型客体时，是主弱客强的关系。从总体来看，受限于草根公益组织的整体实力，在草根公益组织的动员系统中，主弱客强是动员关系的主导。从动态的角度来看，现代动员呈现出动员主体和客体相互转化的趋势，在不同的动员活动中，动员主体和客体相互转化，甚至在同一动员活动中，动员客体被成功动员之后，也变成了动员主体，积极主动加入到对其他动员客体的动员中，出现动员主体不断扩大的现象。

在B组织的动员发展过程中，动员关系从平衡关系发展到不平衡的主弱客强关系。体制外客体是其最初的动员客体，和同样为体制外的草根公益组织是平等的关系，但体制外客体所拥有的资源有限，一些重要的资源，如合法性资源掌握在体制内客体的手上，因此，随着B组织将动员客体瞄准具有体制背景的公益组织和体制内客体，B组织动员系统中的动员关系从平等关系变为不平等关系。而作为弱势一方的草根公益组织对强势客体的动员成为最考验组织智慧和耐心的环节。

（四）动员环境：适应宏观动员环境，型塑微观动员环境

动员环境是动员所面对的环绕在动员活动周围并对其产生影响的客观现实。动员环境有宏观和微观之分，宏观环境是从整个国家层面上所说，主要指的是快速转型社会的经济、政治等宏观体制环境，社会、历史、文化等条件，以及草根公益组织所面临的社会组织管理的体制环境。经济方面，市场经济的发展使社会具有了自由流动的体制外资源，这使社会化动员成为可能；但权威型政府传统使体制和政治因素对资源配置还具有重要的影响。政治方面，政府的职能改革，政府的社会管理机制创新、社会建设的提出，以及政府的选择性支持策略成为草根公益组织成功借用体制因素开展广泛社会动员的政治前提。社会的发展使社会化动员的条件得到进一步发展，但总体上，对草根公益组织的动员仍是限制为主。

而中国的社会组织管理体制要求只有在民政部门注册的社会组织才具有合法性公开接受社会捐赠的资格，而要向社会进行动员的条件更苛刻，对草根公益组织的动员形成了限制。

微观环境是草根公益组织所直接面对的具体环境。针对宏观环境的客观性，微观环境在很大程度上是主观构建的：宏观环境对于每个草根公益组织都是一样，单个草根公益组织很难改变，但微观环境则受到草根公益组织自身因素的影响，草根公益组织的身份、所具有的资源、组织的综合素质和能力、所使用的动员策略、所面对的动员客体等都会型塑着微观环境。同时，相对宏观环境的稳定性，微观环境是一个不断变化的过程，会随着草根公益组织本身的情况而变化。如草根公益组织合法性的发展、组织能力的发展、组织资源的增多、组织活动领域的变化、组织的公共关系网络的构建等都会使其面临不同的微观动员环境。

在B组织动员发展的7年历程中，宏观动员环境并没有明显的变化，其资源动员的发展主要得益于B组织在适应宏观动员环境的大框架下，通过积极主动型塑微观动员环境，包括主动接触媒体、官办组织、政府部门，扩展公共关系，扩展合法性、提升自我等，使微观环境朝着有利于组织资源动员的方向发展。

（五）动员任务：由易到难，由少到多

动员任务即动员目标。对于还处于初创期的草根公益组织来说，其首要任务是生存下来，其次才是实现组织使命，第三则是实现发展。草根公益组织的动员任务就是围绕这三个目标开展的。为了实现生存，资金、合法性、信任资本必不可少；实现组织使命，关键资源为权威性、社会参与、合作、公共关系网络等；实现发展的核心资源为人力资源、专业能力、公信力、组织凝聚力、符号资源、情感性资源等无形资源。

草根公益组织所需要的资源又可分为“体制内资源”与“体制外资源”。体制内资源主要是与体制密切相关，由政治、行政力量控制、支配的，在体制内组织中蕴藏的资源，体制内资源主要表现为合法性、权威性资源、政治符号资源、组织网络等，也包括资金、场地、物资等有形的物质资源。体制外资源包括社会资源和市场资源，社会资源是指建立在自愿捐献或社会交往基础上形成的资源，包括资金、物资、人力等有形资源，还包括信任、支持、合作、能力、知识等无形资源。市场资源是依靠市场机制运作的资源，它以有形的资金、物资、人力等有形资源为主。

草根公益组织的动员任务与动员客体密切相关。相关研究表明，公益组织在合法性上高度依赖国家，而资金上高度依赖社会。许多草根公益组织在成立之初只是具有了有限的社会合法性，寻求国家合法性支持成为草根公益组织生存和发展的关键。因此，将政府部门作为动员客体，从中实现合法性的动员任务是草根公益组织生存和发展所必须的。而草根公益组织动员任务中的“资金”虽然主要来自社会，即来自体制外，但在中国转型社会的背景下，依然需要体制内力量的支持。首先，草根公益组织所需要的资金虽然主要来自体制外的社会，但处于法团主义管理体制下的草根公益组织并不具备获取社会资源的资格。其次，即使草根公益组织具备了获取社会资源的资格，仍难以与受到体制庇佑的官办或者半官办组织竞争，在社会资源获取上处于劣势。第三，处于初创期的草根公益组织，缺乏足够的综合素质和独立性运作足够的社会资源以保障自身的生存和发展。最终，草根公益组织仍需要寻求体制庇护，仰仗体制力量，助其发展壮大。

B 组织在动员任务的发展上呈现出由易到难，由单一到多元的阶梯式发展特点。在资源动员的发展初期，求生存成为主要的动员目标，动员资金是最初的任务。资金主要是体制外资源，在市场和社会上自由流动，通过市场化动员、私人化动员、业内动员等都可以达到，动员任务相对容易。其次是对合法性的动员，尤其是对国家合法性的动员。由于合法性主要由国家提供，弱小的草根公益组织动员政府力量难度很大。合法性可以通过转移实现，而专业素质和能力等无形资源是组织长期积累的结果，因此，除了动员支持型的公益组织，还需要草根公益组织自身的长期努力。

（六）动员方式：单一到多元的阶梯性发展

B 组织的动员方式呈现出阶梯性发展的特征。在最初的发展时期，B 组织以自我动员的方式，依靠几个创始人的资金投入开展活动。B 组织注册成为“企业”，努力以市场化动员方式获取资源，但动员效果不佳，转为私人化动员，即依靠运作私人关系，面向熟人社会进行动员。随着公益活动不断走向社会，草根公益组织的资源动员开始走向陌生人社会，以项目形式向国内的非公募基金会和境外基金会等体制外客体进行动员成为努力的方向，配合着私人化动员，共同支持组织的运作。当组织发展到一定阶段，需要扩展活动空间，动员更多资源的时候，充分的合法性成为关键资源，国家作为合法性的首要提供者，是草根必须要面对的动员客体。然而，面对这样一个强势的客体，草根组织选择了迂回的策略，发展出“准社会化动员”方式：以动员体制外力量为基础，以动员链接型组织为突破，借助链接型组织的平台，实现对体制内资源的动员；进而“虚隐化”动员主体，将具有体制背景的客体转化为主体，借助体制力量，发挥社会化动员手段，实现对体制内外客体、体制内外资的动员。以下是 B 组织几种动员方式的主要特点。

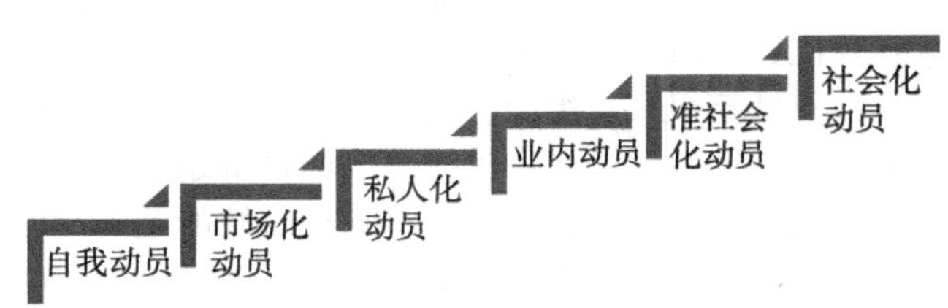

图 3-1　B 组织资源动员方式的阶梯式发展

1. 私人化动员

所谓私人化动员指的是依靠个人，尤其是创始人或者组织主要负责人的社会关系网络进行资源动员。其特点是：第一，动员主体个人化，由于草根公益组织作为动员主体的合法性、权威性不足，组织难以承担动员主体的责任，于是由组织中的负责人以个人身份进行动员。第二，动员客体面向熟人社会，一般与动员主体具有良好的私人关系。第三，动员方式，以“情”“动”人，借助动员主体与动员客体之间的私人情感和信任关系进行动员，充满人情的色彩。私人化动员对个人的素质要求很高，不仅需要有崇高和坚定的理想、高尚的行为和品质、强大的人格魅力等足以感染人，令人钦佩的力量；还要具有能够使人信服、遵从的能力，主要包括描述其远大理想的能力、表达演说、说服别人的能力，富有激情等。而私人化动员的关键是建立和拓展熟人关系网络，运作关系。

2. 业内动员

业内动员是公益组织以公益圈内的资助型组织，包括国内的各种基金会、境外的公益组织等为动员客体。业内动员一般是以项目资助的形式进行。分为两种，一种是公益组织自行策划设计公益项目，提交基金会，通过评审后，以执行项目的形式获得资助；另一种是基金会设计项目，并对外进行招标，招募项目实施的合作伙伴，而公益组织凭借自身实力获竞标，获胜或得到资助。

业内动员的特点是：第一，僧多粥少，竞争激烈。业内支持性公益组织发育不足，资源有限，远远不能满足草根公益组织的需求，有限的资源和不断扩大的需求加剧了业内动员的竞争。第二，对公益组织的身份及合法性有一定要求。一般要求社会在民政部门登记注册的公益组织才能获得资助资格；而非公募基金会和国际性的公益组织对公益组织的实际运作更为重视，而并不强调其必须是独立注册。因此，草根公益组织由于合法身份的限制，业内动员的对象一般限制在非公募基金会和境外组织中。第三，对草根公益组织的综合素质和能力要求较高。业内的资助方看重的是公益项目是否具有创新性、操作性、可持续性、可复制性等，这要求草根公益组织具有较高的创新能力，能够及时发现问题，提出具有创新性的解决方案；其次，项目策划书的书写能力也很重要，资方往往凭借一份项目策划书来确定是否资助草根公益组织；而草根公益组织的项目执行和管理能力则成为业内动员是否可持续的关键。一份漂亮的项目策划书只能保证资方资助一次，但优秀和高效的执行和管理能力是资助方继续支持的砝码。此外，与资助方的沟通、交流能力也是业内动员的重要因素。然而，中国的大多数草根公益组织正处于初创期，综合素质和能力不强是最大的短板，其发展还需要外界的支持。

3. 市场化动员

市场化动员是公益组织面向社会公众，采用商业手段，开展经营活动，进入市场、按照市场机制，参与市场竞争，通过提供产品和服务等形式获得组织生存和发展的资源。市场化动员的特点是：第一，门槛比较低，对组织的合法性并没有太多的限制，很多草根公益组织只要愿意，均可尝试。第二，组织相对自由，受外部直接限制较少，能够保证组织的独立自主性。第三，竞争激烈。采用市场化动员的方式，其竞争不仅来自公益界的其他公益组织，还包括以利益最大化为目的的营利性组织。第四，对公益组织的综合素质和能力要求高，不仅要具有成熟的公益组织所需具备的能力，还要有企业一样的经营理念和能力，才能在竞争中取胜，实现市场化动员的成功。

4. 准社会化动员

“准社会化动员”是草根公益组织凭借其社会性优势，以社会化方式，通过动员链接型客体，依托链接型客体沟通体制内外客体的优势，间接动员体制内客体，达到将体制因素与社会化手段相结合，实现对体制内外客体的广泛动员，最终实现组织自我成长。其主要特点为：

（1）体制因素为支撑，动员主体多元化。草根公益组织自身毫无体制背景，其对体制因素的借用主要是通过链接型客体的中介作用，或直接动员体制内客体的方式实现。对体制资源的运用主要包括：第一，借用合法性，尤其是行政合法性和政治合法性。第二，借用体制的权威资源，如以政府部门、官办组织等作为公益活动的主办单位；借助官方媒体进行宣传造势；请政府部门和官员出席活动的重要仪式等增加公益活动的合法性、权威性和影响力。第三，借助政治资本和符号资源进行动员。在转型社会，政治符号资源具有重要的交换价值，是体制内外资源进行交换的媒介。第四，借用行政网络、组织性资源。公益组织利用政府遍布全国的行政系统、组织系统降低公益活动的成本，有效提高工作的效率。在实际的动员过程中，体制因素发挥了关键的支撑作用，体制因素被推至前台，成为“宣称”的动员主体，而体制外组织作为真正的动员主体则退居幕后，甘当辅助者，出现动员主体多元化和实际动员主体虚隐化的现象。

（2）面向社会为主，体制内外资源互促共进。草根公益组织认识到，对于来自社会的它们，社会资源才是真正的生存之本、立足之地。因此，在“准社会化动员”中，草根公益组织发挥创新性、灵活性等优势，以动员链接型客体，借用链接型客体沟通体制内外资源的桥梁性作用，在更大范围内、更高效地动员体制内外的资源。在动员中，体制内外资源互促共进，体制内资源的获取，带动了对体制外资源的动员；而体制外资源的成功动员，又反过来促进体制内资源的进一步利用，两者良性互动，相得益彰。

（3）社会化手段贯穿始终。“准社会化动员”的社会化手段首先表现为以社会化手段获取社会合法性。草根公益组织充分发挥自身的社会性、创新性，通过宣传、策划、市场营销等社会化手段，以具有新闻价值的公益活动吸引媒体的关注，从而提高组织的社会合法性、社会影响力，为与体制资源的链接打下基础。其次，草根公益组织以社会化手段链接体制资源。通过与链接型客体签订合作协议等市场化手段实现对体制资源网络的嵌入，间接地动员了体制内客体。第三，在体制资源的支撑下，以社会化手段动员体制外资源。

（4）提升自我为本，社会取向为根。“社会取向”指的是公益组织主要依赖社会资源生存和运作，遵从社会选择机制，以提高组织的专业能力、执行能力、效率、公信力等方式赢得社会的支持。与社会取向相对应的是“政府取向”，持这种取向的组织“依赖政府资源和政府授予的合法性便可获得资源和生存发展空间，决定其生存发展的是政府的支持而非社会的认可和资助。”①草根公益组织选择“准社会化动员”方式的根本目的是借力发展，以体制提供的资源和平台为依托，全面提升自身的综合素质及能力。因此，草根公益组织在“准社会化动员”中尤其重视通过公益项目和活动积累经验、提升专业能力、打造公益品牌、塑造公益形象、打造组织的公信力等，最终目的是为了将来能够真正独立地、直接地

① 赵荣等．从政府公益到社会化公益：巨灾后看到的公民社会发育逻辑［M］．北京：社会科学文献出版社，2009.

"面向社会"。

表 3-1　　**各种资源动员方式的比较**

	市场化动员	私人化动员	业内动员	准社会化动员
动员主体	组织	个人	组织	组织
动员客体	体制外	体制内、外	体制外	体制内、外
动员环境	市场经济	熟人社会	公益圈内	转型社会
主要手段	市场经营和竞争	感染和说服	项目策划和执行	借助体制、社会化手段
关键因素	商业理念和能力；竞争力；组织综合素质	个人素质和影响力；熟人关系网络	创新能力和执行力；组织综合素质及能力	与体制合作的能力，综合素质

二、动员系统结构的发展

系统有一定的结构，系统内部各要素之间相对稳定的联系方式、组织秩序及失控关系的内在表现形式，就是系统的结构。动员系统结构是指动员系统内部动员要素之间的相互联系、相互作用的方式或秩序，即各要素在时间或空间上排列和组合的具体形式。系统结构的基本特点：稳定性、层次性、开放性、相对性。在草根公益组织的动员系统中，动员主体、动员客体、动员关系、动员环境、动员任务、动员方式之间具有相互影响、相互制约的关系，这些要素之间在不同时期、不同的组合，相对稳定、具有层次感、发展性的动员结构。

（一）动态结构：从简单到复杂的阶梯式发展

从时间的维度来看，B 组织的动员系统结构是一个从简单到复杂的阶梯式发展，这体现在动员客体、动员任务和动员方式上。

在动员的第一阶段，几个创始人以自我动员的方式组建了一个工商注册的"企业"，采用市场化的动员方式，主要面向体制外的非组织化的个人进行动员，筹集基金，实现生存成为最基本的动员任务。市场化的动员方式虽然门槛低，但面临激励的竞争，对组织的综合素质和能力有很高的要求。而 B 组织主要是充满理想色彩，想要做一番公益事业的年轻人，缺乏商业运作和经营的理念、能力、资源和经验，加上工商注册的"公司"身份遭到社会及动员客体的质疑，缺乏社会合法性。种种原因导致 B 组织的市场化动员效果不佳。

在动员的第二阶段，草根公益组织仅具有有限的社会合法性，其掌握的资源非常有限，动员能力也非常欠缺，但需要动员的资源种类和数量却多得多，动员任务十分艰巨。然而，单凭草根公益组织的能力，是难以实现的，从现实的情况考虑，草根组织只能从最容易接近、受限制较少、动员难度较小的体制外客体开始。由于草根公益组织与体制外客体基本上是平等的关系，草根公益组织往往以社会化的方式进行动员，主要有采用兴趣吸引、价值认同、情感唤起等手段，通过自制海报、印制传单、社团博客、口耳宣传等在小范围内进行自我宣传。动员的目的主要是动员社会参与，增加公益组织活动的社会参与性，从而提高组织的社会合法性。在资金方面，则主要创始人的自我投入和依靠私人化的动员，即组织负责人依靠私人关系的信任感，面向熟人社会进行动员。

动员的第三阶段，草根公益组织作为动员主体的社会合法性得到增强，私人化动员作为主要动员方式已经不能满足组织发展的需要。这时，B组织借助增强的社会合法性，开始尝试向公益圈内，国内非公募基金会和境外基金会等体制外的支持型客体进行业内动员，并尝试借助媒体进行社会化动员。但业内动员和社会化动员仍受到草根公益组织合法性和自身综合素质的限制。因此突破发展瓶颈，草根组织的动员任务变为展示并扩充合法性、有形资源、专业素质和能力。此时，链接型客体成为草根组织主要的动员客体。链接型客体处于体制与社会之间，它们既有体制因素，又有社会的色彩，同时受到行政和社会两种机制的制约，成为体制与社会的黏合剂，体制力量与社会力量进行沟通的桥梁，体制资源与社会资源汇聚和交换的场所，在社会动员中具有特殊的意义。成功动员链接型客体是草根组织最终实现动员体制内客体，获得体制资源，获得充分合法性的关键环节。然而，成功动员链接型客体也需要“资本”，其一是草根公益组织自身要有较为充分的社会合法性及良好的业绩，其二是个人资本，即组织负责人与链接型客体具有良好的私人关系。因此，草根公益组织动员链接型客体的策略主要还是社会化的手段。社会化手段之首，往往是媒体策略。通过具有新闻价值的公益活动吸引官方媒体的报道，动员了官办媒体，则借助媒体展示了自身的合法性，并进一步加强组织的社会合法性、提升了组织的形象、扩大了组织的影响力。媒体策略是草根组织在动员中常用的策略。其二是关系的运作。在转型社会，由于陌生人社会的普遍信任机制不成熟，熟人社会建立在熟悉基础上的特殊信任仍发挥重要作用，因此关系运作对于动员的成功与否至关重要。拉关系、托关系、发展关系成为弥补信任不足的有效策略，这也是私人化动员的运作空间。其三，宣传和关系有时候仍然是虚的，动员的实质是信任问题，媒体宣传动员是本质是将对大众媒体的信任扩展到对草根组织，即因为信任媒体而选择信任媒体所信任的草根组织；私人关系是将对组织负责人的信任扩展到其所掌管的组织上，即因信任一个人，而信任其所掌管的组织。这与“爱屋及乌”的道理是一样的。

第四阶段，草根公益组织成功动员了链接型客体，扩充了合法性，借助链接型客体动员体制内客体，并实现对广大范围的对体制外客体的动员。动员实际上也是资源交换，满足需求是实现动员的关键。面对链接型客体，在这样一种主弱客强的动员关系中，草根组织选择“主动”“示弱”“服从”“补足”“让功”等一系列策略，主动表示服从管理、积极干活、满足需求，将功劳让给强势客体等，换取自身的成长和壮大。这一阶段，草根组织的合法性是依附链接型客体而存在的，并不是独立的充分的合法性。但是，借助链接型客体的链接体制内外资源的优势，草根组织的社会优势也得到彰显。此时，在草根公益组织的动员系统中，动员主体、动员客体、动员方式、动员任务都史无前例的多元化了。草根组织不是唯一的动员主体，甚至不是显性的动员主体，而退居到幕后，成为隐性的动员主体，代替它走到动员前台的是链接型客体和体制内客体；在动员客体方面，体制外客体、链接型客体、体制内客体、组织化的客体和非组织化的客体全部包罗其中；动员方式是八仙过海各显神通，既有私人化动员，也有组织化动员、准组织化动员、社会化动员、准社会化动员，既有体制因素的运用，也有社会化手段的发挥；动员目标囊括生存性资源和发展性资源。

第五阶段：草根公益组织已经得到了较为充分的合法性，并实现了体制内外资源的动员；在链接型客体的牵线搭桥之下，草根组织频繁与体制内客体交流、合作，获得了政府部门的了解、信任和肯定；草根组织自身也得到了锻炼和成长，逐渐具备了独立面向各种动员客体的能力。此时，草根组织动员的核心任务是充分和独立的合法性，以独立的身份面向体制，面向社会。草根组织在链接型客体的庇护和帮助下已经获得了全面提升，但是，在面对政府部门时，它依然是弱势的，主弱客强的动员关系并没有实质的改变。因此，草根组织的动员不可能完全基于平等。草根组织的策略是满足政府需要为前提，向政府的话语体系靠拢，在政府和社会都认可的地带寻找发展。

（二）静态结构：一体两翼的结构

经过七年的发展，到目前为止，B组织形成了“准社会化动员”为主，私人化动员为基础，市场化动员为补充的资源动员结构。其中，“准社会化动员”处于主导地位，是资源动员的主要方式；依靠个体社会资本的私人化动员为基础，并且常常起到配合“准社会化动员”，在“准社会化动员”的大框架下发挥局部性的作用；市场化动员为补充，并被视为组织未来主导的资源动员方式，而正在努力进行的尝试和积累。

1. 一体：“准社会化动员”为主导

草根公益组织凭借其社会性优势，以社会化方式，通过动员链接型客体，依托链接型客体沟通体制内外客体的优势，间接动员体制内客体，达到将体制因素与社会化手段相结合，实现对体制内外客体的广泛动员，最终实现组织自我成长。这样的动员方式我们称之为“准社会化动员”。

草根公益组织动员系统中，以“准社会化动员”为主导，在B组织的各种动员方式中，“准社会化动员”所投入的精力、人力是最多的，所面对的动员客体是最丰富的，既包括体制外的客体、也包括链接型的客体，还包括各政府部门等体制力量；所面对的动员任务往往是最艰巨的；所动员的资源类型是最多元的，它包括合法性资源、资金、场地、物资、人力等有形资源，也包括知识、能力、信任、合作、公共关系等无形资源；所动员的资源总量也是最多的，是草根公益组织资源总量的50%以上。从理性层面分析，在草根公益组织作为一个整体形象，还没有真正成长起来，真正具有独挡一面，成为具有合法性、权威型的动员主体的时候；在动员主体与客体之间的关系依然存在不平等的时候；在社会转型的动员环境没有实质性改变，体制行政力量依然对资源配置具有重要影响的时候……总之，在草根公益组织独立进行社会化动员的内外环境仍然不成熟的时候，草根公益组织倚靠体制，社会力量与体制力量联合进行的“准社会化动员”是最现实而理性的选择。

2. 私人化动员为起点、基础和补充

所谓私人化动员指的是依靠个人，尤其是创始人或者组织主要负责人的社会关系网络进行资源动员。中国的大多数草根公益组织都是依赖私人化动员发展起来的，私人化动员是草根公益组织动员的起点。在草根组织发展初期阶段，草根组织没有合法性、缺乏资源和能力，缺乏一切成为动员主体的条件；加之，私人化动员因其操作简单、资源使用自由、不受社会问责等便利，常常成为初创期草根组织进行资源动员的主要，甚至是唯一的方式，对草根组织的发展起到了关键的作用。在B组织的起步阶段，市场化动员失败，是私人化动员维系着组织的运行。当时创始人依靠运作私人关系，不断扩大个人的社会关系网络来提升私人化动员的效果。

私人化动员是草根公益组织的基础。虽然私人化动员受社会关系网络的限制，动员对象和范围有限，所能动员的资源类型有限，动员效果提升空间有限，不能完全支持组织的发展，动员对象、范围、渠道的拓展，动员方式的多元化成为组织发展的自然而然的需求。于是，市场化动员、准社会化动员等动员方式逐渐发展起来。其中，将体制因素与社会化手段相结合的“准社会化动员”成为了草根组织动员系统中的主导，而私人化动员并没有就此退出，而是作为一种更为基础性的动员方式，发挥着稳定组织的作用。在B组织的动员系统中，私人化动员所筹集的资金仍占到组织总收入的40%左右，不可小觑。更重要的是，私人化动员一般不存在竞争关系，经过多年的经营，私人化动员的效果已经相对稳定，在创始人的周围聚集了一批长期、忠实的支持者，其中不乏一些认可创始人的理想和信念，热心公益的企业家。

另外，私人化动员还作为一种有益的补充形式，在准社会化动员大框架中发挥局部性的作用。体制因素为草根公益组织的活动增加了合法性和权威性，为草根组织提供了具有很高的交换价值的政治符号资源，为私人关系在资源动员方面发挥作用提供了筹码；而私人关系的运用，则使体制因素的放大效应得到实现，也提高了草根公益组织对社会资源动员的有效性。通过运作关系、扩展个人关系网络、利用私人关系等手段，私人情感和满足需求双管齐下，为体制或社会资源的成功动员下了双保险。中国社会毕竟不是一个完全工具理性的社会，讲人情的传统使付诸私人情感的私人化动员依然具有发挥的空间。

3. 市场化动员为补充

非营利组织也具有其固有的局限性，被称之为“志愿失灵”①，慈善供给不足、非独立性是突出表现。慈善供给不足就是非营利组织活动所需的开支与非营利组织能募集到的资源之间存在着重大的缺口。一方面是由于公共物品供给中普遍存在的“搭便车”的问题；另一方面其资金人力来源也受到经济波动的影响，导致非营利组织难以获得充分可依赖的资源处理公共服务的问题。非独立性是因为非营利组织因为资源、人力的不足，在很大程度上要依赖政府和企业的财政资助，而这些资助往往有附加的条件，导致非营利组织很难有独立的决策、计划、执行的能力。突破非营利组织“志愿失灵”，首先必须扫除公益组织可以靠社会捐款生存的错误观念；其次，市场化动员成为突破“志愿失灵”的一个努力方向。

市场化动员一改过去单纯依靠捐赠和公众资源参与的方式，从而获得了更多的发展机会和资源，有效地解决了草根公益组织慈善不足的问题；其次，市场化动员不依赖于外部资助的可持续的收入增长机制，使得公益组织具有更多的独立性和自主性；第三，社会企业增强了公益组织抵抗风险的能力。按照资源依赖理论，资源来源的多元化有利于降低组织的风险。以市场化动员的运作方式使公益组织资源来源中自创收入比例提高，增加公益组织独立性的同时，也降低了组织因依赖外部资源而带来的风险。

市场化动员目前已经成为 B 组织动员方式的重要补充，这主要体现在两个方面：第一，B 组织的三个社会企业项目——健康食品店、二手衣物店、爱心义卖

---

① L. M. Salamon, *Rethinking Public Management: Third-Party Government and the Changing of Government Action*, Public Policy, 1981, 29 (3): pp. 255-275.

店已经实现赢利，赢利第一年，收入占组织全部收入的15%，且有继续增加的趋势。第二，社会企业项目的市场化动员方式筹集的资金属于组织的自主收入，与其他动员方式比较，其自由程度最高，可以按照组织的意愿（在遵循非分配约束原则的基础上）自由的支配，是组织保持独立自主性的经济基础。

三、动员系统功能的发展

系统功能是由系统结构的状况所决定的，而系统结构则是由系统各个要素之间的排列组合及其相互之间的关系情况所决定。因此，社会动员的功能直接取决于社会动员结构的好坏，根本上取决于社会动员各个要素之间主次排列及其相互之间的配合关系。社会动员作为动员主体实现特定目标而进行的社会活动，对于实现动员主体的组织目标具有极其重要的作用，而且也为提高动员客体社会参与意识提供了实践机会并创造了前提条件。概括起来讲，社会动员的主要功能表现在其对动员目标、动员主体和动员客体三个要素的作用上①。草根公益组织以"准社会化动员"为体，私人化动员与市场化动员为翼的"一体两翼"的动员系统结构对草根公益组织本身及动员客体都具有重要的影响。

对于草根公益组织本身而言，这样的动员结构对草根公益组织的生存、开展活动和发展都产生了积极的促进作用。首先，"准社会化动员"解决了草根公益组织的合法性困境，资源渠道得到拓展，资源动员的效果大大提升，缓解资源紧张状况，使组织的生存得到基本保障。其次，资源渠道多元化，私募（私人化动员）、公募（政府、企业、基金会、社会）、市场三种渠道的资源来源不仅确保资源总量的稳定性，为组织的发展奠定基础，更重要的是，它使草根组织不至于太过依赖一方资源，确保了组织的独立性和自主性。第三，拓展了公共关系和资源网络关系，与政府各部门、媒体、企业、基金会、其他公益组织、事业单位、高校、社区建立了广泛的联系，开展了形式多样的互动合作关系，为发展奠定了基础。第四，草根公益组织的能力得到锻炼、综合素质得到全面提高、形象大大提升、社会影响力扩大，社会认同度提高。作为动员主体，草根公益组织的动员能力和权威性得到进一步增强。

草根公益组织的动员客体具有多元化的特征，政府、企业、媒体、各种公益组织、高校、社区、社会等，体制内外的力量都是草根动员的客体。在我国历史上，国家与社会高度统合，社会没有独立的地位，更没有自治的传统；历代统治者以儒家仁政思想为指导，实行父爱主义的统治，政府以"亲民"、"爱民"的

---

① 唐明勇，孙晓晖．危难与应对：新中国视野下的危机事件与社会动员个案研究［M］．北京：中共党史出版社，2010.

态度做老百姓的“父母官”，习惯于对涉及民生及稳定的各项事务实行大包大揽，中国历史上的慈善事业也一直是政府主导推动的；在文化上也形成了政府是唯一公共代表的理念，“官为民做主”，民众遇到困难，首先想到的是找政府解决。因此，在传统的影响下，无论是政府还是社会对民间公益事业的认识不足，社会缺乏支持参与和支持民间公益事业的文化观念，成为当代中国公益事业发展滞后的深层原因。

社会动员的核心是思想动员。“社会动员对社会成员的影响首先表现在思想发动上，即通过有目的地影响、改变社会成员的态度、价值观和期望等思想和心理状况，激发社会成员的参与热情，使之行动起来。社会动员的对象是一定的社会成员，是人。要使人动起来，关键是要影响和改变人的思想和心理状态。”①社会动员实质上反映了动员主体与动员客体之间消弭隔阂、填补鸿沟、趋向认同和一体化的过程。草根公益组织的动员对于现代公益理念的传播，增强各种动员客体的社会公共意识、社会参与意识和社会责任感，建设社会公益文化，优化公益事业发展的社会文化环境，促进政府与社会各界对公益事业的参与和支持具有正面和积极的推动作用。

就政府部门而言，草根公益组织面向政府部门进行动员，通过与政府长期、频繁、直接的互动，以实实在在的行动获取政府的信任和支持，有利于改变政府对草根公益的偏见、误解和抵触情绪，形成正确的认知和态度，进而推动草根公益组织生存和发展的政策制度环境。就企业而言，草根公益组织的动员活动有利于提高企业的社会责任感，促进企业对公益事业的支持，为公益事业拓展了资源空间。草根公益组织对社会公共媒体进行动员，通过媒体对公益活动的报道，对公益理念的诠释和传播，引导社会公众参与公益活动，对于培育社会公众的公益理念，形成全社会参与、支持公益的文化氛围具有积极作用。而直接参与草根公益组织活动的社会公众则在公益实践中受到了教育，增强了责任意识和参与意识，锻炼了参与能力。总之，草根公益组织的动员有利于唤起政府和社会对公益事业的关注和支持，对于社会主义精神文明建设，社会主义和谐社会建设起促进作用。

目前，B组织的动员系统结构仍未完善。第一，作为动员主体的草根公益组织，受限于组织内外条件的制约，合法性和权威性不足，常常导致其主体性不突出、难以彰显，在实际的动员活动中，往往要采用动员主体多元化和实际主体虚隐化策，这虽然大大提升了动员的效果，但由于草根组织作为实际主体的虚隐

① 甘泉，骆郁廷．社会动员的本质探析［J］．学术探索，2011（12）．

化，客观上形成“为他人作嫁衣”的效果，草根组织的组织形象、权威等在社会大众的心中还难以改观。第二，在“准社会化动员”中，由于草根公益组织的合法性和权威性不足，难以与链接型、体制内客体平等合作，而实际上处于依附地位。第三，由于正式制度不健全、不完善，并受到正式制度的排挤，才用非正式制度的“私人化动员”还占有较大的份额，不利于公益组织的公开、透明，而市场化动员仍后劲不足，前景艰难，这些都不利形成一个结构优化的动员系统。

草根公益组织动员系统中的问题，部分来自转型社会的宏观背景，部分来自于草根公益组织自身的障碍。“私人化动员”是草根组织的起点，也是其基础，常常成为公益组织的最后一根救命稻草；“准社会化动员”是草根公益组织发展和壮大的需要，代表其成长的必经之路；“市场化动员”则作为一种保持独立性和自主性的努力，代表了未来的筹资方向。

第四节　B 组织资源动员发展的解释

从前面的论述我们已经看到，B 组织的资源动员的发展历程经历市场化动员时期；私人化动员时期；私人化动员为主，业内动员为辅的时期；“准社会化动员”为主的，私人化动员为基础和配合；“准社会化动员”为主体，私人化动员和市场化动员为补充的多元化动员等五个时期，其资源动员系统呈现出由简单到复杂的阶梯式发展特征，并最终形成了以“准社会化动员”为主体，私人化动员和市场化动员为补充的“一体两翼”结构。那么，为什么在不同的时期，草根公益组织的资源动员不同，其发展的动力是什么？为什么草根公益组织最形成了这样的动员结构？其发展趋势又如何？资源动员与组织发展之间存在怎样的联系？在本节中，我们将草根公益组织的资源动员放置在社会转型的大背景中进行分析，试图找到问题的答案。

一、资源动员系统发展的动力因素

从 B 组织的资源动员实践来看，草根公益组织资源动员机制发展的动力主要有两个，一是组织的合法性，对组织资源动员机制的发展起到基础性的决定作用；二是组织本身综合素质和能力的提高，它是组织资源动员机制发展的重要推动力量。其中，合法性主要由国家和社会提供，其中又以国家提供为主。因此，组织的合法性体现了政府和社会等外部因素对组织机制发展的影响，但草根公益组织本身亦可以通过自身的努力，提高综合素质和能力推动动员机制的发展。

（一）组织合法性决定了组织的资源动员方式

合法性是组织进行资源动员的前提也是关键，很大程度上决定了一个组织所能采取的资源动员方式，从而也决定了组织所能获得的资源种类、数量、质量、资源渠道等。从资源的渠道来看，组织赖以生存的资源可分为“体制内资源”与“体制外资源”。体制内资源主要是由国家行政力量控制和支配，简称体制资源，也称政府资源；体制外资源又分为市场资源和社会资源，市场资源指依靠市场机制运作的资源，社会资源指按照自愿原则，基于社会捐赠基础上的资源。

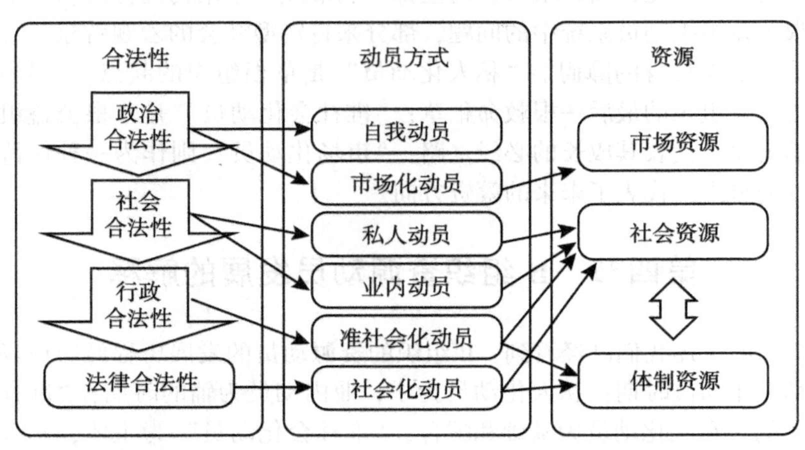

图 3-3　组织合法性类别与动员方式、资源类型的关系

组织拥有合法性的类型决定了其所能采用的资源动员的方式以及所能动员的资源类型。如图 3-3 所示：（1）草根公益组织所拥有的合法性类型是从政治合法性、社会合法性、行政合法性和法律合法性依次递进和累加的，后面的合法性包含了之前的类型，法律合法性是政治合法性、社会合法性和行政合法性的累加。（2）每一种合法性都有其对应的资源动员方式和主导的资源类型，如政治合法性是对所有组织，包括营利组织的要求，是最初级的合法性，是公益组织存在的底线，它所对应的动员方式是自我动员和市场化动员，对应的资源类型以市场资源为主；社会合法性是对公益组织的基本要求，公益组织具备社会合法性意味着可以进行私人化动员和向公益界的资助型组织动员，即业内动员，资源类型以限定范围内的社会资源为主；公益组织具备行政合法性是进行准社会化动员的基础，借用体制因素可以动员体制内外的资源；只有当公益组织具备法律合法性时，它才真正具备了面向社会动员的可能，社会化动员方式名正言顺，体制内外资源均可动员。（3）一个组织所拥有的合法性类型越多，合法性类型级别越高，则组织所能才用的动员方式越多元化，所能动员的资源类型越多。处于高级的合法性类型包含了初级的合法型类型，因此，高级的合法性所能采用的动员方式也包含了

初级合法性的动员方式。如政治合法性只能进行自我动员和市场化动员，市场资源成为主导资源类型；而组织拥有了社会合法性，其资源动员的方式就在原来的基础上增加了私人化动员、业内动员，资料类型也增加了社会资源；当组织拥有了最高级别的法律合法性，组织就可以自由选择资源动员方式，体制内外资源都成为动员的目标。（4）社会资源和体制资源之间促进共进：公益组织对社会资源动员能力和效果的提升将带动对体制资源的动员；而公益组织对体制资源的有效动员也将促进其对社会资源的动员。

B组织动员系统呈现由简单到复杂、由初级到高级的阶梯式发展，其背后是组织合法性不断发展的结果。B组织最初只具有政治合法性，自我动员和市场化动员成为动员的主要方式，非组织化的个人是主要的动员客体，体制外资源是主要的资源类型。此时，动员方式、动员客体、动员任务等都相对单一。当B组织通过组建草根公益组织小组、开展公益活动、进行媒体宣传之后，社会合法性增加，资源动员的方式也增加为私人化动员和业内动员，而动员客体主要还是体制外客体，动员任务不仅包括资金还包括合法性。当B组织挂靠官办公益组织获得行政合法性之后，就逐渐发展出“借助体制，面向社会”的“准社会化动员”，B组织的动员系统也日益复杂。那么，草根公益组织又是如何发展合法性的?

B组织发展组织合法性的策略包括去政治化，主动迎合政府获取政治合法性；通过务实、创新、媒体策略、借助体制不断扩展、提升社会合法性；付诸个人关系、以社会合法性为敲门砖，主动纳入体制，发展行政合法性；多元化策略，通过成立不同的志愿小组、采取不同的组织方式实现。

1. 获得政治合法性的策略：去政治化和主动迎合政府。获得政治合法性，从消极方面来说，表明组织并非反政府，组织的存在并不会威胁政府的统治，不会挑战政府的权威，也不会对社会秩序造成负面影响；从积极方面来说，政治合法性表明公益组织和政府的目标一致，能够为政府排忧解难，能够促进政府的统治，有利于巩固政府的合法性基础、维护政府的权威。去政治化的策略是回避政治，实质上指的是社会组织主动或有意识地压缩公共利益表达功能，而专注并彰显其公共服务的功能①。B组织在发展过程中选择社会与政府共同认定的领域，如农村扶贫、流动儿童服务、环保、志愿精神传播等，避开政治敏感领域开展公益活动；在理念上，强调政府的主导地位，努力与政府部门搞好关系；在具体操作实践中，包括公益活动和项目的设计注意迎合政府的需求，将自己视为政府的助手，通过实实在在的努力，在协助政府部门任务的同时提升自我，从而获得政

① 唐文玉，马西恒．去政治的自主性：民办社会组织的生存策略——以恩派（NPI）公益组织发展中心为例［J］．浙江社会科学，2011（10）．

治合法性。

2. 获取和提升社会合法性的策略：务实、创新、媒体策略、借助体制。获取社会合法性首先需要草根公益组织的务实，通过实实在在的努力，以服务社会、提供公共利益等的实际成绩赢得社会公众的认可和支持。这是草根公益组织获得社会合法性的基础。其次，草根公益组织还需要创新，不断发现新的社会问题，及时回应社会问题，在探索中勇于创新，提供创新性的解决方案和经验，体现草根公益组织的价值，赢得社会的认可。第三，社会合法性需要不断扩大范围并提升质量，这需要借助大众媒体的传播功能，塑造草根公益组织的组织形象，扩大草根公益组织的影响，从而扩展和提升草根公益组织的社会合法性。这其中，以具有创新性、新闻话题的公益活动和项目吸引媒体的关注和报道，与媒体形成良好的互动合作关系是草根公益组织扩展、提升社会合法性的关键一环。第四，公益组织的社会合法性并非完全取决于社会的认定，相反，社会合法性往往还需要政府“验明正身”，缺乏体制确认的“社会合法性”仍是脆弱的。因此，提升社会合法性的策略还包括借助体制的确认。B 组织在发展社会合法性方面以务实、创新为基础获取社会支持；通过典型公益事件的营销吸引媒体关注，并积极维护与媒体的合作关系，使组织的公益活动及时得到报道，组织的公益形象得到传播，组织的社会合法性不断累积、扩展；不断扩展和提升的社会合法性成为组织纳入体制的筹码，通过运作个人关系，以非正式的方式成功与体制合作开展公益活动，体制的合法性、公共性、权威性成功辐射草根公益组织，又促进了 B 组织社会合法性的提升。

3. 发展行政合法性的策略：避难取易的间接接触策略、积极主动、以社会合法性为敲门砖、付诸个人关系。行政合法性与体制相关，只有进入体制或和体制发生联系才能获得。而获得行政合法性的前提是体制对于草根公益组织的信任，并取决于草根公益组织所能发挥的作用。实际上，政府对社会力量的担忧具有悠久的历史和深刻的文化背景，而草根公益组织本身规模小、能力弱、功能有限，单个的草根公益组织与强大的政府身份、地位不平等，难以获得政府的青睐。因此，草根公益组织获取行政合法性的现实路径是间接接触，即与社会与体制之间的中介，如官办公益组织、准政府组织进行合作。相比较而言，因为同在社会公益领域，官办组织与草根组织之间在业务上有更多互动、交流的机会，更多合作的空间。但在力量对比上，仍是草根组织处于下风。因此，草根组织寻求体制庇护，与官办公益组织进行合作，首先需要自身采取积极主动。其次，草根公益组织的优势在于其社会性，社会合法性是草根公益组织间接链接体制的筹码。第三，在合作缺乏制度化的情况下，草根公益组织通过付诸个人关系，运作关系实现对行政体制的纳入。B 组织发展行政合法性的策略和路径就是在务实社会合法性的基础上，经由熟人介绍，通过关系运作，组织创始人主动登门拜访，发挥草根公益组织的创新性和社会性优势，获取具有政府背景的C基金会的认同，进而建立合作关系，以挂靠的形式、C基金会外围志愿团队的身份成功进入体制系统。在之后的发展过程中，B组织借助C基金会的平台与资源，在C基金会的牵线搭桥下与政府部门开展互动合作，逐渐赢得了地方政府的信任和支持。

4. 多元化策略：B组织合法性多元化的策略通过创建不同的志愿小组，采用不同的组织形式实现。B组织按照公益服务领域的不同分别成立了不同的志愿小组，包括以流动儿童为服务对象的义教组织，以农村扶贫为主要内容的志愿小组，以城市农民工为服务对象的志愿小组，以推动大学生进行志愿服务的小组，以户外互动进行筹款的组织，以城乡互助、食品安全为主要理念的公益项目，以文艺表演形式推动公益文化进基层社区的志愿者艺术团等。在组织形式上，有传统的以项目形式向基金会筹款的组织形式，有以商业手段解决社会问题的社会企业组织形式，有挂靠官办组织的形式，有公益组织内部组织的形式等。所谓“东方不亮西方亮”，多元化的活动领域和多元化的组织形式降低了组织的运行风险，拓展了组织的筹资渠道，提高了组织的抗风险能力。

由此，我们看到，政府和社会对草根公益组织的制约并不是绝对的，草根公益组织仍有为自身的生存和发展努力的空间。

（二）组织综合素质和能力的提高是资源动员发展的保障

组织合法性的发展是资源动员发展的前提，而组织综合素质和能力的提高则是资源动员发展的保障。组织合法性的发展只是提供了运用某种资源动员方式的资格，但不能确保是否能用好它，将其动员效果发挥出来。因为资源动员实际上专业性质很强，对组织的素质和能力要求都比较高。有研究将公益组织进行筹资所需要的能力分为18种，包括对筹资信息收集瞄准和应对的能力、项目策划能力、获取外部筹资信息的能力、沟通能力、风险与危机管理能力、财务管理能力、建立熟人网络和志愿者管理的能力、筹资计划书的写作能力、项目组织或执行能力、演讲及口头表达能力、运用社会化媒体传播的能力、对经验和教训随时改进的能力、外语能力等。其中项目策划能力、项目组织或执行的能力是最为急需和最重要的，动员主体和客体都非常看重的能力。而不同的动员方式对各种能力的需求程度又有所不同。如私人化动员，强调建立和拓展熟人关系网络的能力、运作关系的能力、语言表达的能力等，对个人的素质要求较高。市场化动员方式偏向于组织对市场的把握、市场经营能力、宣传营销能力、财务管理能力等。以项目形式向资助型的基金会申请支持的业内动员更看重公益组织的创新能力、项目策划能力和项目组织管理能力。准社会化动员不仅需要有一般动员方式的策划、组织、管理、执行等能力，还特别要求具备与政府、官办组织等体制因素进行沟通、合作的智慧和能力。

七年来，尤其是2008年以来，B组织与资源动员密切相关的能力，如创新能力、项目策划能力、使用社会化媒体和对外宣传的能力、志愿者管理的能力、项目组织和执行的能力、与企业合作的能力、与官办组织及政府等体制因素合作的能力、经验和教训随时改进的能力、市场运作的经验和能力、财务管理能力、资源整合能力等都在不断地增强。这突出表现在近几年B组织所策划，并成功组织、实施的大型筹款公益活动中：项目策划；运用社会化媒体进行宣传动员；招募爱心企业和商家参与公益活动；与官办公益组织进行合作、不借助官办组织的体制因素；直接与地方政府部门沟通、协调，与地方政府进行合作，实现政府资源的动员；与高校社团开展合作，组织和管理数千人庞大的志愿者队伍；联合其他草根公益组织，分工合作，共同组织和管理公益活动，通过推进公益事业等等……通过几年时间的历练和积累，B组织已经从最初在自我小圈子内的单打独斗走向社会、走向市场、走向体制，成为"扩界合作"的积极实践者和推行者。另外，2010年，B组织农村志愿服务小组所获得的壹基金影响力单项奖、优秀社会企业项目奖、2011年联想微公益创投大赛优秀奖、2011年A省优秀志愿团队等荣誉也证明了B组织在创新性、执行能力、综合素质等方面的成长。

在知识困境、能力困境、人才困境成为草根公益组织发展的主要困境的现实背景下，B组织是如何实现组织综合素质和能力提升的？我们知道，知识困境、能力困境归根结底是人才困境，因为人才是知识及能力的主体，组织素质和能力的提高最终体现为组织成员综合素质和业务水平的提高。因此，B组织主要通过构建组织的学习机制、营造组织的学习氛围，重视创造各种机会，提供各种便利条件帮助组织成员提升理论和业务水平，实现自身成长，以及重视专业人才引进来实现组织总体素质的提升。

B组织是一个学习型的组织，强调理论知识的学习，同时也注重成员业务水平的提高。B组织实现组织成员综合素质和能力的提升主要通过以下几种途径和方式：第一，外派学习，鼓励组织成员参加其他组织开展的集中、系统的专门培训，快速掌握公益理念和操作技能。第二，经常性地派组织成员外出考察、学习、进行机构拜访，甚至到成熟的公益组织做长期的实习生，与其他公益组织交流，借鉴有益经验，拓宽发展思路，为我所用。第三，自行组织具有针对性的培训项目。根据团队的实际需要，主动设计相关的学习项目，通过向基金会申请经费来实施，邀请相关领域的专家、学者对组织成员进行培训。第四，组织内部的自我学习和自我教育。B组织设文化中心，并特设专职人员，主抓组织的学习和思想工作，并制定了相关的学习制度，制定学习计划、选择学习材料，组织工作人员每周定期进行集中学习，形式不拘，主要有听讲座、讨论会、专题培训、拜访名师、交流分享、学习经典文献、时事讨论等。第五，在公益实践中学习。B 组织注重从实践中进行学习，每次大型活动或重点项目结束后，每年的年中和年底都会召开全体人员大会，用将近一周的时间对过去半年和一年的工作得失、经验和教训进行集中讨论和总结，梳理出工作模式和流程，并提出改进的方法，在边干边学中成长。

表 3-2　　**近年来 B 组织主要学习活动一览表**

	名　称	主要内容	类　型	参与者	备　注
2008. 2-2008. 5	草根公益协力营培训	草根公益组织运作方面的系统培训	支持型组织的培训	创始人 Z	第一次系统地学习公益
2009. 9	社会企业家技能培训		支持型组织的培训	创始人 Z	随后，组织成员陆续参加这个培训
2010. 7-2013	公益领袖成长计划	英国、韩国、中国台湾、香港等地考察		创始人 Z	
2011. 1-2011. 10	筹款能力建设项目		自设他助	全体人员	
2011. 7-2011. 11	机构拜访	共参访全国各地二十多家公益组织类	自设他助	组织成员	
2012. 5-2012. 7	总结与反思	机构六年历程、经验、教训等总结	自办	全体人员	凝聚共识，继往开来

除了通过各种培训、学习机会提升组织成员的素质和能力之外，B 组织还注重通过引进专业人才，采用双轨制管理的办法来优化组织的人才结构，使组织素质在短期能迅速提高。所谓双轨制管理指的是对于那些具有理想主义，主要是因为公益理想而进入组织的人员和那些作为特殊人才引进的人员实行两种管理办法和激励手段，前者主要是以公益组织的激励手段，即精神激励为主；而后者则参照企业的物质激励水平，比一般的普通公益从业者待遇要高，同时发扬公益组织的精神激励，双管齐下，以发挥其专业能力，带动组织的发展。

二、资源动员系统结构的合理性

从个案的资源动员结构发展来看，其经历了从简单到复杂的阶梯式发展历程，最终形成了以“准社会化动员”为主，私人化动员为基础，市场化动员为补充的“一体两翼”动员结构。那么，为什么草根公益组织会形成这样的动员结构呢？这样的动员结构在草根公益组织中有多大的代表性？其存在的意义是什么，其发展趋势如何？对于以上问题，我们的思路是，先分别分析这三种动员方式的合理性，然后综合起来分析三者之间的关系，从而其他问题也就迎刃而解。

（一）草根公益组织的动员方式是适应社会转型环境的产物

新的动员方式的出现是草根公益组织从自身出发，适应社会转型环境的产物。社会转型使动员系统中的各要素都发生了许多新的变化。

1. 私人化动员存在及发挥作用的解释

私人化动员的社会基础是熟人社会，其媒介是社会关系，其作用机制是特殊信任。我国“关系”概念和西方的“社会资本”比较接近，可看作是“社会资本”的中国化版本。个体社会资本可以理解为“存在于个人拥有的关系网络中，通过这些关系网络获得的，并从这些关系网络中衍生出来的现实的和潜在的资源的总和”，简单地说就是网络加资源。个人的社会网络关系既受到先天关系基础的制约，同时也是其关系运作努力的结果，主要包括亲缘、地缘等先赋性关系以及个人有意识地去营造、构建的具有可选择性的业缘等人际关系。信任是私人化动员的作用机制。我国传统社会是“熟人社会”，信任因熟悉而自发产生，包含强烈感情色彩，被称为“直接信任”、“人格化信任”或“特殊信任”。这种信任建立于私人关系，人们只信任和自己有私人关系的人，而不信任陌生人。在现代社会，人们的交往超越了家庭和血缘，逐步形成了一个“陌生人社会”，一方面，信任不可能建立在长时间相处而了解的基础上；另一方面，因为工作和生活的需要，人与人之间不得不产生各种交往与合作，信任问题变得极其重要。因此，“陌生人社会”通过一种信任机制实现对陌生人的信任，这种信任以制度、法律、契约等为中介，被称为“间接信任”、“制度化信任”或“普遍信任”。

社会转型使信任机制处于新旧更替之际——现代信任机制并没有完全建立，传统特殊信任机制还根深蒂固。尤其是在公益领域，制度建设滞后，公益组织公信力缺乏，社会化动员的社会信任不足，效果难以保证。根据有关调查，资助方多在熟人圈子中，定向寻找优秀项目。在这种情况下，草根组织利用特殊信任机制，以私人化动员的非正式机制解决资源动员的问题。此外，草根公益组织早期的私人化动员与其处于初创期所具有的精英主导特点直接相关。更深的背景则源自中国社会是关系本位的传统①，关系是人们参与社会的一种资源和一条便捷途径，关系的“强”与“弱”能够直接影响资源的分配。因此，在社会生活中使用关系、依赖关系就成为自然与必然②。

2. 市场化动员的存在和发挥作用的解释

市场化动员方式的兴起至少有两个原因，一是中国社会主义市场经济体制的建立和市场经济的发展，二是传统慈善组织固有的局限性以及社会企业理念的传入。计划经济体制向市场经济体制转轨是社会转型的重要内容之一。随着市场经济体制的建立和完善，市场也逐步脱离行政力量的直接控制，而获得相对的独立性。而按照中国的工商行政管理部门的相关法规，从事工商经营活动的门槛远远低于进入公益领域的门槛，而工商注册身份的自由度比民政注册身份高，不受来自体制行政等因素的直接控制。因此，很多不具备民政注册条件的草根公益组织选择了工商注册。

市场化动员是对传统慈善模式的固有局限的一种革新，也具有其固有的局限性，被称之为“志愿失灵”，慈善供给不足、非独立性是其中的主要表现③。(1) 慈善的供给不足。突出表现就是非营利组织活动所需的开支与非营利组织能募集到的资源之间存在着重大的缺口。一方面是由于公共物品供给中普遍存在的“搭便车”的问题；另一方面其资金人力来源也受到经济波动的影响，导致非营利组织难以获得充分可依赖的资源处理公共服务的问题。(2) 非独立性。非营利组织因为资源、人力的不足，在很大程度上要依赖政府和企业的财政资助，而这些资助往往有附加的条件，导致非营利组织很难有独立的决策、计划、执行的能力。资金缺乏不仅仅是中国草根公益组织面临的最大问题，也是世界各国非营利组织面临的问题。要解决非营利组织的资金问题，首先必须扫除一个错误的观念，即公益组织可以靠社会捐款生存。真实的情况是民间非营利组织不可能仅仅靠民间志愿捐款生存。无论在世界哪一个国家，志愿捐款都只占其民间非营利组织收入的极小一部分。就资金来源的结构而言，世界各国的非营利组织可以分为三类，以政府资助为主；以会费收入和营业收入为主；以国外捐款为主。发达国家一般属于第一类，中等收入国家一般属于第二类，最后一类主要是第三世界和

---

① 梁漱溟．中国文化要义［M］．上海：上海人民出版社，2005.

② 耿新．企业家社会资本对新创企业绩效的影响研究［M］．北京：经济管理出版社，2010.

③ L. M. Salamon, *Rethinking Public Management: Third-Party Government and the Changing of Government Action*, Public Policy, 1981, 29 (3): pp. 255-275.

转型国家，如非洲、南亚和东欧一些国家①。

社会企业作为一种新的组织形式为解决公益组织在发展中出现的诸如资源短缺、竞争加剧、依赖性强、可持续性发展较难等问题，提供了一个可供探讨的新方向。（1）社会企业的发展模式很大程度上解决了公益组织慈善不足的问题。任何组织的发展都离不开资金，仅仅依靠传统的筹资渠道很难筹措到充足的资金。社会企业的运行模式使得公益组织为了完成社会使命也在市场经济的框架下参照企业运行模式、学习企业经验，谋求长期发展，一改过去单纯依靠捐赠和公众资源参与的方式，从而获得了更多的发展机会和资源，有效地解决了草根公益组织慈善不足的问题。（2）社会企业有助于培养公益组织的独立性。非营利组织的捐赠不管来自于哪里，都难免受到一些附加条件的限制，对其他组织资金的依赖使得非营利组织很难有独立的决策、计划、执行的能力，甚至偏离了原来的发展方向。社会企业则使得公益组织以一种独立的姿态出现在社会的舞台上，通过可靠持续的经济活动创造财富，实现组织的自我造血、自力更生，带来组织较高的独立性。商业式的和以市场原则为基础的组织结构，不依赖于外部资助的可持续的收入增长机制，使得公益组织具有更多的独立性和自主性。（3）社会企业增强了公益组织抵抗风险的能力。按照资源依赖理论，资源来源的多元化有利于降低组织的风险。以社会企业的方式进行运作，公益组织资源来源中自创收入比例提高，增加公益组织独立性的同时，也降低了组织因依赖外部资源而带来的风险。

因此，近年来，社会企业也成为了中国草根公益组织探索和实践的一个重要方向。从资源动员的角度来说，社会企业是一种市场化的动员方式，它完全以市场机制为基础，参与市场竞争，通过市场化的运作来获取利润，为组织的可持续发展提供资金保障；另一方面，它又属于公益领域，其宗旨是社会公益目标的实现，资源的配置和使用以公益目标为准绳。公益组织进行社会企业资源动员方式的探索路上困难重重，但是，也出现了一些成功的案例，显示了作为公益组织未来发展方向的一种可能。

3. “准社会化动员”产生和发挥作用的解释

“准社会化动员”是转型社会环境中，各动员要素发生变化后，彼此相互适应而呈现的产物，具有过渡的色彩。改革开放之后，社会整体变迁，导致动员的各要素也发生了变化。

（1）动员主体：由“对社会动员”走向“由社会动员”

从动员主体的角度来看，社会转型使动员从传统的“对社会动员”走向

---

① 王名．2003中国非政府公共部门［M］．北京：清华大学出版社，2003.

"由社会动员"①。改革开放前，在计划经济体制下，政府控制了所有的资源，"全能政府"没有权力的边界，国家与社会高度统合，社会没有独立的空间，也没有自主的能力。因此在传统动员模式中，政治体系中的政府、政党等是唯一合法的动员主体，而社会只是动员的对象，被动接受动员。改革开放后，市场经济体制的建立，政治体制改革，政府由全能政府转变为有限政府，社会获得了一定的自由流动资源和自主活动的空间，逐渐发育，自主和自治能力不断提高。在这样的背景下，动员不再是政府的专利，社会已不仅仅是被动的动员对象了，而是能够积极主动进行动员。"由社会进行的动员"包括社会单位进行的动员、社区进行的动员、社会团体进行的动员、志愿者个体进行的动员。因此，从动员主体的角度看，动员包括"对社会的动员"和"由社会进行的动员"两大类。前者主要是政治体系利用政治方式对社会进行的动员，后者主要是社会自主进行的动员。草根公益组织进行动员属于社会转型期出现的"由社会进行的动员"新类型。

作为社会新生力量的代表，在政府体制改革、社会建设的背景下，草根公益组织作为动员主体具有自身的优势。主要体现在：第一，社会性。草根公益组织来自民间，贴近基层，能够及时发现社会需求。第二，创新性。由于试错的成本低，草根公益组织能够为满足这些需求进行有益和必要的试验，并有可能找到具有创新性的解决之道。第三，灵活性。草根公益组织在组织体制和运作方式上具有很大的弹性和适应性，官僚化程度较低，便于根据不同情况及时作出调整。第四，自主性。相对而言，草根公益组织所直接受到的外界干预较少，能够自主地根据组织自身的条件和能力，对社会需求做出回应。草根公益组织所具有的优势是其与体制合作的资本。

然而，受限于传统"强国家——弱社会"的格局，社会掌握的资源有限，以及社会发育的不成熟，由社会力量作为动员主体仍呈现许多的不足。具体到草根公益组织，作为纯粹的社会力量，草根公益组织充当动员主体时，其劣势多于优势。劣势之一：缺乏合法性和权威性。这主要由三方面造成，一是中国社会组织管理体制实际上将草根公益组织排除在外，它们难以获得合法身份，更难以获得公募权。其二，中国传统动员方式的影响。在中国的传统动员方式中，国家、政府、政党以及具有体制背景的组织才是真正具有合法性、权威性的动员主体。第三，传统文化的影响。传统文化中公共性的承载主体一直是国家和政府，流行着

① 龙太江．从"对社会动员"到"由社会动员"——危机管理中的动员问题［J］．政治与法律，2005（2）．

“国家=官=公”的一元“公观念”①，动员客体对纯粹民间的组织缺乏认同。劣势之二：缺乏政治和符号资源。政治和符号资源在转型社会仍具有重要的交换价值，但这是作为社会力量代表的草根公益组织所缺乏的。劣势之三：草根公益组织本身处于初创期，规模小、能力弱、专业性不强、运作不规范、公信力缺乏、综合素质不高。总之，草根公益组织本身发育不成熟造成了自主动员能力的欠缺。

草根公益组织作为动员主体，其优势和劣势是相对而言，在不同的情境下，存在相互转化的可能。在当前社会转型的背景下，草根公益组织的优势还需要通过其自身的成长和壮大才能得以凸显，对于先天不足、后天积弱，仍处于初创期的草根公益组织而言，这还需要相当长的一段时间。与其可能存在的强大的优势相比，草根公益组织的劣势却是实实在在的。面对“由社会自主动员”已经成为一种不可逆转的趋势，但在政治体系“对社会进行动员”的路径依赖依然强劲，社会力量尚为独当一面的现实，作为动员主体的草根公益组织在实际的动员实践中，常常使用“联合策略”。草根公益组织通过主动链接体制内组织，将自己变身为体制内组织的下属部门，在实际的动员活动中，主动把政府部门、体制内组织等真正具有合法性、权威性的单位推至台前，宣称为动员主体，以提高动员活动的合法性和权威性，迎合社会心理期待；草根公益组织在动员活动实际担负着对动员活动的设计、实施、检查、总结等任务，实际处于动员的主体地位，但在整个动员活动中，真正的动员主体却退居幕后，以动员主体的辅助者、配合者示人。在“准社会化动员中”，草根公益组织的联合策略实际形成了多样化主体，政府部门、官办公益组织为主，草根组织为辅，各种主体利用自身掌握的资源，通过联合行动实现了全社会总动员。在转型社会背景下，“社会动员研究话语从动员能力向动员主体转向”②，国家动员能力下降，社会的动员能力还不成熟的情况下，动员主体之间的联合、优势互补成为重要动员策略。

（2）动员客体：多元化和结构化

社会转型也给动员客体出现了许多新的变化。首先，出现了新的动员客体，传统动员模式中处于动员主体地位的政治体系成为社会动员中的动员客体。其次，出现非组织化的动员客体，动员客体呈现出组织化和个人化的分野。随着单位制的解体，社会“去组织化”发展，越来越多的社会成员成为没有单位、没有组织的“社会人”。动员客体的非组织化使动员的难度增加，同时也要求动员方式作出新的调整。第三，动员客体具有了结构层次。中国的改革是政府主导的渐

---

① 刘杰，田毅鹏．本土情境下中国第三部门发展困境及道路选择［J］．社会科学研究，2010（5）．

② 邓万春．从能力到主体：社会动员研究的话语转向［J］．理论导刊，2009（1）．

进性改革，社会发育是政府主动让渡空间的结果。按照组织与体制的关系，转型社会的组织可分为体制内组织、衔接型组织和体制外组织三种。所谓体制内组织，主要是传统社会的政治体系，包括政府、政党等；所谓衔接型组织是那些站在体制中间，衔接体制内外的组织，它们具有半官半民性，同时受到行政机制和社会机制的约束。衔接型组织包括具有体制背景的公益组织、转型中的事业单位等。如红十字会、公募基金会、官方媒体、事业单位、国有企业等。衔接型组织是体制内外两种力量汇聚的平台，也是体制内外相互沟通的桥梁。而体制外组织主要是纯粹的社会力量，主要受到社会机制的约束，包括草根组织、民营企业等。与此相对应，社会转型期的动员客体也可以分为体制内动员客体、中间型动员客体和体制外动员客体三种类型。体制内动员客体主要指党和政府的各机关；衔接型动员客体包括公募基金会、官办组织、官方媒体、国有企业、事业单位、社区、街道等；体制外动员客体包括草根组织、私营企业、社会人等。

在草根公益组织的动员系统中，动员客体也呈现出多元性和结构性，体制内动员客体、衔接型动员客体和体制外动员客体，组织化动员客体和个人化动员客体同时存在。现代动员中，动员客体的第四个新变化是动员客体获得了不同程度的主体性。动员客体不再是被动地接受动员，而是具有了不同程度的自主选择权。这要求现代动员方式尊重动员客体的自由和权利，动员应基于动员客体自愿的基础上，动员结果应体现动员客体的意志，任何强迫的行为都是违反现代动员基本原则的。

动员客体的多元性、结构性对草根公益组织动员方式产生了影响。首先，多元化动员策略。动员客体的多元化要求动员策略的多元化，对于不同的动员客体采取不同的动员策略：对于个体化的个人，主要以社会化手段，通过公益活动本身的特征，唤起动员客体的情感、价值认同、兴趣爱好等个性化需求，从而达到动员效果；对于组织化的动员客体，更注重利益回报、需求满足等公益营销手段的运作。对于体制外的动员客体，动员的难度相对较小，侧重于纯粹社会化的手段；对于体制内动员客体的动员，则是草根公益组织注重在社会化动员方式中发挥体制因素的局部效应。第二，“递进与迂回”策略相结合。面对不同类型的动员客体，草根公益组织并不是平均使力，胡子眉毛一把抓，而是根据动员的难易程度以及动员实效采取了“递进与迂回相结合”的策略。不同类型的动员客体的动员难度各不相同，从体制外到衔接型再到体制内，动员难度依次递进；而不同动员客体的动员效果又是相互联系，是“一荣俱荣、一损俱损”的效果，即对体制外动员客体的成功动员是对中间型和体制内动员客体进行动员的基础；反过来，对链接型和体制内客体的成功动员，又能促进对体制外客体的动员。在实际操作中，草根公益组织往往采取“递进”的策略，首先在局部范围内实现对体制外动员客体的动员，以此为基础，重点攻破衔接型动员客体，让衔接型动员客体成为动员体制内客体的媒介，最终实现更大范围的体制内外客体的动员。外客体的媒介，最终实现体制内外客体的动员。这一策略在“准社会化动员”方式中集中体现。

（3）动员关系

在转型社会，随着动员主体和动员客体的变化，动员关系也发生了深刻的变化。从静态的维度来看，动员关系有平等关系、主强客弱和主弱客强三种类型。当草根公益组织面对一般的体制外客体时，属于平等的动员关系；当草根公益组织面对体制内和链接型客体时，是主弱客强的关系。从总体来看，受限于草根公益组织的整体实力，在草根公益组织的动员系统中，主弱客强是动员关系的主导。从动态的角度来看，现代动员呈现出动员主体和客体相互转化的趋势，在不同动员活动中，动员主体和客体相互转化，甚至在同一动员活动中，动员客体被成功动员之后，也变成了动员主体，积极主动加入到对其他动员客体的动员中，出现动员主体不断扩大的现象。在转型社会的动员中，政府组织为动员主体，人民大众为动员客体的经纬分明的主客体关系不复存在，而是出现主客体相互转化的现象。甚至，在同一动员活动过程中，客体也不再像传统动员那样只是被动地接受动员，而是获得了主体性，具有了主动选择的权利。

动员关系的性质深刻影响动员方式的选择。当动员主体与客体之间关系平等，动员往往基于自愿原则，以宣传、引导、说服、教育等为主，社会化手段成为主要的手段；当主体与客体之间关系不平等，主体处于强势，客体处于无从选择的弱势地位时，动员则可能滑向强制、压迫，组织化动员等传统动员方式现形；当主体处于弱势，而客体处于强势时，动员则考验智慧和耐心，需要策略。草根公益组织动员关系以主弱客强为主，尤其是要实现对强势客体的动员，草根公益组织不得不煞费苦心。作为弱势主体的草根组织选择了“示弱”和“补足”的策略，即首先积极主动与强势客体沟通，主动服从对方以赢得信赖；其次，充分发挥自身的优势弥补强势客体的缺憾、满足其要求，换取合作的空间。而在相对平等的动员关系时，草根组织采取的是社会化方式，将双方视为利益的统一体，以合作共赢为策略，坚持平等、自愿的原则。此外，草根公益组织一项坚持的动员策略为“转换”策略，将成功动员了的客体，转化为动员主体，增强整个系统的动员能力。如在“准社会化动员中”，草根公益组织成功动员链接型和体制内客体之后，又将其转化为动员主体，使体制因素的动员范围和效果因社会化手段放大，社会化动员手段乘体制的翅膀高飞，两者相得益彰。

（4）动员环境

从宏观环境来看，快速转型社会的经济、政治、社会、历史、文化等的变化是影响草根公益组织资源动员方式的深层因素。经济方面，市场经济的发展使社会具有了自由流动的体制外资源，这使社会化动员成为可能；但权威型政府传统使体制和政治因素对资源配置还具有重要的影响。“在政治和行政因素对于社会生活的各个领域仍然有着相当大影响的‘后总体性社会’中，如果完全脱离体制内的组织因素，甚至置仍然起着重要作用的‘政治优势’于不顾，而试图在社会中积聚起较大规模的社会资源，是相当困难的，甚至可以说是不现实的。要对社会资源进行有效的动员，就必须以一定的方式有效地利用已有的体制和组织因素。”① 这决定动员必须重视和利用体制因素，纯粹的社会化动员行不通。

政治方面：政府职能改革，政治体制从全能主义体制转变为权威主义体制，在政府的社会管理机制创新、社会建设的背景下，草根组织作为社会力量的代表体现了社会的自我组织、自我管理和自我服务。草根公益组织因来自社会所具有的亲民性、创新性、灵活性、自主性等优势，以及草根组织所具有的社会管理、社会服务等功能正好能够弥补政府的不足，成为政府职能改革的承接者，社会管理体制创新的重要载体。因此，支持公益组织发展也成为政府的需要。政府对包括公益组织在内的社会组织采取了控制与发展并重的两手策略。一方面通过“分类控制”限制独立的第三部门组织的发展；另一方面，在重要的领域，通过创办、扶持公益组织的方式，积极推动公益组织的发展。“社会”和“政府”共同认可的“交叉地带”是公益组织和政府合作的基点。政府的需要和选择性支持策略成为草根公益组织成功借用体制因素开展广泛社会动员的政治前提。

社会方面：社会转型带来了社会的分化，中产阶层、知识精英、政治精英、经济精英等成为社会公益事业的推动者和核心力量。随着个人主体意识的觉醒，在追求个人价值感、成就感、权利意识、社会责任意识、公共意识等现代理念的影响下，社会公众参与社会公益事业逐渐成为一种社会风气，一种受到正面评价有价值的生活方式。这是进行社会化动员的社会基础。但处于转型时期的社会也会给草根公益组织的动员带来许多不利因素：其一，由于社会发育不良，社会公益组织先天不足后天积弱，社会对民间公益的认识、信任和支持都不足，单纯依靠草根公益组织的社会化动员困难重重；其二，从社会动员的历史传统来看，改革开放前以集中统一、自上而下层层动员、人民群众的广泛发动为主要手段和表现形式的组织化动员对现代社会仍有影响；其三，从熟人社会转型为陌生人社会，与陌生社会相适应的社会信任机制尚未确立，整个社会普遍存在信任危机。

在文化上，政府、官方是“公”的唯一代表，纯粹的社会力量作为公共代

① 孙立平等．动员与参与：第三部门募捐机制个案研究［M］．杭州：浙江人民出版社，1999.

表，合法性、权威性不足，难以独当一面。体制外组织所面临的动员环境都指向一条路：资源动员单纯依靠社会或单纯依靠政府都行不通，必须同时依靠政府和社会的资源，实现体制与社会的有机结合，良性互动。

（5）动员手段

从动员的手段来看，转型社会的动员处于由“政治意识形态和领袖权威崇拜”主导的群众运动转向以追求实际利益为轴心的市民选择①的过渡中。改革开放前的传统社会动员以集中统一、自上而下层层动员、人民群众的广泛发动为主要手段和表现形式；现代社会动员以利益为杠杆，以政策引导、制度激励、社会的自主参与为主要手段和表现形式②。改革开放后的转型社会时期，传统动员、现代动员手段，政治、体制因素和社会化手段等杂糅在一起，我中有你，你中有我，呈现复杂交织的特点。而“准社会化动员”就是传统和现代的多种因素复杂交织的产物。

（二）草根公益组织“一体两翼”动员结构的解释

“一体两翼”动员结构是草根公益组织在适应“强国家——弱社会”外部环境的中努力保持自主性发展的一种努力。对此，资源依赖理论可以提供解释。由费弗尔（Pfeffer）和萨兰其科（Salanick）提出的资源依赖理论主要体现在《组织的外部控制：一个资源依赖的视角》这部著作中，其观点主要有以下四方面③：（1）资源依赖理论强调一个组织对外部环境是存在依赖的。组织最为关注的事情是生存，没有任何组织能够完全自给自足，组织需要通过获取环境中的资源来维持生存，组织必须与其依赖环境中的要素发生互动，组织的生存建立在控制与其他组织关系的能力的基础上。（2）组织对外部环境要素的依赖程度主要取决于三个要素：资源对组织维持运营和生存的重要程度；持有资源的群体控制资源分配和使用的程度；替代资源的可得程度。（3）组织间的依赖关系往往并不是单边关系，更多的情况是参与方在某种程度上资源的相互依赖关系。如果参与方彼此之间的依赖程度不同，并且这种依赖关系的不对称性无法通过其他交换过程来得到弥补，那么满足依赖程度较低一方的要求，则成为保证依赖程度较高一方的生存和发展所必需的前提条件。（4）在资源依赖的视角下，环境也是可以被塑造的内在变量，组织不是完全被动和静止的，它也可以采取主动进行行为的调

---

① 邓万春．社会动员：能力与方向［J］．中国农业大学学报，2007（1）．

② 中共四川省委党校课题组．西部大开发中社会动员与大众参与的现状分析［J］．天府新论，2006（4）．

③ 陈华．吸纳与合作：非政府组织与中国社会管理［M］．北京：社会科学文献出版社，2011．

适。当组织察觉到环境中资源依赖的某种状况后，会主动采取各种策略以减少对外部环境的依赖和制约。这些策略包括：如何适应或回避各种相冲突的外部需求；利用扩大规模等多种方式来改变组织对环境的依赖状况；建立组织与环境沟通的桥梁和谈判渠道；通过参与公共政策制定，获得特许经营权，改变对合法性的定义等来创造环境。

草根公益组织的生存和发展中，合法性和资金是最为关键的两种资源。其中合法性又可以简单地分为社会合法性和国家合法性，而国家合法性由国家（政府）垄断，不可替代；社会合法性大部分以社会为基础。在资金方面，草根公益组织可以有社会、市场和政府三个来源渠道，其中尤以社会和市场为主，而在“强国家——弱社会”的格局背景下，“社会”的自主性受到“国家”（体制）因素的制约，市场则是相对自由独立的渠道。

在合法性这个资源上，草根公益组织强依赖于政府（体制），而政府（体制）弱依赖于草根公益组织，双方形成不平衡的依赖关系。缺乏体制背景的草根公益组织为了获得国家合法性，选择将自己纳入体制，并借用体制进行“准社会化动员”，而这同时也扩大了对社会资源的动员范围。“准社会化动员”是草根公益组织从自身条件出发，适应转型社会动员系统各要素变迁的产物；同时也是其生存和发展的重要策略。但“准社会化动员”有效地缓解了草根公益组织的合法性和资源困境的同时，又带来草根公益组织陷入过于依赖体制，受体制控制而失去自主性的风险。

草根公益组织降低对体制依赖的思路有三种：其一，降低国家合法性的重要性，提升社会合法性对组织的影响，从而减少对体制的依赖。这一策略是通过提升组织的社会合法性完成。为了降低国家合法性对组织发展的重要性，草根公益组织在利用体制的增加国家合法性的同时，也注重在“准社会化动员”中增强自身的社会合法性。其二，动员方式多元化带动资金来源的多元化。私人化动员资源主要来自社会，市场化动员的资源主要来自市场，两者使组织的资源来源多元化，多元化的资源渠道降低了组织对某一个资源主体的依赖，也就增加了组织的自主性。第三，探索市场化动员，增加自有资金总量。在私人化动员和市场化动员两种方式中，私人化动员的效果相对稳定，但拓展的空间有限，且对外部依然存在依赖；市场化动员则完全属于组织的自有资金，在坚持组织公益使命的基本原则之前提下，完全可以自由支配，对于公益组织的独立自主性的增加具有特殊的意义。因此，市场化动员成为公益组织努力探索的方向。

总而言之，草根公益组织以“准社会化动员”为主体，私人化动员和市场化动员为补充的“一体两翼”动员结构是草根公益组织从自身条件出发，在适应“强国家——弱社会”格局及社会转型环境中努力保持组织自主性的产物。

第四章　草根公益组织的内部治理机制

资源动员主要解决了草根公益组织的合法性和物质保障问题，这是组织生存和发展的基础。然而，组织生存和发展从根本上取决于组织本身，其中科学、高效、良好的组织治理尤为关键。组织治理有广义和狭义之分，广义上的治理包括人力资源、薪酬福利管理、财务制度、员工的激励约束机制、组织发展战略以及一切与组织管理控制有关的一系列制度安排；狭义上的组织治理指决策权、执行权、管理权和监督权在组织不同部门的相互制衡的制度安排。本书的组织治理侧重于狭义的治理。科学、高效、良好的组织治理能够使组织在复杂的内外部环境中做出正确的决策，降低组织风险，通过实施有效的监督和管理，提高组织的执行力、工作效率和公信力。然而，多种复杂原因的交织使中国的大多数草根公益组织在初创期都形成了精英主导治理的模式，这对组织的发展发挥过重要的作用，但也存在许多显而易见的缺点，甚至可能给组织带来巨大的风险。随着组织的成长，向规范化、制度化治理转型成为组织的内在要求。但在现实中，单一的制度化治理也面临治理绩效不高的困境，因此，如何推动草根公益组织内部治理机制的发展是一个具有挑战性的问题。

本书个案在组织治理方面是一个典型的案例：在创始人的坚持和带领下，组织走向发展，在此过程中自然而然形成了创始人治理模式创始人治理模式具有的优势将组织带向了辉煌时期，其缺陷同样给组织带来重创；创始人通过各种学习和实践，明确地认识到个人精英治理的弊端，未雨绸缪，在创始人治理时期，就利用其权威积极主动推动组织的制度建设，但由于中国传统文化的“人治”遗存以及组织内部条件的制约，制度化治理未能对创始人治理形成制约，未能成功规避创始人治理的弊端，使精英治理给组织发展带来了重创；由于个人治理的失误，创始人匆忙退出组织，但单一的制度化治理也无法成功将组织带出困境，组织停滞不前，甚至倒退；最后，创始人不得不回归，带领组织成员进行调整和革新，逐渐形成创始人治理和制度化治理的综合治理模式，最终带领组织走出困境进入稳步发展阶段。在本章中，我们将从社会治理模式转型的背景，结合权威理论对草根公益组织内部治理机制发展进行分析和解释。

第一节　社会转型与组织治理

如果从组织系统论的角度来看，我们就会发现，虽然草根公益组织的内部治理已经将范围限定在组织内部，但这并不等于说，草根公益组织的内部治理和外部因素没有关系。相反，文化传统是其治理模式的深层影响因素。因此，我们把草根公益组织的内部治理放置在社会治理模式转型的大背景中，并结合权威理论进行理解。

一、社会转型：从人治到法治

从政治统治（治理）的角度来看，中国当代社会的转型，尤其是改革开放以后的社会转型，是从人治到法治的转型过程。而人治到法治的转型构成了草根公益组织内部治理模式变化发展的宏观背景。

（一）中国的“人治”传统

“人治”与“法治”是对两种政治统治形态的概括。作为政治统治形式，它们与政治统治的两大要素——统治者的主观意志和制度化的法律都有着或多或少的联系。两者的区别在于对法律和个人意志孰轻孰重这一问题的回答：个人意志凌驾于法律之上，为人治；法律的权威高于个人意志，则为法治①。人治的特点就是强调个人的意志在过程中的作用，而轻视制度的作用。在人治政治中虽然也有法律和各种制度，但它们是从属于人的意志的，特别是从属于领袖人物的意志的。在人治政治中，人的意志往往通过权力表现出来。因此，意志高于一切便表现为权力高于一切。和权力相比，制度则是可有可无的。同时，在人治政治中，人们是分等级的，而法律和制度主要是为了控制下等人的。人治存在很多问题，其中最主要的消极影响就是治理过度依赖个人，这是一种精英主义。在一个组织里，上级在其负责的范围里，具有绝对权威，从而一人出错时，造成整体出错，缺乏纠错防错能力。

中国有着悠久而深厚的“人治”传统，漫长的封建社会都是人治的社会。改革开放前，我国所实行的高度集权的政治体制和计划经济体制也带着浓厚的“人治”色彩。“人治”模式的基础在于宗法等级制度，漫长的“人治”历史使中国传统文化缺乏民主、平等、权利、法治意识，造就了“人治型”人格。所谓“人治型”人格在被治者那里表现为：思想上以统治者或长官或家长的意志作为

① 周玉．“人治”文化遗存与现代法治型人格的建构［J］．中共福建省委党校校报，2001（3）．

最高的权威，行动上囿于统治者或长官或家长所容许的范围，不轻易越出雷池，视思想自由、行动自由的争取，自我意识、个人权利的实现为禁区的人格类型；在治人者那里“人治型”人格表现为特权意识、一言堂作风、凭主观办事、以言代法；在被治者那里则表现为唯上唯官是从、怯于挑战权威、缺乏独立自主意识、不敢轻言权利①。

（二）社会治理模式转型对草根公益组织治理发展的影响

当代中国的社会转型，其内容之一，就是从“人治”到“法治”的转变，其突出的特点是：服从权威、家长式治理的“人治”与崇尚民主、追求独立、重视权利的“法治”并存。其中“人治”的文化积淀依然十分厚重，其深刻影响无法在短期内消除；而“法治”的相关制度建设、民众的参与能力仍不足，最终造成“法治”实际绩效不高，流于形式，而实则以“人治”为主导的情况。而草根公益组织的内部治理就处在这样的“人治”与“法治”并存、互动的社会转型背景下。

社会治理模式由“人治”向“法治”转型，但“人治”遗存仍然强大而根深蒂固，而“法治”仍处于初步建设，基础薄弱，因而形成了“人治”与“法治”的多种互动关系：包括“人治”对“法治”的制约；利用“人治”促进对“法治”的建设；“人治”与“法治”相结合的新型治理模式等。“人治”与“法治”这两种模式体现在组织的治理中，就是个体精英治理和制度化治理。

个体精英治理与制度化治理被称为草根公益组织的两种经典治理模式。前者是当前草根公益组织内部治理的常见模式，纵然其存在种种合理性，也对组织的发展起到正面积极的推动作用，但也因其难以避免的缺陷，如家长制、专断、缺乏民主、不可持续、高风险等招致口诛笔伐。与此同时，制度化治理因其分权制衡、科学民主、可持续、非人格化等被视为草根公益组织理所当然的理想选择。从创始人（个体精英）治理向制度化治理俨然成为草根公益组织发展成熟的不二法门。

在现实中，草根公益组织治理发展中“个体精英治理”与“制度化治理”的矛盾及互动关系，便是转型社会中“人治”与“法治”之复杂关系在草根公益组织上的具体体现。社会治理模式转型中，“人治”与“法治”既相互阻碍又相互促进，决定了草根公益组织的内部治理中，“个体精英治理”与“制度化治理”也将是一对“小冤家”。草根公益组织走向“制度化治理”不是简单地否定“个体精英治理”，而应该“艺术”地发挥“个体精英治理”的作用，使其促进

① 周玉．人治”文化遗存与现代法治型人格的建构［J］．中共福建省委党校校报，2001（3）．

"制度化治理"的发展。

但是，仅从社会转型的宏观视角来看草根公益组织的治理发展仍然显得模糊不清，我们只看到了其轮廓，却不见细节。因此，结合一个更为中观的理论分析工具是必要的。权威理论成为本文的选择，理由是，权威是治理的基础，尤其对于中国的文化背景下，更强调治理的权威基础。中国式领导的基本特点是基于权威的领导和基于德性的领导，而且这两者之间还存在着很大的互通性，权威的领导往往产生德性的成分，而德性则往往成为权威领导的必要条件①。

二、组织治理的基础——权威

权威是以自愿服从为基础，发挥支配、影响等作用，是一种特殊的社会关系。权威产生于人们组织起来进行联合活动的客观需要，它是社会生活不可缺少的条件。马克思说："许多个人进行协作的劳动，过程的联系和统一都必然要表现在一个指挥的意志上，表现在各种与局部劳动无关而与工场全部活动有关的职能上，就像一个乐队要有一个指挥一样。"② 这个"指挥的意志"就是权威。没有权威，任何一个社会要保证生产连续不间断地进行，社会秩序正常运转，都是不可能的。组织治理也需要权威，从权威理论的视角来看，组织治理的过程就是一个树立权威和权威发挥作用的过程。

（一）权威的类型

在西方学术界，马克斯·韦伯对权威类型的划分，影响了几代学人对权威的认识。韦伯认为，组织与权威的关系密切，任何一种形式的组织都以某种形式的权威作为基础，没有权威，组织就失去了其存在的条件。韦伯在《经济与社会》一书中对权威进行了历史的考察，认为正当的（或称为合法的）权威不外乎三种历史形态，即传统权威、魅力权威、法理权威。韦伯认为这三种权威当中只有合理和法定的权威符合理性，是现代社会组织的基础。

1. 传统型权威

传统型权威是一种最古老的权威形式，来自于习俗、惯例、经验、祖训等。传统权威的本质是"顺从"。被统治者之所以服从统治是因为这种关系已经存在于神圣的传统之中，统治者凭借传统的力量实施合法统治，同时也受到传统的约束。其最典型的形式是家长制、世袭制和封建制。传统型权威主要存在于相对封闭的传统社会中，血缘关系、宗法关系及个人对组织的忠诚成为社会联系的纽带，社会统治的基础来源于传统的神圣性和合法性。

---

① 王学秀．文化传统与中国式管理价值观选择［J］．企业管理，2006（2）．

② 马克思．资本论（第3卷）［M］．北京：人民出版社，2004．

2. 魅力型（个人）权威

以“魅力”为基础的权威意味着“在心理的、生理的、经济的、伦理的、宗教的、政治的危难之时的‘天然’领导者……是特殊的，被设想为超自然的(在并非人人都能企及的意义上）身体和精神的天赋的体现者……”① 这种权威又可称之为超人权威或神授权威，它建立在非凡人格、英雄气概、创业奇迹的基础上，也就是说它来自于对领袖个人魅力的崇拜。所谓魅力，即一个领袖人物的超越凡俗的品质，它可以是不同凡响的气质、人品、性格、学识、智慧和能力，也可以是凡人不能理解的神授魔力。具有魅力权威的领袖人物，必须拥有某种超人甚至超自然的，也是其他人无法企及的力量或素质。

魅力型权威的核心是个人崇拜，本质是“敬仰”。这种组织所依赖的是往往是某种信仰，而不是强制性因素。“魅力的体现者完成他认为适当的任务，并根据他的使命要求服从和追随。他是否能得到服从和追随，取决于效果……倘若他们（即追随者）承认他，只要他善于通过考验，保持住这种承认，他就是他们的统治者……对有魅力品质的人的承认，是他对他们负有使命的义务……魅力……是由内部产生的，而不是由外部的制度所强加。”②

“魅力型的英雄引发出他的权威……只有在生活中通过考验他的力量，才能获得和保持他的权威。倘若他要成为一位先知，他就必须创造奇迹，倘若他要成为一位战争的领导人，他就必须创造英雄的事迹。但是首先，他的神的使命必须在这一点上经受住考验，即让五体投地信仰他的人幸福安康……先天性的魅力型领导者要对他的统治者负责。”③ 要维持个人崇拜组织的生存发展，领袖人物就必须不断地以某种新的方式来表现出他的魅力，才能保持崇拜者的兴奋和激情，否则就会失去其受人崇拜的魅力。

这种权威是最不稳定的，也是不能持久的。一般来讲，伴随着领袖的魅力的失去，这种个人崇拜组织就会转化为传统型组织或法理型组织。这种转化过程，即社会学中常说的“祛魅”。“倘若一个由魅力型人物领导的群体从日常生活中掀起的运动返回到日常生活的轨道上来，那么至少纯粹魅力的统治，一般会被打破，会转变为或转入机构制度上……”④ “倘若一个魅力型的统治者想把自己改造成为一种持久性的机构，他所面临的第一个根本性的问题……是接班人的问

① ［德］韦伯．经济与社会（下卷）［M］．林荣远译．北京：商务印书馆，1997.

② ［德］韦伯．经济与社会（下卷）［M］．林荣远译．北京：商务印书馆，1997.

③ ［德］韦伯．经济与社会（下卷）［M］．林荣远译．北京：商务印书馆，1997.

④ ［德］韦伯．经济与社会（下卷）［M］．林荣远译．北京：商务印书馆，1997.

题。正是在魅力型统治那里，不可避免地要开始转入章程和传统的轨道上。”①

魅力权威的核心是个人的超凡魅力，表现为不同凡响的气质、人品、性格、学识、智慧、能力、贡献等。而个人的超凡魅力往往需要在特定的情境下，尤其是面临各种危机情境下显现出来，使其得到证明，并获得追随者的钦佩、敬仰认同，并因此而服从、追随之。

后人在韦伯的基础上对魅力权威进一步研究，普遍认为个人权威的形成主要和组织情境、领导者特征和追随者特征等相关②。一般地说，无论任何社会，具有特殊品质和才能的人总是存在的，关键是要有特定的情势使他们能够显露出这种品质和才能。在魅力权威出现的情境因素，组织面临危机、组织环境变革、组织处于初创期、组织技术和任务不可分、组织高层领导职位、组织目标与社会价值观相符这六种因素有利于领导人个人权威的出现③。具有共启愿景、激励人心、挑战现状、以身作则、使众人行等五个方面的能力或特征的领导人容易形成魅力型权威④。追随者对领导者及其愿景的认同、高涨的情绪、愿意服从领导者、获得权力的感受、与领导者价值观的一致性等特征有利于领导者形成个人魅力权威。

从马克思主义的理论视角出发⑤，个人权威首先是个人特殊社会地位的表现，是个人对社会资源拥有支配权并得到他人认可的结果。其次，个人权威是实践的产物。它是个人能力的结果，是个人在实践活动中的展示能力，并得到他人认可的产物。个人权威不是靠外在的强制力量来维持的，而是靠人们对某一个人的认可和信赖来维持的。再次，个人权威依赖于个人的品格，是在一定社会环境中个人品格得到他人追随和尊重的结果。个人的人格是构成个人权威的一个重要的条件和因素。总之，以个人为主体的个人权威，是以个人对社会资源的占有和支配、个人能力的发挥和展示以及个人品格能够得到他人的赞许和追随为前提的。个人权威往往表现出主观性和不稳定性特征。但在这种情况下，个人权威往往会以这一个人的某些规范性思想和他人行为的楷模而存在，转变为制度权威。

---

① ［德］韦伯．经济与社会（下卷）［M］．林荣远译．北京：商务印书馆，1997.

② 董临萍，张文贤．国外组织情境下魅力型领导理论研究探析［J］．外国经济与管理，2006（11）.

③ 冯园园．魅力型领导的组织环境因素研究［D］．复旦大学硕士学位论文，2007.

④ 董临萍，张文贤．国外组织情境下魅力型领导理论研究探析［J］．外国经济与管理，2006（11）.

⑤ 李松玉．制度权威与个人权威［J］．山东师范大学学报，2004（3）.

3. 法理型（制度）权威

法理型权威又可称之为法定权威，是建立在相信规章制度和行为规则的合法性基础之上。法理型权威以规则为统治的出发点和最终的归宿点，只有根据法定规则所发布的命令才具有权威，人们普遍遵守规则、信守规则，规则代表了一种大家都遵守的普遍秩序。法理权威的本质是“理性”，其形成依赖于法律、规章表现出来的理性，是理性追求的体现，是由传统社会走向现代社会的必然产物。相对传统权威和超人权威，它最稳定且最有效率。所以，它是现代社会最为普遍的权威类型，其他两种权威最终会向这种权威演变。

（二）权威类型与组织治理模式

组织治理需要权威，从权威理论的视角来看，组织治理的过程就是一个树立权威和权威发挥作用的过程。不同的权威类型决定不同的组织治理模式，魅力权威是人治的基础，而法理权威或称制度权威是制度化治理的基础。

1. 魅力型权威与个体精英治理模式

魅力权威，实际为个人权威，表现为人们对某个具有超凡魅力的个人的意志的自愿服从和支持，并按照魅力的体现者的意志行动。超凡魅力型往往形成创始人治理模式，具有以下特点：第一，组织成员对创始人高度认同和信任，相信创始人决策、信念等的正确性，自愿追随创始人，服从创始人的领导，创始人成为组织领袖和灵魂人物，发挥着凝聚整个团队，引领整个团队的作用。第二，创始人在组织内部具有很高的权威，集决策、管理、执行各种大权于一身，创始人的理念、意志、建议很大程度上决定了机构发展的方向和重点，创始人的意志、能力等基本上决定了组织的发展，组织运作和发展的资源大多依靠创始人筹集。第三，组织缺乏相关的规章、制度，大多是由创始人的意志决定，具有较大的主观随意性，缺乏规范和监督。

然而，魅力权威与个体特征密切相关，具有主观性，它一般产生于危机时期，当危机情境消失而转入日常生活后，魅力权威往往平常化而发生转型，因此具有暂时性。魅力权威的这些特点使创始人治理不可避免存在一些缺陷，随着时间的推移和组织的成长，这一模式的弊端也日益显现。主要表现为：(1) 组织内部缺乏民主，个人领导和决策风险大。创始人在组织中的作用往往被神化，这会使领导者过高估计自己的力量，从而表达不切实际的或不正确的远景，并导致决策的浪漫化。而下属的盲目跟从往往会使决策的风险加大，这种风险会给组织带来灾难，而且这种灾难的真正缘由很难被发现，并且会随着时间的推移而形成惯性。(2) 过度依赖个人，一旦创始人离开，组织面临可持续性等问题。

马克斯·韦伯认为魅力权威是一种短期现象，从长期来看，这种魅力要么消失，要么被制度化，转化为法理型权威。所谓制度化，就是指魅力型领导所倡导的理念、价值观或意识形态被转化成组织内部的规章制度、政策或不成文的惯例，而不再依赖于魅力型领导本身。因此，从魅力权威向法理型权威转化，是创始人治理模式转型为制度化治理的基础。

2. 法理型权威与制度化治理

法理型权威也可以称为制度权威，是人们对社会规则、制度的尊重和服从。制度权威具有客观性、稳定性、理性化和非人格化特征，日益成为社会权威关系的主导形式。“制度是以一定社会的物质生产状况、社会经济、政治和思想文化状况以及现实的人的状况为基础，由一定的人或集团所建立的相对稳定的行为规范。它旨在约束行为主体的行为符合某种要求，以达到维护与适合秩序的目的。”① 制度化治理是组织治理以制度为依据，呈现程序化、规范化、非人格化和理性化和稳定性特征。

制度权威是制度化治理的基础，只有人们尊重、认同制度，服从制度，愿意按照制度设定的规则、程序采取行动，制度才能真正发挥效果，制度化治理才能顺利进行。而当只有制度，而没有制度权威时，人们并不认同制度，也没有以制度来规范自身行为的意识和自觉性，制度变成了可有可无，甚至任意摆布的东西，最后也就成了摆设。因此，实现制度化治理，必须以树立制度权威为前提。

第二节　B组织内部治理发展的历程

B组织在7年的发展历程中，组织的权威经历了权威均衡期、创始人个人权威期、权威真空期、创始人权威和制度权威并存期，相应地在治理模式上则经历了出资人共同治理、创始人治理、创始人主导治理的制度化建设时期、权威真空的制度化治理困境期、创始人治理与制度化治理相结合的时期。

一、权威均衡期，出资人共同治理模式

个人权威首先是个人特殊社会地位的表现，是个人对社会资源拥有支配权并得到他人认可的结果。在特定组织中，个人权威是个人特殊组织地位的表现，是个人掌握组织所依赖的资源，并得到组织其他成员认可的产物。当组织赖以生存和发展的资源大多依赖于某个人时，这个人在组织中自然拥有了权威。B组织最初是由包括创始人在内的三个人共同出资成立、工商注册的公益组织。由于组织资源为数人共同出资，出资人的权威均衡，因此，在B组织成立的最初两年里，

① 李松玉．制度与制度权威［J］．延边大学学报，2003（2）．

实行的是“出资人共同治理”模式：重要决策由出资人共同商议，通过民主程序形成决议。而创始人 Z 由于自身在掌握知识、说服能力等方面更胜一筹，也获得一定的个人权威，主要表现为，人事、福利、工作规划等主要由其提出方案，并大多以此为基础形成决议，对外联络也主要由创始人 Z 进行。

对于一个组织来说，有时候权威均衡就是没有权威，这对组织治理的影响是：一方面，由于有各方的民主制衡，组织决策的风险小、失误少，组织运行安稳；但另一方面，组织内部分歧争论多，难以形成共识，难以形成决策，组织偏向保守，难以创新和开拓进取。这对于一个处于初创期，需要创新、开拓进取求发展的组织来说不太合适。总的来说，没有权威的 B 组织缺乏领头羊，组织发展的目标众多，内部分歧和争论不断，没有可以凝聚整个团队的核心，因而也难以走出发展困境。

2008 年 4 月，创始人 Z 劝退了其他股东，又从自己的亲友中动员了资金注入。自此，B 组织生存和发展的资源主要依赖于创始人 Z ，而随着其他出资人的退出，B 组织的人员也进行了大换血，创始人 Z 成为唯一的元老，带领了比他更年轻的一群人为组织目标和使命而奋斗。在此过程中，创始人的个人权威逐渐建立，而组织的治理模式也因此悄悄改变。

二、创始人个人权威的积累与创始人治理模式的形成

个人权威是个人治理模式的基础。创始人个人权威的形成与创始人治理模式的形成具有同构性，即创始人个人权威形成的过程就是创始人治理模式的形成过程。创始人个人权威的树立是其在带领组织成员进行组织建设、推动组织不断发展、壮大、实践组织使命过程中，展示个人智慧、才干和品质，而获得组织成员认可及信赖的结果。创始人的个人权威经历了一个建立、发展、达到顶峰、下降和维持的发展历程，与此同时，创始人治理也经历了建立、发展、成型和转型的历程。

2008 年 4 月至 2010 年 2 月，正是创始人 Z 带领组织成员进行公益实践的过程中，开创事业的艰难时期。在这一期间，创始人 Z 带领组织成员完成以下事情：第一，带领组织成员按照 NGO 的运作方式，重新拟定组织的使命、愿景、目标及核心理念，将组织目标彻底转向公益。第二，带领组织成员开展公益活动，在不断地学习和创新中谋求组织的生存、发展和壮大。第三，推动成立各种公益团队，并在物质和智力上提供支持。第四，利用个人社会资本为 B 组织的公益事业筹集资源。因为缺乏社会资源的支持，B 组织的公益活动主要依赖创始人 Z 的资源进行运作。第五，为组织物色人才，动员新成员加入组织中。

在 B 组织的初创阶段形成了创始人治理模式。其特点是：第一，创始人在组

织内部具有很高的权威，集决策、管理、执行各种大权于一身，创始人的理念、意志、建议很大程度上决定了机构发展的方向和重点，创始人的意志、能力等基本上决定了组织的发展。第二，团队的管理和领导缺乏相关的规章、制度，大多是由创始人的意志决定，具有随意性和不规范性，缺乏分权和制衡，缺乏监督。第三，组织成员对创始人高度认同和信任，相信创始人决策、信念等的正确性，自愿追随创始人，服从创始人的领导。创始人是组织领袖和灵魂人物；第四，创始人个人形象代表了组织。在对外方面，创始人是组织的代表，很多资源依靠的是创始人的个人关系，组织合作方主要是因为创始人个人的原因而提供赞助、支持，开展合作。总之，组织的生存和发展高度依赖创始人个人。

三、创始人治理主导下的制度化治理建设

2010年2月到2011年5月是创始人个人权威达到高峰，并由创始人利用个人权威，主动推动组织向制度化治理转型，但实际仍以创始人治理为主导的时期。个人权威是个人在实践活动中的展示能力、才干、智慧和品格，并得到他人认可的产物。其形成之后并非一劳永逸，“魅力型的英雄引发出他的权威……只有在生活中通过考验他的力量，才能获得和保持他的权威。倘若他要成为一位先知，他就必须创造奇迹，倘若他要成为一位战争的领导人，他就必须创造英雄的事迹。”① 而这一时期，正是创始人Z带领组织成员实现组织迅速发展、壮大的“辉煌”时期：B组织急剧扩张、蓬勃发展、成绩显著、媒体曝光率上升、社会知名度提高、社会影响力增强、各种荣誉纷至沓来、不断创造“英雄的事迹”的时期。

B组织在短期内的巨大成功，充分展现了创始人Z的出类拔萃的智慧和能力，这也使组织成员对其产生了由衷敬佩和信服，创始人的个人权威达到顶点。这个时候，组织成员甚至认为，创始人Z是个完人，无所不能，没有他办不成的事情，充分相信他决策的正确性，相信他能带领组织走向更好的未来，因而心甘情愿地服从他的意志。

（一）治理机制设计

自2010年2月开始，在创始人Z的主动推动下，组织开启了制度建设的历程，陆续制定了一些规章制度，确立“集体领导、个人分工负责”的工作制度，设立全体工作人员大会、执行委员会、执行长和教育长的两长制、监察委员会的监察制度等。为组织从创始人治理模式转型制度化治理做准备。

---

① ［德］韦伯．经济与社会（下卷）［M］．林荣远译．北京：商务印书馆，1997.

全体工作人员会议是最高决策机构，每年的年中和年末各召开一次会议，负责讨论团队中的重大事务，选举团队中执行委员、执行长、教育长、检查委员等。执行委员会是全体工作人员会议的常设机构，主要实行集体领导、民主集中制原则，设委员 7 名，由全体工作人员会议选择产生，执行委员会委员具有选举、被选举、表决、监督、建议等权利，任期一年。但委员并非领导，和普通工作人员无等级、隶属关系，不能直接对其他工作人员发号施令。两长制：是组织的执行机构，主要功能是执行全体工作人员会议和执行委员会的决议，两长制设教育长和执行长各一人、分别负责组织的学习、思想工作、团队建设和筹资、项目管理两块工作，还负责拟定机构的规划、总结等重要文件提交执行委员会或全体工作人员会议进行讨论。两长由全体工作人员会议从执委会成员中选举产生，任期一年。执行长一般相当于其他公益组织中的秘书长，对外是机构的代表。两长共同对接各小团队中的负责人。监察委员会代表全体工作人员会议监督执行委员会以及两长对机构各项决议的执行情况，委员会设委员一名，由全体工作人员会议选举产生，监察委员不得兼任执委会委员或两长，是执行委员会会议的列席委员，具有发言权、建议权，但无表决权。顾问委员会是团队发展的顾问团，由团队邀请相关的专家、学者等组成，顾问团成员以志愿者身份参与团队的管理，对团队发展提供意见指导、政策咨询等帮助。B 组织这一时期的治理机制如图4-1。

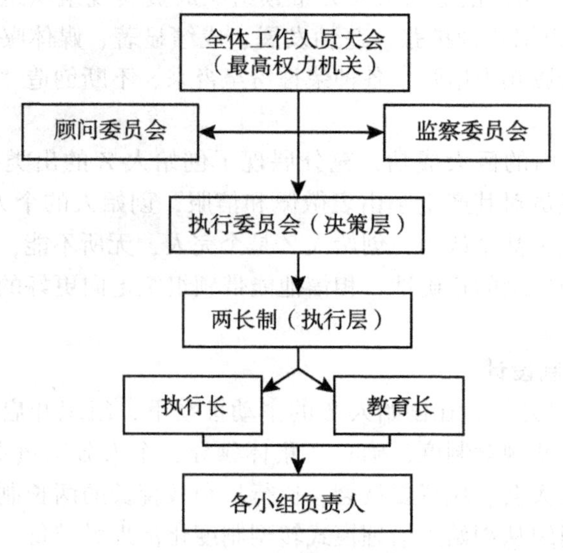

图 4-1　B 组织治理机制设计

（二）制度化治理机制的创新和特点

和其他公益组织相比，B组织在内部治理机制上最大的特点是大量地运用了中国本土资源，尤其是中国共产党的经验、原则和制度。从总体上来看，B组织治理机制的基本原则是民主集中制原则，具体体现在“集体领导、个人分工负责”、全体工作人员代表大会、选举制、重视思想教育、设教育长、实行两长制、民主生活会等，并在原有基础上进行改造和创新，以更适合公益组织的治理特点。

1. 民主集中制原则

根据党章的规定，民主集中制包括六项基本原则：（1）党员个人服从党的组织，少数服从多数，下级组织服从上级组织，全党各个组织和全体党员服从党的全国代表大会和中央委员会。（2）党的各级领导机关，除它们派出的代表机关和在非党组织中的党组外，都由选举产生。（3）党的最高领导机关，是党的全国代表大会和它所产生的中央委员会。党的地方各级领导机关，是党的地方各级代表大会和它们所产生的委员会。党的各级委员会向同级的代表大会负责并报告工作。（4）党的上级组织要经常听取下级组织和党员群众的意见，及时解决他们提出的问题。党的下级组织既要向上级组织请示和报告工作，又要独立负责地解决自己职责范围内的问题。上下级组织之间要互通情报、互相支持和互相监督。党的各级组织要使党员对党内事务有更多的了解和参与。（5）党的各级委员会实行集体领导和个人分工负责相结合的制度。凡属重大问题都要由党的委员会集体讨论，作出决定；委员会成员要根据集体的决定和分工，切实履行自己的职责。（6）党禁止任何形式的个人崇拜。要保证党的领导人的活动处于党和人民的监督之下，同时维护一切代表党和人民利益的领导人的威信。

B组织的内部治理机制在多方面体现了对党的民主集中制原则的借鉴和运用。首先，“集体领导、个人负责”相结合的制度：凡涉及全局性的问题，如组织使命、战略规划、重要制度设立、重大财务问题、重要工作部署、重要干部的推荐、任免和奖惩等提交执行委员会或全体工作人员大会进行充分地集体讨论，充分发扬民主，按照民主集中的原则进行表决和分工，再由各部门各成员根据集体的决定，切实履行自己的职责。“集体领导、个人分工负责”还体现在“两长制”和“三人团”中。在集体领导方面，B组织先后实行过“两长制”和“三人团”。对于一般的事务的决策，在“两长”时期则需两长一致同意，共同决定；“两长制”调整为“三人团”之后，则在三人团中实行民主集中制，三个具有相同的投票权，少数服从多数。此制度的目的是防止个人独断专行，发挥集体智慧和领导层的整体功能，确保组织决策、治理的科学化、民主化和制度化。其次，选举制度也体现了民主集中制原则。组织中的领导干部全部由全体工作人员大会选举产生，全体工作人员大会是最高权力机构，每位工作人员都有选举和被选举的权利。第三，民主生活会、监督委员会、工作例会制度等保证每一位工作人员参与组织的管理、监督、发表意见和建议的权利，保证组织上下意见的贯通。第四，建立和完善制度权威，反对任何凌驾于制度之上的个人权力，同时维护领导人的威信。B 组织领导人不遗余力地推动组织从个人治理转型为制度化治理，强调组织的纪律性，同时注重领导人的身体力行、发挥榜样示范作用，维护领导人的威信，用领导人的权威带动组织制度权威的树立和巩固。

2. 重视组织成员的思想工作

著名的管理学大师彼得·德鲁克认为，非营利组织应该是以“使命为先”，NGO 的运作管理凭借宗旨凝聚和引导①。公益组织使命的背后则是社会理想、信仰等问题，这需要对组织成员进行思想工作，进行思想引导，树立社会理想，增强对组织的认同，提高团队凝聚力和执行力，最终促使组织完成社会公益使命、承担社会责任。B 组织重视团队思想工作，先后设立教育长、政工委专职负责，教育长与执行长并为组织中的领导，政工委也是三人团集体领导中的一员。

B 组织重视思想工作的特点主要是借鉴了中国共产党的经验，尤其是共产党在军队中的政治委员工作制度。中国共产党自建党起就十分重视思想政治工作，依靠思想政治工作，在工人阶级中传播马克思列宁主义，唤醒广大工农群众的阶级意识。在土地革命战争时期，党首先在红军中建立了政治工作制度，坚持用革命思想教育和启发官兵的革命觉悟。之后，在军队中设立政治委员。政治委员与同级军事主管同为所在部队的首长，政治委员是党的委员会日常工作的主持者，政治委员负责军队的思想政治工作，目的在于确保党对军队的绝对领导。B 组织的创始人 Z 是一名有着坚定的社会主义信仰的共产党员，具有十几年的党龄，具有基层党务工作的经历，曾获得优秀党员、优秀党务工作者的称号，此外，他还是思想政治教育硕士。这些背景使其重视和擅长思想工作，将思想工作引入公益组织，先后设立教育长、政工委员专门负责组织中的思想和团队建设工作，目的在于加强组织成员的思想引导，不断提高组织成员的思想境界和理论水平，确保组织成员对组织的认同，提高组织的凝聚力，最终促使组织实现社会使命、承担社会责任。

（三）制度化治理实践的效果

第一任执行长由团队骨干 S 担任，教育长由创始人 Z 担任，日常问题两长一致同意方可生效。每月召开执委会民主决策、每半年召开全体工作人员大会在讨

---

① 王名．非营利组织管理概论［M］．北京：中国人民大学出版社，2002.

论基础上投票表决或选举。外部沟通协调主要由创始人 Z 负责，人事、福利、工作规划等主要由创始人 Z 提出方案、征求执行长意见并形成共同提议，再吸纳执委会或全体工作人员意见后，以此为基础形成决议。这一阶段事实上仍是创始人 Z 主导决策，但已受到一些制约并会吸收组织成员的其他意见，最终结果必须经过民主决策程序。这一阶段决策的参与、讨论大为增加，工作人员的参与感、主体感增强，决策的民主性、科学性、可行性增强。但仅靠欠成熟的集体领导机制和年轻的领导团队还难以有效制约创始人，使得创始人 Z 的盲目乐观、过快扩张实际取代了 2011 年初全体代表大会通过的“巩固、充实、提高、跃进”战略，使组织一度陷入发展困境。

这一时期，虽然创始人已经未雨绸缪，在创始人治理模式弊端显现之前就着手推动制度化建设，为转向制度化治理做准备。但，由于客观上，此时创始人的个人权威还处于上升期，组织成员对创始人的决策和能力依然高度信服，对创始人治理的弊端还未有切身体会，对制度化治理也没有迫切需求，加之，年轻的组织成员还缺乏足够的能力对创始人进行制衡，因此，虽然已经建立了制度框架，却没有很好的发挥作用，造成实际仍以创始人的治理为主导的现象。

然而，创始人治理模式存在重大的弊端，即个人领导和决策风险大。创始人在组织中的作用往往被神化，这会使领导者过高估计自己的力量，从而表达不切实际的或不正确的远景，并导致决策的浪漫化。而下属的盲目跟从往往会使决策的风险加大，这种风险会给组织带来灾难，而且这种灾难的真正缘由很难被发现，并且会随着时间的推移而形成惯性。2011 年初，组织内部有人提出组织管理混乱，问题众多，建议停止扩张，转向内部的团队治理为重心。但创始人主张应该大踏步继续前进，在发展中解决问题，并对组织进一步扩张盲目乐观，对其困难和风险估计不足。由于创始人的权威作用强大，其意志得到了大多数人的认同和服从，创始人个人的狂热，演变为整个团队的狂热，最终在组织没有准备好的情况下，加快扩张，最终造成组织的经济危机、管理危机、人才外流等，使组织发展一度陷入低谷。

四、创始人匆忙退出，权威真空期的制度化治理困境

由于决策的重大失误，造成组织发展困境，2011 年 5 月，创始人 Z 提出“创始人死去”，引咎辞去教育长，2011 年底又退出执委会，并短暂离开团队，以期减少因个人弱点对组织发展带来的风险，推动尽快完善制度化治理模式。此时，组织仍然实行全体工作人员大会、执委会、两长的决策机制，接替教育长的是在刚大学毕业不久的 F，执行长仍由 S 担任。

但事与愿违，创始人的退出并没有给组织治理带来良好的局面，反而造成了

决策难、执行难的新问题。新的“两长”在一段时间里意见有分歧、相互默契度不高，达成共识及统一行动比较难，执委会、全体工作人员大会也难以及时形成有效共识，无力回应工作中的困难，也难以胜任战略规划及重要决策的重担，个别执委或工作人员自行其是，整个团队存在民主过多而集中不够的泛民主化问题，团队凝聚力不足，人心思动。

造成这种现象的原因在于创始人过快退出使组织出现权威真空，难以实施有效治理。权威的形成需要特定的条件并经历一个相对漫长的时间。创始人的个人权威的建立和积累历经五年，但创始人从决策层退出至全部退出团队先后只用了半年，随着创始人的迅速退出，创始人的个人权威也在组织中突然消失了。而在此之前，创始人还没有为新的法理权威或新领导层的权威的建立做充足的准备工作。一旦创始人权威消失之后，再来建立法理权威，是很难成功的①。因此，组织的旧新权威出现断裂，形成权威真空期，组织缺乏一个凝聚和整合的中心，组织内部分歧多，争论不断，难以形成共识、难以形成决策，即使形成决策也难以有效执行，组织成员各行其是。

从这一阶段组织的治理情况看，我们可以得出结论：（1）组织治理需要权威，权威能引领组织向共同的目标和方向努力，权威能整合工作团队，增强组织的凝聚力，提高团队的工作效率。缺乏权威的组织则如一盘散沙。（2）创始人退出应该循序渐进，在创始人治理期间，应利用创始人的个人权威，为新的制度权威、新领导层的权威的建立做好做足准备工作，以防创始人突然退出造成权威真空，给组织带来震荡。

五、创始人回归，创始人（精英）治理与制度化治理相结合

由于组织的权威真空，内部分歧争论不断，组织缺乏凝聚力，使组织的决策治理更为困难。2012 年初，创始人 Z 不得不回归组织，利用个人权威对组织进行治理，制订工作规划、确定组织工作重点、整合队伍、凝聚共识、再次推动制度化治理进程，逐渐形成了以个体精英（创始人）治理与制度化治理相结合的治理模式。

（一）创始人发挥个人权威，完善组织的制度化建设

在这个过程中，创始人发挥个人权威，带领组织进行调整，引导组织进一步完善制度建设，主要做了以下工作：

一是为组织提出明确的方向和目标。向两长、执委会提出意见和建议，提出

① 孙立平．权威基础转换的异步性与“权威真空”——后发外生型现代化中的错位现象研究［J］．天津社会科学，1990（6）．

来年以“停”、“转”、“育己”为基本工作基调，将工作重点转向团队内部的管理和整合，促进团队的成长，并得到全体工作人员的认同，通过全体工作人员会议表决，成为新一年的工作指导方针，为组织提出了明确的方向和目标。

二是化解分歧、凝聚共识、整合队伍。通过集中两个月的时间在团队内部对团队成立以来的历程、经验、教训等进行讨论和梳理，理清了历史，总结各项工作的流程及经验，进一步明确了组织的使命、中心任务，减少了分歧，形成了共识，增加了团队的凝聚力，获得了继续前进的动力。

三是进一步完善组织的制度建设。创始人回归之后，组织继续实行全体工作人员代表大会、执行委员会、监察会、集体领导、民主集中制。在两长制方面做了调整。根据两长制实施的具体情况，将两长制调整为“三人团”。在创始人退出决策层之后，新任的两长在资历、能力、权威等方面相当，但理念不同，难以形成共识，难以决策，也难以配合，双方各行其是，形成“双峰”政治。2012年7月，在教育长离职的情况下，团队鉴于完全平等的两长制不符合实际，效果欠佳，改为有主有次的“两长制”，并增加一人，两长制紧急过渡为一正两副的“三人团”。“三人团”原为中国共产党历史上的一种领导和决策的机制。以集体领导、分工合作为原则，“三人团”中的三人名义上是平等的，实际情况则是有主有次。因此，B组织在借鉴的基础上进行改进创新，将平等的三人团改进为“一正两副”的“三人团”。“一正”统筹整个机构业务行政和团队建设工作并对外代表整个机构，“两副”分管业务行政和团队建设工作。日常事务三人集体决策，讨论、表决时一人一票、完全平等，集体决策时“一正”有延迟决策生效时间或提请重新审议的消极权利，以加强“一正”权力，当“两副”一致同意时也可延迟决策生效时间或提请重新审议以防止“一正”权力过大。“一正两副”相持不下时提请执委会；决策执行及日常工作中有“一正”牵头、“两副”配合之别。

（二）创始人治理与制度化治理相结合的治理模式特征

这一时期的治理模式总体表现为创始人治理和制度化治理的优势互补，相互促进，组织实际治理绩效明显提升，组织治理规范有序，推动组织稳步向前。其具体的特征为：

第一，创始人治理促进制度化治理的发展。创始人发挥个人权威的作用，带领组织成员完善制度建设，并带头遵守，严格按照规章制度办事，发挥示范性作用，将个人权威转移到制度上，赋予新制度权威。“精英对制度的认同和尊重推动了制度在组织中的累进式生长，使制度从抽象、没有个性，没有生命力的状态逐渐变为具体的、生动的实然状态。累进式的制度化进程适应了组织成员对制度的认同心理和接受能力，将组织成员对创始人的信赖、尊重与追随转化为对制度的认同、尊重和服从①，从而形成新的治理风格。

第二，创始人治理在制度化治理的框架下发挥作用。在创始人治理与制度化治理相结合的时期，创始人治理受到制度化治理的制约。创始人的意志要上升为组织的决策，已经有了制度的约束，需要通过执行委员会、全体工作人员代表大会等讨论，并必须经过民主表决，而当民主表决没有通过时，创始人的意志就不能成为组织的决策。典型的例子如是否组建组织理事会一事，创始人多次在全体工作人员大会、执行委员会议中提出组建理事会，但其他委员认为，时机不成熟，且理事会难以发挥作用，最多只能充当顾问团，与其建立之后形同虚设，不如不建，因此，创始人的提议一直没有通过，也没有在组织中推行起来。另外，除了形式上的约束外，在讨论的过程中，其他成员的意见对创始人的意志也形成了一定程度的制约。

第三，创始人治理与制度化治理互促共进。在创始人治理与制度化治理相结合的治理模式中，创始人治理与制度化治理的优势互补，有效避免两种治理模式的弊端，互相促进，使组织的治理实现创新与稳定的平衡。在 B 组织中，创始人综合素质和能力、人格品质、人脉和公共关系资源等都相对较高，加之对组织的贡献无人能及，因而其在组织中的威望很高。因此，创始人的思想、决策、资源仍对组织的发展具有举足轻重的作用；而草根公益组织发展依然面临复杂多变的外部环境，仍需要创始人的智慧和能力来引导组织成员共同走出困境；组织的凝聚力仍然是围绕着体现了组织使命和文化的创始人；创始人的品质和行为对组织成员具有很强的示范作用，作为一个实实在在的榜样激励着组织的其他成员为组织的使命和理想而奋斗。总之，制度化治理的初期，草根公益组织依然离不开创始人作用的发挥。然而，创始人性格中的冒险精神，容易盲目乐观而对现实困难估计不足，过于理想主义，追求完美等特点曾造成多次决策失误，给组织带来了发展困境。因此，创始人作用的发挥不再是完全自由，毫无约束，而是在制度化治理的框架下进行。在制度化治理中，创始人的意志、提案等需要通过全体人员大会、执行委员会等进行充分地民主讨论，反复论证，最后经过民主表决来形成决议。这样，最后得出组织决议才具有合法性，才能付诸实践。通过制度化治理的约束，创始人治理的缺陷得到较为有效的规避，而创始人的提议和决策在经过集体智慧的反复讨论后已经有了较大的改变，其科学性、可行性等获得提升，从而使创始人的行为具有了更多的合法

① 王金红．村民自治与广东农村治理模式的发展——珠江三角洲若干经济发达村庄治理模式发展的案例分析［J］．华南师范大学学报，2003（4）．

性，制度权威加强了创始人的权威。

另一方面，制度需要人执行，即使是设计科学良好的制度也不能自动地发挥良好的治理效果，它仍要将运行制度的人作为保障。因此，制度化治理的前提条件是组织成员素质、能力能达到相应的水平，但草根公益组织的组织成员普遍面临能力不足的问题。其次，以稳定为特征的制度化治理使组织发展具有持续性，但又难以应对复杂多变的外部环境。第三，非人格化的制度化治理缺乏人情味，难以唤起组织成员的激情和认同。在这种情况下，创始人治理模式的配合能够弥补制度化治理的不足，并促进制度化治理的发展。创始人对制度的尊重和支持，引导组织成员将对创始人的信任、遵从与支持转移到制度上，从而加强制度的权威；创始人治理在制度框架的约束下发挥作用，引导组织成员参与制度化治理，在长期、反复的实践中提高制度化治理所需的民主平等意识、独立思考能力、参与能力等，并在实践中逐渐增强对制度的认同，从而推动制度化治理的发展。

第三节　草根公益组织内部治理的发展分析

在这一节中，我们将在个案的基础上，探讨影响草根公益组织的治理模式发展的相关问题，影响草根公益组织内部治理模式发展的因素有哪些？草根公益组织内部治理的发展方向是什么？

一、草根公益组织内部治理机制发展的影响因素

从 B 组织内部治理机制发展的历程来看，组织的权威类型直接影响组织治理机制的发展，而权威的形成往往又和组织的资源动员方式密切相关，因此，资源动员方式是草根公益组织内部治理机制发展的基础性影响因素。此外，资源动员方式并不能完全决定组织治理机制的发展，草根公益组织的治理机制仍有相对的自主性，这是由组织的创新能力所赋予的。

（一）资源动员方式是治理机制发展的基础性影响因素

权威是治理机制发挥作用的基础，权威类型在很多程度上决定了组织的治理模式。创始人个人权威的树立—发展—鼎盛—减弱的发展历程决定着创始人治理模式的形成—发展—顶峰—减弱。制度先于制度化权威建立，但制度化治理的效果和制度化权威是否稳固密切相关。在个案中，创始人利用个人权威推动制度权威的建构，制度权威的稳步发展使制度化治理走向正轨。

表 4-1　　　　**B 组织内部治理机制的发展历程**

	动员方式	权威状况	治理模式	制度设计	治理特点	治理问题
初创期	自我动员 市场化动员	权威均衡	出资人共同治理	股东大会	民主制衡，决策风险小 组织运行安稳	共识难、决策难，组织偏向保守，难以创新和开拓进取
转型期	私人化动员	创始人权威	创始人治理	无	以创始人为中心的凝聚力	各项权力高度集中于个人，缺乏规则制度
扩张期	准社会化动员、私人化动员	创始人权威达到高峰，制度权威初建	创始人主导的制度化治理建设	全体工作人员代表大会、执行委员会、两长制	制度建设进一步完善，制度化治理走向正轨	制度化治理有名无实，难以制约创始人治理
挫折期	准社会化动员 私人化动员	创始人退出导致权威真空	制度化治理	全体工作人员大会、执行委员会、两长制	民主、制度化、规范化、程序化	泛民主化、共识难、决策难导致治理困境
调整期	准社会化动员 市场化动员 私人化动员	创始人权威、制度权威加强	创始人治理与制度化治理相结合	全体工作人员大会、执行委员会、三人团	创始人治理受制度化治理约束；两种治理互促共进	待时间检验

草根公益组织中的权威类型有两种，一种是创始人（个人）权威，另一种是制度权威。其中制度权威最初来源于创始人权威的转移，个人权威在制度权威建立过程中具有重要作用，一种新的制度权威的确立，首先表现为代表这种新制度权威的个人权威。通过这些个人卓越能力的发挥以及在这个过程中所表现出来的个人品格，使人们改变对原有制度的服从，并使人们开始认识、建立并服从一种新的制度权威。因此，创始人个人权威是草根公益组织治理发展的起点。

创始人个人权威的形成主要取决于其对组织发展的贡献，及其在这个过程中表现出来的德行和才干。由于现阶段，草根公益组织发展的首要制约因素是资源，其中又以合法性和资金最为关键，解决这两个问题就是对草根公益组织发展的最大贡献。创始人对组织发展的贡献便集中体现在对组织合法性和运作资金的获取。也就是说，资源动员方式实际上是组织内部治理机制发展的更为基础性的因素。

从表 4.1 B 组织的内部治理机制发展历程中，我们可以看到资源动员方式、权威类型和治理模式具有较高的关联。几个创始人共同出资的自我动员方式形成了权威均衡的状况，股东大会的治理模式和营利组织类似。私人化动员方式使组织的发展高度依赖个人，促进了个人权威的形成，当组织中没有其他可代替的资源动员方式时，私人化动员基础上建立的个人权威便自然带来了个体精英的治理模式；而随着准社会化动员、市场化动员等兴起，资源动员方式的多元化，个人权威减弱，通过个人权威转移得以构建的制度权威慢慢加强，制度化治理开始进入日常运作。然而，制度化治理的开始并不意味着创始人治理的终结，恰恰相反，如果创始人治理在制度化治理开始之后终结，带来的是却权威真空后的制度化治理困境。这是因为，处于复杂多变环境中，受到制度排斥的草根公益组织的生存发展之路注定不是稳健的大道，制度外的生存发展难以逃脱各种危机考验，有赖于智慧和创新性地应对，这就是创始人（精英）治理发挥的空间；而在相对稳定的时期，以民主和制衡为特征的制度化治理是保持草根公益组织稳定性、持续性、公益性和自治性的保证。但基础薄弱的制度权威也还需要创始人权威来加强巩固，由此形成创始人治理与制度化治理相结合的发展方式。

（二）创新能力是治理机制发展的直接因素

资源动员方式是推动草根公益组织治理机制发展的基础性因素，而资源动员的方式并非草根公益组织自由选择，而是受到组织合法性的制约，这一点我们资源动员一章已做过详细的分析，在此不重复。因此，资源动员方式对草根公益组织治理机制的影响实际反映了草根公益组织治理机制受客观因素制约的一面。而草根公益组织的创新能力是推动其内部治理机制发展的直接因素，同时也体现了草根公益组织治理机制的自主性一面。

一个组织的治理模式既有客观性又有主观性。治理模式的主观性是组织成员从组织内外部条件出发，在遵从组织治理规律的基础上的主观建构，尤其表现在治理机制的具体设计和安排上。同一个治理模式有不同的具体体现，同样的制度化治理，在现实中也有不同的制度安排，理事会治理、集体领导治理等都是制度化治理的具体形式。然而，学界和业界在对公益组织治理模式的认识上，盲目推崇某一治理模式，尤其是理事会治理模式，甚至到了公益组织（不管是资金数百万数千万数亿的基金会，还是资金缺乏的小草根；不管是成立十几或几十年的老组织，还是刚成立的新组织；也不管是几十上百人的大组织，还是只有三五个人的小组织）言及治理，尤其是制度化治理，则必称“理事会”治理的程度，“理事会治理”似乎成为公益组织制度化治理的唯一选择。

理事会治理结构源自西方，其理论基础主要是利益相关者理论、所有权—控制权—受益权相分离的理论、公共问责理论。这些理论认为，公益组织的资源来自社会，其目标是社会公益，但公益资源具有所有权—控制权—受益权，容易形成“内部人控制”，因此，需要来自外界的捐赠者、受益者、媒体、政府、独立第三方、专家等的各利益相关方代表组成理事会，作为公益组织的最高权力机构实施治理。理事会的主要职能包括确定组织使命、制定组织发展战略和重要制度、决定组织重大事务和发展方向、对外筹款、建立和维护组织的公共关系和公共形象等责任。理事会治理在国内公益组织的实际运作中却遇到了严重的障碍，或被架空，或徒具虚名或演化成组织的顾问团①。究其原因，一方面，组织并没有把理事会成员当作组织的成员，赋予理事权力，让他们承担起组织的重任；另一方面，这些理事都有自己的工作，他们虽然志愿为组织服务，但他们时间精力的付出难以保证。而从根本上说，理事会困境源于中国公益组织缺乏理事会治理的权责对等、产权清晰的逻辑基础②。因此，如果不考虑理事会治理模式所需的条件和中国公益组织治理所面临的内外制约，而盲目照搬理事会治理模式，结果往往是形成“有结构无功能”的尴尬境地。

本案的B组织作为一个从学术交流起步的组织，具有更多的理论自觉性，一直注重从本土文化中汲取营养，通过创新理念和机制寻求发展。在内部治理上，他们不是简单地照搬西方的理念和模式，而是结合中国的实际，运用本土资源进行创新。在刚开始推行制度化治理是，设计了集体治理的机制：以全体工作人员为最高权力机关（一般每年召开两次大会，每次大会为期一周），执行委员会为常规决策机制（一般每月召开一次会议），实行两长制的日常工作领导机制，注重组织的思想工作；组织治理强调并贯彻民主集中制，组织中的每一个成员都平等地参与组织重大事务的讨论和决议中。此时的治理机制设计充分体现了组织成员的主体地位，在实际的运作中，提高了组织成员的民主、平等和参与意识，提高了他们的独立思考和参与能力。同时，组织成员对制度化治理的参与实践也是提高组织成员对组织的认同，提高组织凝聚力的过程。可以说B组织的治理制度安排具有鲜明的本土特色，在草根公益组织中独树一帜。

在单一的制度化治理模式遭遇困境时，B组织又对原有的制度进行调整，将

① 娜拉．中国草根NGO的问责现状与问题［EB/OL］．中国人民大学非营利组织研究所网站，2009-09-07.

② 社会资源研究所．徒具虚名的NGO理事会［EB/OL］．NGO交流网，2011-06-15.

两长制的日常工作领导机制调整为三人团；更为重要的是，B 组织改变了单一的民主治理模式，将创始人治理与制度化治理模式相结合的综合治理模式，形成创始人治理与制度化治理互促共进的治理格局，从而使组织顺利度过危机，进入稳步发展的阶段。

由此，我们认为，组织的创新能力是推动草根公益组织治理机制发展的直接动力，也是草根公益组织治理机制自主性发展的重要影响因素。

二、草根公益组织内部治理模式的选择：综合治理模式

B 组织个案的内部治理发展历程揭示了草根公益组织内部治理的普遍困境，即创始人治理对草根公益组织的生存和发展至关重要，但也存在明显弊端；转向制度化治理又面临诸多困境，而且往往形成“制度虚设”，难以发挥治理实效。我们认为，鉴于草根公益组织面临的外部环境和内部条件，无论是创始人治理还是制度化治理，单一模式的治理都不能真正解决草根公益组织的治理困境，而将创始人（精英）治理与制度化治理相结合的综合治理模式才是更为现实有效的选择。将创始人（精英）治理与制度化治理两种治理模式相结合的综合治理模式，实现创始人治理与制度化治理优势互补，互促共进，共同保障了组织的治理绩效，使组织在面临内外的复杂环境中能够稳步向前。

（一）创始人治理模式：合理性和缺陷

中国的草根公益组织在初创期往往容易形成创始人治理模式，这是由草根公益组织所处的特殊情境、创始人的特征及下属的特征共同决定的，具有客观性，因而也具有其合理性。

第一，“人治”传统：创始人治理的宏观文化背景。中国悠久的人治文化传统是草根公益组织容易形成创始人治理的宏观文化原因。中国有着悠久而深厚的“人治”传统，漫长的封建社会都是人治的社会。改革开放前，我国所实行的高度集权的政治体制和计划经济体制也带着浓厚“人治”色彩。“人治”模式的基础在于宗法等级制度，漫长的“人治”历史使中国传统文化缺乏民主、平等、权利、法治意识，而形成基于权威和德行基础上的中国式管理①。组织领导者和下属在不知不觉中就选择了这样组织治理模式，基于个人权威和德行的个人治理成为自然而然的产物。而草根公益组织所形成的创始人治理就是中国“人治”传统所形成了中国式领导在公益组织上的具体表现形式。

第二，组织处于危机时期的草根公益组织形成的情境原因。从社会情境来

① 王学秀．文化传统与中国式管理价值观选择［J］．企业管理，2006（2）．

说，当社会或者一个组织处于危机时期易于产生魅力权威。受中国公益环境的影响，初创期的草根公益组织面临严峻的生存危机，面临合法性困境、资源困境等多种发展困境。面对生存危机，组织成员中普遍存在着对组织定位及未来的不确定性，他们从内心深处在寻找一位具有魅力的领导，并愿意接受他对组织使命和价值的描述，以及对组织未来的设想。加上组织面临复杂变动的外部环境，各项工作还处于摸索中，组织内角色分工不明确，许多任务不可分解，工作方法和技术尚未实现标准化、流程化，在这种情况下，组织成员不仅仅需要依靠知识去解决问题，还有赖于他们的智慧、经验和直觉，领导魅力就更容易被大家所接受。最后，由于组织的规模较小，组织结构简单，创始人依靠个人能力和精力仍能对组织成员实施有效的影响和管理。

第三，创始人对组织的贡献及其德行是创始人治理形成的关键。中国的草根公益组织大多由少数几个社会精英发起，这些创始人的共同特点是大多具有高学历、高素质与杰出的才能①，具有一定的社会资源，强烈的社会责任感、坚定的信念、崇高的理想、明确的组织发展思路、以身作则、乐于奉献、自我牺牲、忍辱负重、不畏艰难、开拓进取、坚韧不拔、为组织的发展呕心沥血，做出了突出的贡献。这些都是草根公益组织形成创始人治理模式的基础。

第四，组织成员对创始人的信服是创始人治理形成的必要条件。下属对创始人的自愿认同和服从，是创始人树立权威和创始人治理发挥作用的必要条件。根据多项调查，中国草根公益组织工作人员及核心志愿者年龄呈现年轻化的趋势②，以二十多岁的大中专毕业生、在校生为主力。这些年轻人加入公益组织大多是因为认同公益行业的社会价值，或是认同组织创始人，受创始人魅力的影响。另外，中国的草根公益组织除了几个创始人能力较强外，其他成员在学历、学识、能力、经验等各方面都和创始人有一定差距，组织成员对创始人的判断、决策等比较信服，自愿接受创始人的领导。这些特征也是创始人治理模式形成的重要原因。

创始人的魅力权威发挥着提高组织凝聚力、联结组织成员纽带的作用，从而使草根公益组织有更大的动力和能力去追求公益理想、完成使命③。但是，随着

---

① 康佳玲等．游走于理想和现实之间——上海地区草根 NGO 生存状态调研报告［J］．南风窗，2010（24）．

② 腾讯公益基金会，南都公益基金会．2010 年中国公益人才发展现状及需求调研报告［EB/OL］．腾讯公益网，2010-12-19.

③ 王思斌等编．实践为本的中国本土社会工作研究［M］．北京：社会科学文献出版社，2007.

时间的推移和组织的成长，创始人治理模式的弊端也日益显现，主要面临个人决策风险大、稳定性差、难持续、缺乏民主和监督等问题。马克斯·韦伯认为魅力领导是一种短期现象，从长期来看，这种魅力要么消失，要么被固定化。所谓固定化，就是指魅力型领导所倡导的创新方式、价值观或意识形态被转化成组织内部的规章制度、政策或不成文的惯例，而不再依赖于魅力型领导本身。从总体上看，中国的公益组织没有形成有效的内部治理结构，创始人治理的现象突出。然而，"英雄主义"不是中国公益组织发展的长久之道，中国公益组织的发展必须结束少数冒尖的"英雄时代"，走上有效治理的"制度时代"①。

（二）制度化治理：条件、优势和局限

并不是所有的组织都适合制度化治理，也不是所有的制度化治理都会发挥良好的治理效果。制度化治理需要一定的条件，它存在优势，但并非万能，也有其固有的局限。

1. 制度化治理的条件

制度化治理是以规章制度为依据，呈现出程序化、规范化、理性化、非人格化和稳定性特征的治理模式。制度化治理要发挥作用至少要具备三个条件。

首先，制度设计应科学合理。制度既具有客观性又具有主观性，是客观性与主观性的结合。制度的客观性表现在：制度赖以产生的客观条件。任何制度总是在一定的物质生产力状况和社会关系状况的基础上建立起来的，由此决定了制度的具体性和历史性。制度的主体性是指制度是人为建构的，但人们又不是随心所欲地对制度做出规定的，而是以一定的客观物质状况为基础、从特定的物质利益关系出发来建立制度规范的。因此，制度必须要与一定社会的人的状况相适合。② 当一项制度安排所需要具备的条件与组织的具体情况不符，就会造成有"有结构无功能"的制度虚设现象。对于草根公益组织而言，科学、合理的治理制度设计应该适应组织内外环境，与组织所处的环境、组织的性质、组织发展所处的阶段、组织的规模、组织的任务等相适应。

其次，制度权威是制度化治理的基础，也是制度化治理发挥作用的机制。制度权威是人们对社会规则、制度的尊重和服从。只有人们尊重、认同制度，服从制度，愿意按照制度设定的规则、程序采取行动，制度才可能真正发挥效果，制度化治理才能顺利进行。只有制度而没有制度权威时，人们并不认同制度，也没有以制度来规范自身行为的意识和自觉性，制度可有可无，甚至任人摆布。因

① 徐永光．中国 NPO 治理现状和展望：从英雄时代到制度时代［EB/OL］．新浪网，2005-03-09.

② 李松玉．制度与制度权威［J］．延边大学学报，2003（2）.

此，实现制度化治理，必须以树立制度权威为前提。

第三，运作制度的人及其素质和能力是制度化治理能够有效发挥的关键。制度不会自动产生治理效果，制度需要人执行，而执行效果的关键取决于执行制度的人的素质、能力和观念。因此，制度化治理机制要真正发挥作用需要一批综合能力强、素质高、经验丰富，具有民主平等意识、独立思考能力及参与能力的人才作为保障。只有达到了制度要求的素质和水平，与制度相适应的人，才能使制度化治理真正发挥作用。否则，制度也只会成为摆设。

此外，对于草根公益组织而言，实行制度化治理还要求组织摆脱生存危机，资源来源相对充足，筹资渠道多元化且稳定，而不是单纯依赖组织中的一两个人。当组织发展的资源过渡依赖个人时，便会自然形成个人权威和个人治理，也会使个人权威和治理固定化，不利于组织制度权威的树立和向规范化、制度化治理的转型。其次，组织具有一定规模，部门职能划分、工作人员职责分工逐渐清晰。组织治理模式受组织规模的影响，组织规模太小，制度化、规范化治理显得没那么必要，相反制度太多，程序太多有时候往往造成效率低下。

2. 制度化治理的特征和优势

相对于个体精英治理的主观性、不稳定性、暂时性而言，制度化治理具有客观性、稳定性、理性化和非人格化特征。首先，制度化治理具有客观性。制度化治理以规则为治理的出发点和最终的归宿点，只有根据法定规则所发布的命令才具有权威，人们普遍遵守规则、信守规则，规则代表了一种大家都遵守的普遍秩序。规则、制度的本质是“理性”，因此制度化治理是客观的。其次，制度化治理具有稳定性。由于制度化治理所依据的规则是理性的表现，蕴含着客观规律性，因为客观规律是稳定的，规则即是稳定的，制度化治理就具有了稳定性。一切按规章制度来办是制度化治理最简练的表达。第三，制度化治理具有非人格性。非人格化治理指不考虑人的情感、思想、个性的特殊性，不依赖与某个特殊个体，而单纯以客观、理性、无个性的规则、原则，处理各项事务。

对于草根公益组织来说，制度化治理因其客观性、稳定性和非人格化的特点而具有个体精英治理所不具备的许多优势。首先，制度化治理更加客观和规范，因而使草根公益组织显得更具专业性；其次，制度化治理更注重民主、平等、制衡和参与，组织内有分权和监督，有利于保持公益组织的公益性，预防公益组织异化，比个体精英治理更具公信力；第三，制度化治理的稳定性使草根公益组织的发展稳定，风险较小。第四，制度化治理的非人格化使其治理不依赖个人，不受个人因素的制约，因而更具持续性。

3. 制度化治理的劣势或局限

优势和劣势是相对的而不是绝对的，关键是看具体情境和组织的需要。制度化治理虽然是很多草根公益组织努力的方向和目标，但在现实运作中，对于草根公益组织，制度化治理也并非十全十美，也存在局限：一是，运作稳定却偏向保守，创新不足，适应常规化运作，难以应对复杂变动的环境；二是，非人格化治理特征与以组织使命为先有冲突，非人格化的制度化治理缺乏激情和感染力，对于以使命为先，注重精神激励，追求家庭氛围，具有理想主义色彩的草根公益组织而言，难以唤起组织成员的激情和认同，并容易陷入官僚化运作而弱化公益组织与营利组织的区别。第三，创始人（个体精英）治理只是对作为领导者的个人有较高的素质和能力，而制度化治理对整个组织中的所有人员，至少是中层以上管理者都有较高的要求，制度化治理需要具备的条件更苛刻。受限于中国悠久而深厚的“人治”传统，中国式管理形成了基于权威和德行的领导模式，组织成员也习惯服从于一个强大的权威，缺乏挑战权威、独立思考的意识和能力，而制度化治理所需要的民主、平等、参与、权利等观念缺乏培育和积累。就草根公益组织本身而言，由于组织成员大多比较年轻，经验、能力等相对不足，还不能达到制度化治理所需要的水平，因而限制了制度化治理的实际效果的发挥。因此外部环境和内部条件共同制约了草根公益组织制度化治理绩效。

（三）创始人治理向制度化治理转型的现实障碍

从 B 组织的治理实践看，草根公益组织从创始人治理向制度化治理转型面临的主要障碍包括创始人障碍、人才障碍和情境性障碍等。而这些具体障碍的实质在于制度设计与组织条件及组织内外环境的不匹配，即制度创新障碍。

1. 向制度化治理转型所面临的具体障碍

（1）创始人障碍：创始人主动进行制度建设，有意识、有计划地推动组织规范化、制度化治理，是治理模式转型的重要动力。但在现实中，创始人也可能成为治理模式转型的首要障碍，主要有两方面：一是创始人主导治理，制度化治理机制形同虚设。从客观方面来说，这是因为制度变迁的“路径依赖”效应。由于创始人治理模式的影响，工作人员习惯于依赖创始人解决各种问题，要求创始人承担更多的责任，对创始人提出的意见、方针、决策等也习惯于持认同和支持的态度。而对外，创始人大多比机构本身更具影响力，常常还需要创始人代表组织出面处理与各合作方的关系。从主观方面来看，组织凝聚了创始人多年的心血，寄托了创始人的理想，创始人不同程度地具有控制组织发展的倾向。在组织实际治理中，当涉及机构发展的重大问题或反对意见很多时，创始人倾向于不断做说服工作，力排众议，实际的领导、决策、管理权还在创始人手中。二是当创始人突然离去或退出机制不完善，组织则可能出现群龙无首，权威真空的问题，不但影响治理模式转型，甚至影响组织正常运作。组织治理需要权威，不管是个人魅力型的创始人权威、还是集体领导的组织权威或者是制度的法理性权威。然而，创始人突然离去，个人权威消失，新的权威尚在建设中，便出现权威真空，组织没有可以统领团队的人或解决问题的方案，争论混乱成常态，反而造成泛民主化的治理困境。

（2）人才障碍：制度不会自动产生的治理效果，制度需要人执行，而执行效果的关键取决于执行制度的人的素质、能力和观念。因此，制度化治理机制要真正发挥作用需要一批综合能力强、素质高、经验丰富，具有制度化治理意识及参与能力的管理人才作为保障。然而，中国的草根公益组织大多是由一两个优秀的创始人带领着一些经验和能力相对欠缺的年轻人，加上草根公益组织的资金紧张，待遇低，高素质的专业人才往往是“找不到、请不起、留不住”，因此，高素质专业人才的缺乏影响了制度化治理机制功能的发挥，成为草根公益组织从创始人治理向制度化治理模式转型的主要障碍。

（3）情境性障碍：在治理模式转型时期，草根公益组织虽然已经度过了初创期，各方面发展具备了一定的基础，达到了一定的规模，生存问题已经不是首要问题，但由于社会支持体系的不足，公益组织资金紧张一直不同程度地存在，有时甚至对组织内部治理工作造成冲击，使组织的阶段工作重点发生转移，不得不由以内部治理为重点转向为组织的生存而奋斗。

2. 制度创新障碍：向制度化治理转型的各种障碍的实质

草根公益组织治理模式转型所面临的各种障碍的实质是制度创新障碍，即大多数草根公益组织只是盲目地照搬西方公益组织的治理模式，没有充分地考虑组织的内部条件，包括组织成员的素质和条件、组织发展所处的阶段、组织发展的主要任务等，以及组织所处的外部环境，结果造成制度水土不服，治理机制难以发挥作用，导致“有结构无功能”的制度虚设现象。

（四）创新机制，突破障碍：创始人治理与制度化治理相结合

突破草根公益组织治理机制发展障碍的根本在于进行机制创新，突破单一治理模式的局限，将创始人（精英）治理与制度化治理两种治理模式相结合的综合治理模式。在创始人（精英）治理与制度化治理相结合的综合治理模式中，创始人治理与制度化治理优势互补，互促共进，共同保障了组织的治理绩效，使组合在面临内外的复杂环境中能够稳步向前。

1. 创始人（精英）治理与制度化治理相结合的必要性

为什么要将创始人治理与制度化治理两种治理模式结合起来？这和草根公益组织治理机制发展所面临的内外环境、草根公益组织治理发展的目标，以及创始人治理与制度化治理各自的缺陷相关。

从草根公益组织发展所面临的外部环境来看，草根公益组织既有个人精英治理的现实必要性，也有向制度化治理发展的客观要求。社会转型时期的经济、政治、社会等对草根公益组织的发展既带来了机遇又带来了挑战，这加剧了草根公益组织发展环境的复杂性，也给草根公益组织的发展带来了许多的不确定性，这要求草根公益组织具有善于把握外部环境，抓住机遇，迎接挑战的能力，以创新性、反传统、反规则特点的个体精英治理比较适合；而草根组织直接面临的具体的政策制度环境近期有放宽的趋势，这将引发对草根公益组织治理的制度化、规范化要求的进一步提高；而从草根公益组织所处的文化传统、社会规范、观念制度等来看，草根公益组织发展的社会支持不足，其发展更依赖于非制度化手段，这为精英治理发挥作用提供了空间；“人治”重于“法治”的文化传统则弱化了制度化治理的基础。总之，从外部环境看，草根公益组织对精英治理和制度化治理都各有需求，将两者结合起来是比较理想的选择。

从内部条件来看，草根公益组织既有实行创始人治理的现实条件，也有向制度化治理发展的内在要求。草根公益组织往往缺乏合法性，资源动员方式受限，组织发展常常需要依赖组织创始人（负责人）的能力和资源，创始人（负责人）的意志、资源、能力等常常决定了组织的发展，由此奠定创始人在组织中的地位。加之，组织成员往往比创始人年轻，综合素质、能力、对组织的贡献、威望等远远低于创始人，容易形成对创始人的崇拜和信服，最后自然而言形成了个体精英治理模式。另一方面，草根公益组织是基于志愿基础上产生的，具有自治性的公益组织，组织成员都是基于自愿原则进来的，组织自治的性质体现为组织成员的主体地位，民主、平等、参与是草根公益组织作为自治性、志愿性组织的应有之义，而这却是单纯的个人精英治理模式所不能给予的。因此，随着组织成员的成长，体现了民主、平等，能满足组织成员参与治理需求的制度化治理自然成为了组织发展的内在要求。因此，从草根公益组织的内部条件来看，将创始人治理与制度化治理相结合才能很好地平衡组织发展的要求。

从草根公益组织化治理机制发展的目标来看，只有创始人（个人精英）治理与制度化治理相结合才能实现草根公益组织发展的多重目标。良好的治理机制应能促进公益组织目标的实现。公益组织的“社会性”决定了其治理的目标不仅具有一般组织治理的内容，即促进组织的高效良性运行和持续发展，还包括根本目标——促使组织完成社会公益使命、承担社会责任，保持公益性、自治性等基本特性。创始人治理的反常规性、创新性、灵活性是草根公益组织在危机环境中获取资源，凝聚组织力量，激励组织成员，保证草根公益组织生存的一种治理模式，往往成为草根公益组织进一步发展的基础，但单纯的创始人治理又常常成为草根公益组织进一步发展的障碍，因为过于依赖个人的治理模式，容易滑向专制主义，与公益组织的自治性相悖；个人治理模式也可能因为缺乏监督，导致腐败，损害公益组织的公益性，最终限制了草根公益组织的发展。制度化治理具有稳定、持续、民主的特征，在相对稳定的发展环境中，循规蹈矩、按部就班的制度化就有利于草根公益组织的公益性、自治性、稳定性的保持。但对于现实中，大多数仍面临种种发展困境，处于复杂多变的发展环境中的草根公益组织而言，“稳定”就是依然陷在困境中，徘徊不前，原地踏步。对于目前大多数草根公益组织而言，制度化治理要发挥作用，确保组织的发展，维护公益组织的公益性和自治性，还需要“不稳定”、“反规则”的“精英治理”与之配合，就现实而言，精英治理主要表现为创始人治理。

从创始人治理与制度化治理各自的优劣来看，创始人（个人精英）治理与制度化治理具有互补性。创始人治理的优点是反应迅速，反常规，创新性强，适合应对复杂多变的环境；能够凝聚人心，加强组织的团结。但单纯的精英治理容易蜕变为个人专制独裁，影响公益组织的公信力。建立在创始人（个人）权威基础上的创始人（个体精英）治理，由于创始人具有这样或者那样的人格缺陷、能力缺陷或道德瑕疵，不可避免地要带来组织治理上的问题。早在19世纪末期，德国学者马克斯·韦伯在分析公共权威的类型时就曾经指出，建立在个人禀赋基础上的个人魅力型权威因为其具有强烈的反制度性和反规则性，它常常在危机情境中形成，只能在荡涤旧制度和旧秩序时具有积极的意义，而它本身是主观的、不稳定和不可靠的。当组织度过危机进入日常化运作时，个人权威向稳定、理性、非人格化的制度权威转化是必要的。制度化治理具有非人格化的特点，优点在于注重民主和分权，组织成员的广泛参与，具有稳定性和持续性，适合于常规化的运作；对于草根公益组织而言，制度权威还处于积累中，组织成员的综合素质和能力还没有达到相应水平，制度化治理的非人格化特征难以激起组织成员的激情，使组织陷入官僚化的运作中。

2. 创始人（个体精英）治理与制度化治理的结合

要形成创始人（精英）治理模式与制度化治理模式相结合的综合治理模式，关键有三点：第一，创始人治理要推动制度化治理的发展；第二，创始人治理要在制度化治理的约束下发挥作用；第三，创始人治理与制度化治理要形成互促共进的发展态势。

首先，创始人治理推动制度化治理的发展。个人权威是个人魅力在社会实践中的产物，它自然形成；制度权威的本质是对客观和理性的崇拜，需要人们有意识地去建构、确认和维持。个人权威促进制度权威的建构，一种新的制度权威的确立，首先表现为代表这种新制度权威的个人权威。通过这些个人卓越能力的发挥以及在这个过程中所表现出来的个人品格，使人们改变对原有制度的服从，并使人们开始认识、建立并服从一种新的制度权威①。个人权威促进制度的构建是创始人治理推动制度化治理的理论依据。它说明，创始人有意识、有计划地利用个人权威推动制度权威的建构，是顺利实现制度化治理的关键。具体要求创始人做到：首先，组织创始人要转变观念，要以开放的姿态看待自己一手创办的组织，将其视为社会公共财产，而非个人私有财产；客观地看待自身的不足和缺陷，对个人治理模式的弊端具有清醒的认识，树立民主、规范、制度化组织治理的目标。其次，逐步推进组织制度建设，建立决策、执行、管理、监督等制度和机制，完善各项规章制度。第三，积极主动培养接班人，放手让组织中的骨干成员承担责任，接受挑战，使其得到历练和成长。第四，积极筹建新的领导团队，支持其成长，协助其开展工作，帮助建立组织的新型权威。第五，创始人以身作则，严格按照规则制度行动，维护制度的权威，引导组织成员参与制度化治理，通过实践增强组织成员的主体意识、民主意识、参与意识、监督意识，提高组织成员的理论水平、分析能力、参与能力。“精英对制度的认同和尊重推动了制度在组织中的累进式生长，使制度从抽象、没有个性，没有生命力的状态逐渐变为具体的、生动的实然状态。累进式的制度化进程适应了组织成员对制度的认同心理和接受能力，将组织成员对创始人的信赖、尊重与追随转化为对制度的认同、尊重和服从②，开始形成新的治理风格。

第二，创始人治理在制度化治理的框架下发挥作用。在创始人治理与制度化治理相结合的综合模式中，创始人治理在制度化治理的框架下发挥作用，受到制度化治理的制约，其弊端得到制度的规避。创始人治理的弊端包括缺乏民主，受到性格、能力、思维习惯等个人因素的制约，随意性、不稳定等。在制度化治理的约束下，创始人智慧和能力的发挥需遵循组织规章制度的安排，严格按照特定的原则和程序进行，其他组织成员作为制度化治理的参与者，对创始人的意志、提案、意见等进行讨论，反复论证，最后必须按照民主表决的方式决定创始人意志是否能上升为组织的意志。只有通过了特定程序，得到制度化治理的认可，创始人的意志才能发挥作用，创始人治理才有效。而通过制度化治理的修正，创始人治理融入了集体的智慧，不再只是创始人一个人的意志，有效规避个人缺陷多带来的风险，其治理的科学性、民主性等方面已经有了很大的改观；另一方面，经过制度化治理确认的创始人治理，提高了创始人行为的合法性，也强化了创始人的权威，对于参与制度化治理的组织成员形成了动员，从而提高了组织成员对

---

① 李松玉．制度权威与个人权威［J］．山东师范大学学报，2004（3）．

② 王金．村民自治与广东农村治理模式的发展——珠江三角洲若干经济发达村庄治理模式发展的案例分析［J］．华南师范大学学报，2003（4）．

制度化治理的认同，有效提高了组织治理的实际绩效。

第三，创始人治理与制度化治理的互促共进。在社会稳定发展以及社会组织正常发挥作用的过程中，制度权威发挥着经常性的作用，个人权威往往要转化为制度权威来发挥自身的作用。因此，一旦当某一个人成为“权力对象公认的服从义务”关系的对象时，个人权威就会变为制度权威，而且制度权威也会成为促进和巩固个人权威的“合法性”手段。个人权威与制度权威的良性互动关系是创始人治理与制度化治理能够互促共进的内在机理。目前，草根公益组织总体发展并不乐观，仍处于复杂多变的环境中，依然面临各种生存和发展的危机，仍需要创始人（个体精英）的智慧和能力来引导组织成员打破常规，以创新求发展；此外，草根公益组织的利他主义、理想主义的价值取向也要求存在一个具体、实在的榜样，作为凝聚组织的中心，激励组织成员的榜样。这些都是草根公益组织创始人（个体精英）治理模式继续存在的合理性。但创始人治理的专制性、不稳定性、随意性、风险性必须得到有效控制，而制度化治理的引入，不但弥补了创始人治理的不足，还促进了创始人治理的科学性与合法性。

而单一的制度化治理基础薄弱，治理效果不佳。这是因为：第一，受限于中国悠久而深厚的“人治”传统，中国式管理形成了基于权威和德行的领导模式，组织成员也习惯于服从于一个强大的权威，缺乏挑战权威、独立思考的意识和能力，而制度化治理所需要的民主、平等、参与、权利等观念缺乏培育和积累。第二，就草根公益组织而言，即使进入了相对稳定的发展期，面对复杂多变的外部环境，草根公益组织依然随时可能陷入危机中，需要反常规，具有创新性的治理模式，而制度化治理主要解决的是经常性的治理，因而需要精英治理来补充；此外，即使是在经常性的治理中，由于组织成员大多比较年轻，经验、能力等相对不足，还不能达到制度化治理所需要的水平，因而限制了制度化治理的实际效果的发挥。第三，非人格化的制度化治理缺乏激情和感染力，对于以使命为先，精神激励为主，具有理想主义色彩的草根公益组织而言，难以唤起组织成员的激情和认同。在这种情况下，创始人治理模式的配合能够弥补制度化治理的不足，并促进制度化治理的发展。创始人对制度的尊重和支持，引导组织成员将对创始人的信任、遵从与支持转移到制度上，从而加强制度的权威；创始人治理在制度框架的约束下发挥作用，引导组织成员参与制度化治理，在长期、反复的实践中提高制度化治理所需的民主平等意识、独立思考能力、参与能力等，并在实践中逐渐增强对制度的认同，从而推动制度化治理的发展。

表 4-2　　**草根公益组织三种治理模式的比较**

	创始人（个体精英治理模式）	制度化治理模式	综合治理模式
条件	“人治”传统、组织处于危机时期、领导者特征、组织成员特征	组织摆脱生存危机，资源来源相对充足，筹资渠道多元化且稳定；制度设计；制度权威；组织成员特征	创始人治理要推动制度化治理的发展；创始人治理要在制度化治理的约束下发挥作用；创始人治理与制度化治理要形成互促共进的发展态势
优势	创始人的魅力权威发挥着提高组织凝聚力、联结组织成员纽带的作用	客观性、稳定性、理性化和非人格化	创始人治理与制度化治理优势互补，互促共进，共同保障了组织的治理绩效，使组合在面临内外复杂的环境中能够稳步向前
劣势	主观性、风险大、稳定性差、难持续、缺乏民主和监督等	偏向保守，创新不足；非人格化，缺乏激情和感染力	

第五章　草根公益组织的激励机制

激励机制主要关注其如何吸引人才，如何调动组织成员的积极性、主动性和创造性，以及如何留住人才的问题。公益组织发展面临的种种问题，归根结底都是人才问题，因此对组织成员进行有效的激励是草根公益组织得以发展的关键。草根公益组织的激励以精神激励见长，以“事业共同体”为核心的激励体系激励组织成员为共同的事业而奋斗；但由于草根公益组织与其他公益组织，尤其是官办公益组织不同，它们大多处于初创期，规模小、人员少、资金少、理想色彩浓厚，而且一般处于体制外，具有较高的独立性和自主性，这使草根公益组织在具体运作中能够根据自身特性，发展出一些具有创新性的激励措施，使组织的激励机制呈现出独特的一面。

本章以马克思主义需要理论为指导，结合社会转型时期的需要与满足的特点，分析了草根公益组织对人的需要的满足，以及激励机制所存在的难点，对B组织的内部激励的实践进行了全方位深描，重点考察个案对于物质激励不足和精神激励乏力两个难点的创新之举，在此基础上，从马克思主义的共同体视角总结、分析了草根公益组织以“精神共同体”为先导，以“事业共同体”为核心，以“生活共同体”为保障的共同体激励体系。

第一节　需要与激励

激励即激发人的正确行为动机，调动人的积极性和创造性，以充分发挥人的智力效应，做出最大成绩。激励理论是关于如何满足人的各种需要、调动人的积极性的原则和方法的概括总结。马克思主义认为，人的需要是人的行为的基础和动力，正如恩格斯所说：“应该用他们的需要来解释他们的行为。”① 需要是指生物物体为了维持生存和发展，必须与外界进行物质能量和信息交换而产生的一种摄取状态。激励的基础在于“需要”，实现激励的具体方法，虽然五花八门，但

① 马克思，恩格斯．马克思恩格斯选集（第3卷）[M]．北京：人民出版社，1995.

万变不离其宗，归根结底核心原则都是“满足需求”。因此，对激励机制的探讨，离不开对“人的需求”的研究，甚至，从某种意义上说，对激励机制的研究，核心就在于对“人的需求”的研究。需要构成了人们活动的原动力。“在现实生活中，人有各种需要”。“任何人如果不同时为自己的某种需要和为这种需要的器官做事，他就什么也不能做”。① “人们奋斗所争取的一切，都同他们的利益有关。”② 利益是通过一定社会关系表现出来的现实的、具体的需要，现实的、具体的需要即利益，是人类活动的直接动因。实际上，很多激励理论就是围绕着人们有什么需要，人们的需求有什么特点，如何满足人们的需求等具体问题开展的。

人的需要是一个系统，是多层次、多类型的。“决定人的需要层次性的原因有多方面：社会生产力水平、个人的认识能力以及人生理想等客观和主观方面的因素都会有所影响。”③ 传统的激励理论都看到了人的需要的丰富多样性、层次性和发展性，但传统激励理论有明显的人本主义的痕迹，它们的共同缺陷是从抽象人性论的角度而不是从历史唯物主义的角度来分析人的需要，把人的本质看作是超越历史社会的，脱离了社会条件的变化，脱离了人的社会实践，只是泛泛的、抽象的、孤立的“人”的需求④。对人的需求和激励的分析要以马克思主义的唯物历史观和唯物辩证法为指导，才能够深刻地、具体地、历史地把握不同生产力发展水平下、不同社会环境、不同人群的需求。

一、马克思主义的需要理论

对人的需要的分析是马克思主义唯物史观的逻辑起点。马克思主义需要理论的突出特征之一，就是将“人的需要”与人的本质及人的全面发展联系起来考察。马克思认为人的需要即人的本质。

（一）需要的实质：人的需要即人的本质

1. 需要是人的“天然必然性”

马克思在《论犹太人》一文中说：“把人和社会连结的唯一纽带是天然必然性，是需要和私人利益，是对他们财产和利己主义个人的保护。”⑤ 需要并非只

① 马克思，恩格斯．马克思恩格斯选集（第3卷）[M]．北京：人民出版社，1972.

② 马克思，恩格斯．马克思恩格斯全集（第1卷）[M]．北京：人民出版社，1956.

③ 游莉．人的需要与人的全面发展[D]．四川师范大学硕士学位论文，2009.

④ 张锴．“人的需要”的“实践人本质论”解读——兼评马斯洛的需要层次理论[D]．西南大学硕士学位论文，2010.

⑤ 马克思，恩格斯．马克思恩格斯全集（第1卷）[M]．北京：人民出版社，1956.

有人才具有，而是生命有机体的共性。生命有机体的新陈代谢功能决定了维持机体存续需要与外界不断地进行物质、能量的交换。人作为生命的有机体，自然具有与动物类似的生存需要。需要是人为了自我生存、自我更新而进行的各种积极活动的客观依据和内在动因。但是，人作为生命有机体的最高形式，其需要又具有特殊性，这集中表现在人类满足需求的方式上。其他生命有机体只是被动地适应自然，完全依赖自然条件满足需求；而人类以满足需求的方式生产劳动。“劳动过程……是制造使用价值的有目的的活动，是为了人类的需要而占有自然物，是人和自然之间的物质变换的一般条件，是人类生活的永恒的自然条件”。① “任何人如果不同时为了自己的某种需要和为了这种需要的器官而做事，他就什么也不能做。”② 劳动就是为了满足人的需要。人类的生产劳动不是单个人的独立劳动，而是以自然为基础，与其他人合作形成集体和一定的生产关系，进行的社会劳动。这样需要就成了连接人与人、个人与社会的纽带或称中介，所以马克思说人的需要是把个人和社会连接起来的“天然必然性”。

2. 需要是一种“内在必然性”

马克思在《1844年经济学哲学手稿》中又说全面发展的人“同时就是需要有完整的人的生命表现的人，在这样的人的身上，他自己的实现表现为内在的必然性、表现为需要”。③ 实际上，马克思把人的需要、人的生产、人的本质和人的发展联系在一起加以理解，认为人的需要是人改造世界和认识世界的内在驱动力，体现了人的本质属性，人的需求的全面发展，是人的全面发展的具体体现。其一，在马克思看来，人的需要是人追求自己对象的一种本质力量，是一切活动的内在动力，它是主体对客体能动关系的内在化。人的需要使人富有冲动力和生命力，使人不断突破自然和社会环境的制约，通过实践创造出一个属人的世界，使人成为能动的主体性的存在物。其二，人的需要决定了人的价值。人的具体需要决定了人的各种具体活动和日常行为的具体目的，人生的根本需要则决定了人生的根本目的。人生的目标和追求，是人的各种具体目的的集中和升华；而人生价值，又从根本上依赖于人生的目的。从这个意义上说，需要构成了人生价值的最终基础，人的需要的满足和人的价值实现及其发展是一致的。第三，需要的全面发展，需要不断得到满足的过程即人的全面发展过程。需要的这种内在驱动力，才不断形成了人生产活动的内在动机，满足需求的同时，又产生新的需求，从而推动人的无止境的追求。人的需要以及需要满足的不断丰富发展，就是人的

① 马克思，恩格斯．马克思恩格斯全集（第23卷）[M]．北京：人民出版社，1972.

② 马克思，恩格斯．马克思恩格斯全集（第3卷）[M]．北京：人民出版社，1960.

③ 马克思，恩格斯．马克思恩格斯全集（第42卷）[M]．北京：人民出版社，1979.

全面发展的具体体现。人的全面发展的实现过程就是人的需要不断产生并不断得到满足的过程。由此可以得出结论：人的需要就是人性的现实，人性的丰富性表现为需要的丰富性，人性发展到什么程度，需要也就发展到什么程度。

3. 需要即人的本质

在《德意志意识形态》中，马克思指出“他们的需要即他们的本性”。① 这就是说，人的需要即人的本性。既然马克思对于人的本质有几种论述，那么我们怎么去理解呢？实际上，马克思主义是从不同层次来界定人的本质的，从人与动物的区别提出了人的类本质为生产劳动；从人与社会的关系层面，提出了人的一般本质是社会关系；从人与人之间的区别，提出了个人本质为独特个性，因为人的独特个性实际表现为人的需求，因此，人的需求即人的独特个性。如果从马克思所创立的唯物史观出发，从总体上来把握马克思在不同时期和不同著作中所做出的论断，我们就可以发现人的生产实践活动、社会关系以及人的需要这三者是相互联系、相互渗透、不可分割的统一整体：人的需要是人从事一切生产活动的原初动因，正是通过生产实践活动，人的需要才能够得到实现和满足，同时使人的内在本质力量得到确证，并且在这一过程中产生社会关系，形成人类社会，从而在自然属性的基础上，形成了包括社会属性、精神属性在内的完整的人性②。

（二）“人的需要”的内容

人的需要是多种多样、纷纭复杂、变动不居的。马克思从实践的角度面提出了需要的“三级阶梯”理论，把人的需要分为三个层次，这三个层次共同构成一个开放的动态需要系统。

第一是人的生存或生理需要。它既包括吃、喝、排泄、睡眠等“原有个体生命的再生产”需要，也包括生育等“新的个体生命的再生产”或种的繁衍的需要。从内容上说，这些需要是人自然形成的需要，是人作为自然存在物的需要。人的生存或生理需要，构成了每一特定历史阶段上“需要的社会体系”的基础，构成了整个人类发展着的“需要的历史序列”的前提，是人的“劳动体系”或“生产体系”形成的最初动因。

第二是人的谋生或占有需要。人要满足自己的自然生存或生理需要，就必须从事劳动和生产（占有活动）。但要从事劳动和生产，又使人必须超出单纯维持自身生存的需要限度，把自己作为生产当事人（劳动者或非劳动者的占有者）来再生产。劳动者的再生产要求人们不仅要生产出维持个体生存和家族繁衍的生存资料，而且要追加生产劳动力的教育训练费用等生活资料；其次，生活资料的生

① 马克思，恩格斯．马克思恩格斯全集（第3卷）［M］．北京：人民出版社，1960.

② 戴景平．人的需要：马克思人性生论的逻辑起点［J］．长白学刊，2007（2）.

产本身的发展又要求人们不断扩大生产资料的生产；最后，由于生产总是在一定社会关系中进行的，物质资料的生产还必须扩大到把一定历史阶段上生产所必需的各种生产当事人和为社会再生产所必需的各种非生产当事人的生活资料统统生产出来。因此，这里的劳动需要既包括必要劳动的需要，也包括剩余劳动的需要；既包括直接的物质生产活动的需要，也包括再生产过程所必需的各种经济活动的需要。

第三是人的自我实现和全面发展的需要。在人的劳动和生产（谋生或占有）活动发展的基础上，人的高级需要产生和发展起来了。它包括人的科学探究需要、社会交往需要、审美创造需要等。在这里，人的需要已不再是单纯内在的自然需要，也不再是单纯外在的、过渡性的自然历史需要，而是内在与外在相统一的真正的历史需要；人也不再仅仅是自然存在物或生产当事人，而是真正成为社会自由人，成为与社会性直接统一的自由个性了；活动本身也不再是出于自然欲望的驱使或外在力量的强制，而是变成人的能力和个性需要的展开。在这里，生产和消费、劳动和享受、奉献和索取的对立消失了。“个性的劳动不再表现为劳动，而表现为活动本身的充分发展，在这种情况下，直接形式的自然必然性消失了；这是因为一种历史形成的需要代替了自然的需要。”① 这是“需要的社会体系”的高级层次，是“需要的历史序列”的高级阶段。不过，它并不意味着人的需要上升和发展的终结，恰恰相反，它表明人类最终脱离了动物界，开始了自己的“真正人类历史时期”。

（三）“人的需要”的特点

1. 人的需要具有客观必然性

人首先作为一种自然的存在物，作为一种生命的有机体，为维持新陈代谢而与外部环境进行物质、能量交换是一种必然，因此人的需要是一种客观的规定性。人的需要是客观存在的，在生存发展的过程中，人作为主体与外部世界从某种意义上来讲永远是对立的，人为了自身生存必然从外部世界索取生存和发展所需要的物质资料，人没有任何需要就意味着人不存在了。人生活在现实世界中，最基本的需要就是生存和发展，这是人们无法回避和否定的简单事实。其次，作为需要主体的人的客观性决定了人的需要具有客观必然性。人的需要的内容无论是需要的产生、对象还是其实现都是客观的，要受到他所处的环境的影响。任何需要的产生都有一定的客观依据，需要的产生的客观依据就是人本身的自然存在、社会存在以及人所处的这个外部环境。对象的客观性就决定了为使对象满足

① 马克思，恩格斯．马克思恩格斯全集（第46卷）上册［M］．北京：人民出版社，1979.

自己的需要，最后，满足人的需要方式和运用的手段也是客观的，并会受到客观环境的制约。劳动作为满足人的需要的根本方式和手段是客观的。

2. 人的需要具有社会性

人的需要具有社会性这是需要的根本属性，它包括需要的产生、需要的内容以及需要满足的形式、需要的评价尺度等方面。从需要的产生来看，人的需要是社会生产出来的需要，“历史地自行生产的需要即有生产本身产生的需要，社会需要即从社会生产和交换中产生的需要”。① 人的需要是以自然生理需要为基础，但是由社会环境决定的。人类的需要不仅仅限于物质需要，还包括社会需要、精神需要等，这些都是在社会交往中形成的。其次，人们的需要总是受其社会地位、生活方式等制约的，不存在抽象的“一般人的需要”，处于不同社会地位、社会阶级的人的社会需要不同。第三，从需要满足的方式来看，需要的满足是通过社会生产、社会交往等实现的，不是个人可以完成的。因此，满足需要的方式和水平受到社会生产方式和生产力发展以及社会关系的影响。第四，需要的尺度也是社会性的。“我们的需要和享受是由社会产生的，因此，我们对于需要和享受是以社会的尺度，而不是以满足它的物品去衡量的。”② 即使一个人的消费和享受就其绝对量来说是增长了，但是如果这种增长的幅度低于其他个人或阶级、阶层，甚至低于一般社会的文明进步水平，那么他仍然会感到匮乏。人们常说的“需求攀比”、“心理消费”，实际上正是这种尺度的具体表现。

3. 人的需要具有历史性

人不仅仅是社会的存在物，而且是历史的存在物。任何现实的个人都是生活在一定历史时期的人，超历史的人是不存在的。因此人的需要便不仅仅具有社会的本性，而且具有历史的本性。首先，人的需要是在历史过程中生成发展的，而且从总体上说是不断进步的。马克思说：“需求的产生也像它们的满足一样，本身是一个历史过程。”③ 不同的历史发展阶段，人们的需要的内容、满足的层次、需要满足的方式等都不同。其次，人的需求受到一定社会历史条件的制约。人和整个人类总是在一定的自然环境和社会环境中求生存和求发展的。而在一定的社会、一定的历史时期，人们的一切需要是否有可能得到满足，以及满足到什么程度，归根结底取决于人们赖以生存和发展的物质和精神条件，而这一切最终又取决于物质生产的基础、实践的发展程度和特定社会历史条件实际达到的水平。

---

① 马克思，恩格斯．马克思恩格斯全集（第46卷）下册［M］．北京：人民出版社，1980.

② 马克思，恩格斯．马克思恩格斯选集（第1卷）［M］．北京：人民出版社，1972.

③ 马克思，恩格斯．马克思恩格斯全集（第1卷）［M］．北京：人民出版社，1995.

4. 人的需要具有主观能动性

需要具有客观必然性，并不是要否定需要的主观能动性。所谓主观能动性是指随着社会生产的发展和进步，人们不断创造出新的需要，创新需要的满足方式，对于需求的评价尺度也是主观的。从个体需求的层面来看，需求还受到个人思想观念、价值取向等的影响。索取自己需要的过程中有意识、有目的地进行的一种状态，不断地创造出自己的新的需要，并由自己的需要的性质、内容来确定对象、选择工具。这些正是人的需要主观能动性的突出表现。

5. 人的需要具有发展性

人的需要是一个由单一到丰富，由简单到复杂的逐步发展过程，随着生产力的发展，人的需要会越来越丰富，需要会越来越多，需要的层次也会越来越高。马克思说，“人以其需要的无限性和广泛性区别于其他一切动物”并且“已经得到满足的第一个需要，满足需要的活动和已经获得的为满足需要用的工具又引起新的需要”①。“需要的一个不断扩大和日益丰富的体系”。② 人的需要的发展是由生产力的发展所决定的，生产力的发展是人的需要发展的基础，为人的需要的发展提供了广阔的前景。为了满足自身的需要，人们必须进行生产，一定的生产满足了人们一定的需要，同时在生产过程中又产生了新的需要，新的生产又满足了人们的一定的需要，如此循环往复，在已有的生产中又产生出更新的需要。人的需要与社会生产的矛盾运动不仅与人类社会相伴始终，而且是一个不断上升的过程。人的需要无论在量和质、横向和纵向方面都是不断变化发展的，这种变化发展呈现出一种不断上升的趋势。从量上说，人们对生活必需品的需要尽管在一个限度，但它并不“取决于自然的量”，而是随着生产的发展和文明的进步而不断地扩大。从质上说，“需要的范围，和满足这些需要的方式一样，本身是历史的产物”，“由于人类自然发展的规律，一旦满足了某一范围的需要，又会游离出、创造出新的需要。”③ 这就是马克思提出的“本性发展的规律”或“需要上升的规律”。

二、社会转型与人的需要

按照马克思主义的需要理论，人的需求具有社会性和历史性，受社会生产力方式、社会生产力发展水平、社会制度和结构等的深刻影响；同时，人的需求也具有主观性和多样性，受到个人教育背景、生活方式、价值取向等的影响。因

① 马克思，恩格斯．马克思恩格斯选集（第1卷）[M]．北京：人民出版社，1995.

② 马克思，恩格斯．马克思恩格斯全集（第30卷）[M]．北京：人民出版社，1995.

③ 马克思，恩格斯．马克思恩格斯全集（第47卷）[M]．北京：人民出版社，1979.

此，不同历史时期，不同社会发展阶段和社会制度背景下，人的需要具有其特性，要把人的需要放在具体的社会历史环境中来分析。中国正处于传统社会向现代社会转型的快速时期，社会转型给需要体系带来了深刻的变化。探讨社会转型时期的人的需要是我们进行激励机制研究的基础。

（一）中国社会转型对人的需要的影响

中国社会转型是包括经济、政治、社会和文化等方面的整体变迁。在经济上，主要是从计划经济向市场经济体制转轨，传统自然经济向现代工业转型；政治上，是从全能政府向服务型政府转型，人治向法治转型；社会由封闭半封闭向开放社会转型，从单一同质性的社会向多元化的社会转变；在文化上则涉及生活方式、观念、思维方式、价值取向等方面的深刻变迁。中国社会转型对人的需要的影响也是全方位的。

1. 社会转型对人的需要结构产生影响

在传统社会，由于社会生产力水平的低下和分工与交换的极不发达，人的社会关系及整个社会的活动领域较为狭隘，这就决定了人的需要结构比较简单，人们以满足自身的生存需要为主要目标，物质需要在需要结构中居于重要地位；同时，人的社会活动能力、社会交往关系和结构也较为简单，政治生活需要或社会秩序需要从属于物质生活需要。

社会转型期，人的需要结构发生了深刻的变化，生存需要退居二线，享受需要、发展需要、社会需要、精神需要等地位凸显，成为需要结构中的主导需要。享受需要是人在满足生存需要基础上形成的一种旨在提高生活质量、优化生存条件的需要；发展需要则是人为了提高自我、完善自我、增强自由个性、实现个人价值等而产生的需要；社会需要是关于开展社会交往、构建社会关系的需要；精神需要是关于认同感、成就感、价值感、追求人生价值等的需要。

转型期需求结构的变化主要是因为：第一，计划经济向市场经济转轨，社会分配方式变革，人们的生产积极性、生产力发展水平、人们的物质生活水平都大大提高了。由于人们的温饱问题已经解决，中国社会整体向小康社会迈进，生存需要在需要结构中的重要地位自然大大下降了，对生活的品质要求上升，人们开始追求有个性、有品位的生活，这使人们的享受需要、发展需要、精神需要变得突出了。第二，现代市场经济的发展给社会关系带来了双重影响：一方面，市场经济使人摆脱了依附地位，社会由身份制向契约制转换，人们获得了自由，人的主体意识、个人意识、平等意识、责任意识、参与意识等现代意识觉醒，对于个人才能的发挥、个性的张扬、个人的成就感、价值感、人生意义感等更为注重，追求成功、自我实现等发展需求上升。另一方面，现代市场经济具有逐利性，追求利益的最大化，也使一些人产生拜金主义、享乐主义和自私自利的思想；而市场经济优胜劣汰的丛林竞争法则、个人主义的片面发展，也使人与人之间的关系物化，人的需求异化发展，这唤起了人们对真诚、信任、亲密、合作等共同体关系的渴望。第三，单位制解体、城市化发展、社会流动增加使熟人社会向陌生人社会转变，现代社会的频繁流动使人们获得自由的同时却失去了归宿感，陌生人社会难以建立长期、稳定的信任关系，这都增加了人们对亲密关系、归宿感等精神需求的呼唤。第四，转型社会中，利益格局变迁，城乡差距、地区差距、行业差距等拉大，社会分化加剧；传统文化、现代文化、后现代文化等多种文化复杂交织，社会价值取向多元化、复杂化。因此，转型社会的需求结构也具有了多元性和复杂性，在不同的社会阶层之间，不同的人之间具有了明显的差异。

2. 社会转型对于需求满足方式的影响

社会转型不仅对需求结构产生影响，也导致了需要满足方式的变革。

第一，对于物质生活需要来说，在改革开放以前，国家实行计划经济体制、单一的公有制和按劳分配原则，劳动是人们满足其需要的唯一方式。改革开放后，在市场经济体制基础上，经济成分多元化，分配方式除了按劳分配还有按资本、技术等生产要素分配的其他方式，对于个人社会成员来说，劳动不再是满足需要的唯一方面。

第二，对于社会交往、爱的需求、归宿感等社会需求而言，在传统封闭半封闭的社会，人们的活动范围有限，社会交往的范围也受到限制，对于认同感、归宿感等精神需求主要依靠家庭或家族等血缘性共同体、村落或社区等地域性共同体、工作单位等业缘性共同体、友谊或宗教等精神性共同体实现。但在转型社会，传统的地域共同体已经因为社会流动性的增加而日趋瓦解，单位制下的工作单位被竞争激烈的职场所代替；人们对社会交往的需求、对共同体般社会关系的需求转向通过社团、网络组织或社区、非营利组织、公益组织等现代共同体形式实现。

第三，对于发展和自我实现等需要，在改革开放之前，计划经济体制的背景下，社会成员的就业、生活等重要决定都是由国家统一安排，个人的自主选择的余地比较小；社会转型期，人们自由流动、自主择业、自由安排自己的生活，在各方面都具有了广泛的自主选择权，可以通过各种方式实现自我的成长和自我实现，在各行各业上都可以实现人生价值。

第四，消费成为需要满足的重要方式。中国经过改革开放三十多年的经济建设，日益表现出由现代工业化大生产所带来的物产相对丰富的“消费社会”的特征。在消费社会中，消费成为社会的主要活动，消费取代生产成为经济发展的动力，消费获得了一种超出维持基本生存的新的功能，即社会表现的功能。消费成为表达某种意义的符号，因而被符号化了①。人所重视的已不是作为满足需要的对象的实际功用和使用价值，而是其符号意义、象征意义。个人社会身份、社会地位、自我认同感、社会认同感、个人价值感、成就感等都是通过其所消费的物品来获得。“消费不但是经济学意义上消费者追求个人效用最大化的过程，而且也是社会学意义的消费者进行‘意义’建构、趣味区分、文化分类和社会关系再生产的过程”②。占有财富和增殖财富成为人们的最高追求，财富具有了评判一切的魔力③，相反，财富只是服务于人的需要的目的被日渐淡忘，人的真实需要遭到广泛漠视。

（二）社会快速转型期人的需要的特点

按照马克思主义的观点，人的需要本身就是一个在历史中不断变化、丰富和发展的真实存在，而不是超历史超时空的抽象存在。人作为自然存在物、社会存在物与精神存在物的统一体，其需要具有客观必然性、社会历史性、主观能动性和发展性，它不仅受客观自然的制约，也受到宏观社会历史条件的影响和制约，同时还和需要主体的主观因素相联系。我国正在经历一场深刻而全面的社会转型，社会结构的剧烈变动，社会市场经济的快速发展，社会分化的加速，利益主体的多元化，社会生活方式、思想观念、价值取向的深刻变动和多元化发展，都深刻地影响和改变转型社会中的人，影响着需求结构的变化和实现。具体而言，转型社会的人的需要呈现出新的特点：

其一，需要层次的普遍提升。转型社会生存需要等基本需要的满足使人的需要的层次越来越高，需要的内容越来越丰富，产生需要的领域越来越宽泛。从需要产生的领域看，分为生活需要和生产需要，其中生活需要是转型社会的主导需要；从需要的功能上看，分为生存需要、享受需要和发展需要，其中享受需要和发展需要是转型社会的主流需要；转型社会人的物质生活的满足使精神生活的质量成为追求的目标，人从致力于改造物质世界转向改造自身，更加关注人的生存质量、生命质量以及全面自由发展。

其二，需要内容的多元丰富，互相渗透。从需要的内容上看，需要分为物质性需要、社会性需要和精神性需要。中国已经从“温饱”走向了“小康”社会，在这种背景下，人们对物质性需要、社会性需要和精神性需要都有新的变化，各种需要内容并非截然对立，而是相互渗透。人们既关注物质生活需要，也渴望在社会中寻找归宿感、认同感；要求体现作为社会成员的主体性，发挥主体地位，

① 王宁．消费社会学——一个分析的视角［M］．北京：社会科学文献出版社，2001.
② 王宁．消费社会学——一个分析的视角［M］．北京：社会科学文献出版社，2001.
③ 张焕明．需要与消费：异化后的扬弃［J］．云南社会科学，2006（2）.

要求得到社会的尊重和肯定；要求参与社会公共事务、要求民主、平等、公平等；注重个人成长、要求提高个人综合素质、发挥个人才干、实现人生价值、追求成就感等；注重日益丰富的精神文化生活等。各种需要并非截然分开，而是体现出相互渗透的趋势，即物质需要中体现了社会性需要和精神性需要；精神性需要和社会性需要通过物质需要得到满足。如对于物质性需求人们不仅仅是限于其满足生存的水平，还讲究生活品质、追求个性品位，同时物质性需要的满足是实现社会身份建构，体现个人社会地位、身份，获得自我认同、社会认同、个人成就感、价值感的手段。

第三，需要的个性化和差异化。在转型社会，随着市场经济的不断发展，人们的主体意识也不断增强，加之社会分化日益加剧，人们所处的社会经济地位、生活环境、职业背景、人生经历、受教育情况、价值观念等，尽管在某些基本需求方面具有共同之处，但是不同阶层，不同个体之间在需求的内容、层次结构及满足方式上的差异性也越来越明显，体现出需要的个性化和差异化。

第四，需要的层次性和矛盾性。随着我国社会经济的不断发展，社会分化的不断加剧，社会需要的结构也在变化，需要层次分化，生存需要的重要性下降，享受需要、发展需要、社会需要、精神需要等其他需要的重要性上升，注重自身素质的提高与社会价值的实现，注重个人作为社会成员的主体地位的发挥成为主流趋势。然而，由于转型社会时期，社会实行多元分配方式，社会利益分化和多元化，不同的利益主体之间矛盾、摩擦增多，需要与需要的满足已出现了矛盾甚至对立，一部分人（富裕者）与另一部分人（贫穷者）的需要之间也出现了矛盾，不同地区、行业之间以及当代人与后代人的需要同样也出现了矛盾；市场经济的竞争机制增加了需要主体之间的竞争和摩擦。同时，由于转型社会中价值观念多元并存，需求评价体系不同，在人自身内部和不同层次的需要之间也会产生矛盾和冲突，尤其是在物质需要与精神需要之间，个人需要与集体需要之间，有时会存在尖锐的矛盾，使需要主体面临内心激烈的冲突和艰难的选择。

（三）社会转型期：物欲时代的需要困境

自第二次世界大战以后，在发达的工业化国家中，随着生产效率的不断提高，物质生产出现了“过剩”，为了维持资本的继续增值，实现经济持续增长的目的，消费演变成了新的生产力。政府、经济部门和大众传媒等一同发起并积极推动了一场空前的促进消费的联合行动，一切能有效地鼓励消费的措施和创新都逐步制度化，并由此形成了一股消费主义浪潮。此后，这场联合行动又以全球化方式蔓延、渗透到发展中国家。实行改革和开放的中国，也不可避免地被卷入了商品社会和市场经济的大潮中，受到消费主义文化的负面影响，人的各种需求面临矛盾和困境。

1. 困境一：欲壑难填，物质需求无止境

以经济增长为最终目的的刺激消费、鼓励消费就是不断地扩大人的“基本需要”，就是不断地将奢侈品转化为“必需品”，不断地刺激人们对物质的追求。此时的“生产不但为利润而制造消费品，而且还必须同时为利润而创造需要。”①我们的“日常生活世界已经成为一个被虚假的欲望符号体系所操纵所奴役的地带，即被时装、休闲、旅游、汽车、广告、电视、网络等流动着的无形的次体系或准体系所控制的世界。这样，从现象形态来看，现代日常生活世界就成了马克思所说的资本主义作为‘巨大的商品化堆积物世界’发展的极端形态，也就是种种物体系、符号体系所拼凑而成的万花筒世界”。②“消费更多和更好的物品在最初意味着给人更多的幸福和令人满足的生活。消费是达到目的的手段，但现在消费却变成了目的本身。”③ 消费主义文化不断制造出新奇的物品，社会不断地制造虚假需求，迫使人们不断地购买、不断地消费，“现代资本主义社会，把人贬斥到成为机器的附件，被它的节奏与需求所统治。它把人变成消费的机器，变成彻底的消费者，它唯一的目标就是拥有更多的东西，使用更多的东西”。④ 越来越多无止境地追求商品符号所代表的生活方式和身份地位，出现了“房奴”、“车奴”、“孩奴”等被奴化的人，出现了“过度消费”、“奢侈消费”、“炫耀性消费”、“借贷消费”等消费现象。弗洛姆指出：“对消费不断增长的需要迫使我们不断地去购买，从而使我们依赖于这种膨胀的消费需求，依赖于那些可以满足我们需要的人和机构。”在消费主义文化面前，“人本身越来越成为一个贪婪的、被动的消费者。物品不是用来为人们服务，相反人却成了物品的奴仆”⑤，为了消费而消费，永无止境地占有物品，被物品和需要所异化。

2. 困境二：真情难觅，社会需求功利化

人是社会的产物，人的本质是“社会关系的总和”。个人只有在社会中，在与他人的联系中才能生存和发展，个人的自我意识、个人认同、个人能力的发展只有在与他人的联系中才能发展；在流动的现代社会中，人们也需要与他人联系获得安全感和归宿感。社会交往的需求、爱的需求、受尊重的需求、归宿感的需求、安全感的需求、合作的需求等等在陌生人社会、流动的现代社会中彰显。市场经济使人的自我意识、主体意识增强了，但市场经济实行残酷的优胜劣汰的竞

① 陈昕．救赎与消费［M］．南京：江苏人民出版社，2003.
② 刘怀玉．现代性的平庸与神奇［M］．北京：中央编译出版社，2006.
③ 陈学明等．痛苦中的安乐［M］．昆明：云南人民出版社，1998.
④ 陈学明等．痛苦中的安乐［M］．昆明：云南人民出版社，1998.
⑤ 陈学明等．痛苦中的安乐［M］．昆明：云南人民出版社，1998.

争机制，丛林的生存法则使社会成为生存的竞技场。个人主义、利己主义、享乐主义却也片面地发展。为了在竞争中获胜，人人将自己降为工具，把他人也看作实现目的的手段，人与人之间的关系物化、功利化，变成相互利用的关系，人与人之间的经济联系增强了，但真正的社会关系却被污染了，勾心斗角、尔虞我诈破坏了真诚、信任、亲密、合作、和谐的人际关系，人与人之间疏离、冷漠、不信任。人们对社会需要的满足难以从社会交往中获得，因此，往往转向通过消费、购买等物质化的方式来实现，但经济交易所获得的满足只是暂时的、虚幻的满足。

3. 困境三：自我迷失，精神需求无着落

在物质丰富的时代却带来了精神世界的贫瘠。物质成果与人的精神之间的矛盾日益突出，经济越发达了，幸福感与生命和生活的质量对多数人而言却遥不可及，物质世界丰富了，人的精神世界却日益困乏①。这是因为在消费主义文化的影响下，需要已不再是源于人的内心，而是完全取决于其无法控制的外力，需满足的实现的标准也完全来自“他人”，人的需要成为了“虚假需要”，通过物质消费实现的满足也只是“虚幻的满足”。“为现行的大多数需要，诸如休息、娱乐、按广告宣传来处事和消费、爱和恨别人之所爱和所恨，都属于虚假的需要这一范畴畴之列。”② 人们沉浸在对物质永无止境的追求中，消费主义文化引导大众彼此模仿攀比，彻底地麻痹和俘获了大众的心灵和意识，使人们沉醉于商品的消费中成为丧失自由和价值追求的“单向度的人”，过着一种“痛苦中的安乐生活”。与此相联系，满足需要的劳动活动不再是人的自由、自主的活动，而成为“维护人的肉体生存的手段”，③ 成了获得用于未来消费的财富的源泉。随着大众消费时代的来临，资本主义理性控制已经从生产领域延伸到了消费领域，日常生活已经完全异化，异化已经蔓延至日常生活的各个领域。在“物”的包围中，人们的精神追求也物化，信念、理想在人们的眼中都变得虚无缥缈、遥不可及，既不可以当饭吃，也不能直接换成现金。如果人们还有理想，大多数也都是个人主义的理想，而缺乏社会信念和理想。

三、公益组织中的需要和激励

中国的草根公益组织大量兴起于 21 世纪之后，这正是改革开放经历了三十

---

① 吉志鹏 . 消费社会与人的发展研究 [D]. 中山大学博士学位论文，2010 年 .

② [法] 赫伯特 · 马尔库塞 . 单向度的人——发达工业社会意识形态研究 [M]. 刘继译 . 上海：上海译文出版社，1989.

③ 马克思 . 1844 年经济学—哲学手稿 [M]. 北京：人民出版社，2000.

多年，社会进步与社会代价矛盾冲突，改革进入深水区的时期。这一时期，随着市场经济机制的完善，物质财富大幅度增加，改革开放后成长起来的年轻一代人，当他们开始走向社会的时候，他们发现，社会已经成为一个被“物”的体系所包围的世界，成为一个追名逐利、勾心斗角的名利场，人们在物质欲望的控制中工作和生存，生活的目标仿佛只剩下“挣钱”和“花钱”，物质主义、个人主义、利己主义吞噬了人们的理想和信念，在大多数人都在为一己之私而忙碌而算计的时候，人与人之间的关系也不再真诚，不再值得信赖。而对于那些还没有被“虚假的需要”所控制的，仍在努力寻找“真实的需要”，为实现“真实的需要”而努力的人来说，公益则成为他们在物欲时代、消费社会中开辟的一片净土，成为抵制“虚假需要”，对抗消费主义、个人主义侵蚀的“理想国”。

（一）草根公益组织的需求结构

与社会的主流需求结构具有显著的不同，草根公益组织中存在一种以精神需要为主导，具有理想主义色彩的需求结构。公益组织对精神需要的追求又因为中国草根公益组织浓厚的理想色彩而更为突出。据相关的研究表明，中国第一代草根公益人，以草根公益组织的创始人、主要负责人为代表，他们大多是标准的理想主义者，大多接受了高等教育，具有强烈的社会责任感、坚定的信念和社会理想。在中国传统文化中，慈善和公益关乎个人的道德修养，慈善公益事业是关乎社会道德的事业，从事公益事业的人都是头顶着神圣的道德光环。处于社会转型时期的草根公益组织的需求结构是对消费主义需求结构的反叛，呈现出生存需要、物质需要为基础，社会性需求、发展需求、精神需求为主导的特点。

现代社会的公益事业具有专业化、职业化、制度化的特征，从事公益也需要专业的知识和技能，作为新兴行业的公益成为部分人的职业选择。和那些在业余时间开展公益活动的志愿者相比，以公益为职业的全职公益人首先要依靠从事公益事业养家糊口。因此，草根公益组织也有基本的物质生活需要，但他们对物质的需要相对不高，一般要求达到社会的中等收入水平，在满足基本生活需要之后，还能有所结余。对于社会性需要，公益组织非竞争、平等、民主、和谐、友好的人际关系，以及自由不受束缚、自主发挥、平等协商、合作互助的工作制度也是公益人所看重的；而公益事业所具有的道德光环也增进了公益从业者的荣誉感、自我认同、社会认同和归宿感，为公益人所珍视。对于公益人而言，进入公益组织最大的动力还是来自“使命的感召”，个人价值与社会理想相结合，在为社会理想、社会事业奉献的过程中完善自我，实现自我是公益人最重要的需要。

（二）草根公益组织的需要特点

草根公益组织中的需求既有社会转型期需要的共性，同时也具有其特性，呈现出多样性、层次性、真实性、理想性和矛盾性的特点。所谓多样性，指的是草根公益组织的需要是多元化的，而不是单一的，包含了维持个体生存和发展所需要的各种需要，包括物质、社会、精神需要，包括生存、发展、奉献社会的需要、自我实现等需要。草根公益组织中的需要具有明显的层次性，各种需要并非同等重要，而是程度上的区别，其中物质需求是基础，精神需要是主导，精神需要的满足对组织成员的激励具有举足轻重的意义。

草根公益组织的需要具有真实性，这是相对“虚假的需要”而言。具体体现在：首次，草根公益组织的需求是公益人遵从其内心的真实意愿，是自主自愿的需要，而不是受到外界力量的控制。其次，公益人的需求体现了人的本质。公益人的物质性需求以满足基本生活为标准，追求节能、环保、低碳、生态、健康、可持续的生活方式，以人与自然的和谐，人类社会的可持续发展为价值取向，反对以对自然的掠夺式开发，破坏生态平衡、污染环境为代价的，奢华、铺张、浪费的物质生活方式；公益人的社会性需要将社会中的人视为具有主体性、自主性的“人”，而不是实现个人目的的手段，追求的是人与人之间平等、友好、和谐、互助、合作的共同体关系；公益人的精神需要以完善自我、实现自我、奉献社会为取向，这些指向个人的自由个性和自由、全面发展。再次，公益人需要的满足是真正的满足，有利于人的全面发展，有利于社会的发展。需要的全面和丰富性，以及需要的满足程度是人实现发展的具体体现。“虚假的需要”造成资源的过度消耗和浪费，环境危机，造成社会贫富差距和隔阂，造成人本身的异化，社会关系的异化、乃至社会的全面异化。公益人需要的满足，尤其是社会性需要、精神性需要，发展需要的满足，是人自由自主劳动的功能的发挥，人的社会关系、人的自由个性的实现，人的本质力量的确证，是人实现自由、全面发展的一种形式。

公益组织的需要具有理想性，这是相对社会主流的需要内容、需要结构而言。公益人对转型时期大多数人倾情追求的物质需要抱以冷静、理性的态度，而高扬理想和信念的旗帜，坚持从人的主体性出发，注重人的主体地位的发挥，坚持在追求社会理想、奉献社会中实现自我。在物欲横流的时代，公益人的需要结构显得“另类”，而与社会有些格格不入。公益组织需要的理想特征既是公益组织激励机制的独特和优势所在，同时也使公益组织的激励面临社会主流的压力和挑战。

公益组织中需要的矛盾性包括公益组织内部的矛盾以及内部与外部的矛盾，其中，内部矛盾实际是内外部矛盾在公益组织及公益人身上的折射。公益组织需要的内部矛盾体现在个人和组织两个层面。在个人层面上，物质需要与精神需要、生存需要与发展需要的矛盾。虽然，草根公益人重视的是精神需要和发展需要，但常常因为公益组织的满足物质需要的水平较低，且具有不稳定性，难以达到社会中等的水平，加之家人、朋友、社会的有形或无形的压力，常常带来草根公益人关于物质需要与精神需要、现实与理想的激烈的冲突。在组织层面上，是组织实际提供的需要类型、水平与组织成员的要求之间的矛盾和冲突：组织提供的物质需要的满足水平往往达不到组织成员的要求，物质激励不足，精神激励乏力；组织所能提供的需要类型无法满足组织成员的需要丰富性要求；组织所能提供的满足需要的方式与组织成员的期望具有差异等。组织内外之间的需要矛盾集中体现在公益组织的物质需要与社会标准的矛盾。受限于组织内外部环境的制约，草根公益组织所能提供物质需要有限，与社会总体的物质需要满足水平、以及参照群体的物质生活水平具有明显的差距，这在"财富具有评判一切的魔力"，消费水平代表了个人的社会身份、社会地位、个人能力、个人价值的物欲时代，无疑给公益人及公益组织都带来了巨大的社会压力，增加了坚守公益的代价。公益人身上、公益组织内部的需要矛盾性实际上都是社会物质需要的矛盾性的折射。公益组织作为理想主义者对"物欲世界"的逃离而开辟的净土，但这片"净土"依然与"物欲世界"具有千丝万缕的联系，它的根还扎在"物欲世界"中，依靠后者提供养料。公益组织中的需要矛盾性是公益组织的激励机制必须面对的问题，实际上也是公益组织激励的难点所在。

（三）草根公益组织激励的难点

从激励的过程来看，草根公益组织的激励有三个重要步骤：第一步，如何吸引人到组织中来；第二，如何发挥组织成员的积极性和主动性；第三，如何把组织成员留住。根据腾讯公益基金会、南都公益基金会、刘鸿儒金融教育基金会联合零点研究咨询集团2010年共同发起并合作进行的，以草根公益组织为研究主体的"中国公益人才发展现状及需求调研暨素质能力模型建模"项目，在调查的451个公益组织中，公益人才选择来到公益组织的因素主要有：认同公益领域的工作价值（61.5%）、正常就业/专业相符（15.8%）；而愿意留下来的原因是：认同公益领域的工作价值（64.7%）、有更多的发展空间（14.7%）。

从激励方式来看，应当是"使命为先"，精神激励成为最重要的手段。物质激励不足，精神激励乏力是草根公益组织普遍面临的难题。

1. 物质激励不足

物质激励不足，主要表现为：第一，公益组织工作人员工资待遇低，收入不稳定；第二，缺乏社会保障和其他福利制度，基本生活难以保障。公益组织虽然是使命为先，应以精神激励为主要激励方式，但生理、物质需要是个体生存的基本需要，通过适当的物质激励，保障公益组织成员的基本物质生活也是必不可少的。目前我国公益行业薪酬普遍不高，有媒体用"血汗公益"来形容非营利组织的现状。因为薪酬问题离开非营利组织的并不在少数。而草根公益组织，作为中国公益世界中的第三世界①，面临更严峻的资源危机，它们主要依赖项目生存，资金紧张，且来源不稳定，专职工作人员的工资待遇低、缺乏社会保障，造成草根公益组织“吸引不了一流的人才，也无法留住一流人才”的困境。根据“2010 年公益人才调查”，80% 多的公益人才表示愿意将公益作为终生的事业，并表示会留在本机构工作，但从实际情况看，近 6 成的机构有人员离职流失，且其中近 8 成流向了非公益领域，待遇低是主因，占 43.1%，这体现了公益人才在意愿上希望留下，但迫于现实压力，不得不流动的现象。

2. 使命激励问题

公益组织员工工作的内在驱动力不是利润动机，也不是权力欲望，而是以志愿精神为依托的利他主义和互助主义，因此，精神激励成为公益组织激励机制的主导。其中，使命激励、目标激励、榜样激励、参与激励、成就激励、感情激励、组织文化激励等是草根公益组织常用，并行之有效的精神激励手段。我国草根公益组织大多还处于初创期，它们基本上是由个体精英创立，资源有限、规模小、人员关系简单，在凝聚和吸引人员主要用的是精神激励的技术。

使命激励是公益组织激励机制的首要内容。然而，根据“2010 年公益人才调查”，公益人才离职的原因主要有“对机构不认同”是公益人才离职的第二大原因。这说明，在实践中，草根公益组织的使命激励仍存在一些问题。(1) 一些草根公益组织缺乏使命感②。受外部资源的限制，不少草根公益组织以生存为先，只看哪个领域钱多，就做哪个，或者哪个领域时髦，就做哪块，结果自己也不知道自己这个组织是做什么的，组织为什么要存在。(2) 使命不清晰，存在双重组织使命。由于双重管理制度，不少草根公益组织是在工商部门注册登记，这导致了草根公益组织有两个章程和两个使命，即一个是营利性使命，一个是非营利性使命。(3) 组织使命的设定不科学、不民主，难以得到组织成员的认同。组织使命的确定不是一个和几个人的事情，而是需要民主体制的建立，需要组织成员的共同讨论。现实中，有些草根公益组织的使命主要由一个或几个重要的组织负责人确定，没有在组织成员、相关利益者等群体中进行讨论，组织成员对组织使命认识不足或缺乏认同，难以发挥激励作用。(4) 组织使命设定不当，难以实现。组织使命，首先是对社会有意义的；其次符合组织的特点；第三，能得到组

① 徐永光仿照毛主席三个世界的理论，按组织综合实力、影响力的大小将中国的公益组织划分为三个世界，第一世界是具有官办背景的组织，第二世界时非公募基金会，第三世界是广大的草根组织。

② 杜志莹，宋宗合. 草根 NGO 面临五大组织障碍，缺使命感留不住人才 [J]. 公益时报，2009-10-14.

织成员的认同；第四，经过努力是可能达到的。现实中，有些草根公益组织设定的组织使命相对于组织的能力而言，显得过大、过高而难以实现，给组织成员以“越做越无力”的挫败感，难以发挥激励作用。

3. 目标激励存在的问题

组织目标是组织使命的具体内容，是组织使命在具体情境的特殊表现形式，通过一系列明确具体的组织目标，最终达成组织使命的实现。组织使命高度概念和凝练，稳定而唯一，相比而言，组织目标更为具体细致、可操作、可衡量，且动态变化，具有多重性。在不同的阶段，面对不同的情境，组织目标设计不同；从不同的角度，组织目标呈现多元化；对组织不同的成员，组织目标也是多重的。因此，组织目标是一个具有结构的体系，在目标体系中，应有主次、轻重、缓急之分，切忌胡子眉毛一把抓。然而，在草根公益组织的实际运作中，存在组织目标多元化，主次、轻重不分或常常因具体情境而变化，导致组织成员顾此失彼，目标激励实效有限。

其次，目标的多重性与认同目标要求的单一性之间有矛盾。机构本身的性质和目标都带有多重性，因此对于要求组织成员认同的目标也应该允许多层次。在设定目标上，应该是有结构的，而不应该是一刀切的。设定不同层次的目标，还由于组织成员处于不同的工作动机水平，公益组织的工作人员具有各式各样的动机，有纯粹利他主义的社会责任感、奉献精神；有的基于互利，但也期望获得某种回报；有的主要是从自我价值、自我效能感出发。事实上，任何一个组织必须容纳具有不同工作动机水平和对组织目标有不同认同程度的人，采用适当的激励机制激发他们的工作积极性，增加他们的工作满意程度和组织认同程度。

第三，组织目标与组织成员个人目标不相适应，或忽略组织成员个人目标。组织目标与个人目标的一致是推动组织发展的关键。正是通过这种一致性的设计，个人的积极性被最大地调动出来，组织目标的成功实现就是个人成就的外在体现，在完成组织的目标同时也满足了自己对工作意义和工作报偿的需求。公益组织成员的个人目标主要包括能力才干的发挥、自我价值的实现、能力才干的增长、自尊、自我效能感、稳定的收入、适当的保障、归宿感等。一些草根公益组织在要求组织成员为组织目标奋斗努力时，往往因为各种主客观原因而忽视了对组织成员个人目标的满足，相反却常常以牺牲组织成员个人目标为代价。如，一些草根公益组织本身处于初创期，以创始人治理为主，各种规章制度不健全，管理混乱，约束机制缺乏，工作效率不高，使组织成员感到自己的才干难以发挥，自我价值难以体现；有些草根公益组织受资源限制，难以为组织成员提供培训、学习、交流、深造等知识增长、自我发展的机会，使组织成员的自我成长受限。

4. 组织文化激励存在的问题

组织文化是草根公益内部激励的根基，很多草根公益组织都注重组织文化的建设，在发展过程中形成以组织使命为中心的组织文化。但纵观形形色色的草根公益组织文化，它们都有一个共同的特点，即：基本上接受了西方的价值观，在理念层面已经基本被西化，尤其是在“显性”或者“宣称”层面①；对西方理论和模式缺乏文化自觉、反思、批判，使得组织文化西化色彩浓重而本土化不足。国内的草根公益组织普遍接受西方公民社会理论，并以此作为组织发展的指导思想，建构组织文化。“公民社会以市场经济为基础，以契约文化为中轴，以尊重和保护公民的基本权利为主旨的社会自主领域。它相对于政治国家而言，建立在现代化大生产和发达市场经济基础之上的社会成员的物质交往方式及社会自主生存样式”。② 公民社会理论是西方公益事业的理论根基，以西方文化和社会制度为背景的，其基本价值或原则是：个人主义、多元主义、公开性、开放性、法治原则。③ 这套理念是基督教文化，是西方第三部门产生和发展的哲学基础，自由、平等、博爱的价值观直接影响着第三部门的伦理、职业道德和工作方式。这些关于公民社会或第三部门特征的一般性论述实际上是理想型，都是以欧美社会的第三部门为蓝本抽象概括出来的，“具有浓厚的西方中心论特别是欧洲中心论的色彩，因而其普适性值得怀疑。这是一些西方学者都承认的事实”④。

在西方公民社会理论指导下，草根公益组织文化强调公民社会的权利、自由、平等、参与、竞争等价值理念；强调公益事业的专业化、职业化，去理想化、神圣化，对自身的精神、处境和所承载的使命不够“自觉”，往往只沉浸于自己找到的某个特定项目和某种特定职能之中，只专注于自己的专门目标，而对自己在整体社会中所承载的使命和责任不进行充分的认识和自觉的承载，缺乏对更为广阔的时代精神和社会责任作出回应的表现。在组织的功能定位上，认为第三部门独立于政府和企业的，是政府和企业之外为社会提供服务的主要力量。与政府的关系上，很多草根公益组织对政府抱着抵制情绪，认为国家与社会是相互制衡的关系，公益组织是独立的第三部门，为了保持组织的独立性，防止政府的干预，草根公益组织往往与政府部门保持距离，不屑于与政府交往、合作。中国的政治、经济、社会制度、文化传统等与西方国家存在本质的、巨大的差异；中

---

① 康晓光，冯利主编．2011 中国第三部门观察报告［M］．北京：社会科学文献出版社，2011.

② 吴俊斌．公民社会基础理论研究［M］．北京：人民出版社，2010.

③ 何增科编．公民社会与第三部门［M］．北京：社会科学文献出版社，2000.

④ 何增科编．公民社会与第三部门［M］．北京：社会科学文献出版社，2000.

国的公益组织面临与西方公益组织不同的发展环境、道路和任务。因此，照搬西方理论，盲目模仿西方公益运作管理模式，易产生‘水土不服’现象，无法解决中国草根公益组织的实际问题。有人提出，当前中国第三部门发展困境的实质在于脱离中国本土情境而盲目西化。从这个意义上讲，本土情境下中国第三部门的发展道路选择，其实质是要由原来的“西化”道路转向“化西”的途径，实现第三部门在理念、组织运营以及与政府关系等层面的“创造性转化”①。

如何面对物质激励不足？如何增强精神激励的效力？如何实现公益组织激励的本土化创新？这是草根公益组织激励机制面对核心问题。本案中的 B 组织在激励机制上也遇到了类似问题，他们在实践中积极探索和创新，形成了以“精神共同体”为先导、以“事业共同体”为核心，以“生活共同体”为保障的激励体系。B 组织的创新思路和实践给其他公益组织的激励机制提供了有益的借鉴。

第二节　B 组织内部激励的发展

在本节中，我们先按照时间顺序，对 B 组织激励机制的发展进行梳理，对其经验进行分析，稍后对 B 组织激励体系进行理论性的总结。

一、激励机制发展的历程

B 组织的激励体系伴随着组织的发展而发展，从形式上来看，B 组织的激励机制经历了一个由单纯依靠精神激励，强调“精神共同体”；到以“精神激励”为主，以“事业共同体”为核心的阶段；至今发展为逐步完善的“精神共同体”为先导，“事业共同体”为核心，“生活共同体”为保障的激励体系。从激励的主体来看，B 组织经历从单纯依靠创始人进行激励，到创始人的示范激励与组织激励相配合的过程。

在 B 组织成立最初的两三年，组织所具有的资源有限，组织处于起步时期，各项规章制度尚未建立，组织的激励机制比较简单，主要依靠创始人个人进行，精神激励作为主要的，甚至是唯一的手段，组织制度激励基本上是一片空白。此时，B 组织强调“精神家园”的定位，通过创造学术文化和思想交流的氛围，吸引勤奋好学，积极进取，有理想、有信念、有社会责任感的青年学子。组织经常开展高水平的学术报告、开展深入的思想交流和集体学习活动，在交流、讨论的过程中，没有所谓的权威，每个人都得到尊重，都可以畅所欲言，自由、充分地

① 刘杰，田毅鹏．本土情境下中国第三部门发展困境及道路选择［J］．社会科学研究，2010（5）．

表达自己，充满了民主、平等、协商的讨论氛围；他们在学习过程中共同完成一定的学习任务，共同建构知识、分享知识，形成一致的价值取向和偏好。通过这些活动，成员的思想和理论水平得到提高，个人自我成长的需要、受尊重的需要得到满足；成员之间形成了相互影响、相互促进的人际联系，社会交往的需求得到满足，增加了对组织的认同感和归宿感。除了精神激励手段之外，B组织物质激励手段比较缺乏。在激励主体上，由于组织处于初期发展阶段，缺乏制度建设，因此，主要依靠的是以创始人为激励主体的激励。

2009年以后，B组织全面转向公益实践的工作，工作重点从思想交流、精神倡导转向具体的公益务实。激励手段侧重于“事业共同体”的建构，强调“公益”工作不仅仅是一份谋生的职业，而是一项值得自己奉献一生的崇高而伟大的事业，它是推动社会全面发展和进步的路径，公益事业的本质与社会主义是一致的。公益事业“助人自助、自助助人”的理念，表明其最大的意义在于启迪人心，教育民众，为社会主义事业培养更多有理想、有社会责任感、有行动能力的综合人才，推动社会的进步和全面发展，提高全社会人民的福祉。组织成员出于共同的社会理想和信仰，聚集到一起，在创始人的榜样激励和引导下，团结一致，齐心协力，互相鼓励，同甘共苦，一起面对各种困难和挫折，一起探索和创新，在实践中努力前进，在为“共同的事业”而奋斗。在创造事业的过程中，形成“我们”感，亦即人们常说的“我们的机构”、“我们的团队”，进而因目标、精神、情感、兴趣的连带而形成事业共同体。此外，在“做事”和认同共同事业的过程中，对创始人其人格魅力的认同，以及因组织文化而产生的凝聚力也使团队成员产生“事业共同体”之感。事业共同体满足了组织成员自我实现、追求个人社会价值、寻求归宿感的需求，同时也提高了其对组织的认同感和归属感，增加了团队的凝聚力和执行力。随着“事业”的发展，组织的资源增多，物质激励有了一定的基础，如何保障组织成员的基本生活，提高组织成员的物质待遇提上了日程。此时，组织依据自身能力，增设了住房补贴、互助金等方式。但总体而言，物质激励仍处于起步阶段，物质保障水平仍较低。从激励的主体来看，此时，组织已经开展了一些制度建设，但创始人作为激励主体仍是主导。

2010年8月之后，B组织在物质激励的探索方面具有了历史性的进步，以集体住宿、集体生活为中心，构建“生活共同体”。B组织成员拥有共同的生活理念，都推崇简朴、环保、健康的生活方式，反对奢侈和浪费，热爱大集体的生活：他们统一租房，房租和伙食的大部分由组织买单，个人则只负责其中的小部分；大件家电、家具等属于公有，大家共同占有和使用；公共卫生和伙食则是分工合作，按值日完成；各成员在生活上互相关心、互相帮助。此外，B组织通过定期开展体育活动、聚餐、观影、自由讨论、集体出游等形式多样的集体活动，促进组织成员之间的交流，增进相互间的了解和情感，努力营造团队和谐、友好、亲如一家的人际关系。生活共同体满足了组织成员基本的生理和物质需求、爱和归属的需求。“生活共同体”为“事业共同体”提供了后勤保障。但受制于组织的资源，“生活共同体”还处于创建的状态，保障水平有限。在激励主体上，组织治理的重要性越来越大，但依赖创始人的激励手段也并未消失。

2012 年以后，B 组织进入了稳步发展时期，几个社会企业项目都已经实现盈利，组织有了更多的自由资源进行“生活共同体”的建构。这时，B 组织加强了“生活共同体”的建构，集体住宿和伙食完全由组织负担，个人不再承担，并探索集体育儿养老的方式，“生活共同体”的保障水平有了明显的提高。到此，组织形成了以“精神共同体”为先导，“事业共同体”为核心，“生活共同体”为保障的共同体激励机制已经明朗。下文，我们就对这个激励体系的具体实践进行分析。

二、工作动机与需要：他们为什么而来？

工作动机是一个工作的内部动力性问题，其基本的内容是探讨人类工作的心理动力系统的特征，解释人类为什么从事工作以及工作动力的强度和持久程度。斯蒂尔和波特认为工作动机是一种心理状态，而这种心理状态会影响工作情景中行为的动力、趋向以及持久性①。需求、工作价值观和工作预期是工作动机中相联系的三大主要构成部分。需求的满足是形成动机的基本驱力，它是一个具有多层次、多内容的复杂结构。工作价值观则是工作者对工作意义的理解和追求，它决定了需求的重要性和价值，工作预期是对需求满足的可能性的判断，也将直接作用于工作动机的形成过程、强度以及持久性。这三者都会影响到工作满足感的程度。因此，我们对工作动机的分析主要从以上方面展开。

工作动机所包含的成分有两大类，其一是原生性动机，其二是衍生性动机②。原生性动机主要是指为了基本需要满足而形成的行为驱力，比如一些衣食住行等生理需要的满足。人们为了满足这些必不可少的需求，这些需要的满足是有限的和周期性的，满足后的一段时间里便不再形成行为驱力。其二是衍生性动机，主要是指为一些社会和精神需要的满足而形成的行为驱力，比如社会公平、成就、创造、自尊、社会认可等需求的满足，这些需求的满足往往是无限扩张

① 郭于华等．事业共同体：第三部门激励机制个案探索［M］．杭州：浙江人民出版社，1999.

② 郭于华等．事业共同体：第三部门激励机制个案探索［M］．杭州：浙江人民出版社，1999.

的，或者说是难以真正满足的，因此也是发展性的、最富驱力的。一般而言，工作首先是为了获得维持生活的物质来源，其次才可能获得人类社会性和精神性的满足。不可否认，人的需求受环境条件的影响，但人并不是被动、机械地顺应环境，人的认知因素、价值取向也会影响需求的选择，决定各种需求的意义，这就是工作价值观。

工作价值观是人们关于工作的深层看法，是关于在有关工作的各种问题上，什么是“更重要”的、什么是“值得的”的判断准则和信念，因此，体现了个体在有关工作的问题上带有根本性的选择意愿。作为深层的、理念性的心理结构，它比较深层地、全面地和长久地影响着员工的工作态度以至工作行为，是工作动机的决定因素之一。价值观的实质就是选择，是对需求层次和比重进行排列。它对于有结构的、从低到高的需求层次具有调整的功能。只有从工作价值观的角度，才可以解释为什么人们可能在低级需求没有得到最大的满足之前，就会去追寻更高层次的需求满足。

在分析 B 组织团队成员的工作价值观之前，我们先来看一下，B 组织团队的人员构成情况。团队中的人员分为全职、兼职、实习生、核心志愿者、志愿者五个层次。团队有全（兼）职工作人员 20 余人，其中 90%为 20~28 岁之间，具有高等教育背景的年轻人构成。全兼职工作人员主要是从经常参加团队公益活动的大一、大二的学生志愿者中选择适合的苗子进行重点培养，经过 2~3 年的时间，依次经历核心志愿者、实习生、兼职，待到大学生毕业后由组织负责人动员其加入团队，成为专职人员；部分有专长和经验的工作人员则通过熟人引荐方式，少部分面向社会公开招聘。

兼职和实习生一般是参加团队活动一至两年，对团队文化有相当的了解和认同的高校大三、大四的学生充当。他们作为团队中全职工作人员的助手，每周需抽出不少于两天的时间为组织服务，参与团队的日常管理和常规工作，并享受一定的工资补贴。团队的实习生以 3~6 个月为期限，期满可转为兼职。B 组织每个志愿小组一般有 2~3 个实习生的配额，整个团队实习生队伍在 15 人左右。

核心志愿者：B 组织的核心志愿者主要来自高校大学生，部分来自社会人士。他们一般经常积极、主动参加的团队公益活动，只要团队有需要，基本上都能来帮忙，对 B 组织有相应的了解和较高的认同，在具体的公益活动中表现出一定的组织、领导、管理、协调、策划、宣传等才能，他们通常是各高校学生社团的骨干力量或班级中的精英分子，常常在具体的公益活动中发挥作用，被团队列为核心志愿者，作为重点培育的对象。经过一段时间，核心志愿者可能会成为实习生、兼职，最后进入团队成为正式的工作人员，或成为团队的支持者。每个志愿小组具有核心志愿者 10~20 人，整个大团队的核心志愿者在 100~200 人之间。

可以说，核心志愿者队伍是团队重要的后备力量。

志愿者是团队公益活动的响应者和参与者。B 组织通过与高校社团的合作，依托高校社团的力量，在当地的十多所高校具有广泛的动员能力，一次大型活动动员数千人并非难事。面向高校，倡导知识与社会实践结合的 B 组织吸引了一大批在校大学生，他们或者是为了打发无聊的假日闲暇时光；或者是为了寻找不一样的生活体验；又或者是为了接触社会、锻炼自己；又或者只是为了完成学校志愿服务的刚性要求，而聚集到组织中，参与各项公益活动。

实际上，草根公益组织最重要最核心最根本的资源是人力资源。因此，能够吸引一大批优秀人才加入，是公益组织健康发展，实现使命的前提。在本案中，全兼职人员一般都是从核心志愿者、实习生发展而来，因此，我们重点分析，草根公益组织全兼职人员到公益组织的动机。

在 B 组织的工作团队中有四种人。第一种是早期的创业者，包括组织的发起人以及创业初期的积极参与者。最初发起创立 B 组织的共有 5 人，之后的两年内，纷纷离开，目前只剩下创始人 Z 一个，而其他创业期的朋友大多都已经转行，另有发展，但和团队还常有联系，成为团队的合作者或支持者。B 组织的创办者大多是信仰马克思主义、怀抱社会主义理想的青年学子。他们创办机构的目的是，通过邀请知名学者到高校巡回演讲，传播前沿思想理论，开展省际校际文化交流，打造不同学科、学派之间对话、交流、辩论的平台，提高青年学子的学术理论水平和对社会的责任感，“培育新民，改造社会”成为组织的使命。

早期的创业者大多是因为参与 B 组织的学术交流活动，认同组织的使命和目标，受到“理想社会”、“事业”的感召而忘我地投身组织的建设和发展中。如 F 是早期创业者的代表。F 在参加 B 组织的活动前，是某大学读书协会的发起人，主修政治学的他喜欢读书、思考，关注现实社会，有强烈的社会责任感，他到 B 组织主要是被学术交流活动浓厚的研究、讨论氛围以及突出的理想主义色彩所吸引。

> “我从 2006 年开始参加 B 组织的活动、学术讨论、大家对话等，也做了许多游学、农村调查等实践。2009 年 6 月份毕业时，因家庭经济压力，离开了 B 组织，回到家乡的一所三本院校做了一年的辅导员。中间有好几次，Z 都劝我回去，有一次，他趁出差的机会，亲自到我工作的地方劝我。他说，我现在虽然也是在做培育人的工作，但是撒的网太宽太大，培育没有针对性，效果不一定出来，而 B 组织这边，能够来 B 组织的大学生多多少少都是有一定想法的，是可以塑造和培养的，效果就好很多，可以培养出一批有志青年……后来，我放弃了在高校任职的好工作，重新回到 B 组织。”（资料

来自访谈，编号 F2011-10-11）

J 是 B 组织文化中心的负责人，也是整个大团队的教育长，他最初主要是受到学术活动的吸引，认同组织的使命和理想来到 B 组织的。他 2006 年开始接触 B 组织，并积极参与团队的活动，从单纯的志愿者，逐渐变为核心志愿者、实习生，本科毕业攻读硕士，以兼职的身份为组织奉献，硕士毕业后，正式进入组织，成为全职工作人员。

> 我 2005 年 9 月上大学，2005 年 12 月，我的一个大学同学跳楼自杀了。这件事情对我影响很大，我开始思考大学生活该怎么过，人生的意义是什么，人生的目标应怎样确立等问题，也比较关注社会问题。当时对学术讲座比较感兴趣，刚好，Z 他们搞学术巡回演讲，学校也逼着去听，从那时就和 B 组织接触了。后来常常去听他们的讲座，参加他们的学术交流、讨论活动。最后自己也选择了马克思主义，觉得这是个科学的体系，是为穷人说话的。B 组织的主张类似，马克思主义在这里有一席之地，这里经常讨论这方面的主题。（资料来自访谈，编号 J2012-1-2）

第二种是由学生时期的核心志愿者在毕业后加入，这种情况最为常见，80% 的工作人员来源于此。这些青年学子。为什么在毕业时选择加入 B 组织？无疑，几乎所有这种类型的工作人员都是在毕业时都受到创始人 Z 的热情邀请，但在毕业时选择了这个公益组织又有各不相同的动机：

1. 受创始人人格魅力的感召

因受到创始人个人魅力感召而来到 B 组织的情况比较普遍。B 就是其中的一员，她后来甚至成为创始人的爱人。B 在大学里学的是社会工作，因 2009 年 6 月份毕业实习来到 B 组织，在团队中进行一个月的实习，期间对团队的理念、使命、工作模式等仍有许多的不认可，但最后还是因为创始人的原因而留下了。对此，B 说：

> 2009 年到 B 组织实习，包括后来进入团队的一年里，其实都感觉很纠结，很痛苦。因为，团队里的人其实对来自西方的 NGO 理念和做法并不是太认同，常常批评传统的 NGO 只知道埋头干事，满足于小事情，小问题的解决，而没有社会使命和理想。这让我觉得没有认同感。而 B 组织一直在强调自己与传统的 NGO 的区别，目的不是满足于一些小问题的解决，而是致力于推动整个社会的变革，达到更美好的社会……所以，实习结束之后，对

于要不要留下来，也很头疼，因为当时也有其他选择，一些之前接触过的，做得比较好、比较成熟的公益组织也在邀请我过去。后来，是一位师兄的建议让我下了决定，他说，选工作选组织其实最重要的是选领导。在实习的时候对创始人Z的印象不错，比较佩服他，其他经常接触Z的人，也很欣赏他，纷纷赞扬他。既然选工作，就是选领导，就不存在问题了，所以就决定留在了B组织。(资料来自访谈，编号B2011-12-29)

现在负责健康生活馆的C最初也主要因为创始人的人格魅力感召而最终留在团队。刚到团队时也因为使命、理念的问题感到不适应，甚至对团队中的思想工作、马克思主义理论等的学习一度十分抵触，但最终还是因为佩服创始人的奉献和牺牲精神，而坚持下来。

最初与B组织接触，是因为2008年的汶川地震，B组织搞了个“高校学子街头为灾区募捐”的活动，当时我参加了。后来，陆陆续续地参与团队的各种公益活动，快毕业的时候，Z和我深谈了一次，希望我能留下来，做农村方面的工作。我自己是从农村出来，对农村也有感情，想到Z他自己一个硕士毕业生，放弃了很多来做公益，做了那么多年，自己什么都没有，收入比一个农民工还低，但一点怨言也没有，还是很有激情，很有干劲……想想自己，也可以先做个两三年。(资料来自访谈，编号C2011-12-28)

2. 认同组织的使命和理念

B组织的使命是“培育新民，改造社会”，组织秉承“知识与社会实践相结合，学者须为平民百姓服务”的理念，倡导青年学子“知行合一”，关心社会，奉献社会，为推动社会进步而奋斗。这样的组织使命和理念吸引了一批有理想的青年加入团队。他们和早期的创业者一样，受到“理想社会”、“事业”、“信仰”的感召而忘我地投身组织的建设和发展。

在B组织的两年时间，我有过欢乐，有过悲伤，酸甜苦辣的滋味都尝过，我相信各位同仁也许也有过与我同样的感受。曾经包括现在也一直有辞职的想法，翻来覆去的想，我到底应该何去何从？B组织又应该何去何从？有时候真想撒手不管了，去过自己理想中的生活，我不想在这个团队里面继续纠结。但是我走不了，终究还是下不了决心，舍不得这里，舍不得团队的每个人，舍不得我的理想，更舍不得丢掉我的信仰。而我们所有的酸甜苦辣却都围绕着同一个主题，那就是“理想与信仰”。我们正在走往理想的道路上……我们正在逐步坚定我们的信仰……我们正经历着理想与信仰给予的考验……如果在这条曲折的道路上，我们能够坚持，并且真正能做到取其精髓，去其糟粕，相信我们的理想终将实现，不管我们是否还活着……（资料来自员工个人年终总结，编号 M 2011-12-26）

3. 符合自己的兴趣爱好、专业特长，能发挥自己的才干

面向高校，倡导知识与社会实践结合的 B 组织吸引了一大批在校大学生。由于大学生志愿者的兴趣爱好、能力特长、专业背景、动机等各不相同，在公益领域方面往往有不同的兴趣点。为了留住这些有想法、有能力、有干劲的青年学子，B 组织往往都对他们的想法持鼓励的态度，并尽量提供各种支持，帮助青年学生付诸公益实践，为他们打造施展才能的平台。

如 2008 年上半年，毕业于涉农专业，长期关注农村发展，并具有农村志愿服务经历的 S 来到 B 组织，带动了 B 组织公益服务领域向农村工作的拓展。2009 年下半年，B 组织的核心志愿者 Y 和 L 面临毕业，她们的兴趣在于平民教育，也做了许多相关的实践，是有想法又有能力勇于实践的青年，机构为了留下她们，而又不改变她们的想法，就提供资源，放手让她们去做。二人在毕业之后选择了 B 组织，专门负责农民工子女的教育工作，B 组织的公益领域拓展到农民工子女教育。Q 从大二开始参加 B 组织的公益活动，逐渐成为核心志愿者，他热衷于通过游学、实地考察等户外活动方式增长见识，认识社会。B 组织也为他的想法提供了实践的平台。在 Q 的带领下，B 组织有了专门的户外活动倡导公益的小组，之后变身为筹款小组。在此，仅以团队中农村志愿小组的负责人 T 为例：

最初接触公益是因为 2008 年汶川地震，2008 年下半年，B 组织邀请了李昌平、何慧丽等农村问题的专家来做报导，和我们学校的农村发展协会合作，作为协会的主要负责人，我和 B 组织的联系比较多。当时主要是和创始人 Z 和执行长 S 联系，其中创始人的影响比较大。记得有一次 Z 和我聊了很多，包括我自己的一些想法，以后能干什么，家里的压力等，对我冲击很大。我自己是来自农村，做这个工作和家庭背景有关，我父亲是做农村扫盲工作的，也做出了影响力，虽然他去世比较早，但是对我们的影响比较大。后来上大学选择了农业方面的专业，想将来能为农村做点事情。刚好 2009 年的时候，B 组织也在拓展农村的工作，在筹备农村志愿小组，就一起来做这个事情，后来还有帮老知青卖苹果、送水下乡什么的，然后就到毕业的时候了，Z 邀请我加入。考虑到自己最大的兴趣还是为农村做点事情，找一个可以发挥的平台，而且这一年多来在这边也做了不少农村工作，就决定留在

团队里，主要负责农村这块。（资料来自访谈，编号 T2012-1-7）

4. 喜欢组织中非竞争的工作氛围及平等、和谐、亲如一家的人际关系

一些大学生核心志愿者在长期与 B 组织的接触中，也担任了一些具体的工作，对组织中的一些项目有一定的经验积累，对组织的运作、管理模式比较熟悉和认同，尤其留恋组织中平等、和谐，领导和下属之间没有明显的层级关系，同事之间亲如一家，没有社会上激烈的竞争、勾心斗角、复杂人际关系的工作氛围。这样的工作氛围使 B 组织像是一片社会净土，对那些刚从象牙塔出来，还没有完全适应社会的青年学子来说，是一个逐渐适应社会，向社会过渡的平台。H 是这方面的典型代表。她从大二开始参加 B 组织的公益活动，之后成为核心志愿者，大四的时候又成为 B 组织的实习生，毕业之后毫不犹豫地选择留在这里。她说：

大学里的大部分空闲时间都往这边跑，和团队的人都熟悉了，工作方面也上手了，而且也比较喜欢这里，主要是工作氛围比较好，人都很真诚，心眼都很好，感觉像是一家人，兄弟姐妹似的，大家一起做事情，工作上互相帮忙，生活上也互相关心，相互照应着，经常一起组织活动什么的，有归属感……这在外边是没法比的，现在要在公司、单位里，竞争啊，人际关系啊都很复杂，收入可能会高一点，但是做得也不一定开心，感觉也很累。我这边，反正是刚刚毕业，家里也没给什么压力，能养活自己就行了，这边工资还算可以，像我们这样刚刚毕业的，暂时还花不了多少钱，而且团队还有集体宿舍……我想还是在这里比较适合自己。（资料来自访谈，编号 H2011-11-3）

第三种，是通过团队工作人员的同学、朋友、亲戚等关系引荐而来，这种情况有一定的比例，大概占 20%。如 M 是因为男朋友的关系，来到团队的；T 是 B 的同学，在 B 引荐下加入团队；S 带来了自己的弟弟；T 介绍了自己的哥哥等。这些人的特点是，之前与团队没有接触，了解甚少，他们主要是出于对亲人朋友的信任到组织来。但由于每个人的经历、学识、能力、价值取向等差异，其动机也各有不同：有的只是为了一份工作，一份收入；有的是为了找到发挥自己的平台；有的是为了感情。而纯粹为了工作和收入的，最终往往会因为组织无法提供足够的物质保障而选择离开；为了寻找自我发挥空间的，则情况复杂；为了感情的，则往往在对组织的深入了解中产生认同，成为组织坚定的支持者。

第四种，公开招聘。这种情况非常少见，不到 10%。由于公益组织所需要的

专业人才往往通过有限的社会关系网无法找到，所以只能采取公开招聘的形式。然而，通过这种方式到来的人员，往往具有在公司企业工作的经历，一方面比较看重工资待遇，另一方面对公益组织的管理和氛围并不适应，他们最后往往选择离开。M是专业的财务人员，2011年10月到组织做财务工作，引进财务人员是为了规范机构的财务管理，但是M在机构里工作了两个月，就辞掉工作了，理由是不适应机构的氛围。

> "公益组织的管理和企业还是不一样，比较自由散漫，好像没有什么严格的制度，不大规范，也好像不大讲究效率……有时候一个项目下来，工作时间又没个准，连续好长时间都在加班加点，没有节假日，顾不上家，搞得自己也很累……收入嘛，也不太稳定，有项目的时候还好点，没有项目的时候，工资经常发不下来……像我这样有家有室的人，不比他们年轻人，我们需要养家，还得有时间顾家，但是专门做公益，就难了。"（资料来自访谈，编号M2012-1-4）

上述的个人陈述给我们的深刻感受是：公益从业者的动机与需要具有共性也有差异性，是一个有结构的、分层次的、变化的体系：有人为了信仰，追逐理想；有人为了寻找自我效能，发挥才干、实现自我；有人为了学习和锻炼，以便将来有更好的前程；有人追随优秀，以高尚者为伴；有人寻求和谐的人际关系，追求归宿感；有人求就业，求安稳，求一份收入等。朱健刚《行动的力量——民间志愿组织实践逻辑》一书中，通过对八个民间志愿组织个案的研究研究，总结人们所以愿意投入时间、金钱和精力到志愿组织，是受到自我实现和团队归属框架的影响。特别在自我实现的框架下，呈现出实现社会理想、奉献爱心、寻找归属感、寻找生活乐趣、寻找友谊和爱情，提升能力等多种参与动机①。在转型社会，市场经济、现代人文主义、自由主义等影响下，个人的自我意识、主体意识已经觉醒、并增强，从个人角度出发的需要增多，这与一般人的认识中公益事业是"毫不利己，专门利人"的事业具有较大的反差。但归根结底，中国的社会主义性质要求公益事业仍是以集体主义为基础的事业，因此，对于组织成员的动机和需要，公益组织不只是简单的满足，还需要按照公益组织的使命进行引导和塑造，使组织成员的个人动机和需要与组织的目标相契合。实际上，个人的动机和需要也和组织的引导和塑造有关。

---

① 朱健刚．行动的力量——民间志愿组织实践逻辑研究［M］．北京：商务印书馆，2008.

三、组织引导与组织认同

组织激励主要通过制度设计和组织文化建设来引导组织成员的动机和需要，使其与组织的目标相一致，然后又通过满足组织成员的需要实现激励。在这其中，组织认同是实现组织对组织成员进行引导和激励的前提。只有组织成员认同了组织，才会接受组织制度和组织文化的引导和塑造，组织成员的个人动机与需要才能逐渐与组织目标契合，最终达到对组织成员需要的满足有利于组织目标、组织使命的实现，而组织使命的实现又促进组织成员需要的满足，两者良性互动，相得益彰。

（一）以组织文化对组织成员需要的引导、提升和塑造

组织中的成员最开始都是带着自己的动机和需要进入公益组织的。个人的动机和需要具有主观性，直接与个人经历、教育背景、文化水平、思想观念、价值取向、性格等个人因素有关，同时也受到社会大环境的影响。因此，每个人的需要内容、结构难免存在差异，甚至个人之间的需要结构和体系可能存在冲突，和公益组织的组织使命、组织目标、组织文化等也可能存在不和谐的地方。而组织不可能针对每一个组织成员的需要，一一满足。因此，实行组织激励的首要步骤是对组织成员的动机和需要进行引导和提升，使其与组织的使命、组织的目标相适应。

公益组织对组织成员需要进行引导和提升的途径主要是组织文化和制度的建设。由于中国草根公益组织的精英化特征，组织的生存和发展主要依靠创始人或者主要负责人，组织文化和制度建设的任务主要由创始人或主要负责人承担。因此，对组织成员的需要进行引导和提升的重任实际也由创始人或主要负责人承担，同时，组织成员之间的互相教育和影响对于组织成员形成相对一致的需要结构也有重要的影响。

“组织文化是处于一定社会经济文化背景下的组织在长期的发展过程中逐步形成和发展起来的日趋稳定的、独特的价值观（文化理念），以及以此为核心而形成的行为规范、道德准则、群体意识、风俗习惯及外化的组织形象的集合”，①组织文化是组织共同思想、价值观念、作风和行为准则的集中体现。那么 B 组织建构了怎样的组织文化，对组织成员的需要进行了怎样的引导和提升，使之成为组织所需要的需要结构体系呢？在回答这个问题之前，我们先来看一看，B 组织文化的内容和特征。

① 叶玉海．组织文化的演化及影响因素分析［D］．浙江大学博士学位论文，2005.

B组织的文化主要涉及关于公益事业的相关理念、人生观和价值观、生活方式等，其特点可以概括为社会主义的公益事业取向；马克思主义的人生观和价值观；反消费主义的、理想主义、集体主义的生活理念。

1. 对西方公益模式的反思和批判，探索中国特色社会主义的新公益

在创始人的引导下，B组织对西方公益运作模式以及背后的公民社会理念、个人主义、自由主义价值取向等进行反思、批判，以破除、消解组织成员因中国公益西化大环境的影响而产生的对西方公益模式的盲目崇拜，为提出中国特色社会主义新公益的建构打下思想文化基础。其次，在借鉴西方公益中的有益部分的基础上，从马克思主义、中国传统文化中吸取营养，提出探索具有中国特色社会主义新公益模式。这是B组织文化的一个首要的，也是最核心的特征。

具体而言，B组织对西方公益模式和理念的批判主要在于：批判西方公益的个人主义、自由主义基础；批判西方公益仅仅将“公益”视为一份职业，而对理想、责任、信任的淡化，甚至“去理想化”的主张；批判西方公益只是作为拾遗补缺的第三部门，不能真正促进社会的进步。与此同时，B组织提出构建中国特色社会主义新公益的理念。所谓中国特色社会主义新公益就是既不同于西方资本主义公益模式，也不同于当前中国流行的公益模式，而是坚持社会主义方向，在对西方公益有所借鉴的基础上，以中国本土文化资源为本的公益。B组织认为中国特色社会主义新公益的基本理念是：第一，坚持集体主义的原则，而不是从个人主义出发；第二，以社会主义理想、社会责任感等作为从事公益的动力支撑；第三，认为社会主义公益事业的主要作用在于引领社会、改造社会，推动社会的进步。公益从业者应以自己的奉献精神、对理想和信任的坚持等品质对社会起到示范作用。

> 在现行的公民社会理论中，其主要的理论基础是自由主义及社群主义，强调的价值更多是权利、参与和宽容。在现行很多公民社会理论教育、培训中，往往自觉不自觉地宣扬“公益高于慈善”的观念，往往强调快乐公益，主张关键是有益于社会而不一定要奉献、付出或牺牲自己，往往对“道德优越感”、理想和信仰保持一种警惕、调侃、反思甚至批判的态度。愚以为这尽管有其合理性和正向价值，但也有很大的负面影响，这不仅让一些基于理想和责任感而投身公益事业的人，让一些基于善良、同情心而从事慈善工作的人（这些人往往是现行公益领域特别是草根组织领导人中的多数，至少在我周围或参加的培训时遇到的伙伴中是如此），受不到应有的肯定和尊重，更使得公益事业缺乏一种理想、信仰、道德层面的动力和支撑，使得公益事业很难成为一种信仰，而往往只是一种选择、一种职业、一种谋生之道甚至

一种权宜之计而已，一旦个人有更好的选择或者公益事业需要个人牺牲自己和家庭的某些利益之时，人们就可能毫不犹豫地选择退出。进一步说，如果NGO从业人员主要不是为了理想、信仰或社会责任，而是为了快乐、为了逃避现实生活中的痛苦和不适应而选择公益，当然不会有“道德优越感”，不过也就没有了让人尊敬、学习的品质和资格，很难有传播志愿精神、提升公民品质的示范作用，NGO、公民社会也就很难有真正的影响力和感召力。如此下去，公民社会确实只可能是“第三部门”，与从政当官、经商赚钱差不多的“第三部门”，甚至是拾遗补缺的“第三部门”，而不可能成为引领和改造社会的新部门、新事物……所以，我主张公民社会应该有理想、信仰、道德，有使命感、责任感，要有思想高度和文化底蕴，要有慈悲与智慧。（资料来源：创始人Z的博文《公民社会需要慈悲与智慧——参访台湾NGO有感》）

2. 个人价值与社会价值相结合的人生观和价值观

人生观是对人生目的、意义的根本看法和态度。人生观要回答的基本问题是：人究竟为什么活着？人生的意义和价值是什么？人应当怎样度过自己的一生？应当使自己成为一个什么样的人？等等。人生观是世界观的重要组成部分，是世界观在人生问题上的具体表现。它指导着人们的生活方向，决定着人们一生的价值目标和生活道路。由于在社会实践中所处的地位不同，人们对于人生的价值、生活的目的和意义等问题，有不同的观点和态度，形成不同的人生观，如享乐主义的人生观、悲观主义的人生观、实用主义的人生观、权势主义的人生观，等等。马克思主义人生观“就是用马克思主义世界观来观察、分析和处理人生问题，从无产阶级的根本利益出发，把从事社会主义事业，为绝大多数人谋利益，为社会的进步而奋斗，看作是人生的最高理想和最大幸福，把为代表人民群众根本利益的社会主义事业而奋斗终身作为人生的最高目的和总的价值方针。其核心的内容是全心全意为人民服务，其基本要求主要体现在一切从人民的利益出发。”① 为人民服务的人生观，强调一切言行都要从人民的利益出发、以人民的利益为宗旨，又充分肯定在正确处理个人、集体、社会利益关系基础上的个人正当利益的满足。提倡在为社会利益、为人民服务中实现个人利益，又以个人的发展和完善去促进社会的发展。②以下，创始人Z的一番话体现了其人生观，也就

① 黄国秋．论马克思主义人生观的核心及其基本要求［J］．山东社会科学，2001（3）．

② 李燕，邵林．网络时代马克思主义人生观教育的几点思考［J］．毛泽东邓小平理论研究，2002（2）．

是B组织所倡导的人生观。

> 作为个人来说你的幸福是最重要的，你的人生价值和意义是最重要的。人生价值和意义可能很多人都会用金钱用物质去衡量，但是我个人觉得，人生意义在于你对他人对社会真正做了什么。当你离开社会的时候，别人会觉得你这个人曾经为社会做了一点好事，现在你没有了，挺遗憾的，或者说挺怀念你的，也就是雁过留声人过留名；你在这个历史上应该留过一点痕迹而不是说白活了，不是说有你没你没关系。这个是我所理解的这么一种人生的意义……（资料来源：内部资料《B组织五周年访谈之访谈创始人Z》）

马克思主义价值观认为：人的价值是自我价值与社会价值的统一。社会价值是个人与社会、他人的关系的一个重要方面，是指个人通过自己的实践活动为满足社会或他人的物质的、精神的需要所作出的贡献和承担的责任。自我价值是个人与社会关系的另一个方面，是指在社会生活和社会活动中，社会对个人和自己对自己作为人的存在的一种肯定关系。人的社会价值和自我价值是不可分割的，自我价值是社会价值的必要前提；社会价值是自我价值的外在体现。因此，我们应在实现社会价值的过程中，实现人的自我价值，要反对只讲权利不讲义务、只讲索取不讲奉献、只讲享受不讲创造的片面观点，要正确处理个人自我价值与为社会、他人作奉献的关系。马克思主义关于人的价值论还告诉我们：实现人的价值的唯一途径是参与社会实践，在实践中贡献自己的才智，从而使自身的价值得到充分的实现。

B组织以个人价值与社会价值相结合的人生观和价值观对组织成员的动机和需要进行引导和提升，使组织成员将建立在个人主义基础之上的张扬个性、自我成长、自我实现等需要与组织的社会使命、社会责任感、为人民服务等组织目标结合起来；提倡在奉献社会、为人民服务、服务公益的事业中提升自我，实现自我；倡导通过不断地学习，提升自我、完善自我，增进服务社会、奉献社会的能力。在实际工作中，B组织也给组织成员提供了学习的平台，营造了良好的团队学习氛围，通过集中学习、外出访问、培训、工作实践等方式帮助组织成员成长。B组织是个学习型的团队，很注重工作人员的个人成长，个人的学习成长也历来是组织年度考核的指标。2012年，B组织派出学习达16人次，累计参加学习时间160余天。在持续的学习中，团队成员的视野、能力、人脉方面都有较大的成长，为机构和个人的持续发展，打下更好的基础。除外出学习，在每月两天的例会中，团队继续学习时事、解读政府文件，增加对形势政策的把握。

> 开始创办 B 组织的一个基本的初衷，就是觉得社会需要真善美，需要去弘扬它。社会需要更多的人去关心这个社会，社会需要一些栋梁之才使得这个社会变得更加美好，让社会问题得到更好的解决。这里面的核心一个就是真善美，一个就是人的问题。所以一开始我们更多考虑的就是通过学术演讲、通过文化交流让大家能够认识这个社会，而且增强这么一种社会责任感，愿意为社会做贡献。后面做很多的社会实践活动或者别的一些平台是因为我们觉得仅仅通过思想交流或者仅仅通过读书还不够，人的成长是多方面的，也需要去实践，知识要与社会实践相结合，学者需为平民百姓去服务。我觉得我们不仅仅要去呼吁、去传播真善美，而且要用行动去实践真善美。同时我们也希望不仅仅从思想上、从学问上去提高一个人的素质，而且也希望从行动上、从实践中去提高人的水平。（资料来源：内部资料《 B 组织五周年访谈之访谈创始人 Z》）

3. 反消费主义的理想主义、集体主义的生活理念

在马克思主义人生观和价值观的指导下，B 组织提倡的是一种反对消费主义的、理想主义和集体主义的生活理念。这种生活理念追求人与自然的和谐、人际和谐以及个人的身心和谐。对于物质生活，B 组织主张环保、低碳、健康、简朴的物质生活方式，反对一味追求物质享受，反对"对自然掠夺式开发"的奢华、浪费的消费主义生活方式，认为消费主义生活方式对环境资源、对人类的可持续发展是一场灾难，因而不应该人人去追求，也不可能实现。

> 追求好车好房，人人都可以理解。但是人人都可能实现这样的一种生活吗？人人都实现这么一种有车有房的生活对地球是好事吗？不是好事！美国这么一个国家、这样一种生活水平，才两亿人，就消耗了地球上百分之三四十的资源。如果中国都像他们这样，如果全世界都像他们这样，都是去追求这么一种物质的丰裕的话，这个地球早就崩盘了。所以那根本就是一个不可能的现象，不可能的一个世界，也是不应该人人去追求的这样一个世界，那意味着灭亡！总有一些人要首先觉悟起来……把公益活动作为一种理想去做的，也不会太注重物质生活，我们重视的是精神生活。我们不在乎一定要有房子有车，也不在乎孩子以后要到多么好的学校里面去读书，我们不追求这些东西。（资料来源：内部资料《 B 组织五周年访谈之访谈创始人 Z》）

B 组织认为，人应该更注重精神生活，真正的幸福不在于财富占有，而是在于人际关系的和谐，在于个人的身心和谐，在于精神的满足。集体主义的生活方

式有利于发挥大家庭的优势，成员之间互相关心，互助合作，既有利于降低个人生存的成本，又能增加组织成员之间的交流和感情，消除孤独感，使大家在陌生的城市中感觉到人与人之间的温暖和友爱。B组织赋予反消费主义的理想主义集体生活方式以积极的意义，它不是公益人迫于生存压力的无奈选择，不是公益人逃避现实、躲进“理想国”的“另类”生活，而是一批先“觉悟”起来的人，对“新的生活方式”的探索。

人是社会的人，人是在特定社会和组织环境下成长和发展的，组织经过长期实践和磨合形成的共同认识和理念是组织文化的重要内容，潜移默化地转化为个体的思想认识元素，成为个体认识和判断事物的重要准则，影响个体需要的形成及其满足程度的评价，使得个体往往会以组织共同认同的具有“高价值”的目标作为个体的需要及其追求的目标。这样，组织文化通过对组织成员的价值、需要等的引导，之所以能够对其成员产生激励并使这种激励得以维持，关键在于组织文化是组织全体成员在长期的发展中培育形成与共同遵守的最高目标的价值标准、基本信念及行为规范，并得到组织成员的共同认同，成为组织成员一致推崇的行为准则①。

（二）创始人的示范作用对组织成员的引导

除了组织文化的引导和形塑，创始人或主要负责人的榜样和示范作用对组织成员需要的引导和形塑也是关键的策略。创始人在草根公益组织的早期具有无法比拟的权威，组织成员对组织文化的信服背后的机理是对创始人权威的服从。当创始人的言行与组织文化的倡导高度一致时组织文化才能对组织成员发挥作用。

B组织的创始人Z硕士毕业之后，自主创业，投身公益，多年来为了社会理想和关系大多数人幸福的事业孜孜以求、呕心沥血、倾尽所有却无怨无悔。即便是在最后功成名就时，创始人也从不居功自傲，而保持着谦卑、民主、温和、平易近人的本色，且承担了更多的工作；面临名利双收的诱惑，创始人仍坚持朴素清贫的生活和理想事业的追求，而将属于自己的大笔奖金捐给团队，与普通成员一起分享，置更多诱人的机会于不顾。创始人本身就是马克思主义人生观和价值观的践行者，在他身上体现了组织文化的种种理念。以下是创始人Z从事公益活动的内心表白：

> 人活着何必追求奢华，何必一定要住上高楼大厦，一定要天天开着小车，也没必要。……我把公益活动作为一种理想去做，也不会太注重物质生

① 罗明忠．组织文化、员工激励及其相容性——基于广州某民营高科技企业的分析与思考［J］．徐州工程学院学报，2011（1）．

活，我们重视的是精神生活。我们不在乎一定要有房子有车，也不在乎孩子以后要到多么好的学校里面去读书，我们不追求这些东西。其实从这个意义上讲如果你把这个东西看开了你就不会觉得这是压力。这哪里有压力？所以我说“蜗居也幸福”、“蜗居也快乐”。当你不追求那个大房子的时候你“蜗居”有什么不快乐的？（资料来源：内部资料《B 组织五周年访谈之访谈创始人 Z》）

创始人的感召和示范实际上是一种榜样激励。榜样的力量是无穷的，它具有内在的感染、激励、引导等作用，榜样发挥着重要的示范激励作用。诱导人们向榜样学习，使人们向先进看齐，以先进为榜样，像榜样人物那样以积极的姿态投身于工作中①。

B 组织的组织文化这样一个包含了人生观、价值观、公益事业观、生活观、幸福观等内容的，具有导向性的价值体系通过专门的学习教育，以及日常的熏陶，并通过创始人的身体力行、以身作则，发挥榜样带头作用和示范作用，对组织成员的思想价值观、工作动机、需要结构等发挥了很好的引导、提升和塑造作用。在耳濡目染中，组织成员的动机、需要具有了更多的共性，与组织使命、组织目标更为融合。从组织的层面来说，组织要通过组织文化建设、创始人的示范作用，对组织成员的需要结构进行引导；而从组织成员的角度来看，组织成员完成组织认同表明组织引导工作的成功。组织引导与组织认同实际上是同一个过程的两个方面，两者是相互建构的。

（三）组织成员对组织引导的接受：组织认同

认同一词，源于拉丁语“idem”，意为“相同的事物”，认同的英文概念本意就是“身份”。在心理分析文献中，认同是指一种特定的情感联系。对于组织认同的定义，理论界尚未形成共识。组织认同的研究者往往结合自身的研究问题，从不同的视角对组织认同进行定义。这些不同的定义大多强调组织认同的认知特性，有些强调组织认同的情感特性，还有些则同时考虑认知特性与情感特性。从认知的角度，组织认同被学者们界定为一种个体的单纯认知现象。Mael 和 Ashforth 认为组织认同是与组织一致，或是个体对自我归属于某个群体的一种知觉②。Dutton 等认为组织认同是一种个体和组织之间的认知联系，组织认同使员

① 李丽娟主编．管理学原理［M］．北京：北京理工大学出版社，2010.

② Mael F，Ashforth B E，*Alumni and their alma mater：a partial test of reformulated model of organizational identification*. Journal of Organizational Behavior，1992（13），pp. 103-123.

工用组织的特征来定义自己①。徐玮伶和郑伯壎认为，组织认同是“个体定义自我的一种过程与结果，个体藉由归属组织的过程，使自我概念与组织特性发生连结，并因而产生了分类的效果”②。从情感的角度，一部分学者认为，组织认同是一种个体与组织的情感表现③。O Reilly 和 Chat-man 从情感角度定义组织认同，即组织认同产生的基础是个体基于与认同目标保持情感满意的自我定义关系的吸引和期望。从社会学的角度，还有学者把认知与情感两要素结合起来，认为组织认同是一系列相互独立但又相互关联的现象。如 Riketta 提出组织认同是“个体把自己和组织视为一体的自我认定（社会学角度），它是个体认知并内化组织价值观的结果（认知角度），表现为个体在归属感、自豪感和忠诚度等方面流露出的情感归依（情感角度）”④。王彦斌认为，组织认同是指“组织成员在行为与观念等诸方面与所加入的组织具有一致性，并且成员觉得自己对组织既有理性的契约感和责任感，也有非理性的归属感和依赖感，以及在这种心理基础上表现出的对组织活动尽心尽力的行为结果——组织公民行为⑤。从认知、情感两个层面对“组织认同”进行界定比较全面。

从社会心理学角度看，一个人在社会生活中必然伴随着两种认同，其一是“个人性认同”，目的是为了寻找“自我”，为了寻找自我的唯一性、排他性、自主性和独立性；其二是“社会性认同”，目的是为了寻找归属，为了寻找群体内的一致性和群体间的区别性。以某种成员身份归属群体，被接纳，被认同，被分享，去体验同舟共济，生死相依，有难同当，有福同享，这两种人类的本性相辅相成，缺一不可。

组织认同的关键是形成“我们”意识，这是群体凝聚的基础，也是事业共同体和利益共同体形成的心理基础。形成“我们”意识意味着个体将自己归属为群体，自我认定是组织中的一员。在“我们”意识中，组织是“我们的”，而不是“我的”。因此，在“我们”意识的推动下，处于组织中各级权力地位的人，才

---

① Dutton J E , Dukerieh J M, Harquail C V. *Organizational images and member identification*. Administrative Science Quarterly, 1994 (39), pp. 239-263.

② 徐玮伶，郑伯壎．组织认同：理论与本质之初步探索分析［J］．中山管理评论，2002（1）．

③ 魏钧，陈中原，张勉．组织认同的基础理论、测量及相关变量［J］．心理科学进展，2007（6）．

④ Riketta M. *Organizational identification*: *A meat-analysis*, Journal of Vocational Behavior, 2005 (66), pp. 358-384.

⑤ 王彦斌，赵晓荣．中国企业员工的组织认同及其整合基础：以企业控股形式为视点的分析［J］．江苏行政学院学报，2009（6）．

能在组织权力结构之外的意义上尊重处于从属地位的人；处于组织中同一级的人才能减少和避免权力争夺和工作摩擦；组织中的成员才能同舟共济、生死相依。

形成“我们感”的关键是与“他们”形成区分，并找到“我们”是谁的答案。这是公益组织引导和激励其成员的根本，也可以说是最深层的组织激励①。认同与激励过程的密切关联在于组织凝聚力的形成，组织成员形成组织认同是组织使命和目标发挥激励作用的基础。

作为一种特殊的社会认同，组织认同需要经历社会比较、社会类化、社会定位和社会认同四个心理历程。下文我们分析B组织是如何通过引导组织成员经历这四个心理历程达到对组织的认同，进而使组织使命和目标发挥激励作用。

表5-1 **社会认同的心理历程与激励手段②**

	过程1	过程2	过程3	过程4
心理历程	社会比较	社会类化	社会区辨	社会定位
激励手段	强调， 提出新概念	组织文化 特殊激励	个人目标与 组织目标的结合	接纳组织目标
激励后果	选择组织特征， 工作价值观	组织凝聚力 我们与他们的区分	个人自尊与 群体自尊的增强；	工作满意感 与组织忠诚

首先是进行社会比较。B组织创始人和领导层常常引导组织成员将机构与企业、其他公益组织比较工作内容、工作目标、工作意义、工作前景、工作性质等。组织创始人、领导层一直在不断强调机构与其他公益组织的区别，认为，“我们只是运用了NGO的形式，比如，以具体的社会弱势群体为服务对象，以具体的社会问题为切入点，以向基金会申请项目为形式等，我们只能说是类NGO。我们团队与一般或者说传统的NGO有明显的区别，主要是体现在使命和指导理念上。”通过比较，突出了组织既不同于营利组织，也与国内其他公益组织相区别的特征。

其次进行社会类化。比较之后形成一个特殊的类别意识，即在心理上将自己类别化，开始有“我们是……”的归类的动机，并将自己与类别联系起来。这

① 郭于华等．事业共同体：第三部门激励机制个案探索［M］．杭州：浙江人民出版社，1999.

② 郭于华等．事业共同体：第三部门激励机制个案探索［M］．杭州：浙江人民出版社，1999.

时，“我是……”的意识降低到次要位置上，“我们”与“我”统一起来，形成“我们感”。早期的创业者一般是以“一起做事”来形成“我们感”的，而后来者难以通过原有的方式获得类似的“我们感”。因此，B组织领导注重对团队成员进行理论引导，通过长期、集中、系统的理论教育和社会实践提高成员对社会的认识和对组织使命的理解，从而将自己类化为理想主义者、中国特色社会主义新公益的探索者、新公益人。

第三，社会区辨。社会类化的必然结果是区辨或者区隔。区别“我们”与“他们”的动机越强，内部凝聚力也越强。当区分的边界变得清晰之后，“内群体”和“外群体”的区辨性将带来定位的便利性。这时，象征符号和情感体验都会强化类别化的过程。内群体、外群体的区分，在心理上将出现个人自尊与群体自尊的结合，并且使得个人自尊加大，排斥或贬低对外群体。在探讨“社会主义新公益”的问题上，B组织进一步强调机构使命、目标以及工作的社会意义与其他公益组织埋头做事，疏于理论反思、满足于做小做专及对社会问题进行修修补补的不同，形成更加理性的区别。

最后是社会定位。社会定位是最终对个体认同的组织的逻辑定义。即在回答“我们是谁”问题的同时，将自我归属于“我们”。这也就是社会认同的完成。通过比较、类化、区辨，B组织最后将团队定位为以“培育新民，改造社会”为使命的中国特色社会主义新公益组织，其目标是发挥公益事业的创新和引领作用，促进中国社会主义事业的发展，推动社会的全面进步。

组织认同过程就是价值理念的融合过程。就个体而言，从他（她）加入组织成为其中一员的那一天起，就开始了他（她）在组织中的“再社会化”进程，并逐步对组织形成认同或者对组织产生排斥。如果是前者，个体自然会得到激励，并不断强化自身与组织的关系，其在接受组织的共同价值理念的同时，也将自己的思想和理念渗透到组织中。组织价值理念融合的过程就是组织对员工予以激励和员工自我激励的过程，而且因为其价值认同的一致性更能维持长久。反之，个体就将与组织关系越来越疏远，最终的结果就是成为组织的“边缘人”，被组织所抛弃或选择自我离开组织。

对组织认同过程中产生归属感并形成激励。人本身就是群居的动物，有情感依附的需求。所谓“物以类聚，人以群分”，人与人之间的相似性关键在于其价值理念、信仰和行为准则的一致，由此才可能产生向心力。对于组织成员而言，因为其对所在组织价值观和行为规范的认同，双方的共性增多，员工的组织承诺度必然提升，员工随着对组织的“单方面投入”的增加而产生的一种甘愿全身心地参与组织各项工作的热情将更加高涨。同样，组织对其成员的认同也将进一步增强，双方的心理契约将更加牢靠和稳固，激励相容就有了可能，员工在得到激励的同时，组织效益也将获得极大地提升。

四、组织激励机制

组织认同的结果主要表现为合作意图、满意感、组织承诺、基于组织的自尊、组织公民行为和离职意图。在群体认同形成之后，个体的自我中形成了属于群体成员的“自我”，并且成为自我结构中重要的社会性自我，也便形成了组织认同。认同与激励过程的密切关联在于组织凝聚力的形成。组织成员形成组织认同是组织使命和目标发挥激励作用的关键。

1. 组织使命和目标激励

著名的管理学大师彼得·德鲁克认为，非营利组织应该以使命为先。使命是非营利组织的命脉所在，它回答的是一个非营利组织为什么做自己所做的事，它存在的原因与目的是什么等问题。一个非营利组织如果不了解自己的使命，那么很难想象它未来的发展前途。事实上，非营利组织与营利组织最大的差别之一就在于，非营利组织以使命为先，并通过组织的使命吸引、凝聚员工和志愿者，而不是通过工资、福利待遇吸引员工和志愿者。因此，使命的激励是非营利组织激励机制的首要内容。对非营利组织员工的激励中，高尚使命的描述是很重要的。非营利组织使命激励的关键在于领导者。卓越的领导者不仅是使命的代言人，更是忠实的履行者，应该是道德的楷模，长远的榜样。对非营利组织来说，仅仅为生存或精神上的满足和享受而让其成员加入组织是非常不够的，重要的是让其成员投入组织所追求的价值目标，始终以一种崇高的组织使命为宗旨和行动指南，在追求个人效用最大化的同时，实现组织的社会效用最大化。管理者的真正任务应该是不断地重申使命，在组织员工中始终贯穿这一使命，提高组织的员工和志愿者的使命认同感，并建立以使命为中心的价值观和组织文化。

不同的组织认同程度具有不同的激励效果。从我们的调查和访谈来看，根据组织认同的程度，可以粗略地将现有B组织的人员分为两种。第一种是已经比较坚定地认同组织目标，愿意与组织的命运结合在一起，并身体力行，积极探索，推动组织的发展和组织使命的实现，一般不会轻易地离开组织。而S便是其中之一。S到B组织已经4年多，目前是团队的执行长，能力强、经验丰富，是难得公益人才，常有其他公益组织向他抛出橄榄枝，但他对组织的使命和目标高度认同，绝少动摇。他说“我觉得这边更需要我，我在这边更有意义”。

第二种是对组织持中等程度认同。这部分人对社会、对公益、对B组织等有自己的看法，他们更看重自己的工作岗位是否符合自己的兴趣、个性、专长，是否利于自己能力才干的发挥和个人成长、发展，是否能够给自己带来精神和物质的满足等。他们往往比较满意B组织团队中那种比较和谐的人际关系以及机构领导的为人和作风，但他们主要是站在自我的角度来理解“我们”：如果这个“我们”于自己的发展有利，那么，这个“我们”就是“我”的“我们”；如果这个“我们”要求自己在某种程度上放弃自己，服从机构，那么，这个“我们”就不是“我”的“我们”。第二种类型与第一种类型相比，有更加独立的自我意识，对组织目标的认同距离使他们也多了一些冷静，在选择的时候，工具取向更为明显，即在组织中留任，是出于对个人投入与收获的比较。如R是个典型的例子。R是T的哥哥，30多岁，单身，初中毕业后就外出打工。到B组织之前在广东打工，受了工伤，由于机构此时刚好在拓展工友服务的工作，便想到邀请R加入。后来在其弟弟和创始人Z的动员下，R进入团队。进入团队之前，机构先派R到北京的工友服务机构进行了为期三个月的见习，以便借鉴兄弟机构的成功经验来开展工作。2011年9月，R实习结束，正式回到B组织，主要负责二手衣物店的筹备和工友服务工作。四个月后，R提出了离职。

从组织的发展而言，这两种类型的人是各有千秋的。第一种人对组织目标的执著追求和坚定认同，是组织发展和使命实现的关键。第二种人对组织的中等认同现实地要求组织必须考虑到，不能一味地要求员工认同组织目标，而忽略了组织对员工个人目标的认同。从B组织目前的情况看，对组织目标坚定认同的是主流，正如团队中许多成员所认同的“这是B组织历经艰难，但仍一直坚持，并不断发展、壮大的根本所在。”

> 国内的NGO普遍缺乏使命感，这和NGO强调职业化、去神圣化、理想化不无关系。因为强调职业化、专业化，NGO机构往往因为一个项目而成立，当项目结束时，机构也随之解散，NGO从业人士将公益作为一个职业来看，是一个谋生的方式，而非事业。很多草根NGO，纯粹埋头做事，很少进行理论反思和学习，使命感不强，一但政治上有什么风吹草动，或者觉得做不下去了，机构就作鸟兽散，甚至连领导层、核心骨干都纷纷辞职离开了，机构出现无人掌控、无以为继的局面……而B组织最大的特点是使命感强，这五年历经困难，但一直坚持到今天，机构里的人员也常有离职念头，但大多坚持留下来，重要的一点就是对机构使命和理念的认同。这也许是我们这个团队成功的重要经验之一。（资料来源于访谈，编号S 2012-12-27）
>
> 也曾经想离开，并不是外在的标准，工资不是问题，家人也支持，主要是自己内在的标准。……但是隐隐约约的动力，来自模糊的方向和信仰，觉得做这些事对社会是有意义的，所以最后也没有离开，就坚持下来。（资料来源于访谈，编号B 2011-12-26）
>
> 几乎团队里的每个人都有过辞职的想法，但最后都留了下来，因为我们

有共同的信仰。(资料来源于访谈，编号 R 2011-12-26)

尤为值得注意的是，我国传统文化是伦理文化，强调人际关系，成员对组织的认同更多地体现在对领导和管理层的认同，如对组织领导和管理层的理念、风格等的认同等。和与国外的组织相比，对人的认同会比对组织的认同产生更大的影响①。在 B 组织团队中，对组织使命高度认同并不必然意味着他们一定会留在团队中，相反，不少成员也组织使命高度认同，但却因为对领导和管理层在一些具体理念上的不认同，以及对其领导和管理风格的不认同而选择离开。如 S 所说，“也曾经有过辞职的想法，主要是对 Z 领导管理方式的不认同，觉得按照他这样的做法是行不通的。但后来事情还是做成了，就没有走。”

2. 榜样激励：组织创始人的感召和示范

在作为第三部门的组织中，组织目标的实现和组织自身的生存与治理与其领导人的各方面素质关系密切。对非政府组织的有关研究表明，其领导人须具有特定的价值观，信奉组织使命的正当性；须有饱满的工作热情和奉献精神，诚实、公正，对下属工作人员具有感召力；亦须具备必要的知识与技能，有准确的眼光和自信去领导和激励成员投身于组织活动。

精英色彩浓厚是中国的草根公益组织，尤其是初创期草根公益组织的突出特点。它们大多由一两个社会精英发起，这些创始人大多具有高学历、高素质与杰出的才能②，拥有一定的社会资源，怀抱着强烈的社会责任感、坚定的信念，因某种社会理想而投身社会公益事业。在创始人的号召或感召之下，一群能力相对薄弱、经验相对缺乏的年轻人聚集到组织中来，和创始人一起筚路蓝缕，开创事业。初创期的草根公益组织面临严峻的生存危机，组织的运作很大程度上依赖创始人的资源、能力、努力与坚持；初创期的草根公益组织，组织成员中普遍存在着对组织定位和价值的不确定性，他们需要创始人为他们树立清晰而有价值的组织使命作为激励。因此，对于中国的草根公益组织来说，创始人的作用是举足轻重的，甚至是决定性的，很多草根公益组织因创始人而兴也因创始人而衰。创始人对于团队成员具有重要的示范和激励作用，可以说，创始人本身就是草根公益组织激励机制的重要构成部分。

前面我们分析 B 组织团队成员工作动机时发现，有相当一部分工作人员主要是因为受到创始人的人格魅力感召而进入团队，并坚持下来的。那么创始人的感

① 宝贡敏，徐碧祥．组织认同理论研究述评［J］．外国经济与管理，2006（1）．

② 康佳玲等．游走于理想和现实之间——上海地区草根 NGO 生存状态调研报告［J］．南风窗，2010（24）．

召和示范作用主要体现在哪？根据调查和访谈，我们将其归结为人格特质和行为特征两大类。

第一，创始人的人格特质。B组织创始人集诸多优秀品质于一身，使团队成员产生欣赏、钦佩之感。第二，创始人的行为特征。创始人硕士毕业之后，自主创业，投身公益，多年来为了社会理想和关系大多数人幸福的事业孜孜以求，即便是在最后功成名就时，创始人也从不居功自傲；面临名利双收的诱惑，创始人仍坚持朴素清贫的生活和理想事业的追求，而将属于自己的大笔奖金捐给团队……创始人对组织做出的贡献、创始人的坚持、创始人的自我牺牲，感动着团队成员，使团队成员产生欣赏、钦佩、认同、信任等一系列情感，心甘情愿地追随之，不自觉地模仿之，激励着团队成员像创始人一样为组织的建设、发展而倾情付出，不求回报。

创始人的感召和示范实际上是一种榜样激励。榜样的力量是无穷的，它具有内在的感染、激励、号召、启迪等功能，榜样发挥着重要的示范激励作用，引导人们向榜样学习，使人们向先进看齐，以先进为榜样，像榜样人物那样以积极的姿态投身于工作中。

3. 参与激励：民主、平等、协商的工作制度

参与激励就是让组织成员参与组织重大问题的决策与管理，并对领导者的行为进行监督，使员工产生主人翁责任感，组织的前途和命运就是自己的前途和命运，从而激励员工把全身心投入到组织的事业中①。B组织强调所有的团队成员都是为了一个“共同的事业”而奋斗，每个人都是组织的主人，在组织决策、管理、监督等各个环节坚持民主、平等、协商的原则，通过全体工作人员大会、集体领导个人负责的执行委员会制度、监察制度、组织例会制度、项目PK制度、年中和年末总结大会制度、民主生活会制度等，确保团队成员对组织决策、治理等各项工作的参与，以充分调动团队成员的积极性、主动性和创造性。

如组织例会、项目PK是B组织进行组织沟通和参与管理的正规制度安排。一般是每半个月召开一次，在会上，各志愿小组、各项目的负责人汇报近期的工作进展和下一步的工作重点，以便团队成员们全面把握组织的工作情况，增进团队成员之间的互相了解；对各志愿小组、各项目工作中存在的困难和问题则经过大家的讨论，共同制定对策和措施，必要时进行分工合作，帮助解决。项目PK主要是为了集思广益，提供各志愿小组项目设计的水平和中标的几率，具体运作和组织例会基本一致。

---

① 杨亚婕主编．管理学理论与实务［M］．昆明：云南大学出版社，2010.

全体工作人员会议是组织的最高权力和决策机构，每半年召开一次，全体工作人员参加，一般为期一周，主要是对年中、年度各项工作的总结以及未来半年和一年内组织的战略规划、财务、重要人事变更、重要规章制度等重大问题进行讨论、表决。笔者曾全程参与团队为期一周的年终总结规划会议。会议实行民主集中制原则，氛围很轻松，大家都比较积极活跃，畅所欲言，毫无保留；对重大的问题和分歧则反复进行讨论，有时候甚至会进行激烈的争论。在全体工作人员会议上，没有领导和普通员工的区别，没有所谓的权威，甚至领导还常常成为批评、质疑的对象，在这个时候每个人都是平等的，每个人的意见和建议都能得到充分的表达和尊重，而最后的结果往往是以民主表决形式决定。

民主生活会制度是 B 组织进行组织沟通的制度安排，是对中国共产党的民主生活会制度的借鉴，一般是在全体工作人员代表大会后召开，每半年一次，为期一天。民主生活会上，各团队成员通过坦诚地自我表达、自我批评，以及与团队其他成员的交流、沟通，接受团队其他成员的批评、建议等，深入开展思想和情感交流。对个人来说，民主生活会提高了个人对自我的认识，有利于个人的成长；对组织来说，经由团结——批评——团结，达到消除误解、减少分歧、增进了解、增强信任、促进共识、鼓舞士气、提高组织凝聚力等作用。

除了正式的组织沟通外，B 组织还有多种形式的、频繁的非正式沟通，如集体生活、集体文娱活动、聚餐、集体出游等，工作人员之间的沟通交流涉及工作、思想、生活、情感等各个方面。频繁、全面、深入的沟通增进了团队成员之间的了解，增强了团队“一家人”的意识，提高了组织凝聚力。

4. 学习和个人提升机制

B 组织以“育人”为中心任务，机构的使命是培育新民，改造社会，将高校学子作为目标群体，通过学习、思想交流以及各个公益实践平台的锻炼，提高有志青年的理论水平和综合素质，使青年成为有坚定的社会主义理想、强烈的社会责任感、乐于奉献的精神、较高的理论水平、良好的综合素质和能力，能推动社会进步的人。B 组织作为学习型的组织，对刚从学校毕业，缺乏社会经验的学生是一个很好的学习、锻炼和提升的平台。

B 组织强调理论知识的学习，同时也注重成员业务水平的提高。组织对工作人员的培育主要有以下几种途径和方式：第一，集中、系统地培训，快速掌握公益理念和操作技能。第二，外出考察、学习，与其他公益组织交流，借鉴有益经验，拓宽发展思路，为我所用。第三，根据团队的实际需要，主动设计相关的学习项目，通过向基金会申请经费来实施。第四，在公益实践中学习。B 组织鼓励有想法的青年人大胆进行社会实践，并为这些年轻人提供资源和平台，帮助他们成长。

以上方式，很多公益组织都采用，而B组织尤为特别的地方在于特设专门岗位，安排专门人员即教育长进行团队的学习和思想工作，并制定了相关的学习制度，主要有团队的集体学习和组织成员的个人学习两种。在集体学习方面，B组织下设的文化中心，专门负责团队学习和思想交流工作，由教育长根据工作计划，或者成员的需要，制订学习计划、选择学习材料，组织工作人员每周定期进行集中学习，形式不拘，主要有听讲座、讨论会、专题培训、拜访名师、交流分享、读书、学习经典文章、看电影、时事讨论等。由教育长制定学习计划，选择学习材料，组织工作人员定期集中学习。此外，B组织还对员工设“新民夜校”，开设必修课和选修课，旨在提供团队工作人员的思想理论水平和业务能力。而每个工作日的集体晨读晨练也是集体学习的一种形式。

5. 物质激励：工资平等、集体生活、互助合作

公益组织的性质和草根公益组织的资源状况共同决定了草根公益组织的物质激励水平不可能很高，甚至还处于比较低的水平。然而，专职公益人同样面临巨大的生存、住房、医疗及家庭压力。在公益组织所能提供的物质激励水平不可能大幅度提高的现实情况下，B组织一方面想方设法通过拓宽资源渠道、社会企业运作提高自主资金比例等方式增加团队收入之外，最主要的物质激励为实行平等的工资制度、集体生活和互助合作降低生存成本。

B组织在薪酬方面也一直秉承社会主义“共同富裕”的理念，实行集体主义、平均分配的原则。职工工资没有职位和学历的等级差别，而只有工龄和补贴的差别。创始人、各志愿小组负责人、普通员工等全职人员的工资都是由基本工资、工龄工资、补贴构成。人员工资主要来源有：各志愿团队小组项目中的人力成本部分、创始人或主要负责人的收入和筹款、亲朋好友的资助、企业赞助、团队经营收入等。在2011年以前，工作人员的基本工资是1200元/月，2011年之后，团队资源渠道得到拓展，调整为1500元/月。人员工资总额=基本工资（1500元）+工龄工资（100元/年×工作年限）+补贴（城市新区补贴200元）。所有全职工作人员的工资大体上在1700~2000元之间，创始人的工资并不是其中最高的。

面对着住房、医疗、赡养父母、教育儿女的压力，B组织积极探索互助合作的集体生活方式，补充物质激励的不足，将现有物质保障水平发挥到极致。具体措施包括，实行团队统一租房，集体生活；集体育儿养老；设立集体互助基金；集体购买商业保险；中医保健治病等。集体食宿方面，从2010年9月开始，由组织出资统一租房提供给组织中的工作人员，已婚的住单间，未婚男女分别入住男生集体宿舍和女生集体宿舍，还可经常接纳志愿者或亲友留宿。在饮食方面也是集体伙食，工作人员分组轮流做饭，厨房设投币箱，但凡有亲友、志愿者等一

起用餐，则按照每顿5元的最低标准随喜投币；公共卫生按值日完成；家具、家电等属于集体财产，共同使用共同维护；日常生活用品由互助超市统一购买，费用方面最开始由个人和集体共同负担，以集体承担大部分，个人承当小部分，2012年以后，全部费用由组织买单。此外，还有设立的二手衣物劳动互助合作超市提供闲置用品，降低生活成本。

组织还为全职人员统一购买人身意外伤害保险和大病医疗保险。在团队内部设了互助风险基金以帮助员工应对突发风险，资金来源包括：员工每人每月缴纳200元和亲朋好友的捐赠；操作方法：基金由大团队统一管理，当工作人员生活中遇到生病住院等个人难以承担的困难时，可向互助风险基金申请，全体工作人员商议，共同决定给予帮助的额度。

随着公益人结婚生子，养儿扶老的家庭重任，成为影响全职公益人坚守公益、坚持理想最大的因素。鉴于 一家一户分散带小孩就会影响工作，生活补贴太低请不起保姆，放在老家做“留守儿童”也有诸多问题；年老体弱的父母留在老家不放心，来到城市养不起或呆不住。为了减轻组织成员的家庭压力，B组织发挥大家庭的优势，开始探索集体养儿扶老的新路子：动员家中老人来帮忙带小孩、做饭或参与一些适合他们的工作，让他们进城有事做、有点收入也有价值感。生活在一起的父母们对全职做公益的子女有了更多理解和支持。

除了集体租房之外，他们还请中医老师们做家庭中医保健培训，学习运用艾灸、刮痧、推拿、针刺等外治疗法治疗感冒、发烧、胃痛、便秘等常见病痛，并且按“治未病”的理念改善饮食起居等生活习惯、平常做做保健，自己及其幼儿几乎不用西药不上医院，大大降低了病痛之苦及医药开支。

6. 组织文化激励

激活组织要从激活人开始，激活人要从激活人的精神开始。组织文化是组织共同思想、价值观念、作风和行为准则的集中体现，使员工从内心深处自觉产生为组织努力的精神产生一种巨大的向心力和凝聚力；同时，促使个体凝聚在群体之中，从而大大增强了组织群体内部的一致性，使组织在竞争中形成一股强大的力量。传统激励理论没有把组织文化当成激励，更没有认识到组织文化就是组织激励员工的重要方式之一。事实上，组织文化是员工激励的基础，组织文化对员工具有重大的心理影响和行为规范作用，优秀的组织文化能够让组织成为一个整体，组织文化建设本身就是对员工的一种激励①。B组织的组织文化以马克思主义、社会主义和集体主义为主要特征，它引导组织成员形成提升自我、奉献社

---

① 罗明忠．组织文化、员工激励及其相容性——基于广州某民营高科技企业的分析与思考［J］．徐州工程学院学报，2011（1）．

会，在奉献社会中实现自我的价值取向，使组织成员的需要体系呈现出奉献社会的精神需要为主导的特点。组织文化对精神需要的引导和塑造，抵制了消费主义文化的影响，降低了组织成员对物质需要的期望，帮助组织在物质激励欠缺的情况下仍能保证精神激励的高效发挥。

五、需求满足的情况：他们得到了什么？

公益人员从公益组织的工作中得到了什么，他们需要的满足情况怎样，他们的感受如何，他们还有什么样的需要？……对公益人需要满足的分析是对激励机制效果的评估，也是改进草根公益组织激励机制的基础。

（一）工资收入

工资收入是生活的基本来源，是保障生活的基本条件。同时，工资的高低也在某种程度上表达了个人能力、努力和成就的大小、社会地位和声望，在组织内部还有公平的意义。因此，它不仅是物质的，也是精神的；既是保健因素也是激励因素。

保障团队成员的基本生活一直是B组织的目标，B组织在薪酬方面也一直秉承社会主义“共同富裕”的理念，实行集体主义、平均分配的原则。职工工资没有职位和学历的等级差别，而只有工龄和补贴的差别。所有全职工作人员的工资大体上在1700~2000元之间。团队成员对目前的工资收入水平的态度是：一方面，对无等级差别的工资制度比较满意，所有工作人员处于基本一致的收入水平，甚至连创始人也和普通成员一样的工资，而实际上创始人获得了一个基金会的成长计划，享受“连续3年，每年提供10万的生活补贴”的优厚待遇，这完全能保证他过上体面无忧的生活，但创始人没有这样做，他只给自己定了1500元/月的工资标准，其余部份捐献出来作为公用。在B组织的工作人员看来，无等级差别的工作制度体现了一个团队在创业期同甘共苦的精神，具有较强的激励作用；而创始人的舍己为公的举措起了示范性作用，对其他工作人员也具有同样的激励效果。另一方面，工资收入对B组织的工作人员既是激励因素又是保健因素，他们希望工资能足额按时发放，也希望收入水平能再提高一点。

（二）福利与保障：集体生活、医保、互助金

除工资收入之外，福利也是保障基本生活的条件。B组织以营造社会主义大家庭的氛围为目标，注重团队成员的福利保障。基于现有资源，B组织积极探索了集体供吃住、集体育儿养老、中医保健、统一购买人身意外伤害保险和大病医疗保险、设立互助风险基金、集体生日、集体文娱活动制度、设补休假期、探亲假等，降低组织成员的生活成本，减少生活压力，提高生活质量。

在B组织团队中，大多数成员对于团队提供的福利和保障还是比较满意的，

集体食宿大大降低了个人的生活成本，节约了开支，提高了生活质量，正如工作人员G所说，“虽然每个月工资不到两千，但因为集体食宿，其实每个月的支出也没有多少了，节约的话，一个月能存下1000元。”保险、互助金提高了个人抗风险的能力，使生活少了些后顾之忧。对于B组织，福利和保障既是基本的保健因素，它们让团队成员能更安心地留在团队中工作，但同时，它们也是重要的激励因素，发挥重要的激励作用。团队的福利和保障是以集体的形式提供，无形中强化了整个团队“一家人”的意识，让团队成员感觉到，B组织不仅仅是可以一起干“事业”的事业共同体，还是生活的共同体，产生强烈的组织认同感和凝聚力，激励团队成员为了组织目标的实现而努力奋斗。正如团队的内部总结所写“由于团队工资福利水平低，团队成员家庭压力都比较大，因此“后勤保障体系”格外重要——既可缓解大家后顾之忧，又可促进交流与认同。”

（三）参与管理和组织沟通

组织沟通顺畅，保证团队成员能够参与组织的决策、管理等环节，实际上体现了对组织成员的尊重，也契合了组织成员发挥个人才干、增强自我效能感和成就感的需求，客观上起到增强组织成员责任感和主人翁意识，激励组织成员为组织奉献的作用。B组织强调所有的团队成员都是为了一个“共同的事业”而奋斗，每个人都是组织的主人，在组织决策、管理、监督等各个环节坚持民主、平等、协商的原则，通过全体工作人员大会、集体领导个人负责的执行委员会制度、监察制度、组织例会制度、项目PK制度、年中和年末总结大会制度、民主生活会制度等，确保团队成员之间的互相沟通和了解，以及对组织决策、治理等各项工作的参与，以充分调动团队成员的积极性、主动性和创造性。全过程地参与策划和实施，全面了解事业的成果与意义，在工作动机的研究中是最为理想的工作状态，人们在这样的状态中可以最大限度地发现自我、完善自我、实现自我，从而消除工作的乏味无趣、无意义、自我感觉渺小等不良感受，自主而自得地为自己工作①。

（四）和谐、友好、非竞争性的人际关系

良好的非竞争性的人际关系是NGO吸引人才的主要原因之一。前面我们提到内容型激励理论中，马斯洛的“需求层次论”、奥德弗的“ERG理论”、赫茨伯格的“双因素理论”和麦克莱兰的“成就需要理论”等，分别提出了爱和归属的需要、社会交往的需要、感情的需要、相互关系的需要，这些需要都是指向人的社会性，其本质都是和谐、友好、非竞争的人际关系。

---

① 郭于华等．事业共同体：第三部门激励机制个案探索［M］．杭州：浙江人民出版社，1999.

和谐、友好、平等、非竞争的人际关系是B组织的一个突出特点。这首先体现在领导层与普通成员的关系中。B组织是一个年轻的团队，规模不大，科层化并不明显，领导层和普通成员没有距离感，一起做事，一起生活，直接沟通，没有中间环节，彼此间互称姓名，将对方看作是一起干事业的同志，只有分工的不同，没有权力、地位的差异。其次，B组织非竞争的人际关系还体现在普通成员之间。B组织是以“项目”为中心的运作模式，各工作人员在各自的领域围绕项目开展工作，各司其职，基本上不存在竞争。相反，在实际工作中，各志愿小组还常常需要通力合作，尤其是大型公益活动或项目出台之后，如集体慈善婚礼、千人徒步活动、艺术团巡回表演等，几乎所有人员都要参与进来，齐心协力围绕着共同的目标开展工作，没有相互拆台、袖手旁观的现象。

> 2011年5月，做完大型活动之后，感觉很累，想辞职，写了辞职报告。但后来还是没有走，主要是受整个团队的氛围影响比较大，感觉团队氛围还是好的，一起活动、一起打篮球，能一块做事，大家心好，没有勾心斗角。（资料来自访谈，编号C2011-12-26）

和谐、友好、非竞争性的人际关系实际上是一种普遍的感情需求。感情激励也是非营利组织人力资源管理的一种重要的动力和手段，加强组织成员之间的情感交流，使之相互了解、相互信任，满足员工情感的需要是感情激励的重要内容，它能不断增强组织的凝聚力，提高组织成员对组织的归宿感，增强员工的主体意识，把组织目标与个人目标有机地结合起来，产生相同的目标和价值取向，激发员工的创新意识和创造能力，自觉地为组织的发展贡献力量①。

（五）学习、锻炼、个人成长的平台

B组织以“育人”为中心任务，机构的使命是培育新民，改造社会，将高校学子作为目标群体，通过学习、思想交流以及各个公益实践平台的锻炼，提高有志青年的理论水平和综合素质，使青年成为有坚定的社会主义理想、强烈的社会责任感、乐于奉献的精神、较高的理论水平、良好的综合素质和能力，能推动社会进步的人。B组织作为学习型的组织，对刚从学校毕业，缺乏社会经验的学生是一个很好的学习、锻炼和提升的平台。以下是一个员工从活动的参与者到工作人员五年时间的成长历程。

① 黄波，吴乐珍，古小华主编．非营利组织管理［M］．北京：中国经济出版社，2008.

自 2006 年 4 月结识 B 组织以来，已经有五年多的时间了。从最初的好奇上进叛逆的学生，经过参与者、志愿者、实习生、兼职以及执行主任、教育长等角色或身份的转变。可以说经历了五年的跌宕起伏，自身也经历选择、考验乃至蜕变及成长成熟的过程。

我最初的梦想是做一名合格的学生喜爱的人民教师，仅此而已。但每当拷问内心深处的动力时，总是无法解脱心中的迷茫与惆怅，总是无法说服自己真正需要什么，想探知宇宙的奥秘却又那么无能为力。我曾经想只有做到经济的独立才能做到精神的独立，于是拼命地做各种各样的兼职；我曾想寻找安身立命的根基，于是狂读哲学著作，我曾想做一名自己认为的合格的且优秀的大学生，于是我从专业课、基本技能课和社会公共课等三方面去读书。

这样一路走来，我逐步培养了自己独立思考与学习的能力，逐步树立了马克思主义信仰，逐步有了为人民服务的意识。然而，当理论遭遇了实践，才知道理论的生硬与乏力，可是仅仅做到以上三点，不经过几番“脱胎换骨”的历程，我想也是断然做不得的或者不踏实的。

原来实践也是广阔的学习领域，也是成长成熟的较佳途径，自参与 B 组织的工作以来，我在努力提升自身的写作、组织、网络技术、宣传、动员等各方面的能力，努力把工作做得好一点。到现在，我终于明白“理论探索奥妙无穷，实践活动精彩无限”，理论与实践绝不是截然分开的。

就因有这样的经历，所以才有现在的我。我觉得人生应像“芝麻开花节节高”那样，不断总结不断进步，不断迎接每一轮崭新的朝阳。(资料来源：内部资料《2014 年 B 组织个人年终总结》，编号 J 2011-12-24)

(六) 个人价值感、成就感

个人价值感、成就感的满足来自人们的成就，成就需要是非营利组织员工的高层次需要。组织的员工具有与组织相一致的使命与愿景，为了完成使命，员工都具有一定的使命感和责任感，因此非常希望在组织的各项工作中获得成功，为了成功，肯定会积极付出努力，达成工作目标取得成就，从而获得对责任、成就感、认同感、成长以及自尊等需要的满足。

从个人角度来说，B 组织鼓励有想法的团队成员大胆进行实践，为组织成员提供了学习、锻炼和成长的平台，帮助他们提高个人的综合素质和能力；同时也为他们提供了展现才华的舞台，充分的信任，良好的合作，使得团队成员感到获得自我效能感、成就感和价值感。另外，公益事业作为一个基于道德、基于爱心、基于责任感的事业，受到社会的普遍认可和赞誉，作为公益事业的从业者，

B组织的成员也自然感到“公益人”的职业荣耀感，以及在服务弱势群体、奉献社会的公益实践中感受到个人对社会的价值。而近两年来，B组织各志愿小组在各自的工作领域各有创新，做出了成绩、做出了影响，收获了省内外的各种荣誉，如优秀社会企业、省优秀志愿者团队、影响力奖等，成为当地草根公益的优秀代表和领头羊，得到公益界、媒体、社会、政府、企业等多方的认可。志愿团队的成绩离不开工作人员辛勤的创造性的付出，而这也是B组织成员个人价值感和成就感的主要来源。

（七）事业共同体之感

共同体概念可以追溯到德国社会理论家滕尼斯的《共同体与社会》这一社会学经典著作。腾尼斯用共同体与社会这两个概念指涉了人类历史不同的生存、生活形态。共同体以本质意志，亦即以习俗、语言、默认一致的内在价值为首要条件，其次是生活的相互占有和享受。共同体是自然而然形成的有机体，个体视整体为生命，只有在共同体中生命的意义才能实现。它把古代的氏族、部落、城邦、城市的行政区自治、家长制家庭公社、村乡公社、行会、兄弟会党、宗教组织等都纳入共同体生活，将共同体分为血缘共同体、地域共同体和精神共同体三类，认为，地缘共同体由血缘共同体发展而来，而地缘共同体又进一步发展为精神共同体，精神共同体是“真正的人的和最高形式的共同体”①。而社会是以选择意志，亦即以个人优先于整体、以自我为目的的理性计算和趋利避害、视他者为手段的工具价值为条件的联合，是机械的人工制品。腾尼斯把私密的、出生入死、同甘共苦、相互依赖的礼俗秩序和身份伦理视为共同体的生活；视契约关系与法理秩序的生活为社会生活。由此分野了人类传统的礼俗秩序的共同体生活与现代的社会生活两种形态，以至凸显它们的对立。这一二元框架类似于涂尔干的“有机”团结与“机械”团结的对比和韦伯对共同体化与社会化之间的区分。而这三种划分实际上都是对工业化带来的社会变迁给以界说的尝试。

从共同体需求的角度看，现代社会的工业化、城市化导致人们生活的陌生化，陌生人之间的敌视、冷淡、猜疑，对公共事务的不关心，使人们对相互关爱、和睦、有依靠、有安全感的共同体生活的期待更加强烈。然而，在现代社会，依赖地域性社区来建构共同体正在遭遇越来越严峻的挑战，曾经给予期望的地域性社区正在成为往日的回忆。在现代社会的政治组织、经济组织、社会组织三种组织形式中，第一种组织等级与身份关系相关，以权力为核心的利益关系明显，不利于共同体的发育；第二种组织科层化和依靠金钱激励的特征也不利于共

① ［德］斐迪南·滕尼斯．共同体与社会——纯粹社会学的基本概念［M］．北京：商务印书馆，1999.

同体的发展。这两者都难以满足人们对共同体生活的需求。而社会组织，尤其是公益组织就是以追求所有成员的共同体生活为目的。

B 组织的组织认同的建构，是通过团队成员一起学习、一起“干事业”而实现的，即通过对共同事业的认同、参与、投入而形成“我们”感，亦即团队成员常说的“我们团队”，进而因目标、精神、情感，兴趣的连带而形成事业共同体。此外，在“做事”和认同共同事业的过程中，对创始人其人格魅力的认同，以及因组织文化而产生的凝聚力也使团队成员产生“事业共同体”之感。

（八）类家庭氛围、“生活共同体”之感

在生活方面的“类家庭氛围”。B 组织统一租房，集体食宿，强调一家人的概念，努力营造一家人的氛围；逢双周周末定期开展集体活动，形式多样，包括体育活动、聚餐、观影、自由讨论等，促进组织成员之间的交流，增进相互间的了解和情感；年终集体出游等。通过各种方式，B 组织努力营造团队和谐、友好、亲如一家的人际关系。

集体住宿主要是受北京乡建中心集体住宿的启发，觉得有利于团队成员之间的感情交流，增加团队的认同感和凝聚力。但由于一直找不到合适的房子进行集体住宿，直到 2010 年 9 月，才找到一个两层楼共 10 间房带庭院的农家小院，就租下来作为集体住宿、集体活动、志愿者培训的地方。我们设了生活委员，还制定相关的规章制度对集体食宿、公共物品等进行统一管理。公共卫生、做饭等按值日，轮流做。后来，这边拆迁，我们又重新租了一栋楼，包括未婚、已婚等 10 多人一起住。集体食宿能够节省开支，但它更大的意义在于团队建设。集体生活能加强团队人员之间的沟通、交流，增进人员之间的了解和理解，加强团队意识和凝聚力，对于打造一支团结互助的团队，营造一家人的感觉具有明显的效果。（资料来自访谈，编号 B2012-1-3）

NGO 需要有一种“类家庭气氛”，NGO 吸引人主要有两种原因，一是良好的非竞争性的人际关系，二是组织认同感。一个类家庭气氛，本质上说就是对“人”的关注。机构对员工的关心，是必不可少的，就西部阳光来说，“我们算是基金会里工资相对低的，所以机构在努力提高大家的福利，每年都组织体检，给所有的员工买了意外伤害险，中午也请钟点工来做饭，解决了午餐盒饭又贵又没营养还不环保的问题，我们还租了房子作为集体宿舍，没成家的都可以住宿舍，减轻房租负担。”我会跟他们讨论，提供尽可能多的学习、实践、出场的机会。”……“类家庭气氛，除了谈论工作以外，很重要的是还要交流生活问题，对大家生活、个人成长的问题，要很随机的关心”，梁晓燕说，西部阳光内部经常会进行思想交流，邮件组中的随机分享，面对面交流每个月尽力安排一次，大家讨论对社会问题、生活问题、为人子女或父母等问题的困惑。（资料来源：梁晓燕《NGO需要“类”家庭氛围》）

（九）组织发展目标与个人发展目标

组织目标与个人目标的一致是推动组织发展的关键。正是通过这种一致性的设计，个人的积极性被最大地调动出来，组织目标的成功实现就是个人成就的外在体现，在完成组织的目标同时也满足了自己对工作意义和工作报偿的需求。B组织一直在注意将组织目标和个人目标结合起来，它为所有的员工提供了学习、锻炼和成长的平台，帮助团队成员提高个人的综合素质和能力；同时也为他们提高了展现才华的舞台，充分的信任，良好的合作，使得每个人感到获得自我效能感、成就感和价值感。此外，B组织为尽最大的努力为团队成员提供各种福利和保障，解决他们的后顾之忧，并注意营造“一家人”、“大家庭”的氛围，满足团队成员对归属的需要。

我们在这里选择了9项内容分析B组织工作人员的需求满足状况。不过，从这些有限的项目和内容中，我们还是可以得到一个渐渐清晰的图像。B组织的成员有自己特有的世界观、人生观和价值观，也因此构成他们的需求结构。他们对于物质生活并不是特别在意，但也希望能够过上相对安稳、舒适的生活，而精神的需求，例如成就、社会责任感、使命感、归属感等变得重要和显著。他们希望把个人能力的提高、个人价值的发挥与社会理想的实现结合起来，在为理想、事业奋斗，实现社会价值的同时实现自我价值。

2013年5月中旬，B组织联合当地媒体面向社会开展“走近全职公益人”的活动，招募热心市民、志愿者探访公益人的集体生活，借此向社会宣传公益人的生活主张。这次活动中，B组织的成员表达了他们对公益生活的真实心声：

> 我们自己觉得这样的生活很快乐，当理想与现实可以结合并在追求更好的结合的时候，我们感觉到的是幸福，我们所追求的就是一种节约、简朴，为人民服务的新的生活方式……全职公益人的幸福，你能体会吗？与志同道合之友一起为理想奋斗，做对社会有益的事，过自己想要的有意义生活，对理想主义者而言多么幸福！影响理想主义者幸福感的，不是物质上的困窘，而是家人的困窘与不理解，是社会的不理解特别是实际工作中的重重障碍与无力感。（资料来源：创始人Z博文，编号Z 2013-6-10）

对于未来，B组织工作人员大多持乐观的态度，他们认为虽然机构目前还面临很多困难，但相比以前，已经有了很多进步和成长，不管是机构规模、专业水平、经验积累、资源渠道、社会影响力、项目品牌等都有了全面的提升，而目前，正是机构向专业化、规范化发展的关键时期，面临成长的阵痛，未来应该是越来越成熟，前景可观。

> 经过这么几年的探索，B组织家现在还是相对稳定了一点，或者说有这么一个成效！我自己感觉好像我们已经走在了一条正确的路上，而且会越走越宽越走越快。所以我相信B组织的将来会越来越好。然后我们之前制定的在十到二十年创办一所民办的真正的大学的目标我相信是可以达到的。（资料来源：内部资料《五周年纪念访谈之创始Z访谈录》，编号Z2011-5-1）

对机构持乐观预期的工作人员，往往是那些信仰坚定、对组织使命和目标高度认同、对组织怀有深厚情感、愿意与组织的命运结合在一起，并积极探索和推动组织发展的人。这部分人无论在组织内部的职位高低，无论做哪些方面的工作，都是组织的主人，是B组织发展最稳定而可靠的力量。并且他们正在全心全意、不遗余力地为机构的发展、壮大、实现使命而积极努力着。他们热切地希望自己能够为社会的进步作出一点自己的贡献；他们热切地希望能够带动更多有志青年投入到推动社会进步的崇高理想和伟大事业中；他们热切地希望一个更加美好的、公平的社会的到来；所以他们怀着希望继续坚持着，努力着。

当然，组织中也存在少数持悲观、迷茫或者观望态度的人，他们或者不看好机构的未来；或者不知道机构将来该何去何从，对机构充满忧虑；又或者觉得机构可能会向好的方向发展，也可能因为某些不可预期的原因而走向衰微，甚至消亡。对于持第一、第二种预期的人来说，他们最有可能因为看不到希望，而最终选择离开。对于持观望态度的成员，他们可能会在组织里继续停留一段时间，观察机构未来的发展趋势，判断其走向，并以此决定去留问题。对组织持“观望”态度的这部分人也是组织发展所要依靠的力量。

第三节　草根公益组织激励机制的基本特征：完全性的共同体

从共同体的视角来看，B组织形成了一个共同体激励体系，是一个以“精神共同体”为先导和基础，以“事业共同体”为核心，以“生活共同体”为保障的立体激励体系。那么，什么是共同体，现代公益组织为什么能够形成共同体激励？草根公益组织的共同体激励体系有什么优势和意义？在这一节中，我遵从从理论到实践的逻辑，以共同体理论分析公益组织的共同体特征和草根公益组织的激励体系，以及其意义所在。

一、共同体理论

从广泛意义上说，任何人类群体的存在形式都可以视为某种共同体。但就狭义来说，人的共同体是指人们基于一定的目的和需要，通过一定的形式结合在一起共同活动和共同交往，并由此结成具有一定的共同性和稳定性关系，具有高度认同感的人的共在的组织化形式，它是人类历史存在的基本方式①。“共同体”是社会学和政治学常用的概念，社会学意义上的共同体主要是指以血缘、地缘、业缘、情感、认同等为纽带的一定人群的结合体，其规模和范围一般较小，只是社会中的中层单位，因此，又称为“小共同体”；政治学意义上的共同体指民族共同体、阶级共同体、国家共同体、区域共同体及全球共同体等，有时又称“大共同体”。本书则是从社会学意义上使用共同体概念，即关注的是小共同体。

（一）“小共同体”理论

小共同体概念可以追溯到德国社会理论家滕尼斯的《共同体与社会》这一社会学经典著作。腾尼斯用“共同体”与“社会”这两个概念指涉了人类历史不同的生存、生活形态。通过与“社会”进行对比，滕尼斯阐明了“共同体”的特质。在滕尼斯的理论中，共同体与社会的区别主要有：（1）共同体是基于人的本能或自然情感、传统习惯、共同记忆等本质意志，而社会是基于人的深思熟虑、精打细算等选择意志，亦即以个人优先于整体、以自我为目的的理性计算和趋利避害、视他者为手段的工具价值为条件的联合。（2）“共同体本身应该被理解为一种生机勃勃的有机体，而社会则应该被理解为一种机械的聚合和人工制品。”②（3）共同体是亲密、单纯的生活，共同体的成员之间有“默认一致”的东西，“它就是把人作为一个整体的成员团结在一起的特殊力量。”③“默认一致是对于一切真正的共同生活、共同居住和共同工作的内在本质和真实情况的最简

① 胡群英．共同体：人的类存在的基本方式及其现代意义［J］．甘肃理论学刊，2010（1）．

② ［德］斐迪南·滕尼斯．共同体与社会——纯粹社会学的基本概念［M］．北京：商务印书馆，1999.

③ ［德］斐迪南·滕尼斯．共同体与社会——纯粹社会学的基本概念［M］．北京：商务印书馆，1999.

单的表示。”① 其次，“共同体的生活是相互的占有和享受，是占有和享受共同的财产，”② 以整体为本位。而“（在社会里，）行动的发生与其说是为了与个人结合的人们，不如说是为了他自己。在这里，人人为己，人人都处于同一切其他人的紧张状况之中……没有人会为别的人做点儿什么，贡献点儿什么，没有人会给别人赏赐什么，给予什么……”③“共同体是持久的和真正的共同生活，社会只不过是一种暂时的和表面的共同生活。”④（4）“人们在共同体里，与同伙一起，从出生之时起，就休戚与共、同甘共苦。人们走入社会，如同走入异国他乡。青年们被告诫，别上坏的社会的当，而说坏的共同体却是违背语言的含义的。”⑤（5）“共同体是古老的，社会是新的，不管是作为事实还是名称，皆是如此。”滕尼斯认为共同体最初的形式是血缘共同体，之后陆续发展为地缘共同体和精神共同体，而精神共同体是“真正的人的和最高形式的共同体”。事实上，在腾尼斯看来，共同体显然不是一群为了共同利益而聚集在一起的个人。个人只是由于生活在特定社群中，才逐渐形成了共同利益的观念。因此，与社团或社会不同，共同体的主要标志不是契约和利益，而是人们的出身、地位、习惯和认同。随着“社会”的到来，共同体逐渐衰落了。

后现代主义者鲍曼是在腾尼斯的意义上把“共同体”视为一个象征着安全和谐的有机体，认为共同体是家的感觉，它像壁炉可以温暖你的手，是温馨的生活体，共同体的人们以兄弟般的情谊相互依靠。共同体一直是一个象征着互助、和谐和信任的褒义词，其本质是传递出一种安全、愉悦和令人神往的满足感，意味着怀念一种传统的稳定生活，或者渴望重新拥有一个团结和谐的世界⑥。同时，共同体及其成员的身份不是人为设计的自然存在物，成员资格的认同也不需要去刻意寻求，更无法接受来自外界的任何反思、批判或试验。因此，一旦人为地夸大它的温馨和纯洁之美或贬低其存在的价值，就意味着共同体濒临消亡，而且共

① ［德］斐迪南·滕尼斯．共同体与社会——纯粹社会学的基本概念［M］．北京：商务印书馆，1999.

② ［德］斐迪南·滕尼斯．共同体与社会——纯粹社会学的基本概念［M］．北京：商务印书馆，1999.

③ ［德］斐迪南·滕尼斯．共同体与社会——纯粹社会学的基本概念［M］．北京：商务印书馆，1999.

④ ［德］斐迪南·滕尼斯．共同体与社会——纯粹社会学的基本概念［M］．北京：商务印书馆，1999.

⑤ ［德］斐迪南·滕尼斯．共同体与社会——纯粹社会学的基本概念［M］．北京：商务印书馆，1999.

⑥ ［澳］齐格蒙特·鲍曼．共同体［M］．欧阳景根译．南京：江苏人民出版，2003.

同体一旦解体，它就不可能再还原。共同体是自然而然的，在现代社会人为建构共同体本来就是一个悖论：要共同体就失去自由，要自由就无共同体的存在。

当代西方对共同体的研究主要集中在共同体主义①中。共同体主义本身是批判当代社会新自由主义、个人主义的过程中产生的。一般地说，共同体主义者把共同体看作是一个拥有某种共同的价值、规范和目标的人群的有机体，是构成个人存在的前提和背景性条件，认为个人的认知、价值、权利等的实现离不开个人所在的共同体，共同体的公共利益和普遍善的实现是个人价值实现的前提和基础。如共同体主义者桑德尔和泰勒都认为共同体是构成个人认同及存在意义的基础和前提。麦基弗在1917年出版的《共同体：一种社会学的研究》一书中强调指出，共同体目的是为了实现共同的善或公共利益，或者是成员的共同利益之上，共同体的主要特征是共同善或公共利益②。桑德尔认为，共同体就是那些具有共同的自我认知的参与者组成的，并且通过制度形式得以具体体现的某种安排，其主要特征就是参与者拥有一种共同的认同③。桑德尔反对个人主义的手段性共同体和情感性共同体，而强调构成性共同体。他认为共同体描述的“不只是他们作为公民拥有什么，而且还有他们是什么；不只是他们所选择的一种关系（如同在一个志愿组织中），而是他们发现的依附，不只是一种属性，而且还是他们身份的构成成分。”④ 丹尼尔·贝尔在其《共同体主义及其批评者》一书中提出了地理的、记忆的和心理的三种共同体类型。其中，心理性的共同体与共同体的概念最为接近，指的是基于成员面对面的交往，由于参加共同的活动而形成共同的心理体验，以成员的相互信任、合作和奉献精神来维系，并追求共同的目标的一群人。心理性共同体成员的内心深处通常拥有一种共同的共同体的善，其行为的准则是共同体的公共利益⑤。近年来以社会主义的共同体主义观而闻名的戴维·米勒详细论述了他的理想的共同体的特征，他认为一个理想的共同体应具有以下七个特征⑥：（1）共同体是这样一种社会团体，在其中每个人把自己看作是一个更大的有机体的内在组成部分。（2）在共同体中我们对其他人的感情就是团结、友爱相亲近，大家同甘苦，共患难。（3）团结友爱成为共同体全体成员的共识，共同体奉行互助。（4）共同体团结的制度体现就是按需分配利益的公共所有

① 也被国内学术界译作社群主义，因此把共同体也译作“社群”。

② 俞可平．社群主义［M］．北京：社会科学出版社，1999.

③ 俞可平．社群主义［M］．北京：科学社会出版社，1999.

④ ［美］桑德尔．自由主义与正义的局限．万俊人译［M］．北京：译林出版社，2001.

⑤ 俞可平．社群主义［M］．北京：科学社会出版社，1999.

⑥ 俞可平．社群主义［M］．北京：科学社会出版社，1999.

制。（5）共同体在社会地位和权力的分配方面也是平等的。（6）在共同体内，人与人之间的相互关系将是统一的，人们相互之间没有特殊的关系。（7）共同体存在于社会的各个层次。小到家庭、邻里，大到社会、国家，它们都是由成员的团结合作精神、互助友爱精神联结起来的。总之，当代共同体主义的价值在于看到了个人的存在、构成及生存意义、发展、价值和权利的实现等都离不开共同体。

（二）马克思的共同体思想

尽管不同的学者对共同体的具体界定各不相同，但一般地说，他们都认为共同体是一个成员共同认同的，拥有共同价值、规范和目标的有机整体；并将共同体视为“善”与“美”的代名词，用“共同体”这一概念表示人们之间关爱的、依赖的、和谐的生活型态。与此不同，马克思的“共同体”思想充满了唯物历史和辩证的色彩。

必须指出的是，马克思从来都没有为他的共同体下一个较为准确和明晰的概念界定，在马克思的理论中，一般意义上的“共同体”是人类在生存与发展过程中形成的一种集体、组织样态，既有小共同体也有大共同体。“从形态上来说，包括原始群、氏族、家庭、部落、农村公社、国家、阶级、货币、资本甚至共产主义社会在内的诸多形式都涵盖在马克思的共同体范畴之内；从规模来说，小到家庭大到社会都进入马克思的共同体视野；从发展阶段和表现来看，原始群、氏族、家庭、部落、农村公社等‘自然形成的共同体’，货币、资本等‘抽象共同体’，国家、阶级等‘虚幻共同体’以及未来共产主义社会的‘自由人联合体’都可以容纳进马克思的共同体范畴。”①

首先，马克思从人的本质和人的发展的角度来谈共同体，认为共同体是人得以存在和发展的基本条件，共同体是人存在的基本方式。马克思在《关于费尔巴哈的提纲》中明确指出：“在现实性上，人是一切社会关系的总和”②。人既具有自然属性也有社会属性，其中社会属性是人的本质属性。人总是处于一定的社会关系中，孤立、抽象的个人不存在，个人只有在集体或共同体中才能获得自己的生存与发展，人的社会性的深刻表现就是人生活于特定的共同体中，人最初的诞生、种族的繁衍和成长都是在自然共同体中进行的，而随着社会生产力的提高，人也在交往活动中不断拓展自己生存的共同体空间，从家庭、村社、社区到民族、国家。人的全面自由发展更离不开共同体。从人的自身来说，人的个性与能力是在与他人、与整个世界共处的过程中成长和发展起来的。与此同时，个人的

① 秦龙．马克思对“共同体”的探索［J］．社会主义研究，2006（3）．

② 马克思，恩格斯．马克思恩格斯选集（第1卷）［M］．北京：人民出版社，1995．

自我发展和自我完善的程度如何，又在其与他人、与外部环境能否和谐共处中得到反映。正如马克思所说，“人的本质是人的真正的共同体”①，人的真正的共同体是人的生活本身，是人的物质生活和精神生活、人的道德、人的活动、人的享受、人的本质本身，人的共同体为人的真正自由和全面发展提供现实条件和可能。

其次，马克思认为生产力是共同体得以产生、发展、演进的根本动力。马克思的共同体思想是伴随着唯物史观一起发展的，充满了历史唯物主义的色彩。随着生产力的发展，共同体经历“自然共同体—虚假共同体—真实共同体”的变迁。自然共同体是人类最初的社会形态，是在生产力水平低下的情况下，人的发展处在“以人的依赖为基本特征”的第一阶段，个体缺乏独立性，依赖群体，“以群的联合力量和集体行动来弥补个体自卫能力的不足”②，基于土地关系和血缘关系而自然而然地形成，部落、氏族、家庭、村社是自然共同体的典型表现形式。随着生产力的不断进步，自然经济发展到商品经济阶段，社会实行生产资料私有制，出现了阶级、国家等，统治阶级往往把自己的利益说成是公共利益，给私人利益赋予普遍性的假象，使阶级、国家等成为“虚幻的共同体”。当社会化大生产高度发达，社会物质极大丰富，社会生产资料公有制普遍建立之后，阶级、国家自然消亡，虚幻共同体也失去了存在的基础，自由人联合体即真正的共同体出现。总而言之，从根本上说，共同体的形式是由生产力发展水平决定的，在一定的社会条件下，人们不能完全自由地选择共同体的形式。

最后，和大多数的共同体论者对共同体多为溢美之词不同，在马克思的眼里，共同体既是历史的又是辩证的。人的全面自由发展是马克思共同体论的出发点和归宿。那些能够真正促进人的自由和发展的，被马克思称为“真正的共同体”，受到肯定和推崇，反之就是“虚幻的共同体”，受到马克思的批判。他一方面肯定共同体对人的自由和发展的积极作用；另一方面马克思也辩证地认识到不同时期的共同体、不同性质的共同体也存在历史局限性。在人的发展处在“以人的依赖为基本特征”的第一阶段的自然经济时代，人们通过“自然共同体”的方式来生存具有历史的合理性，但由于受生产力水平的限制，共同体对人的需要的满足和价值的实现也是很有限的，甚至还可能成为个人进一步发展的束缚，因为那时的个人只是“狭隘人群的附属物”，人格不独立，人被规制在某种或某几种自然领域。货币共同体使人走出了“对人的依赖”，但又进入了“人对物的依赖”阶段，人与人的关系及人的生存与发展都通过货币来表现，主体在货币共

① 马克思，恩格斯．马克思恩格斯全集（第3卷）［M］．北京：人民出版社，2002.

② 马克思，恩格斯．马克思恩格斯选集（第4卷）［M］．北京：人民出版社，1995.

同体中被全面异化：物成为异己于人的东西，对物、商品、资本、货币的崇拜遮蔽了人的关系和对人的尊重，取代了人的主体地位；资本家凭借资本力量的驱动，压迫和剥削工人，使人与人的关系异化；资本使得工人的劳动成为异己于自己的力量，造成劳动的异化。阶级、国家等“虚假共同体”是统治阶级利益的代表，维护的也只是统治阶级的利益，促进的也只有少数统治阶级成员的发展，而对于广大被统治阶级的权利、自由和发展则是虚幻的、束缚的，因此，它只是冒充的共同体，虚幻的共同体。而“真正的共同体”是“人与人之间相亲相爱，人植根于有爱和团体的联结而不是血缘和土地的束缚之中。”① 真正共同体的核心问题就是实现人的彻底解放，使人成为“完整的人”、“真正的人”、“自由的人”，其本质上就是自由人的“联合体”，是“以每个人的全面而自由的发为基本原则的社会形式”。真正的共同体是对自然共同体和虚幻共同体的积极扬弃，是通过人并且为了人而对人的本质的真正占有，“它是人和自然界之间，人和人之间的矛盾的真正解决。”②

如果我们从滕尼斯对共同体与社会的划分的基点来看马克思所指的共同体，那么称得上滕尼斯意义上的共同体应该包括宗教共同体，以及基于血缘和地缘关系形成的共同体，实际上这些都归属自然共同体的范畴。后来被马克思称为“虚幻的共同体”的阶级、国家和抽象共同体的货币、资本以及未来的真正的共同体的自由人的联合体，都是属于滕尼斯二分法意义上的“社会”，前者是本质意志选择的结果，并且早于后者，是有机的统一体；后者则是选择意志的产物，是机械的统一体。

（三）现代共同体的基本要旨

纵观滕尼斯、鲍曼、共同体主义者、马克思等对共同体的论述，我们可以总结出共同体思想的要点：首先，共同体是个体得以生存与发展的基本方式。第二，共同性是共同体的基本属性。共同体的共同性既表现在共同体活动过程中，如共同劳动、共同生活、共同学习、共同创造等，也表现在共同体的内部关系和内在属性上，如共同的历史传统、共同的心理与文化特质、共同的价值和信仰等。第三，公共利益是共同体存在的基础和价值取向，共同体以整体为本位，个人主义、利己主义与共同体的价值及理念相悖。第四，以共为一体的认同感和归属感为共同体的灵魂。共同体内部具有休戚与共、关心、信任、团结、友爱、互助、富有人情味等情感，共同体成员对共同体高度认同，自认为是整体的一部分，具有强烈的归宿感。第五，真正的共同体是个体利益与集体利益的和谐统

① 马克思，恩格斯．马克思恩格斯全集（第42卷）[M]．北京：人民出版社，1979.

② 马克思，恩格斯．马克思恩格斯全集（第42卷）[M]．北京：人民出版社，1979.

一，个体的各种需求通过共同体得以满足，个人的主体性通过共同体实现，个体的自由和发展得到增进；共同体通过成员的集体努力得到发展。

二、草根公益组织的共同体激励体系

B组织的内部激励体系：以“精神共同体”为先导和基础，以“事业共同体”为核心，以“生活共同体”为保障的全方位、立体激励体系。所谓“精神共同体”，指的是组织成员基于共同的社会使命感、共同的社会理想和信仰，共同的爱好和追求聚集到组织中，并在集体学习、讨论、交流、工作和生活中形成共同遵守的组织文化，组织成员在精神层面上具有较高的一致性，因而对组织产生认同感和归宿感；“事业共同体”强调的是组织成员基于认同共同事业的基础上，在为共同事业而共同奋斗的过程中，互相配合、互相鼓励、互相扶持、同甘共苦、齐心协力，形成的同呼吸、共命运的共同体之感，事业共同体也是利益的共同体；在生活中，组织成员分享共同的生活理念，分工合作、互相关心、相互照应，人与人之间亲切和睦，充满家庭氛围，形成一个“生活共同体”。

在草根公益组织的体系中，“精神共同体”为先导，为“事业共同体”和“生活共同体”提供共同的心理基础和精神动力；“事业共同体”为核心，是“精神共同体”的实践和方向，为“生活共同体”提供物质基础；而“生活共同体”既是“精神共同体”、“事业共同体”的最终落脚点，也为后者提供了后勤保障。这样的一个激励体系将人们的精神、事业、生活整合在一起，给组织成员高度的组织认同感和归宿感，使组织成员将自己的命运与组织的命运紧密结合，形成强大、稳定、持续的激励。

（一）精神共同体为先导和基础

公益组织是“使命为先”的组织，人们进入公益组织首先是抱着精神需要，因此，精神激励成为公益组织激励的主要手段。精神共同体首先体现在组织成员对组织使命的高度认同，组织成员具有共同的社会理想、信仰、社会责任感、共同的价值追求，并因为这些精神因素而聚集在一起，组织成员之间将彼此视为一起为共同的社会理想而奋斗的、志同道合的同志，而不是为了个人物质利益而临时聚集的商业合作伙伴。组织具有常规、稳定、畅通、多元化的思想交流渠道，能够经常地交流彼此的想法、感受，发表意见、建议；在交流中保持民主和平等，每位成员得到充分的尊重，体现其在组织中的主人翁地位；组织成员将自己和组织其他成员视为一个整体，他们相互了解、相互信任，就像了解他们自己，信任他们自己一样，保持着友好、亲密的关系；通过长期的互动交流，他们在许多关键的问题上形成了一致的认识，又将原有的共识向前推进或扩展，他们的共识不断地增加，形成一个共识的体系，与外界有了明显的边界，这时他们将自己视为这个整体的有机部分，他们维护这个集体的形象，就像是维护自己的形象，他们关心这个集体就像关心他们自己，组织的信念也就是他们的信念，组织的使命也就是他们的使命，反之亦然。

基于共同的社会理想、共同的信仰、共同的价值追求基础上，并因长期、频繁的互动和思想交流而形成的，彼此信任、亲密，具有高度认同感和归属感的精神共同体是草根公益组织整个激励体系的先导和基础。人的精神和需要是行为的动力之源，精神上一致，是行动一致的保障。组织成员拥有共同的理想、信念和价值取向，在精神层面上形成共同体是公益组织形成“事业共同体”和“生活共同体”的先导和基础。正是草根公益组织具有了共同的社会理想和信仰，共同的人生观和价值观，即形成了“精神共同体”，草根公益组织才有可能为共同的社会理想和信仰而奋斗，并在长期、艰难的奋斗过程中形成“事业共同体”；而共同的人生观和价值观也使公益组织成员具有了类似的生活理念，成为公益组织成员进行集体生活，形成“生活共同体”的基础。本案中，B 组织就是在以探讨和交流共同的信仰为核心的“精神共同体”的基础上，发展成为了共同的社会主义事业而奋斗的“事业共同体”；继而，为了减少“同志们”为“共同事业”进行奋斗而带来的个人生活和家庭压力，免除“同志们”的后顾之忧，提高“同志们”的生活质量，组织又进一步探索了集体食宿、互助合作的生活方式，形成了守望相助的“生活共同体”。

精神共同体的形成需要具备四个条件：首要的条件是共同认定的社会理想、信仰或价值理念；二是需要有精神领袖或核心成员发挥引领和主导组织成员的作用；三是具有思想传播的渠道，即组织内部具有思想交流的平台和机制，保障思想交流的通畅；四是组织成员对精神领袖所倡导的社会理想、信念和价值理念的认同和接纳。“一个人能否处于主导地位，成为精神共同体中的领袖，主要取决于如下要素：一是对理想有坚强信念和执着的追求。二是有较大的发散能量，能团结和影响追随者义无反顾，勇往直前。三是有较强的组织、协调和动员能力。”① 因此，对于草根公益组织而言，创始人是否具有坚定的理想和信念、执著的精神和毅力，以及强大的组织、协调、动员能力，是公益组织是否能形成“公益共同体”的关键。创始人本身应树立坚定、远大的社会理想和信念，崇高的理想鼓舞人；创始人还应该以身作则，发挥榜样示范作用，引导组织成员的思想；此外，创始人还肩负则思想传播和动员的重任。其次，组织要能够设计和安排学习和思想交流的平台及相关制度，使创始人的社会理想、信念能够传播，组

① 肖红军，秦在东．精神共同体及其形成路径探析［J］．学术论坛，2011（6）．

织成员之间能够进行平等、频繁和畅通的思想交流，公益组织要非常注重团队的思想教育和精神交流活动，使其常规化、制度化。第三，草根公益组织应注重组织文化的建设，以组织文化引导和塑造组织成员，提高组织成员对公益组织的认同。

（二）“事业共同体”为核心

草根公益组织要真正实现其组织使命，体现其存在的社会价值，发挥社会影响力，获得生存和发展，最关键的还是要真正行动起来，要面向社会、面向服务群体开展活动，也就是要“干事业”，而不是仅仅停留在“精神共同体”层面，体验精神需要的自我满足、自我陶醉。公益组织具有公共性质，其肩负的社会使命决定了它必须面向社会，它的活动领地，它的“战场”在社会。

草根公益组织“干事业”，怎样才能成功？毫无疑问，它需要全体组织成员发挥主动性、积极性和创造性，心往一处想，劲往一处使，齐心协力，风雨同舟，同甘共苦。这个其实就是“事业共同体”的核心。“事业共同体”的基础是基于对“共同事业”的认同，这涉及“事业共同体”的方向和目标，这个基础已经在“精神共同体”中解决；“事业共同体”的另一个基础是如何实现这个目标，也就是通过什么样的方法、策略、道路等实现组织的使命，这实际上涉及的是“术”的问题。当组织成员对于实现组织使命的道路问题、方法问题出现分歧、难以形成共识时，将影响“事业共同体”的形成；当公益组织的成员在为“共同的事业”而奋斗的过程中，不能有效地分工合作、不能同甘共苦，也不利于“事业共同体”的形成；当过度强调“共同的事业”，而忽略组织成员的“个人目标”，或者组织的“共同事业”与个人的需要不相容时，也会影响“事业共同体”作用的发挥。

从以上分析，我们可以得出，公益组织“事业共同体”的形成至少要具备三个条件，第一，组织成员对于“共同道路”的认同，这要求组织建立以民主、平等、协商、参与等为原则的工作制度，组织成员充分参与组织的决策、管理和监督，体现组织成员的主体地位，提高组织成员的积极性、主动性、创造性；第二，创始人等核心人员的引领和示范；创始人、领导层不断提高素质和领导管理水平，并以身作则，身先士卒，以示范作用激励组织成员。第三，为组织成员个人成长提供学习、锻炼、实践的平台，引导组织成员将个人成长与自我价值等个人目标融入组织目标中，鼓励组织成员提升自我以便更好地为“共同的事业”而奋斗，在为“共同的事业”而奋斗的过程中满足个人需要，实现自我。第四，营造友爱、和谐、互助、合作的非竞争关系和类家庭的组织氛围，强化公益组织成员的工作团队的认同感和归属感。

“事业共同体”是草根公益组织的共同体激励体系的核心。因为，从公益组织的社会意义来说，“事业共同体”直指公益组织与社会的联系，通过公益组织的公益实践，公益组织的组织使命、社会责任得以实现；公益组织的社会功能和社会影响力得以发挥；公益组织的社会价值得以体现，公益组织才有了存在和发展的意义；对于草根公益组织本身，“事业共同体”是对公益组织的信任、理念、价值取向等精神层面的实践，是对“精神共同体”的检验、发展和巩固；同时，“事业共同体”还为公益组织带来生存食粮，是满足组织成员的生存需要、物质需要的来源，草根公益组织“生活共同体”的建立需要“事业共同体”的物质支持。最后，草根公益组织的“事业共同体”还是连接“精神共同体”和“生活共同体”的纽带，没有经过“事业共同体”的努力，公益组织只能停留在“精神共同体”的层面，“生活共同体”成为无源之水，只能是空中楼阁。

（三）“生活共同体”为保障

物质需求作为个体生存的基本需求和基本保障，也具有重要意义。和营利性组织一样，草根公益组织也重视物质激励手段的运用，将其作为精神激励的必要辅助。然而，公益组织资源来源的公共性、公益组织的非营利性质和非分配约束，以及社会对公益领域的心理期待等共同决定了公益组织从业者不可能具有很高的待遇和物质保障。对于受到内外部环境制约，而常常面临资源困境的草根公益组织而言，物质待遇更是阻碍公益人坚守公益领域的障碍，尤其是当公益人面临家庭压力的时候，常常不得不在现实与理想之间做出艰难的选择，不得不向现实妥协。生存是人的第一需要，在物质保障不到位，生存窘迫的情况下，再多的精神激励都是苍白的。因此，如何应对物质资源总量不足，减轻组织成员的生存压力，提高组织成员的生活质量，从而留住公益人才？这是所有的草根公益组织都关心的问题，也是草根公益组织激励机制的难点。

本书个案 B 组织用鲜活的实践给出了一个答案，那就是建立公益组织的“生活共同体”。所谓生活共同体，就是人们在日常生活领域所形成的共同体关系，其基本特征包括：人们由于在共同的地理空间内共同生活，而具有共同的利益和需要；经过长期的互动和交流形成了共同的生活理念、生活方式；共同体成员依靠共同体帮助其满足各种依靠自身无法满足的需要，如应付重大的灾害、疾病等带来的困难，通过参加共同体的各种活动来满足其精神需要，如获得社会认同和归属感等；成员之间具有自然而然地相互理解，关系友好、亲密，相互依赖，成员对所在的共同体有高度的认同感、情感依赖和归宿感。总之，生活共同体是人们在生活上因各种共同性而相互关联，休戚与共、守望相助的大集体。生活共同体具有不同的具体形式，如家庭、家族、村落、社区等，根据成员之间的联系和认同的不同，也有层次的区别，家庭是自然而然形成的生活共同体，也是成员之间的共有程度最高的共同体。

本案的草根公益组织所形成的"生活共同体"是一个在生活上共有程度很高的共同体，属于高级的生活共同体，它是一个大家庭：首先，组织成员具有共同的生活空间。由于草根公益组织资源有限，组织成员的工资水平不高，面对城市高额的生存成本，草根公益组织选择由组织统一租房提供给组织成员，并由集体提供伙食。这不仅大大降低了组织成员的生存成本，也为"生活共同体"的发展提供了关键的基础。第二，公益组织成员拥有共同认定的生活理念和生活方式，它一方面来自公益组织成员在"精神共同体"中形成的共同理想、信仰和价值取向，是这些共同观念在生活领域的具体体现；另一方面，来自长期共同生活和互动、相互影响所形塑、强化的生活理念和方式。第三，组织成员通过共同体应对个人的重大问题，集体购买商业保险、设立组织互助金、集体育儿养老等。第四，组织成员之间具有自然而然的相互理解和信任，他们守望相助，相互依赖，成员之间将彼此视为"家人"，对外也以"家人"进行称呼，对于团队有很高的认同感和归宿感。

"生活共同体"是草根公益组织激励体系中的保障。公益组织建构"生活共同体"的意义不仅仅是降低生活成本，减轻公益人低收入的压力，更重要的是，它将组织成员在工作领域的熟悉感、认同感带到了日常生活世界，并使其在生活世界中得到巩固、强化和发展。因为，当人的社会理想、信仰、价值理念真正深入到个人真实的生活世界，它们也就从理性的、有意识的进入到感性的、无意识的境界，它不再只是人外在的部分，而成为了个人的本身的有机的一部分，成为一种类似本能的自然而然的需要。这时，工作即生活、生活即工作，对于公益人来说，公益不只是一份谋生的职业，它更是一种生活方式，它是作为社会人"自由自觉"的活动，它是人的类本质的体现，是对人的本质力量的确证。"要把熟悉的关系发展到共同体的程度，最终还是要深入到人的生活世界。也就是说，要把职业场所的熟悉带到生活世界里。并使之进一步地发展，共同体才有可能最终培育出来。或共同体精神，必须建构一种'单位—生活'融为一体的社会组织形式。"①

而草根公益组织的共同体激励体系，不仅仅是"工作—生活"融为一体的共同体形式，它还是"精神—事业—生活"三种融为一体的共同体形式。如图5-1，在这样的共同体系中，马克思主义的生存需要体系——生存需要、占有或劳动的

① 周建国．单位制与共同体：一种可重拾的美德［J］．浙江学刊，2009（4）．

需要、自我实现和全面发展的需要等都能得到满足，人不再是分裂的人，在社会的不同领域过着多重的生活，而是可以成为一个真正的人。因此，融合了“精神—事业—生活”的公益共同体是一个完全性的、真正的共同体，它真正契合人的本质，真正有利于人的自由和全面发展。也正因为如此，它的激励作用也是强大的。

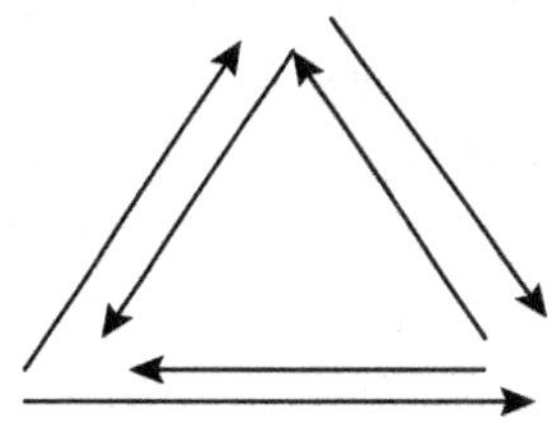

图 5-1　草根公益组织的共同体激励体系

第四节　草根公益组织内部激励机制发展的分析

建立完善的激励机制对草根公益组织的发展至关重要，完善的机制是草根公益组织吸引人才、激发人才的能动性和创造力、留住人才的重要保障。草根公益组织自身的发展困境，包括能力困境、知识困境、治理困境等都和缺乏人才有关，归根结底都是人才的困境。那么草根公益组织内部激励机制发展的动力是什么，什么样的激励机制才真正适合草根公益组织？

一、草根公益组织内部激励机制发展的基本动力

从B组织的激励机制的内容发展来看，其发展经历了一个单纯由精神共同体到事业共同体，最后到精神共同体、事业共同体和生活共同体的完全性共同体阶段；从激励的主体来看，则经历了一个从单纯依靠创始人示范激励发展到以组织激励为主，创始人榜样激励配合的过程。在草根公益组织的激励体系发展过程中，资源的获取成为最基本的动力也是最基本的保障；而内部治理机制的发展也促进了激励机制的发展；学习和创新的能力是草根公益组织激励机制最直接的发展动力。

（一）资源是草根公益组织内部激励机制发展的基本保障

B组织的激励体系伴随着组织的资源动员的发展而发展。在B组织成立最初的两三年，自我动员和市场化动员为主要的动员方式，由于市场化动员效果不佳，资源来源渠道单一，组织所具有的资源有限，不具备进行物质激励的条件，因此，主要采取精神激励方式，通过构建精神共同体进行激励。

2009年，B组织全面转向公益实践的工作，工作重点从思想交流、精神倡导转向具体的公益务实。但受组织合法性的制约，B组织不能公开向社会募捐，资源动员方式主要是私人化动员。私人化动员面向的是熟人社会，依靠私人关系，由于动员范围有限，资源动员效果远远能不能满足组织发展的需要，有限的资源主要投入到新兴的草根志愿团队建设中。此时的激励机制，在初期阶段的“精神共同体”的基础上，更加侧重于“事业共同体”的建构，强调“公益”工作不仅仅是一份谋生的职业，而是一项值得自己奉献一生的崇高而伟大的事业，它是推动社会全面发展和进步的路径。组织成员出于共同的社会理想和信仰，聚集到一起，在创始人的榜样激励和引导下，团结一致，齐心协力，互相鼓励、同甘共苦，一起面对各种困难和挫折，一起探索和创新，在实践中努力前进，在为“共同的事业”而奋斗。

2010年2月开始，B组织开始挂靠具有政府背景的C基金会，变身为其外围志愿组织，从而开始借助官办组织的合法性、公募权等面向体制内外进行“准社会化动员”。借助体制力量，草根公益组织的资源动员范围大大扩展、资源动员渠道增多、动员的效果显著提高。同时，体制背景也促进了私人化动员的效果。2010年，B组织的资源总量比过去翻了两三番，从30万左右增加到近百万。随着组织的资源增多，物质激励有了一定的基础，如何保障组织成员的基本生活，提高组织成员的物质待遇成为提上了日程。从2010年8月开始，组织依据自身能力，开始为构建“生活共同体”而努力，增设了住房补贴、互助金，开始尝试集体住宿和集体伙食等方式。但总体而言，物质激励仍处于起步阶段，物质保障

水平仍较低。此时的组织激励机制是“精神共同体”为先导，“事业共同体”为主体，初步构建“生活共同体”。

2012 年以后，组织经过半年的调整，进入了稳步发展时期，几个社会企业项目都已经实现盈利，市场化动员方式开始发挥重要的补充作用。由于市场化动员和私人化动员的资金使用起来相对比较自由，因此，组织有了更多的自由资源进行“生活共同体”的建构。这时，B 组织加强了“生活共同体”的建构，对组织成员的生活保障逐渐完善，形成了以“精神共同体”为先导，“事业共同体”为核心，“生活共同体”为保障的共同体激励体系。

（二）治理机制的发展推动激励机制的发展

资源是草根公益组织激励机制发展的保障，尤其是组织自有资金的增加，对组织的“生活共同体”建构具有重要的意义；而“事业共同体”的建构和加强与组织治理机制的发展也密切相关。

在创始人治理时期，激励并未形成机制，而主要依赖创始人个人。创始人的榜样力量发挥着示范和激励作用，引导组织成员以创始人为榜样，为共同的事业和理想而奋斗。2010 年 2 月以后，B 组织在创始人推动下，开始进行制度建设，进行制度化治理的探索。全体工作人员会议为最高权力机构、集体领导体制、民主集中制原则等系列的制度安排体现了组织成员在组织中的主体地位，对于调动组织成员的积极性、主动性和创新性，提高组织成员对组织的认同都具有重要的作用。民主、平等、协商的治理制度安排本身就构成了组织激励的一部分，治理机制在这个意义上，可视为草根公益组织的组织激励手段。

在 2011 年 5 月以后，由于决策失败和组织的过快扩张使组织发展陷入困境，创始人一度退出组织，单一的制度化治理却面临泛民主化的治理困境，无法提出有效的方案应对组织的发展危机，给组织的激励带来重创，组织人心涣散，人员流失比较严重，而留在组织内的人员则对组织的未来充满疑惑。可见，不但是组织治理的机制安排影响到组织的激励机制，包括组织治理的效果也和组织激励呈现出正相关。

2012 年初，创始人不得不再次回归组织，利用个人权威带领组织进行调整和革新，逐渐使单一制度化的治理变为创始人治理与制度化治理相结合的综合治理模式。在综合治理模式中，创始人治理和制度化化治理优势互补，相互促进提高了组织的治理绩效。治理机制的创新也带来了激励机制的巩固，组织的稳步前进，提高了组织成员对“共同事业”的认同，从而提高了对组织的认同感，稳固了“精神共同体”；治理绩效的提高使组织发展走出危机，“事业共同体”的发展为“生活共同体”的完善提供了物质保障。

总之，组织治理机制通过两个途径对激励机制产生作用：其一，治理机制的制度安排作为组织激励的内容，直接对激励机制的发展产生影响，以民主、平等、参与为基本原则，体现组织成员主体地位的治理机制对激励机制具有正面积极的影响；其二，治理机制通过发挥治理绩效对激励机制产生影响。良好的治理绩效促进组织的发展，为组织激励机制提供更多的物质资源，同时提高组织成员对组织的认同，从而促进激励机制的发展。

（三）学习和自主创新能力是组织激励机制发展的直接动力

组织的学习和自主创新能力是推动组织激励机制发展的直接动力，这突出体现在激励机制创新方面。在物质主义的时代，以公共利益、利他主义为取向，精神激励见长的公益组织始终面临物质激励相对不足的困境，而对于处于合法性困境、资源困境、人才困境等生存发展困境的草根公益组织而言，组织激励面临更大的挑战。物质激励不足、精神激励乏力常常成为草根公益组织激励的难点。作为非营利组织，公益组织的物质激励水平永远不可能和营利组织竞争，而在物质时代要保持精神激励的持续性，也是非常棘手的难题。传统的激励手段和方式已经不能提供很好的解决方案，唯有发挥组织的自主创新能力，创新激励机制，才是根本的解决之道。

B组织采取将“精神共同体”、“事业共同体”和“生活共同体”合为一体的激励机制，就是在组织的运作实践中不断学习、借鉴、摸索和创新的结果。这当中，有对其他草根公益组织借鉴的成份，也有从中国的本土文化挖掘并创新的成分。如集体租房、集体食宿、集体组织学习就是B组织向其他草根公益组织学习的成果。草根公益组织资源有限，物质激励不足，使组织成员面临很大的生活压力和精神压力，为此，不少草根公益组织采取集体生活的方式，降低生活成本。B组织把其他组织的经验借鉴过来，进行改造，为己所用。同时，B组织并不满足于单纯的学习和模仿他人经验，仍在积极主动地进行创新，如集体互助金制度、集体育儿制度等都是创新之举。

学习和自主创新能力对草根公益组织激励机制的发展发挥了最直接的推动作用，在组织资源等条件不变的情况，创新激励机制能够将组织的激励效果发挥到最大。如果说资源因素体现了组织激励机制的外部制约，那么自主创新则体现了组织激励机制自主性的一面。

二、草根公益组织内部激励机制发展的基本模式

根据草根公益组织发展所处的外部环境以及草根公益组织的特点，我们认为构建精神共同体、事业共同体和生活共同体三位一体的完全性共同体是草根公益组织理想的激励机制。它既适应了社会转型期人的需要的发展特点，同时也是草根公益组织优势的体现。

（一）与营利组织、政府组织相比，公益组织更易于形成共同体

“共同体”作为一种人类共同生活于其中、利益上休戚与共、有着共享的文化传统与信仰的一种亲密性的群体，在现代性背景下，它不仅仅指涉共同的空间地域，还应包括物质利益上的休戚与共、精神层面上的相互依恋、对群体的归属与认同等①。现代共同体的概念与一些学者提出的“完全性社群”概念有许多相似之处。“完全性社群”具有下列四个特征②：（1）它享有完整的生活方式，而不是为了分享利益而组合的；（2）社群的参与者的彼此关系是一种面对面的关系；（3）社群成员彼此的利益紧密相联，休戚与共；（4）社群是其成员自我认同的核心，社群的关系、义务、习俗、规范和传统对成员有着决定性的意义。那么，现代社会共同体的载体又是什么？

涂尔干曾指出，在血缘、地域等传统群体衰落的现代社会，代替其整合社会的是职业群体，即相同的职业把人们联系在了一起。有人顺着涂尔干的思路，将同业群体、社团、非营利组织、网络社区等作为现代共同体的四种形式，认为这四种组织都是因共同的利益或相同的价值追求而形成，具有共同体的精神意蕴③。虽然共同性是共同体的基本属性，但是，共同体的特性还包括，以公共利益和集体主义为基础和价值取向；以共为一体的认同感和归属感为灵魂。并不是所有的职业都能形成共同体。“人们说语言的、习俗的、信仰的共同体，但是（却说）职业的、旅行的、学术的协会。商业的公司尤其重要，而尽管在主体之间也有某种亲密和共性，但是人们几乎不能说有商业共同体。”④ 因为在营利组织里，人人为己，把他人看作实现个人目的的手段，人与人之间是激烈的竞争关系，“没有任何人会给予他人以共同体”，所以依靠金钱激励的营利组织不利于共同体的发展。而以权力激励的政治组织，等级森严，人与人之间的关系不平等，这两者都难以使人具有归宿感，难以形成共同体。相比较而言，非营利组织，尤其是非营利组织中的公益组织具有形成共同体的先天优势。

第一，现代公益组织的资源来源的公共性有利于共同体特征的形成。公益组织得以续存和发展的资源主要来自社会各种具有公益性或共益性的资源，主要包

---

① 汪火根．中国社会共同体的演变与重构：以民间组织为视角［J］．南昌航空大学学报，2009（3）．

② 俞可平．社群主义［M］．北京：科学社会出版社，1999．

③ 张云昊．从前现代到现代——共同体变迁的内在逻辑及其启示［J］．北京航空航天大学学报，2006（6）．

④ ［德］斐迪南·滕尼斯．共同体与社会——纯粹社会学的基本概念［M］．北京：商务印书馆，1999．

括社会捐赠和政府财政支持，也包括吸纳志愿者等人力资源。现代公益组织资源来源的公共性决定了公益组织在性质上属于社会公有，而非个人或公益组织本身的私有财产，因此，公益组织受到非分配约束的限制，不能用于增加组织成员的个人私利，并在其运作的过程中要受到来自社会及公共部门的问责和监督。

第二，公益组织的公益性有利于共同体的产生。公益组织所提供的产品或服务具有较强的利他或公益导向，其受益对象或是不特定多数的社会成员，或是社会上的弱势群体和边缘群体。而公共利益是共同体存在的基础和价值取向，共同体以整体为本位，个人主义、利己主义与共同体的价值及理念相悖。和那些主要是为了追求成员特定利益的营利性组织和互益性组织相比，公益组织利他主义取向的公益特征免除了组织成员为个人私利而将组织中的其他成员当作工具，勾心斗角，反而能够使成员为了共同的公益目标而团结一致，结为一体，共同奋斗。

第三，现代公益组织集体利益与个人利益和谐统一、相互促进，有利于增加组织成员对组织的认同感和归宿感。公益组织的集体利益就是组织社会公益使命的实现，这实际也符合组织成员能力才干的发挥、自我成长、自我完善、自我实现、人生价值的体现等的"个人利益"。这样个人利益内在于集体利益之中，集体利益中也包含着个人利益，个人利益与集体利益和谐统一，公益组织成员在为组织使命一起相互配合、共同奋斗、实现组织社会使命的过程中，也同时提升了自身，获得了成长，个人理想得到实现，自我效能感、成就感等也得到满足。而个人能力的提升，又为组织集体利益的实现创造了条件，形成良性循环。

第四，公益组织的组织结构特征有利于共同体的形成①。在现代社会中，绝大多数正式的组织都采取"科层制"模式，即垂直式的组织结构，以自上而下的权力来维持组织的运作，现代政府部门就是典型。而公益组织一般是其成员在共同的目标、志向、理想等基础上自发组建起来的，其组织结构呈现出扁平化、网络状等特征。在这种结构特征下，成员之间的交流与互动更为直接、通畅、频繁，有利于增进成员之间的了解、信任和亲密感，进而有利于共同体的形成。

第五，平等、民主、和谐、非竞争的人际关系和组织文化利于共同体特征的形成。共同体的灵魂是认同感和归宿感，它给人以家庭的温暖、自由和亲切。在公益组织里，平等、民主、和谐、非竞争的氛围使人与人的关系变得轻松自如，人们不需要伪装自己，不需要处处、时时防备着别人，没有算计和猜疑，大家互相尊重、坦诚以待，成员之间视彼此为志同道合的同志、亲切友善的朋友、兄弟姐妹，可以充分信任。组织成员像亲人一样，互相信任、互相帮助，相互帮忙，

① 汪火根．中国社会共同体的演变与重构：以民间组织为视角［J］．南昌航空大学学报，2009（3）．

这些让人产生认同感和归属感，共同体的感觉就如同家的感觉一样。

（二）与现有其他类型的共同体相比，公益组织的共同体更具有完全性

现有其他类型组织所形成的共同体，大多是以业余爱好为基础自发形成的组织，如社团、网络虚拟组织等。这类组织是基于兴趣、价值、理念、需求等共同特征，以及频繁互动而建立，组织和个人物质利益也关系不大，组织也充满平等、民主、和谐、非竞争等氛围，成员之间具有亲密的情感，因而也具有共同体的特征。但这种共同体也具有局限性。第一是功能往往比较单一，满足的只是成员某方面的特定需求，比如社交的需求、情感的需求或是精神的需求等。第二，社团、网络虚拟组织等形成的共同体主要是个人闲暇生活的内容，并不构成人们个人认同的主要来源。按照桑德尔的工具意义上的社群、感情意义上的社群和构成意义上的社群三种不同性质的社群的划分，构成意义上的社群指的是个人所属的社群在一定程度上构成个人的自我认同，构成性社群成为其成员界定自己的标识，为其成员提供思维、行为、判断和生活的基本背景①。构成性共同体对个人的意义重大。在现代社会里，职业对人造成了根深蒂固的影响，职业往往构成了人们自我认同、社会认同的主要依据，而社团、网络虚拟组织等形成的共同体主要归属于感情意义上的共同体，而且也只是对家庭、友谊、邻里等传统情感性共同体的补充，它不构成人们自我认同和社会认同的依据，这类共同体在个人的生活中实际处于较为边缘的地位。而完全性共同体的培育与职业息息相关，应该是基于职业的基础上。第三，人们在这类共同体内外过着双重生活，具有双重人格。成员在组织内过着共同体的生活，人人平等、互相信任、互相帮助、亲切和睦；但在组织之外的工作和社会交往中，人们却回到了人人为己、勾心斗角、充满算计、视他人为手段的“社会”生活。这样的人则成为人格分裂的人，这样的共同体是不完全的、不完整的共同体。

相比较而言，公益组织所形成的共同体能够满足个人的多种需求、具有多种功能，个人在其中很少会发生双重生活、双重人格的错乱，它是一个将人们的生存需要、劳动需要、自我实现和全面发展的需要整合在一起，“精神共同体”“事业共同体”“生活共同体”三位一体的完全性共同体，满足组织成员的基本物质需求、成长需求、尊重的需求、情感和归宿的需求、自我实现和全面发展的需要等，给组织成员高度的组织认同感和归宿感，使组织成员将自己的命运与组织的命运紧密结合，在实现组织社会使命、公共利益的同时也促进个人的全面、协调发展。

---

① 俞可平．社群主义［M］．北京：科学社会出版社，1999.

首先，公益共同体是一个精神共同体。公益组织成员大多是理想主义者，具有强烈的社会责任感，注重个人价值的实现；他们主要因为共同的社会理想、价值理念、公益目标等聚集在一起，也是因为对组织社会使命、组织文化等精神因素的高度认同而奉献自己；他们注重志同道合的感觉，注重个人社会理想的实现、自我的实现等精神层面的满足。其次，公益组织是个事业共同体。共同的社会理想、信念只是公益组织的精神层面，但公益组织不仅仅停留在精神层面，更重要的是行动以实践组织使命，进而实现社会理想。因此，为了共同的理想与事业而奋斗是公益组织的核心及价值所在。工作对于公益组织的成员来说不仅仅是一份谋生的职业，也不是因为养家糊口的压力而被迫选择；而是一份值得自己奉献一生的崇高而伟大的事业，是组织成员出于理想和信仰，是发自内心的真正热爱和认同的自愿选择。组织成员齐心协力，互相鼓励、同甘共苦，一起面对各种困难和挫折，一起探索和创新，在实践中努力前进，在为“共同的事业”而奋斗的过程中成为事业共同体。事业共同体满足了组织成员自我实现、追求个人社会价值、寻求归宿感的需求，同时也提高了其对组织的认同感和归属感，增加了团队的凝聚力和执行力，为公益组织社会使命的实现创造条件。最后，公益组织还具有生活共同体的特征。生活共同体是指在共同地域生活的个体之间拥有共同的生活理念和生活方式，共享财富，相互理解、相互需要、相互肯定、相互配合。公益不仅仅是一种信仰、一份工作、一个事业，它同时也是一种生活方式。平等、责任、奉献、关爱是公益人的核心理念。公益组织以共同的公共利益为目标，个人利益寓于集体利益之中，人与人的关系和睦亲切，在生活中像一家人一样互相关心，相互理解、相互照应，具有温暖亲切的家庭氛围；为了共同的理想而奋斗，并主张民主、平等的理念，组织成员之间没有距离、没有防备、他们把彼此视为志同道合的同志和朋友，得到尊重和信赖；他们具有相似的价值取向和生活理念，彼此认同。

总之，在现代社会中私有制、个人主义、情感为主转向理性、身份转向契约的背景下，政治组织、营利组织都难以成为真正共同体的载体，而互益性的非营利组织、虚拟组织、业余爱好组织等只能成为有限共同体的载体，只有公益组织才能成为真正共同体的载体。公益组织能够将人的生存、生活、发展及自我实现整合为一体，将个人利益与集体利益结合起来，形成精神共同体、事业共同体和生活共同体三位一体的完全性共同体。这一切，归根结底在于公益组织“志愿以公共利益为职业”的特点。与同样是以公共利益为职业的政府组织相比，公益组织的优势在于“志愿”，因为志愿，所有公益组织追求民主和平等，没有森严的等级制度，“权力”并不重要，理想和志愿精神才是真正的动力之源；与营利组织相比，公益组织的优势在于追求“公共利益”，因为追求公共利益的组织的集体利益也是组织成员个人的目标，个人利益寓于集体利益之中，没有人人为己而造成的勾心斗角、猜疑算计，人与人之间坦诚以待、互相尊重、齐心协力、同甘共苦；与业余性质的组织相比，公益组织的优势在于“职业”，职业提供了个人的自我认知和自我认同，同时提供了物质保障。这样一个完全性共同体使人成为“完整的人”“真正的人”，从而具有强大的激励作用。

第六章　中国草根公益组织发展路径的探析

七年来，B组织从一个小小的“公司”发展成为具有8个志愿公益团队的公益组织，在号称“NGO的天堂”的A省独树一帜，成为当地公益界的优秀代表，与当地政府、媒体、企业、高校等具有广泛的合作，在当地乃至全国都具有一定知名度和影响力，探索出了一条适合自己的发展道路。因此，在这章中，我们将在通过分析B组织个案的发展机制的基础上进一步探讨中国草根公益发展的路径问题。

第一节　三大机制发展的共性和内在联系

草根公益组织的发展路径具体体现在其内部运行机制的发展中。前文中，我们分别详细地考察了B组织个案的资源动员、内部治理和激励机制的发展历程、特点、动力和基本模式（如表6-1）。每个运行机制的发展都从侧面显示了草根公益组织发展的过程，那么，这些运行机制的发展有什么共同特征？这些机制之间有什么内在联系？这些问题的答案将引领我们找到草根公益组织发展的路径。

表6-1　**B组织三大运作机制的发展和特征**

	资源动员机制	内部治理机制	内部激励机制
性质	草根公益组织实现发展的基础机制	草根公益组织实现发展的核心机制	动力机制和稳定机制
影响因素	合法性与组织素质及能力	文化、治理传统；组织的资源动员结构；组织的自主创新能力	资源、内部治理机制、组织学习和创新的能力
发展历程	由自我动员到社会化动员的由简单到复杂的阶梯式发展	创始人治理模式、制度化治理模式、综合治理模式	从单一共同体到完全性共同体

续表

	资源动员机制	内部治理机制	内部激励机制
现行模式	“准社会化动员”为主体，私人化动员和市场化动员为补充的“一体两翼”动员系统结构	个体精英治理与制度化治理相结合的综合治理模式	以“精神共同体”为先导，以“事业共同体”为核心，以“生活共同体”为保障的完全性共同体激励体系。
功能	体现了草根公益组织从自身条件出发，在适应“强国家——弱社会”格局及社会转型环境中保持组织自主性的努力	适应中国人治传统，发扬人治优势的同时保障组织治理的民主化和制度化	适应了转型社会时期人们的需要的发展特点，同时也充分体现了草根公益组织的优势

一、资源动员、内部治理和内部激励机制发展的共性

从草根公益组织的资源动员机制、内部治理机制和内部激励机制的发展来看，这三者的共性主要包括：

第一，从特征和内容上看，资源动员、治理机制和激励机制都经历了从单一到多元综合的发展历程。如B组织的资源动员的发展历程呈现出由简单到复杂的阶梯式发展特征，经历市场化动员时期；私人化动员时期；私人化动员为主，业内动员为辅的时期；“准社会化动员”为主的，私人化动员为基础和配合的时期；最终形成了以“准社会化动员”为主体，私人化动员和市场化动员为补充的“一体两翼”结构。草根公益组织的内部治理机制则主要经历了单一的创始人治理模式、创始人治理主导下的制度化治理、单一的制度化治理模式，最终发展成为创始人治理与制度化治理相结合的综合治理模式。在草根公益组织的内部激励机制上，从内容上看，B组织的激励机制经历了一个由单纯依靠精神激励，强调“精神共同体”；到以“精神激励”为主，以“事业共同体”为核心的阶段；至今发展为逐步完善的“精神共同体”为先导，“事业共同体”为核心，“生活共同体”为保障的完全性共同体激励体系；从激励主体上看，B组织的激励机制经历了单纯依赖创始人进行激励到发展为更多依靠组织进行激励，创始人示范激励进行配合的过程。

第二，从各机制的发展动力来看，三者都是同时受到外部环境（主要是合法

性和资金）和内部条件（尤其是组织综合素质和自主创新能力）的影响；其中，外部环境往往是发挥基础性的作用，而组织的内部条件则在外部环境影响的背景下，发挥更为直接的推动作用；外部环境制约并非绝对的，可以通过组织自身素质和能力的提高而推动外部环境的改变，从而促进机制的发展。如从B组织的资源动员实践来看，组织的合法性对组织资源动员机制的发展起到基础性的决定作用，决定了组织所能采取的资源动员方式和所能动员的资源类型；组织本身综合素质和能力的提高是组织资源动员机制发展的重要推动力量，是资源动员效果的保障。由于合法性主要由国家和社会提供，其中又以国家提供为主。因此，组织的合法性体现了政府和社会等外部因素对组织机制发展的影响，但草根公益组织本身亦可以通过自身的努力，提高综合素质和能力推动动员机制的发展。从B组织内部治理机制发展的历程来看，治理传统、文化等是组织激励发展的宏观背景，组织的资源动员结构是草根公益组织内部治理机制发展的基础性影响因素，治理传统、资源动员结构等通过影响权威的类型而影响治理机制的发展；但草根公益组织的治理机制并非被动地接受外部制约，而是仍拥有相对的自主性，这是由草根公益组织的自主创新能力所赋予的。对于草根公益组织激励机制的发展，社会转型期社会需要和满足需要的特点是草根公益组织激励机制发展的宏观环境，而组织的资源状况，尤其是自有资源的情况对激励机制发展产生基础性的影响；而组织的治理机制发展、自主创新能力直接推动组织的激励机制发展。

第三，从机制的性质来说，它们都是草根公益组织从自身条件出发，在适应转型期社会环境的基础上，努力保持组织自主性的产物。如草根公益组织以“准社会化动员”为主体，私人化动员和市场化动员为补充的“一体两翼”动员结构是草根公益组织从自身条件出发，在适应“强国家——弱社会”格局及社会转型环境中努力保持组织自主性的产物。其中“准社会化动员”主要是适应“强国家——弱社会”以及转型社会，私人化动员、市场化动员也有社会转型的因素，但更多的是体现了组织保持资金来源渠道多元化、增加自有资金总量，保持组织自主性的意义。对于内部治理机制，创始人治理与制度化治理相结合是组织在经历了单一的创始人治理和单一的制度化治理的弊端之后的一种创新，结合的原因包括社会治理模式转型所存在的“人治”与“法治”并存的宏观环境，草根公益组织发展的客观环境；其自主性表现为组织在制度的设计和安排上，既有对国外优秀治理理念和经验的吸收，也有中国本土资源的挖掘和运用。在激励机制发展上，以“精神共同体”为先导，“事业共同体”为主体，“生活共同体”为保障的完全性共同体激励机制不仅适应了转型社会时期人们的需要的发展特点，同时也充分体现了草根公益组织的优势。

二、资源动员、内部治理和内部激励机制之间的联系

我们将B组织七年发展历程中，资源动员、内部治理和激励机制的变化总结到表6-2中，从中来分析草根公益组织各运行机制之间的内在联系，从而寻找到影响草根公益组织发展的基本因素。

表6-2　　**B组织个案的发展历程**

	探索与困惑期 2006.3-2007.10	转型与积累期 2007.11-2010.2	扩张和壮大期 2010.3-2011.5	反思和调整 2011.6-2012.7	重整再出发 2012.7-
组织身份	工商注册的企业	以公益组织身份活动（社会合法性）	挂靠官办公益组织；工商注册的社会企业	挂靠官办组织；工商注册的社会企业；公益团体的内部团体；	挂靠官办组织；工商注册；公益团体的内部团体；民政部门注册
组织合法性	受质疑的社会合法性	有限的社会合法性	扩展的社会合法性，转嫁的行政合法性和政治合法性	扩展的社会合法性，转嫁的行政合法性和政治合法性，相对独立的合法性	扩展的社会合法性，转嫁的行政合法性和政治合法性，相对独立的合法性
资源动员	自我动员，几个创始人共同出资；市场化动员	私人化动员为主；基金会项目形式的业内动员；社会化动员	准社会化动员为主；私人化动员为基础；尝试市场化动员	准社会化动员为主；市场化动员得到发展；私人化动员稳固	准社会化动员效果提升；市场化动员继续发展；
内部治理	公司股东会议制	创始人治理；无明确的规章制度	创始人推动制度建设，主导制度化治理；	创始人撤出；制度化治理困境	创始人推动改进制度化治理；创始人治理受到约束

续表

	探索与困惑期 2006.3-2007.10	转型与积累期 2007.11-2010.2	扩张和壮大期 2010.3-2011.5	反思和调整 2011.6-2012.7	重整再出发 2012.7-
激励机制	强调精神共同体	维持精神共同体，强调事业共同体	精神共同体弱化，事业共同体强化，生活共同体初造	共同体弱化	巩固精神共同体，强化事业共同体，完善生活共同体

总结B组织运行机制的发展历程，我们对于草根公益组织运行机制之间关系的初步判断是：（1）资源动员机制是组织发展中最为基础的机制，资源动员的发展直接影响到治理机制和激励机制；（2）治理机制受到资源动员机制的影响，但也具有自主性，同时也是组织激励机制的影响源。（3）激励机制受到资源动员机制和治理机制的影响，同时也具有一定的自主性。

（一）资源动员机制与治理机制、激励机制的关系

从组织理论看来，任何人类组织，无论是企业、政府还是非营利组织，都既要获得合法性，又要获得资源，才能维持其生存并发展壮大。实际上，合法性也是一种特殊的资源，无形的资源；而引文中的“资源”主要指的是有形的资源，包括资金、设备、物资、场地、人员等。由于在草根公益组织生存和发展中，资金困境成为制约其发展的首要困境，而资金困境又往往和组织的合法性困境、能力困境等联系在一起。因此，作为以动员草根公益组织发展所必须的合法性和资金等为主要功能的资源动员机制在草根公益组织的发展中显得地位重要，作用重大，是草根公益组织最基础和是最核心的机制。

资源动员机制的发展是治理机制发展的基础。资源动员方式通过影响组织的权威类型而影响组织的治理模式：私人化动员方式使组织的发展高度依赖个人，促进了个人权威的形成，随后，便自然带来了个体精英的治理模式；而资源动员方式的多元化将使组织中的权威分散，个人权威减弱，通过个人权威转移得以构建的制度权威慢慢加强，制度化治理开始进入日常运作。依赖创始人的私人化动员和依赖组织的动员方式的存在使组织同时具备个人权威和制度权威，成为创始人治理与制度化治理相结合的综合治理模式产生的基础条件。

资源动员机制也构成激励机制发展的基础。首先，资源动员为草根公益组织的激励机制提供物质基础，尤其是组织自有资源的总量的增加，对激励机制的构建起到明显的促进作用。其次，资源动员为资源动员水平及效果的提高是草根公益组织“事业共同体”成功的一个具体表现和证明，满足了组织成员的成就感和自我价值感，对于组织成员就是一种激励。

（二）治理机制与资源动员、激励机制的关系

治理机制受到资源动员机制的制约，治理机制实质体现了组织中的权威关系，而权威主要是建立在对组织的贡献和影响的基础上，更具体地说，建立在对资源动员的贡献上。但治理机制和组织权威并不完全一致，组织创始人（负责人）可以利用其权威进行相对自主性的治理机制创新。

治理机制通过两个途径对激励机制产生作用：其一，治理机制的制度安排作为组织激励的内容，直接对激励机制的发展产生影响，以民主、平等、参与为基本原则，体现组织成员主体地位的治理机制对激励机制具有正面积极的影响；其二，治理机制通过发挥治理绩效对激励机制产生影响。良好的治理绩效促进组织的发展，为组织激励机制提供更多的物质资源，同时提高组织成员的对组织的认同，从而促进激励机制的发展。而激励机制的发展也将进一步巩固组织的治理机制。

（三）激励机制与动员机制、治理机制的关系

如果说动员机制是草根公益组织中最基础的机制，治理机制是组织的核心机制，那么激励机制就是组织中的稳定机制。如果说，资源动员机制是对外部的动员，而激励机制则是对组织成员的动员。对组织成员的激励是以对外部资源的动员为基础的，而激励机制的完善和功能发挥使组织成员能够形成稳定、团结、富有工作激情和战斗力的工作团队，从而为组织发展提供持续的动力。激励机制的运作效果是对治理机制的验证。激励机制运行效果良好则说明治理机制对于组织是适合的，能够促进组织发展的，从而稳固组织的治理机制。

三、从运行机制发展看影响组织发展的重要因素

通过以上分析，我们看到在资源动员机制、内部治理和内部激励这三个机制之间，动员机制发挥了最基础的作用，动员机制的特征及发展在相当程度上决定了组织的内部治理和内部激励机制的特征和发展。也就是说资源动员机制是草根公益组织整个运行机制的基础。而组织合法性作为动员机制的基础性因素，通过影响动员方式的选择和资源的类型来发挥作用。资源动员机制的产出结果是资源，资源动员机制对治理机制和激励机制的影响实际上是通过资源总量和资源结构来实现的。由此可见，组织合法性和资源是整个运行机制的基础因素。但草根公益组织的运行机制又有相当的自主性，无论是资源动员、还是内部治理和激励机制受到外部因素制约时，也体现出在机制设计和安排方面的自主性，而这些自主性归根到底是组织综合素质和能力，尤其是自主创新能力赋予的。对于大多依

赖创始人进行发展的草根公益组织而言，组织的综合素质和能力往往就是创始人的综合素质和能力。到此，从草根公益组织的运行机制的分析中，我们梳理了影响草根公益组织发展的三大基础性因素：组织合法性、资源和创始人（组织自身）。

（一）组织合法性与组织的发展

"合法性"表明某一事物具有被承认、被认可、被接受的基础，是组织存在和发展的基本前提。发展、展示和维护组织的合法性是草根公益组织发展的一个中心原则，贯穿于草根公益组织发展的每一个环节，每一个方面。

1. 发展组织合法性，促进资源动员的发展

组织拥有合法性的类型决定了其所能采用的资源动员的方式以及所能动员的资源类型。关于这一点，我们在分析资源动员机制的发展时已做过详细的分析，这旦只是简略地总结一下：公益组织所能拥有的合法性包括政治合法性、社会合法性、行政合法性和国家合法性，这四个合法性是累进式的。合法性类型级别越高，则组织所能采用的动员方式越多元化，所能动员的资源类型越多。对于处于社会转型时期的草根公益组织，其生存和发展的核心资源包括合法性资源、资金、人力资源、公共关系、专业能力、权威性、社会信任、公信力等。这些资源有市场资源、社会资源和体制资源多种类型，需要依靠多种动员方式才能实现，它要求草根公益组织至少具有行政合法性。因此，草根公益组织获得行政合法性是其发展的关键转折点。

行政合法性与体制相关，只有进入体制或和体制发生联系才能获得。而获得行政合法性的前提是体制对于草根公益组织的信任，并取决于草根公益组织所能发挥的作用。因此，草根公益组织实现发展的关键策略就是通过各种方式实现直接地或间接地与体制发生联系，获得体制的认可，而获得行政合法性，进而实现对体制内外资源的动员。合法性障碍的消除有利于资金困境的破解。

2. 运行机制的发展：展示和维护组织的合法性

组织合法性的来源包括符合传统，符合社会规范；符合公共利益；符合公众期待；符合法律规定；符合国家政策等。组织合法性不仅仅是对组织的资源动员具有影响，同时也限制公益组织的运行机制的形式。组织的形式往往具有专用性，只能采用组织资源的提供者和消费者、管理机构以及生产类似服务和产品的组织都认可的、与其形式相对应的特定的方式来行动，否则就会受到它们的抵制，进而影响到该组织的合法性①。公益组织的突出特征为社会性、公益性和自

① 田凯．组织外形化：非协调约束下的组织运作——一个研究中国慈善组织与政府关系的理论框架［J］．社会学研究，2004（4）．

治性，草根公益组织只有在组织的运行机制形式选择和实际运作中不断展现其社会性、公益性和自治性，才能不断维持其合法性，从而得到各方的认可和支持，推动组织的进一步发展。组织形式的专业性在公益组织治理机制方面的具体体现是，公益组织的社会性、公益性和自治性决定了其治理机制要实现民主化、规范化和制度化。而个人专制形式的治理机制并不符合社会规范和公众期待对公益组织的要求，也将削弱其组织合法性。因此，我们看到B组织的内部治理机制的发展方向就是不断地朝向科学、民主、自治、规范、高效的制度化治理发展。在具体制度创新上，B组织建立在民主集中制基础上的集体领导治理有利于维护组织的公益性、自主性，从而展现了其作为公益组织的合法性。

在激励机制的设计上，公益组织的性质决定了其激励机制和营利组织、政府组织不同：公益组织作为非营利组织，物质激励手段只是基础，而不应该是主体，精神激励才是公益组织的主要激励方式。相反，如果过多强调物质激励反而损害组织的公益性，进而使组织作为公益组织的合法性受到不利影响。B组织在激励制度设计上，以“精神共同体”为先导，以“事业共同体”为核心，以“生活共同体”为保障，并主张简朴、环保、理想主义、集体主义的生活方式，这是和社会规范及公众期待对于公益组织的认识是一致的，增强组织成员对组织认同和组织凝聚力的同时，也增加了组织作为公益组织的合法性。

从合法性的角度来看，公益组织的生存和发展就是围绕着发展组织的合法性、展示其合法性、维护其合法性展开的。

（二）资源与组织发展

除了合法性，资源也是公益组织发展的一个关键因素。从整体上说，当前中国的草根公益组织处于资源推动型的初级发展阶段，资源成为其发展的重要动力，具体表现在：（1）资源总量的增加往往带来组织规模的扩大，组织规模的扩大推动组织的规范化、制度化发展；（2）资源结构的情况将影响草根公益组织的独立性和自主性；（3）资源动员结构与草根公益组织的内部治理机制存在明显的关联。

1. 资源总量与组织发展

资源总量的增加带来组织规模的扩张，进而推动组织的规范化、制度化发展资金总量的增加，对组织发展最直接的影响是促使组织规模的扩张，表现在人员队伍、活动领域、公益项目或活动等方面。在人员队伍上，B组织成立之初由五个创始人共同出资50万注册成立，全职人员5人；运作一年之后，其中三人撤资退出，留守人员又注入20万进行运作，工作人员只有三人；之后B组织专心公益，以私人化动员作为资金的筹集方式，同时有少量的以项目形式向基金会的业内动员作为补充组织，运作资金在30万~50万/年之间，全职人员在5~10人之间；2010年，挂靠C基金会、创建社会企业之后，B组织的资金总量有了显著的增加，开始跨越百万大关，全职人员增加到20人左右的规模，加上20人左右的兼职和实习生队伍、近百名核心志愿者，B组织的人员队伍空前庞大。其次，资金总量的增加也带来了组织活动领域的拓展、公益项目及活动的大幅度增加。随着B组织资金总量的增加，组织的活动领域从单一的文化思想交流扩展到大学生志愿者服务、农村扶贫、流动儿童教育、城市农民工帮扶、环保、食品安全、公益文艺等方面；工作对象从大学生扩展至农民、农民工及其子女、普通市民等群体。

资金总量增加带来了组织规模的扩张，组织规模的扩张使原先极具主观性、随意性的人治模式面临挑战，客观上要求组织管理的革新，其方向无疑制度化和规范化。2010年后，组织资源总量显著增加，组织规模明显扩张，在创始人Z的推动下，B组织走上了向制度化、规范化治理的转型道路，设计实施了组织的学习机制、决策治理机制、激励机制，制定实施了一系列规章制度，包括项目管理制度、财务管理制度、后勤保障制度、志愿者管理制度等等，使B组织的运作逐步规范有序。虽然，作为草根组织的，B组织的科学、规范运作、制度化治理还存在诸多问题，但比较之前其制度化、专业化、规范化水平已经有明显提高。

2. 资源结构与组织发展

不仅资源总量对组织发展具有直接的影响，资源的结构也对组织发展产生影响。所谓资源结构指的是不同种类的资源的构成情况和相互关系。对于草根公益组织的发展比较关键的资源除了合法性之外，还包括资金、人才、专业能力、经验、公共关系网络、社会信任、公信力、权威性等。从资源的性质的角度来看，分为有形资源和无形资源，如资金、人才、物资、场地等属于有形资源，专业能力、经验、公共关系、社会信任、公信力、权威性等属于无形资源；从资源的来源来看，可以分为社会资源、体制资源和市场资源，社会资源是在社会中自由流动的资源，如专业能力、经验等都可以在社会领域中获得；体制资源是由体制直接后借鉴控制的资源，典型的如合法性资源、行政组织系统、公共关系等；市场资源是由市场机制控制的资源。在现阶段，草根公益组织要树立组织的公信力和权威性，不仅仅需要组织的规范运作，财务透明公开，建立公益品牌，树立组织公益形象，同时还需要通过与体制的互动，得到体制的确认，将政府所具有的公共性和权威性进行转移才能实现。

资源结构有优化和不良之分。优化的资源结构是草根公益组织所拥有的资源总量中，各类资源的比例协调，能够互相配合，符合组织发展的要求，促进组织的发展。反之，当资源总量中的各类资源比例不当，配合失调，则资源结构不良，反而导致组织发展的困境。

2010年以前，B组织的发展面临资源总量不足的问题，但资源结构相对合理，组织所具有的资金量与组织的运作管理能力、专业水平、经验等较为匹配，组织发展虽然存在困境，但发展相对平稳有序，在积蓄力量中前进，没有出现较大的波动。2010年之后，组织的资金总量上升，组织加速扩张，人员队伍急剧扩大，而组织的运作管理能力、专业能力、经验等无形资源却没有明显提升，出现资源结构不匹配情况，一度给组织发展带来了巨大的风险，导致组织成员对组织的认同感、归宿感降低，组织凝聚力下降，人员流失严重，各项工作开展不力。这是组织发展中的遭遇的一次重大挫折，组织元气大伤，之后经过一年多时间的反思和调整，重新调整组织的资源结构，平衡有形资源与无形资源之间的矛盾才渡过危机。

中国的公益组织，包括官办公益组织在内，都呈现出在合法性上高度依赖国家，在资源（主要是资金、人力方面）上高度依赖社会的特点。这样的资源结构特点对草根公益组织发展策略的影响是：草根公益组织必须进入体制内才能获得发展，因此，缺乏体制背景、游离于体制之外的草根公益组织往往将努力的方向放在如何接近体制上，发展出一系列策略，如加入政府的项目、付诸个人关系接近政府部门、主动纳入官方或半官方组织的系统中，借用国家权威、符号等。

3. 资源动员结构与组织发展

草根公益组织的发展不仅需要具有充足的资源总量，还需要合理优化的资源结构，保持有形资源与无形资源比例协调，互相匹配，体制资源与社会资源的协调发展。此外，资源动员结构对草根公益组织的发展产生重要影响。

资源动员结构是草根公益组织的动员系统中，不同资源动员方式所发挥的作用及关系。我们在前文中分析到，B组织的动员系统是一个由简单到复杂的发展过程，主要经历自我动员和市场化动员、私人化动员和业内动员、准社会化动员为主的私人化动员、市场化动员为配合的多元化动员三个时期，期间还尝试过社会化动员等方式源是草根公益组织生存和发展的命脉，而资源动员方式承担着从组织外部获取资源重任，动员方式影响了资源动员的效果、资源的总量、类型和质量，不同的动员方式面对的是不同的动员环境、动员对象、动员任务、采用不同的动员策略、手段等。

在B组织创立及发展初期，自我动员和市场动员是主要的动员方式，但市场动员效果不佳，只有自我动员才真正决定了组织的资源来源。自我动员是组织成员对自己的动员，资源来自组织成员，在治理机制上形成了股东共同治理的模式，民主制衡成为治理的特征。

其他创始人撤资退出之后，组织的动员方式转为私人化动员为主，组织运作的资源大多依靠创始人Z的私人关系在有限的熟人圈内动员，而作为缺乏合法性的草根公益组织，受到基金会资助的限制，面向基金会的业内动员只是发挥补充的作用，这一时期，创始人 Z 的私人化动员效果在很大程度上决定了组织的存续。由于组织的生存和发展的资源基本上取决于创始人 Z 一人，组织自然形成了创始人治理模式。

随着旗下各志愿小组挂靠官办公益组织，以及户外筹款小组的成立、社会企业组织形式的创新，B 组织的动员结构发生了变化，倚靠体制进行的“准社会化”动员成为主体，私人化动员退居二线，成为基础及补充，市场化动员为补充和探索方向，并在实践运作中，地位上升。由于倚靠个人的私人化动员在动员系统中地位和作用相对下降，私人化动员的效果所占的组织资源总量份额减少，而准社会化动员、市场化动员越来越依赖于整个团队的共同努力，在实践中成熟起来的组织成员有了参与组织的决策管理的要求，组织的治理模式由创始人治理发展成为坚持民主集中制的集体领导体制。

（三）创始人（负责人）与组织的发展

近年来，中国草根公益组织发展的外部环境，包括宏观体制环境、政策制度环境、社会环境有不断优化的趋向。但总的来说，外部环境对草根公益组织的制约仍然比较突出。在制度与资源的双重限制下，草根公益组织的生存和发展是非制度化的，更需要发挥组织的智慧，通过创新，扬长避短，寻求发展。而对于大多数仍处于初创期，组织发展高度依赖创始人的草根公益组织来说，组织的智慧往往体现的就是创始人的智慧。创始人与草根公益组织生存和发展意义重大已经成为不争的事实。创始人对组织发展的影响主要体现在其理想和信念、资源和能力、行为与品质、学习和创新能力等方面。

1. 创始人的理想和信念对组织发展的影响

公益组织以使命为先，实践组织的社会使命感、社会责任感，为特定的社会理想而奋斗是公益组织组织存在的意义。草根公益组织中的成员主要是为共同的社会理想及信念、社会责任感而聚集在一起，为共同的事业而共同奋斗。草根公益组织的社会理想和信念等精神因素是组织的灵魂，是其区别于营利性组织的标志。成功的草根公益组织往往首先就是个精神共同体，组织成员具有共同的社会理想和信念，强烈的社会责任感和使命感，共同的价值理念，利他主义和奉献社会的价值取向，这是草根公益组织的凝聚力所在，也是草根公益组织在困境中能够坚持下来，并不断创新发展的根本动力。

构建包括以组织使命为核心的组织文化，构建精神共同体成为草根公益组织激励机制的重要内容。组织文化是员工激励的基础，组织文化对员工具有重大的心理影响和行为规范作用，优秀的组织文化能够让组织成为一个整体，组织文化建设本身就是对员工的一种激励①。据调查，中国的草根公益组织能存续超过3年的比例只有不到30%，除了由于外部环境限制，缺乏合法性与资源之外，组织缺乏使命和理想，缺乏核心价值观，因而内有凝聚力，在困境面临时难以坚持也是导致草根组织的发展困难的重要原因。

创始人的理想和信念通过形塑草根公益组织的组织文化而影响组织的发展。B组织创始人Z农村出身、共产党员、思想政治教育专业背景，信仰马克思主义，推崇社会主义。在创始人的影响下，B组织文化以社会主义的理想、社会主义的公益事业取向；马克思主义的人生观和价值观；反消费主义的、理想主义、集体主义的生活理念等为内容，呈现出马克思主义、社会主义、集体主义、理想主义的特征，形成一个精神共同体。这是B组织在多年的困境和挫折中得以坚持，不断创新发展的根本动力。创始人本身成为组织文化的代表，成为组织凝聚力的核心，创始人的理想和信念引领着组织的发展方向。

2. 创始人的资源和能力对组织发展的影响

对于草根公益组织而言，尤其是处于初创期的草根公益组织，创始人所掌握的资源及其所具有的能力很大程度上决定了组织的发展程度和发展道路。目前，中国草根公益组织精英化特征显著，主要是文化精英、政治精英和经济精英三种。不同领域的精英意味着其资源类型和资源网络不同：政治精英则与体制最近，动员体制资源是其优势所在，经济精英的优势调动社会资源，相对而言，文化精英的资源动员却没有那么直接，还需要多种转换。精英们作为创始人进入公益领域之后，往往会将其所拥有的资源网络也带到组织中，这为公益组织的发展提供了基础，同时也对组织发展的路径产生影响。如政治精英创办的草根公益组织最容易走向依附体制，被体制吸纳的发展道路；而经济精英创办的公益组织具有雄厚的经济实力作为支持，不受资源的束缚，走上社会化发展道路的可能性更大。文化精英缺乏公益发展所需要的资源，还需要将其文化资本进行转化，相比而言，其所创办的公益组织发展会曲折一些，可能走经由社会走向体制合作的道路。

B组织创始人属于文化精英，其资源优势集中于文化领域。在具体的运作中，创始人发挥文化资源优势，通过运作文化资源（邀请著名学者开展学术报告、演讲、交流，在高校中开展思想文化交流等）吸引社会资源（大学生志愿者、大众媒体），以此为基础进一步务实组织的社会合法性，最终从社会走向与体制的合作发展之路。

① 罗明忠．组织文化、员工激励及其相容性——基于广州某民营高科技企业的分析与思考［J］．徐州工程学院学报，2011（1）．

3. 创始人的学习和创新对组织发展的影响

创始人不断学习和创新对组织的发展具有重要的推进作用，这是因为：第一，草根公益组织在政府和市场的夹缝间进行生存，面对来自外部制度和资源的双重制约，草根公益组织唯有不断学习，提升专业能力、实现组织成长和创新才能求得生存和发展。第二，由于起步晚、发展时间短、规模小、能力弱等，草根公益组织的自我发展能力欠缺，在运作和管理等方面还处于模仿和学习阶级，没有现成的路可走。面对发展的内部障碍，不断学习和创新，在实践中摸索前进，寻找真正适合自己的发展道路和模式是根本出路。第三，创始人在组织中的地位和作用决定了组织的创新能力在很大程度上就是创始人的学习和创新能力。而中国的草根公益组织理想主义色彩浓厚，很多创始人往往是怀抱着理想和热情进入公益领域，却缺乏从事公益活动以及组织运作和管理的专业知识、能力和经验，创始人通过各种途径积极主动学习公益理念和知识，并在学习借鉴外来经验的基础上挖掘本土资源，开发传统，根据本土实际，结合组织的条件大胆创新，这是草根公益组织突破发展困境的必要条件。

B 组织每一个发展的关键步骤都是创始人学习和创新的成果。2008 年 3 月起，创始人 Z 参与了“草根公益协力营”——草根公益组织运作方面的系统培训。通过参加这个系统的培训，中心创始人正式接触了 NGO，较为系统地学习了相关的理论知识，开始将志愿者精神、志愿服务的与 B 组织原有的工作结合起来，并于 2008 年 4~5 月直接催生“志愿者文化中心”，即为后来的志愿者驿站，旨在传播志愿精神，倡导大学生志愿服务，“这时就开始了一个新的完全做公益的阶段”，实现了组织发展的转折。2009 年 9 月，创始人 Z 参加社会企业家技能培训，并按照社会企业理念和组织形式设计了以促进农村扶贫，可持续生计为，同时满足城市对健康食品的需求，实现城乡互助、传播生态环保、关注食品安全为目的，以开发和销售农村原生态农产品为内容的城乡互助，健康食品馆的实体店作为结业项目，并很快借助各方资源正式成立运作，成为省内第一家社会企业，创新了 B 组织的资源动员方式，也拓展了其资源渠道。之后，随着经验的积累，又陆续运作了第二家、第三家社会企业，不断提高组织的自创收入，同时避免组织过于依赖外来资源而丧失自主性和独立性。2010 年 5 月，创始人在学习香港公益组织的 AA 制和跨界合作的公益项目运作模式之后，积极引进，并按照本土环境及组织条件进行了改造和创新，成立了户外活动筹款小组，在挂靠官办基金会，借用其公募权，借鉴香港先进的公益理念和成熟的运作模式进行操作，面向社会公众进行公益理念的传播和筹资。户外筹款小组公募权的获得，以及动员方式的创新不仅为 B 组织开辟了新的资源渠道，随着公益项目品牌的树立，社会参与的增加，户外筹款小组的筹资额度逐年上升，已经成为 B 组织重要的资源渠道。此外，户外筹款小组还成为省内甚至成为国内第一个专门以户外活动进行筹资的公益组织，备受媒体关注，其开展的活动常常见诸报道，使组织的知名度、美誉度提高。

此外，B 组织创始人的创新还表现在（1）理念创新。有鉴于西方公民社会理论的局限性和与中国实际的差异性，创始人 Z 坚持以马列主义为基本指导思想，提出在借鉴吸收西方公益理念和经验基础上，充分挖掘本土资源，特别是马列主义思想、社会主义文化、中国传统文化等资源，创建有中国特色的社会主义新公益。（2）制度创新。B 组织创始人 Z 借鉴西方的公益组织的治理模式，设置了理事会、顾问团、执行长等相关部门和职位；同时，也从中国共产党的治理中获得启发，建立了以执行委员会为中心的集体领导制度，并先后尝试了教育长和执行长两长制和三人团制度，民主生活会制度等。（3）激励机制创新，建构了以精神共同体为先导和基础，以事业共同体为核心，以生活共同体为保障，集精神生活、事业奋斗和物质生活为一体的共同体激励体系。

创新是草根公益组织突破发展困境的法宝，创新是草根公益组织保持独立性和自主性的关键。草根公益组织的创新能力实际上由创始人的学习和创新能力决定。创始人对于草根公益组织的发展既可能是推动作用，也可能产生阻碍，所谓“成也萧何败萧何”。当创始人满足现状、不思进取、思维僵化、固步自封则不利于组织的创新和发展；而当创始人不断学习、不断提升自我，借鉴外界先进理念和模式，积极探索创新，勇于实践，才能使组织不断突破发展困境，获得前进的动力。

（四）合法性、资源、创始人：三种因素的实质

从上文中，我们看到合法性、资源和创始人是草根公益组织发展中的关键因素，组织的合法性限制了其资源动员的方式，在很大程度上决定了组织所能获得的资源的类型、总量和结构等。组织合法性的拓展和提升带来了资源动员方式的革新、动员范围的扩大、动员对象的丰富、动员能力的提高和动员效果的增强，从而促进草根公益组织资源总量的增加、资源结构的优化，最终使草根公益组织获得发展，表现为组织规模扩大、治理机制和激励机制发生变化等。

草根公益组织发展的关键资源除了合法性之外，还包括资金、人才、专业能力、公信力、信任等，其来源主要有社会、市场和体制，而体制主要提供的是合法性资源。因此，资源对草根公益组织发展的制约实际上体现了社会和市场对草根公益组织的影响。

创始人（负责人）的因素实质就是草根公益组织本身。由于中国的草根公益组织具有精英化色彩，创始人（负责人）往往就代表了组织，创始人的理念、资源、能力等往往就决定了组织的发展：创始人的理念和信仰形塑了草根公益组织的组织使命和组织文化，是形成精神共同体，能够在困境中坚持，不断创新发展的根本动力；创始人的资源和能力是草根公益组织突破合法性和资源限制的基础；创始人的学习和创新能力的发挥使草根公益组织能够以创新突破困境而发展，并体现出组织的自主性和独立性。

合法性代表了体制对草根公益组织发展的制约；资源代表了来自社会和市场对草根公益组织发展的制约，而创始人因素的实质就是草根公益组织的自身素质。可见，草根公益组织的发展是由体制（政府）、社会、市场和草根公益组织本身四方面的力量共同影响（如图6-1）。

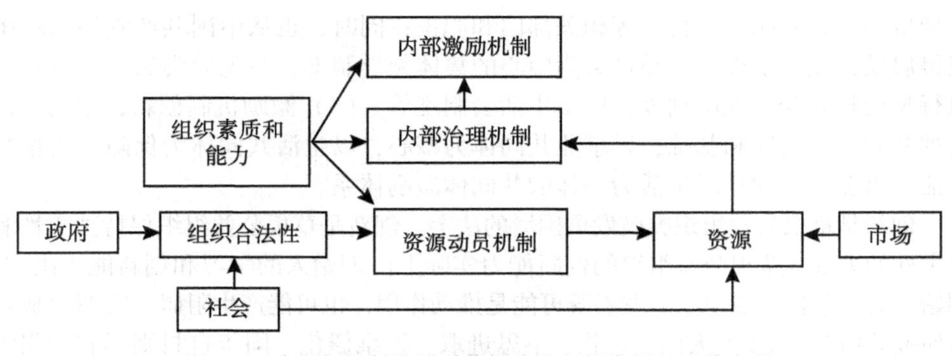

图6-1　从运行机制发展看草根公益组织发展的四维变量

第二节　中国草根公益组织的发展路径

一、草根公益组织发展的四维变量

在这一节中，我们尝试从政府—社会—市场—草根公益组织四个维度对草根公益组织的发展进行解释。

（一）政府是影响草根公益组织成长的首要因素

第一，政府改革是推动公益事业发展的原初动力。从我国公益事业发展的背景来看，西方公益事业兴起于19世纪末20世纪初，处于由自由资本主义向垄断资本主义发展的时期，西方的市场经济体制、资产阶级政治体制都已经建立和完善，公益事业的出现是弥补政府失灵和市场失灵的产物。而我国现代公益事业的兴起则和社会主义市场机制的完善、政府职能改革基本上是同步发生。一方面，经济、政治的改革既为公益事业的兴起创造了条件：分别提供自由流动的资源和制度空间；另一方面，公益事业的发展也使经济和政治改革的顺利进行有了保障：公益事业的发展能减少经济改革的震荡，承接政府转移出来的职能。由此可见，中国公益事业的发展与政府的改革紧密联系。

第二，中国政府始终对民间社会组织持控制和利用并行的矛盾心理。康晓光、韩恒①认为对权威主义政府而言，社会组织具有双重属性：一方面，它是一种挑战力量，因为社会组织是最有力的集体行动的载体之一；另一方面，它又是一种辅助力量，因为社会组织可以为社会提供公共物品，而这也正是政府应尽的职责。同时，不同的社会组织应对政府权威的能力不同，而且为社会提供的公共物品也不同。政府根据社会组织的挑战能力和提供的公共物品，对不同的社会组织采取了不同的控制策略。对潜在挑战能力弱，而又提供社会急需的公共物品的组合，如草根 NGO，政府的态度是支持、鼓励或者不加干预。

第三，政府是公益组织合法性的首要提供者，决定了草根公益组织的生存空间。西方是以公民自治为基础的政治社会，它以个体自由为出发点，以普遍法治为原则，通过公民的自由联合、自发行为和自治行为建立起来政府和国家。在这种社会秩序下，政府是公民通过民主机制授予的合法性的处理公共事务的代理机构，是个有限的政府，社会独立于政府，拥有较大的自由，因此，公益的发展在很大程度是取决于社会的支持。我国与西方不同，属于权威体制，在这种体制下，国家是整个社会的控制者，民间组织的生存空间由政府决定，政府通过法律、行政法规、部门政策等规范社会组织的活动空间。政府通过社会组织的管理体制规定了社会组织的合法性，规定了社会组织必须同时具备政治合法性、社会合法性、行政合法性和法律合法性才能具有真正的合法身份。社会组织的合法性由国家控制。

第四，政府干预社会组织的资源环境。政府不仅通过政策法律等直接调节社会组织所获得的资源数量，还通过行政力量发挥资源配置功能，从而影响社会组织获取资源的渠道和数量。在权威政体中，行政因素对资源配置仍然发挥很大的影响，民间组织生存发展所需要的资源也由政府控制。这样，公益事业的发展所需要的两大资源——制度空间和资金都掌控在政府手中。因此，中国公益事业的发展很大程度上有赖于政府的推动。

第五，政府是公共性的唯一代表，具有很高的权威性。从中国的传统文化来看，我国公共性与西方也不同。西方文化强调“个人优先于政府”，公众对政府本能地不信任，如美国人从立国之初就本能地对政府权力过大疑虑重重，其宪法的主要精神之一是限制政府的权力。对于在发展中出现的各种社会问题和各种灾

① 康晓光，韩恒．分类控制：当前中国大陆国家与社会关系研究［J］．社会学研究，2005（6）．

难，传统的观念是较多依靠自助或互助，更愿意相信私人慈善事业，而较少指望政府，特别是联邦政府，美国人怀疑政府的公共事业广泛存在低效率及官员中饱私囊现象。而在我国，受封建国家专制历史的长期影响，公共性的承载主体一直是国家和政府，流行着“国家=官=公”的一元“公观念”①，有着无可比拟的权威性，老百姓对政府抱有很高的期待，认为政府无所不能、无所不包，遇到问题，也习惯求助于政府，对政府抱有很高的信任度；比较而言，社会却是“私”的代表，人人为己的场所，不具有公共性，也难以获得大众的信任。对于民间自发的公益活动，普通大众还习惯性地认为，这本应是政府的事情，民间公益缺乏应有的合法性；对于民间公益组织，社会还缺乏信任，更缺乏支持，使得民间公益发展困难重重。在现实中，不少公益组织以向政府靠拢、借用体制因素的方式获得合法性、动员资源、开展活动等，以求生存和发展。实践证明，是否具有政府背景，公益组织的发展天壤之别，中国的公益事业的发展，在很大程度上取决于政府的支持和推动。

第六，从中国的慈善历史来看，由政府推动和主导慈善事业是历史的主流。我国古代慈善事业缘起于魏晋南北朝时的佛教慈善活动。两汉之际，佛教传入中国。随着佛教思想的传播、佛教的兴盛以及佛教寺院经济的发展壮大，佛家慈善事业也逐渐发展起来，至唐朝时达到兴盛。但佛教慈善的兴盛却招致朝廷的猜忌，最终唐武宗在会昌年间开展“会昌灭佛”，之后，济贫工作始由宗教转到政府手上。宋元时期，从养老到慈幼，从医疗到送终，朝廷主办的慈善机构已经比较完备。到了明清时期，商品经济的发展，使民间慈善事业再次兴起。尤其到近代中国，在外忧内患、战乱频繁、中央政府无力的情况，民间事业发展达到鼎盛时期。而随着新中国的建立，民间慈善救济又统一收归国家，慈善事业一度消失。改革开放后，政府需要民间力量的补充来解决日益增多的社会需求，于是在政府的推动下，中国现代公益事业又得以复兴。纵观中国慈善发展史，政府掌握着慈善事业发展的生杀大权。

中国慈善的历史、文化、中国的具体国情、公益事业发展的背景、所处的阶段等特点，要求中国政府在公益事业上除了像西方国家的政府一样发挥引导、规范、监管等作用外，还应在此基础上，积极承担更多的责任，大力推进公益事业的发展。

（二）社会是草根公益组织发展的土壤

社会是草根公益组织发展的土壤。草根公益组织应社会需求而生，因社会资

---

① 刘杰，田毅鹏．本土情境下中国第三部门发展困境及道路选择［J］．社会科学研究，2010（5）．

源的供给而成长壮大。社会则通过向草根公益组织提供“资源”和向草根公益组织提出“需求”而影响其行为。社会为公益组织提供资源具有几个特点：

第一，我国公益组织的资源主要来自社会，高度依赖社会。一方面，社会向公益组织提供的资源类型最多，既包括资金、人员、设备、物资、场地等有形资源，也包括社会合法性、知识、信任、合作等无形资源；另一方面，在公益组织的社会捐赠、自创收入和政府支持三种收入来源中，我国公益组织的收入主要依靠社会捐赠，自创收入和政府财政支持都比较低。

第二，社会公益资源配置受到行政因素的影响。在社会转型背景下，行政因素对社会资源的配置仍有较大的影响。这种影响是通过直接和间接两种方式实现，直接的方式就是行政力量通过法律和法规对社会资源、公募权力、税收优惠等的配置进行控制，如规定只有少数具有政府背景的公益组织才能向社会公开募捐，只有向红十字会、慈善总会等少数几家具有政府背景的公益组织捐款才能获得税收优惠等。间接的方式如行政体制所具有的政治和符号资源蕴含着强大的交换能力，能够使社会资源随着政治和符号资源而动。也就是说，行政、体制力量对公益组织的态度和行为对社会具有示范、引导作用，政府对某公益组织的支持往往能带动社会资源流向该公益组织。

第三，公益组织满足社会需求的能力和程度是其获取社会资源的重要衡量标准。公益组织满足社会需求的能力和程度主要体现在：公益组织的活动领域是与社会急需和关注程度、公益组织的专业能力、公信力、公益组织的品牌和形象等。公益组织在社会急需、受社会关注的领域服务，组织具有较强的整体素质、较高的专业水准、成熟的公益项目和品牌、良好的公益形象和公信力等是吸引社会资源支持的核心要点。

第四，社会资源配置受到社会文化的影响。社会资源主要来自社会捐献，包括捐钱、捐物、捐献时间和服务等。社会捐献基于自愿，它受到社会文化的影响。文化是公益慈善事业发展的原动力。而我国缺乏社会自治传统，历史上的慈善事业呈现出浓厚的精英化色彩，普通民众的社会公益观念还处于培育之中，从总体上来看，社会对民间公益事业的支持仍然不足。

第五，社会公益资源的配置受到社会资源总量的影响。在当前，社会对公益组织的需求大于社会对公益组织的资源供给，这一现状将在一段时间内继续存在①。改革开放后，出现了失业、贫困等一系列社会问题，并由此产生了一批新的社会脆弱群体，引发了急剧膨胀的社会需求，然而，社会资源不足以满足公益

① 郑杭生等．转型中的中国社会和中国社会的转型：中国社会主义现代化进程的社会学研究［M］．北京：首都师范大学出版社，1996.

组织增长的需要。如 2011 年全年接收国内外社会各界物款捐赠总额约为 845 亿元，占同年我国 GDP 比例为 0. 18%，比 2010 年的 1032 亿元大幅下降 18. 1%；人均捐款 62. 7 元，占同年我国人均可支配收入的 0. 33%。同年，美国人均捐赠为 962. 6 美元，相当于中国人均捐赠的 97 倍①。而整个 2012 年度，我国慈善捐赠总额在 700 亿元人民币左右，较 2011 年的 845 亿又有所下降。

从社会对公益组织的供给和需求特点来看，草根公益组织要实现生存和发展，必须以“社会”为根本取向。社会需求是草根公益组织发展的动力；满足社会需求体现了草根公益组织的存在价值；社会资源为草根公益组织不断前进、实现组织使命提供滋养；社会成为鞭策草根公益组织不断走向专业化、规范化发展的因素。然而，在“强国家——弱社会”的格局背景下，社会并不具有独立支持草根公益组织的力量，社会还需要明确“体制”对草根公益组织的支持之后，才能放心大胆地为草根公益组织提供支持。因此，草根公益组织的发展还不能直接绕过体制力量而单独寻求社会的支持，而接近体制、利用体制成为一种策略性的选择。同时，由于从总体上看，社会资源总量相对社会公益组织的需求不足，并在将来一段时间内继续存在，因此，草根公益组织也不能仅仅将目光停留在“社会”这个资源渠道，而需要创新理念，开拓新的资源渠道，也就是市场。

（三）市场：草根公益组织发展的新空间

公益组织是非营利性组织，这常常引起人们的误解，认为非营利组织就是不从事经营活动的组织。实际上，公益组织的非营利性指的是组织不以营利为目标，不追求利益的最大化，组织的收入不是个人财产，受到非分配约束，不能将组织剩余财产在组织成员中进行分配，而不是指公益组织完全不进行经营活动。在公益组织的实际运作中，来自市场的经营和服务，包括会费、银行利息等自创收入也构成了公益组织收入来源之一。

在国际上，来自市场的经营和服务收入已经成为非营利组织的主要收入来源。如萨拉蒙教授所主持的对 22 个国家进行的调查结果显示了现代公益事业的经济来源有三，一源于社会的捐赠，二源于利用市场的经营及服务收入，其三为政府部门的支持，其中，来自市场的收入占首位，一般为 50%以上，其次为政府部门的支持，比例为三分之一左右，而社会捐赠的贡献不到 20%，社会捐赠已不构成非营利部门的主要收入来源②。郭国庆与周批改等人通过对 8 个国家的 NGO

---

① 中民慈善捐助信息中心．“2011 年度中国慈善捐助报告核心数据发布稿［EB/OL］．中华人民共和国民政部网站，2012-06-28.

② 萨拉蒙等．全球公民社会——非营利部门视角［M］．贾西津等译．北京：社会科学文献出版社，2002.

的分析研究，认为国外 NGO 的资金来源不外乎四个渠道：民间捐赠、服务收费、政府补贴和外国援助，其中，服务收费、政府补贴是目前几乎所有的 NGO 的主要来源，形成了服务收费主导型和政府支持主导型 NGO。而民间捐赠并没有成为 NGO 的主要来源①。

社会公益组织的收入来源越来越依靠市场已经成为欧美第三部门的重要发展趋势，其中，社会企业就是公益组织市场运作的一种创新组织形式②。社会企业用商业手段解决社会问题的组织③，是社会公益与市场经济有机结合的产物④。它被认为是社会企业是克服非营利组织自身问题、维持非营利组织可持续发展的一个新的探索方向。与传统的非营利组织相比，它主要有三个特点：其一，组织的社会使命与经济活动相关联，高度整合资源，解决社会问题，创造社会价值；其二，有成形的自我运营模式，经营收入是主要资金来源，利润不用来分红，而是投入到组织的发展中去；它用企业的架构、市场的方式获取利润，摆脱了“捐赠依赖”对组织发展的制约，高效率、可持续地解决社会问题。其三，以富于想象力的视角和创新开拓的精神去解决各种社会问题，多采用新的方式动员既存资源来解决问题，关注受助人群的成长，实现了组织与受众的共同的可持续发展。传统的非营利组织往往只有一条社会链——接受捐赠，专注于解决社会问题，而社会企业除了具有非营利组织的公益性、社会性的本质特征外，它还有一条商业链，即它的运营模式、管理模式、组织结构。社会企业依靠社会链和商业链的横向联系来支撑、发展和壮大。正如弗斯顿伯格所言“现代非营利组织必须是一个混合体，就其宗旨而言，它是一个传统的慈善机构；而在开辟财源方面，它是一个成功的商业组织。当这两种价值观在非营利组织内互相依存时，该组织才会充满活力。”⑤

近几年，社会企业传入中国，在公益界迅速升温，尤其是中国的草根 NGO 几乎到了言必称社会企业的地步⑥，不少草根公益组织还勇于实践，涌现出一些具有创新性、运作良好的案例，如深圳残友集团、北京采桑子文化艺术发展中心、欣耕工坊、柳州爱农会、多背一公斤、北京富平培训学校、北京工友之家同

① 周批改，周亚平．国外非营利组织的资金来源及启示［J］．东南学术，2004（1）．

② 郑胜分，王致稚．台湾社会企业的发展经验［J］．中国非营利研究评论，2010（2）．

③ 徐永光．社会企业发展模式内地选择之困［EB/OL］．南都基金会官方网站，2011-01-05．

④ 沙勇．社会企业发展演化及中国的策略选择［J］．南京社会科学，2011（7）．

⑤ 黄剑宇．社会企业：非营利组织发展的新方向［J］．湖南工程学院学报，2010（3）．

⑥ 徐永光．社会企业运动有汹涌之势［J］．商务周刊，2011（5）．

心互惠店等。社会企业被称为慈善 2.0，区别于依靠社会捐赠而运作的传统慈善组织，体现了草根公益组织所寄予的希望。随着社会企业的升温，"市场"这一因素也逐渐参与到草根公益组织的发展中，成为我们分析草根公益组织发展不能忽略的因素。

但是，处于社会转型期，权威体制下的中国市场机制不同于西方，它并非完全自由，而是直接或间接受到行政力量的影响，市场主体并非都处于平等的竞争地位。加之，社会企业在中国还是一个新事物，法律地位不明确，社会接受程度还不高，在整个中国的公益事业还面临信任考验的时候，公益和商业的联手也有可能使草根公益组织的脆弱的公信力受到进一步的削弱，陷入以"公益慈善之名行营利之实"的质疑中。总之，市场这个因素有可能会促进草根公益组织的独立性、自主性发展，同时也来更多的挑战，面临更激烈的竞争。

（四）草根公益组织自身条件是其发展的起点

虽然从长远看，宏观环境或体制的变化对公益组织的发展具有决定性的作用。但从微观层面看，草根公益组织自身的综合素质对组织的发展具有更直接的影响。草根公益组织的发展之道不仅受到宏观体制和社会环境的制约，同时也是草根公益组织从自身条件出发的现实选择。

草根公益组织自身的条件有优势和劣势之分。草根公益组织的优势是相对应政府部门和官办公益组织而言，主要表现为：(1) 亲民性。草根公益组织来自民间，贴近基层，具有较好的群众基础，天然具有亲民性。(2) 创新性。草根公组织往往有能力在被政府忽略的领域发现新的社会需求，并由于试错的成本低，能够为满足这些需求进行有益和必要的试验，并由此找到提供相关社会服务的较好途径。(3) 灵活性。草根公益组织在组织体制和运作方式上具有很大的弹性和适应性，便于根据不同情况及时作出调整。它们作为非政府组织，官僚化程度较低，便于去做政府不便做的事情，它们擅长从事小型发展项目，能够对基层的要求做出迅速反应。(4) 自主性。相对而言，草根公益组织所直接受到的外界干预较少，能够自主地根据组织自身的条件和能力，对社会问题做出回应。(5) 低成本。草根公益组织以精神激励为主，并依靠大量的志愿者开展活动，成本较低。

草根公益组织的劣势也是相对于政府和官办公益组织而言，集中表现在：大部分的草根公益组织还处于初创期，规模小、人才缺、能力弱、专业性差、筹资困难、缺乏合法性、缺乏公信力、内部管理混乱、自主发展条件和能力都欠缺。中国的草根公益组织发展起步晚，历史积累不足，目前还是嗷嗷待哺的婴幼儿，需要外部力量帮助，并且需要较长时间的积累才能发展、成熟。

从草根公益组织的自身条件来看，借力发展，扬长补短才是发展之道。接下来就是向谁借力，如何借力，以及借力之后如何扬长补短实现发展的问题。

二、草根公益组织单一取向的发展路径

草根公益组织发展选择怎样的路径是由政府、社会、市场和草根公益组织四个变量之间的关系所决定的。因此，在探讨草根公益组织发展路径的几种可能性之前，有必要分析一下政府、社会、市场和草根公益组织之间的关系。

（一）四维变量之间的关系

影响草根公益组织发展道路选择的政府、社会、市场和组织自身四个变量并不是势均力敌，发挥同样的作用，而是有主次之分。其中政府是主导性的因素，它不仅手握草根公益组织的生杀大权，决定草根公益组织的发展空间，对草根公益组织的资源命脉进行宏观调控；还将触角伸入社会领域，通过影响社会公益资源的配置而干预草根公益组织的资源环境；此外，政府凭借其合法性、权威性、公共性等特征对其他社会主体的公益行为发挥示范和引导作用，从而对草根公益组织的发展环境产生影响。

社会是草根公益组织安身立命之所，社会资源的供给是草根公益组织发展的保障。但在“强国家——弱社会”的背景下，社会对草根公益组织的供给首先是受到行政体制素的制约和影响，其次才和草根公益组织自身因素有关。而社会对某一草根公益组织的认可和支持也会影响到政府对其的认识和态度。草根公益组织得到社会公众的高等认可、具有较高的公信力、广泛的社会影响力、良好的公益形象，这些来自社会对草根公益组织的认可将为政府信任和支持草根公益组织增加砝码。因此，政府与社会常常结成同盟，对草根公益组织施加影响。

与政府、社会相比，对于草根公益组织而言，市场是限制较少，相对自由的空间。在市场的环境中，竞争机制面前所有的主体都是平等的，在市场环境中获得生存和发展主要取决于组织自身的综合素质和能力，组织的核心竞争力是制胜的法宝，只要草根公益组织本身的素质过硬，能力够强，就有可能依靠组织自身的能力生存和发展，而且组织的独立自主性能得到保障。然而，进入市场，草根公益组织的发展也面临更多的风险，面临更加激烈的竞争环境，不仅其他公益组织的竞争，还面临营利性组织的竞争。市场优胜劣汰的残酷竞争机制并不会因为草根公益组织的“公益性”而降低，草根公益组织无所依靠，只能风险自担。总之，市场这个因素，主要和草根公益组织本身密切相关。一方面，要保证草根公益组织具有商业知识和手段，足够的竞争力保证组织能持续不断地从市场获取资源；另一方面，草根公益组织的组织文化能保证其在市场的商业氛围中坚持公益组织的社会使命。而政府和社会对市场因素的影响则次之。

草根公益组织自身的条件是影响其发展路径选择的最直接的因素。草根公益组织在与政府、社会的关系中是弱势的一方，政府、社会具有单方面决定草根公

益组织生存和发展的力量。但草根公益组织也可以通过自身的努力，如迎合政府期待，向政府话语体系靠拢，为政府拾遗补缺，配合政府工作，显示其社会合法性和创新性，提高社会服务的能力等赢得政府的信任和支持，为自己赢得生存和发展的空间。

最后，我们将政府、社会、市场、草根公益组织四者的关系总结如下：(1) 在这四个因素中，政府对草根公益组织的影响是主导性的，政府决定了草根公益组织的合法性，从而限制了草根公益组织获取资源的方式，此外，政府还通过控制社会，而影响、引导社会对草根公益组织的态度和行为。(2) 社会是影响草根公益组织发展的重要因素，社会具有一定的自主性，但它并不是一个独立的因素，它常常是在政府影响的框架下，根据草根公益组织素质和能力，通过对草根公益组织提出"需求"和提供"资源"来影响其行为；同时，社会对草根公益组织的认可和支持也将影响到政府对草根公益组织的态度。此外，受社会公益文化、公众捐赠意识、制度环境等制约，社会资源总量无法满足公益组织的需求。(3) 市场对草根公益组织的影响相对独立，市场能够减少草根公益组织对社会和政府的依赖，促进草根公益组织的持续性、独立性和自主性发展；同时也对草根公益组织的公益性和公信力带来挑战。(4) 草根公益组织本身是影响其发展最直接的因素。草根公益组织自身的素质和满足社会需要的能力影响社会对其的认可，并决定了社会对草根公益组织的支持，同时也能影响政府对其的态度和行为；草根公益组织的素质和能力还决定了进行市场运作，获取市场资源的能力，进而对其独立性、自主性、持续性发展产生影响。由于发展起步晚，发展时间短，历史积累少，草根公益组织整体素质不高，加之受限于外部环境的制约，草根公益组织自我发展能力不足。因此，草根公益组织要获得发展，提高整体素质，不仅需要草根组织自身的努力，也需要外界，包括政府、社会等的扶持。

（二）草根公益组织单一取向的发展路径

政府、社会和市场都能提供草根公益组织发展的资源。从理论上来看，草根公益组织的发展路径有政府取向、社会取向和市场取向三种。政府取向发展路径指的是草根公益组织以接近体制，进入体制获得政府的信任和支持为重要的发展策略，主要依赖政府资源和政府授予的合法性进行生存和发展，遵从政府选择机制。社会取向的发展路径指的是草根公益组织主要依赖社会资源生存和运作，遵从社会选择机制，以提高组织的专业能力、执行能力、效率、公信力等方式赢得社会的支持。市场取向的发展路径指草根公益组织主要依靠组织的能力从市场渠道获取生存和发展的资源，在具体运作上遵从市场竞争机制，按照商业运作理念和手段进行运作和管理。

政府取向的发展路径从草根公益组织的合法性困境出发，以国家合法性的获得作为发展的突破口，符合当前中国权威体制下“强国家——弱社会”的格局。然而，中国的公益组织在合法性上依赖于国家，但在资源上却依赖于社会，政府对公益组织的财政支持政策仍不完善，政府取向的发展路径难以为草根公益组织的发展直接提供足够的资源，反而因为过渡依靠政府，损害了草根公益组织的独立性和自主性。从现实可能性来看，草根公益组织走政府取向的发展路径的条件不成熟，可行性不高：首先，草根公益组织与政府之间缺乏信任。中国的大多数草根公益组织对政府抱着不信任的态度，认为一旦与政府接近、接触就会使组织的独立性受损；而政府部门对草根公益组织也一向持怀疑的态度。其次，草根公益组织与政府部门很少有直接接触的机会。草根公益组织缺乏体制背景，有没有合法身份，缺乏与政府部门进行制度性联系的渠道，除非具有草根公益组织通过私人关系与政府部门接触，否则双方缺乏直接接触的渠道。第三，草根公益组织综合素质和能力不高，单个草根公益组织所能发挥的功能有限，难以受到强大的政府的青睐。

社会取向的发展路径对于草根公益组织而言是比较现实可行的发展路径。因为草根公益组织本身就是社会力量的代表，社会是草根公益组织生发的土壤，为草根公益组织的发展提供了广阔的天地。草根公益组织的资源困境、人才困境、知识困境、能力困境等发展障碍的突破主要寄希望于社会。可以说，社会取向应成为草根公益组织的主要取向。然而，由于社会不具有独立性，政府因素是社会的药引子，政府对公益组织的态度和行为对社会具有引导和示范作用。所以社会取向的发展路径不能忽略对体制因素的利用。

市场取向的发展路径的优势在于门槛低，而且组织发展相对独立自由。工商注册便可得到合法身份，无需具有特殊的背景，也不受外界的限制，主要依靠组织的自我奋斗和经营能力。市场取向的发展路径有利于草根公益组织的独立性、自主性和持续性发展。而中国的不少草根公益组织也纷纷尝试市场运作。选择市场取向的发展路径很容易，但要走好市场取向的发展路径却并不简单，它需要草根公益组织具有较高的综合素质，并且具有核心竞争能力，这对于草根公益组织的从业人员素质要求很高——不仅要有强烈的社会责任感，保持公益心，还需要具备商业运作的能力，而这又恰恰是草根公益组织的短板。现实中，草根公益组织理想化色彩比较浓厚，草根组织从业人员大多凭着热情和信念进入公益领域，在内心深处对于从事高尚的事业却进行着商业的运作仍有抵触，加之，本身不仅缺乏公益运作的相关知识和经验，更缺乏商业运作的技能。因此，草根公益组织进行商业运作的成功案例较少，大多还是依靠社会捐赠而运作。

我们将草根公益组织三种单一取向的发展路径的优势、劣势、难点和可行性逐一进行比较，见表6-3。从中我们看到，三种路径各有优劣，形成了互补：政府取向的发展路径优势在于容易获得国家合法性，这却是社会取向发展路径的劣势及难点所在；但政府取向的发展路径又面临草根公益组织独立自主发展的问题，而刚好社会取向和市场取向的发展路径可以弥补之；市场取向的发展路径优势在于确保草根公益组织的独立自主性，又陷入社会信任危机，面临保持组织公益性的难题，需要社会取向的发展路径的调和。在现实可行性方面，市场取向的发展路径门槛最低，只要草根公益组织愿意便可尝试，但想要获得成功实属不易。政府取向的发展路径属于“万事开头难”，没有任何体制背景，实力不强的小草根要获得政府的青睐，只能让人联想到李白“蜀道之难，难于上青天”的感慨。而一旦过了政府的信任和考验关，草根公益组织之后的发展便在体制的庇护中，相对安稳了；而社会取向的发展路径的进入性和实施难度属于三者中的中间，走上这样的发展路径，既没有市场取向的自由随意，也没有政府取向的煞费苦心，社会取向的发展路径对于草根公益组织更多的是一个自我积累和逐渐提升的过程。因此，相对而言，社会取向的发展路径需要草根公益组织付出更多的时间和精力进行组织社会合法性的反复检验、扩展、提升，组织素质的总体性提升，公益品牌的锻造，组织公益形象的树立，组织公信力的累积……总之，草根公益组织的社会取向发展之路是一条渐进发展的路，勤奋、务实是最基本的策略，没有太多捷径可走。

表 6-3　　**草根公益组织单一取向发展路径的比较**

	政府取向发展路径	社会取向发展路径	市场取向发展路径
优势	国家合法性、安全性	社会资源、公益性	资源、自主性
劣势	资源有限， 独立自主性受影响	合法性有限，社会受政治制约非独立性，资源总量不足	营利陷阱、异化风险、社会公信力
难点	与政府接触；获得政府信任；保持自主性	国家合法性； 社会信任及公信力	组织素质和竞争力、保持公益性、公信力
可行性	上路难，行进易	上路和行进都为中	易上路，难行进

从三种发展路径的对比，我们得出结论：任何忽略其他发展因素的单一取向的发展路径都不利于草根公益组织的健康发展。因此，融合政府、社会、市场和草根公益组织四个因素，发挥四个因素的优势，实现优势互补，互相配合，良性互动的发展路径才是草根公益组织发展的现实路径。综合中国草根公益组织的自

身条件和其发展所面临的外部环境，就当前和未来一段时间内，中国草根公益组织现实可行的发展道路应该是综合取向的发展路径，其中政府取向为前提，社会取向为根本，市场取向为补充，是政府—社会—市场三者优势互补、良性互动的发展之路。

（三）综合取向的发展路径选择："倚靠体制的自主性发展"

如图 6-2 草根公益组织的综合取向发展路径是以社会取向为发展基础，草根公益组织在以社会为取向的发展过程中不断增强其社会合法性；之后，以社会合法性为筹码，开辟政府取向的发展路径，获取国家合法性；在国家合法性的助力下，社会取向的发展路径突破了瓶颈，获得快速发展，逐渐成为主导；市场取向发展路径作为社会取向的补充，是草根公益组织保持独立自主性的重要基础。

纵观 B 组织的发展历程，其实际上走的是"倚靠体制的自主性发展"道路，其实质就是融合了政府取向、社会取向和市场取向的综合取向的发展路径。其中，"倚靠体制"体现的是以政府取向的发展路径为先导和突破口，"自主性发展"则体现在政府取向大框架下的社会取向和市场取向的努力，社会取向作为基础和主体，市场取向的发展作为补充。

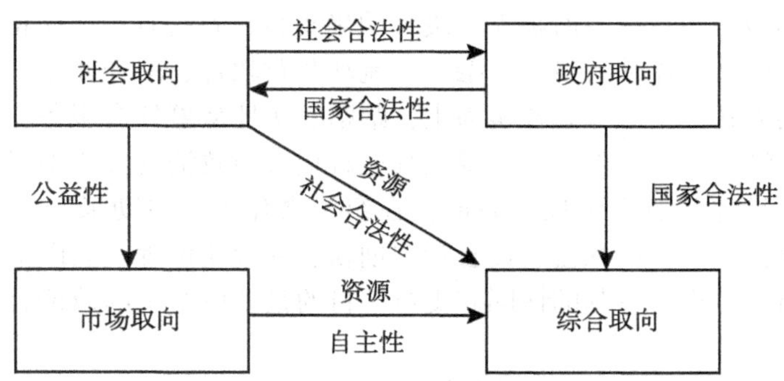

图 6-2　草根公益组织的综合取向发展路径

那么，倚靠体制的自主性发展道路的具体内容有哪些？特点如何？其存在的合理性及意义何在？接下来，我们将对这些问题进行探讨。

第三节　综合取向的路径："倚靠体制的自主性发展"

所谓"倚靠体制的自主性发展"指的是那些自下而上，由社会力量自愿发起兴办的，由于种种原因未能在民政部门注册，不具备独立的合法身份，游离于体制之外的草根公益组织，扬长补短，借力发展，通过主动（直接或间接地）接近体制，借用体制力量弥补自身不足，并充分发挥自身的社会性、创新性优势，实现组织的持续、自主性发展的发展之路。“倚靠体制的自主性发展”包括“倚靠体制”和“自主性发展”两个方面。

一、“倚靠体制”

草根公益组织“倚靠体制”的发展路径包括认同体制、进入（或接近）体制和利用体制三个方面。具体而言：（1）认同体制：去政治化，迎合政府期待，获取政治合法性；（2）进入体制：向体制示好、示弱，以为体制排忧解难的辅助者和配合者角色及其社会性优势，主动接近或进入体制；（3）利用体制：借用体制因素，发挥草根公益组织的能动性，促进体制的发展。

（一）认同体制：去政治化，迎合政府期待，获取政治合法性

去政治化，迎合政府期待是草根公益组织生存和发展所采取的安全策略。去政治化，迎合政府期待贯彻于草根公益组织的运作的各个具体方面：首先在组织性质上，强调草根公益组织的公益性、民间性，没有政治背景，不关心政治，没有任何政治目的；其次在组织活动领域的选择上，避开政治敏感问题以及政府反对、限制的领域，而选择政府亟需解决又明确支持，符合社会需求的领域，如B组织选择农村扶贫、流动人口城市融入、流动儿童教育、留守儿童、公益文化传播等；在行动方式上，选择以务实为主，踏踏实实地从事社会服务，专注于用行动、案例或业绩而非通过倡议、游说或其他直接参与政治的方式来影响政府的行为和政策，不批评政府更不反对政府；在组织文化上，主动采用政府的话语体系，如构建社会主义和谐社会、社会管理创新、社会建设等。去政治化，迎合政府期待的实质是对现行体制的认同和支持，目的是获取组织的政治合法性，为组织赢得生存空间。

（二）主动（直接或间接）进入体制

展示出草根公益组织对体制的认同为组织的生存和发展赢得了空间，但对于受内外双重制约的草根公益组织而言，要获得进一步的发展，进入体制不可避免、甚至也是极为关键的一步。然而，草根公益组织要进入体制，首先需要采取主动的姿态，其次更需要发挥智慧，讲究策略。这是因为：

第一，中国政府具有不信任民间力量的悠久传统。在政府的眼中，草根公益组织都是些游离于政府管理之外的“非法组织”，但鉴于社会对草根公益组织的巨大需求，只要草根公益组织对政府没有太多的威胁，政府倾向于让这些草根组织自生自灭，采取的是“不支持、不表态、不接触”的默认态度。政府对草根组织不了解，不信任，也不愿主动去接触和了解。所以争取政府的信任和支持，更

多的是草根公益组织的事情，需要更多的主动性和积极性。

第二，政府与草根公益组织力量对比悬殊，双方直接合作的条件不足。中国的草根公益组织大多还处于为生存苦苦挣扎的初创期，存在资金少、规模小、不规范、专业性不强、能力弱、缺乏公信力、功能有限等问题，加之中国的草根公益组织存在碎片化生存问题，每一个草根公益组织单打独斗，彼此间缺乏合作。这样单个的草根公益组织对政府而言，实在是微不足道，除了活跃于基层、具有亲民性之外，草根组织似乎没有什么优势可言，合作关系本质上是一种资源互换，因此，直接争取政府的支持与合作不具备现实性。

在这种情况下，如何接近体制、并成功纳入体制是对草根公益组织生存智慧的巨大考验。一些公益组织常用的策略包括诉诸与政府官员的个人联系①；挂靠政府部门，加入政府的项目等；利用国家权威及其符号，如邀请政府现任官员或者已经退职的前政府官员担任名誉职务，或者邀请他们参加（出席）这些草根组织举办的活动；变身政府组织下的志愿团队②等。这些策略往往适合发展相对成熟，实力相对强大，而且具有了独立合法身份的草根公益组织，而对于那些有一定发展，但还不甚成熟，也不具有独立合法身份的草根公益组织而言并不十分适用。能够直接进入政府行政体制的，大多是政府信任的且实力相对突出的公益组织，而这样的草根组织寥寥无几，因为赢得政府信任和增强组织实力仍然是现阶段大多草根公益组织的发展的难题。

进入体制是为了获得体制信任，但是没有获得体制信任又难以进入体制，这成了一个鸡生蛋还是蛋生鸡的问题。B 组织化解这个的矛盾的策略包括：间接进入、积极主动、以社会合法性为敲门砖、付诸个人关系。草根公益组织进入体制的现实路径是从间接到直接，即先绕过政府，取得具有政府背景的官办公益组织的支持与合作，通过加入具有体制背景的公益组织的网络，而间接地进入体制系统中；之后，在官办组织的媒介作用下，再以自身的行动和努力，取得政府的信任和支持。相比较而言，草根公益组织获得官办公益组织的信任和支持，比获得政府的信任和支持要容易得多，因为同在社会公益领域，官办组织与草根组织之间在业务上有更多互动、交流的机会，更多合作的空间，缺乏合法性和资源的草根借用官办组织的资源，而行政化的官办组织也需要社会色彩浓厚的草根组织来加快社会化改革的进程。但在力量对比上，仍是草根组织处于下风。因此，草根

① 和经纬，黄培茹，黄慧．在资源与制度之间：农民工草根 NGO 的生存策略——以珠三角农民工维权 NGO 为例［J］．社会，2009（6）．

② 朱健刚．行动的力量——民间志愿组织实践逻辑研究［M］．北京：商务印书馆，2008.

组织寻求体制庇护，与官办公益组织进行合作，首先需要自身采取积极主动。其次，草根公益组织的优势在于其社会性，社会合法性是草根公益组织间接链接体制的筹码，因此，草根公益组织注重社会合法性的展示和提升。

第三，在合作缺乏制度化的情况下，草根公益组织通过付诸个人关系，运作关系实现对行政体制的纳入。B 组织间接进入体制系统的策略和路径就是在务实社会合法性的基础上，经由熟人介绍，通过关系运作，组织创始人主动登门拜访，发挥草根公益组织的创新性和社会性优势，获取具有政府背景的 C 基金会的认同，进而建立合作关系，以挂靠的形式，C 基金会外围志愿团队的身份成功进入体制系统。在之后的发展过程中，B 组织借助 C 基金会的平台与资源，在 C 基金会的牵线搭桥下与政府部门开展互动合作，逐渐赢得了地方政府的信任和支持。

（三）借助体制力量，在提供公共服务中发展自我

草根公益组织进入体制的最终目的是借力发展，借助体制的优势来弥补自身的不足，扬长补短，将草根公益组织自身的社会性优势放大，使其充分显现，在为体制服务的过程中实现草根公益组织自身的整体性提升。

B 组织对体制力量的借用是通过具有体制背景的公募基金会的中介作用的借用。具有体制背景的公募基金会既具有因其“官民二重性”，既具有体制和社会的优势。其体制的优势主要有：（1）合法性。在我国的现阶段，国家依然是合法性的首要提供者。公募基金会与政府具有天然的血缘关系，因而天然地具备了行政合法性、政治合法性、法律合法性。因此，公募基金会作为培育草根公益组织的主体，更容易获得政府的信任和支持，其所培育的草根公益组织也能较为顺利地获得合法性支持。（2）权威性。在我国，受封建国家专制历史的长期影响，公共性的承载主体一直是国家和政府，流行着“国家＝官＝公”的一元“公观念”①，公益慈善事业由官方主办是中国慈善事业历史发展的主流，直至现代，政府依然是推动公益慈善事业的主导力量，老百姓对政府抱有很高的信任和期待，与“民间力量”相比，政府有着无可比拟的权威性，而公募基金会因为与政府的密切联系，也自然获得了这种权威性。（3）垄断性的公募权。政府以法律和行政条例规定了公募基金会的垄断“公募”权，使其具有相对雄厚的财力，能为培育草根公益组织提供资源支持。（4）政治资源和符号资源。在“后总体性社会”中，政治和行政因素对于社会生活的各个领域仍然有着相当大影响，体制所具有的政治资源和符号资源具有很高的交换价值和意义，成为体制内和体制外资

① 刘杰，田毅鹏．本土情境下中国第三部门发展困境及道路选择［J］．社会科学研究，2010（5）．

源进行交换的媒介。因此，公募基金会往往成为境外公益组织、企业开展合作的热门对象，成为社会公益资源汇聚的地方。

除了因政府背景而具有种种不可比拟的优势外，公募基金会，尤其是那些运作历史悠久的公募基金会，也具有明显的社会性优势，具体表现在：（1）资源优势。公募基金会不仅因垄断"公募"权而具有相对雄厚的财力；也具有丰富多样的无形资源，包括社会资源网络、知识、能力、经验、社会影响力、社会公信力等。（2）品牌优势。许多成熟的公募基金会往往成立于20世纪90年代，在二十多年的公益运作历史中逐渐树立了机构的公益形象，打造了其公益品牌，在社会中具有广泛的认知度和美誉度。典型的如中国青少年发展基金会的希望工程、中国妇女发展基金会的母亲水窖、春蕾计划、中国扶贫发展基金会的爱心包裹等。（3）专业与经验优势。许多成熟的公募基金会具有长达二十多年的公益实践，具有丰富的运作和管理经验以及较高的专业水平和业务能力，形成了一套相对规范、成熟的运作和管理模式，可以为草根公益组织提供专业支持。（4）本土优势。由于与政府长期的互动，成熟的公募基金会了解政府的需求和相关政策法规，能够正确地引导草根公益组织使其符合政府和社会的需要；另一方面，成熟的公募基金会基于长期在本土开展公益活动的经验而对本土的社会需求、社会环境等具有较深入而系统的认识和把握，并积累了相应的本土化策略和经验，有利于提高草根公益组织本土适应性。

而草根公益组织，在中国社会组织的管理体系中，处于"非法"地位，被排斥在外，不仅难以获得政府资源的支持，也因缺乏合法身份，限制了其对社会资源的获取。此外，处于初创期的草根公益组织，缺乏合法性、规模小、能力弱、自我发展能力欠缺，其成长壮大亟需外界的扶持和帮助。但草根公益组织也有自己的优势，主要在于：（1）社会性。草根公益组织来自民间，贴近基层，天然具有亲民性，进行自下而上的社会动员是草根公益组织的天性。（2）创新性。草根公组织往往有能力在被政府忽略的领域发现新的社会需求，并由于试错的成本低，能够为满足这些需求进行有益和必要的试验，并有找到提供相关社会服务的较好途径。（3）灵活性。草根公益组织在组织体制和运作方式上具有很大的弹性和适应性，便于根据不同情况及时作出调整。它们作为非政府组织，官僚化程度较低，便于去做政府不便做的事情，它们擅长从事小型发展项目，能够对基层的要求做出迅速反应。（4）自主性。相对而言，草根公益组织所直接受到的外界干预较少，能够自主地根据组织自身的条件和能力，对社会问题做出回应。

在这种情况下，草根公益组织主动靠近体制，争取政府支持，获得行政合法性，借用体制优势和资源，包括：第一，借用合法性，尤其是行政合法性和政治合法性，行政合法性的获得使草根公益组织调用其他体制资源成为可能；社会合法性经过体制因素是“验明正身”，其范围得到扩展，质量和效力得到提升，动员社会资源效力增强。第二，借用体制的权威资源，如以政府部门、官办组织等作为公益活动的主办单位；借助官方媒体进行宣传造势；请政府部门和官员出席活动的重要仪式等增加公益活动的合法性、权威性和影响力。第三，借助政治资本和符号资源进行动员。在转型社会，政治符号资源具有重要的交换价值，是体制内外资源进行交换的媒介。第四，借用行政网络、组织性资源。公益组织利用政府遍布全国的行政系统、组织系统降低公益活动的成本，扩大草根公益组织的活动范围，并发挥草根公益组织自身的优势，在开展公益活动、提供公共服务的过程中实现自我提升。这对于处于初期阶段的，处于边缘地位的草根公益组织，是一种比较现实而理性的策略选择。

二、自主性发展

（一）草根公益组织自主性发展的内涵

从一般意义上来说，“组织自主性是一个包括管理、政策、结构、财务、法律和干涉性等多方面的综合概念，是组织作为整体在处理内部事务和外部关系的过程中所具有的，避免其他组织从人事、资金和程序对其目标确定、决策制定、执行等进行控制和干涉的能力。”①草根公益组织的自主性既有一般组织自主性的内涵的共性，同时也又有其特定的涵义，其实质是草根公益组织保持与官办公益组织、营利组织、政府组织等组织类型的边界，维护并发展草根公益组织的自治性、志愿性、社会性、灵活性、创新性、公益性等特性。

首先，草根公益组织的自主性发展包括维护组织自治性的内涵。自治性是草根公益组织的基本特性，也是其发挥作用的一个基本前提。按照美国学者莱斯特·萨拉蒙的解释，自治性意指非政府组织是实行自我管理的组织，能自己控制自己的活动，具有不受外部控制的内部管理程序②。对于草根公益组织，自治性是自由决定其意志和行动的权利，即草根公益组织的自我行动、自我管理、自我约束的行为自由，包括组织的成员按照其意愿制定组织的使命和章程、组织领导人依照组织自己的程序和制度任命，在法律的框架下自由开展活动，而不受外界的直接干预，还包括组织在其他方面的行动自由。

其次，在与政府组织、官办公益组织的比较中，草根公益组织的自主性更多地体现在其社会性（或称民间性）上，即草根公益组织是以民间的形式出现的，

---

① 张沁洁，王建平．行业协会的组织自主性研究——以广东省级行业协会为例［J］．社会，2010（5）．

② 李亚平，于海．第三域的兴起［M］．上海：复旦大学出版社，1998.

是社会力量的代表，以满足社会需要为目的，扎根于社会的，主要依靠社会资源而生存和运作。草根公益组织来自社会，依靠社会，服务社会；草根公益组织和体制合作，并不代表它就成为政府的附属机构，完全听命于政府。

再次，保持草根公益组织的灵活性和创新性应是草根公益组织的自主性发展的应有之义。与政府组织和官办公益组织相比，草根公益组织的优势在于其灵活性和创新性。因为来自基层社会，贴近民众，能够对基层的要求做出迅速反应；并因为在组织体制和运作方式上具有很大的弹性和适应性，便于根据不同情况及时作出调整，而显示出其灵活性。在创新性方面，由于试错的成本低，草根公益组织能够为解决特定的社会问题进行反复尝试，提供具有创新性的方案，体现其价值所在。

通过上述分析，草根公益组织的自主性发展的内涵既包括一般组织自主性所强调的组织自治性，即组织按照自己的意志，自主决定、处理其内部事务和与外界的关系，而不受来自外界的力量直接干涉；同时，草根公益组织自主性发展还有自身的特殊性，即还包括一切有利于维护其作为草根公益组织的特性和优势的特征，包括社会性、灵活性、创新性等。从这个意义上说，草根公益组织自主性发展的实质是保持与官办公益组织、营利组织、政府组织等类型组织的边界，维护并发展草根公益组织的自治性、社会性、灵活性、创新性等特性。只有维护和发展草根公益组织的特性和优势，才能显示草根公益组织作为政府、市场之外的第三部门组成部分的特殊价值，发挥其独特的社会功能；也只有这样，草根公益组织的存在和发展才有意义。

（二）草根公益组织自主性发展的具体体现

草根公益组织"倚靠"体制进行发展，主要是草根公益组织处于缺乏合法性、权威性、公信力的等关键资源的初创及成长期时，对体制的合法性、权威性、公信力、行政网络资源等的借用，并不意味着组织丧失了自主性，而完全依附于政府生存。B 组织已经发展成为一个草根公益联盟，旗下内含 8 个志愿团队，B 组织本身是工商注册的身份，而旗下 8 个志愿团队以不同的身份生存，其中农村扶贫小组、户外筹款组织、义教组织、志愿者驿站、志愿者艺术团 4 个志愿团队选择挂靠官办公益组织的方式获得合法性，是主导的生存方式；城乡互助健康食品店是工商注册的社会企业，具有独立的合法性；二手衣物店、义卖屋以志愿团队的内部团队身份开展工作。实际上，B 组织倚靠体制，挂靠官办公益组织，和体制之间并不是隶属的关系，而是属于合作关系，除了借用官办组织的资源，接受官办组织的指导之外，B 组织在组织的目标设定及使命、人事、决策治理、财务、活动开展、组织文化等方面仍具有高度而完整的自主性。

1. 组织使命及目标设定的自主性

倚靠体制的发展道路要求以认同体制为基础，以接近或进入体制为手段，以利用体制，服务体制为目标。在这个过程中，草根公益组织重视迎合政府的期待，主动将自己定位在政府的辅助者的角色。但这并不意味着草根公益组织只是政府取向，完全放弃了自己作为民间组织，代表社会力量的组织使命和责任。实际上，草根公益组织对政府的迎合与草根公益组织的社会取向并不存在必然的冲突，因此政府需求与社会需求具有共同点，草根公益组织组织选择在政府与社会的交叉地带着力，在迎合政府需求的同时也实现了服务社会的组织使命。

当政府需求与组织使命存在冲突时，草根公益组织则通过组织使命多元化或在组织内部新设小团队的形式进行调和，以坚持草根公益组织的组织使命。如 B 组织旗下的志愿者艺术团，B 组织最初的设想是吸纳具有文艺特长的农民工朋友，组建工友文艺队，创作反映农民工生活的文艺作品，深入农民工聚集的社区、工厂、工地，进行文艺表演，丰富农民工的精神文化生活，同时也通过文艺表演的形式对农民工进行教育。对于这个设想，与之合作政府部门认为只针对农民二服务太过狭隘，要求扩展服务对象，并将活动内容、活动的目标也进行了调整，逐渐变成由具有文艺特长的志愿者组成的，深入基层社区、工厂、学校、农村等进行公益文艺演出，以文艺的形式宣传公益文艺、倡导公益理念，配合政府进行禁毒防艾等政策宣传的“志愿者艺术团”。B 组织接受了政府部门的建议，以“志愿者艺术团”的名义挂靠体制，但选择在志愿者艺术团内部分设工友文艺队小组的形式坚持组织的使命和目标。

2. 人事的自主性

B 组织在人事安排上具有高度的自主性。作为整体的 B 组织和旗下各志愿团队的人员进出、升迁、调动都不受挂靠单位的控制，而是由组织自主决定。组织的领导层、管理层等主要人员均由全体人员代表大会选举产生，不需要经过挂靠组织的同意，而只需将新任组织的负责人报挂靠单位备案；一般工作人员主要由组织从志愿者中培养、选拔，或通过自荐、引荐等方式引入。

3. 决策治理的自主性

B 组织在决策治理方面也具有高度自主性。在第四章中，我们详细描述了 B 组织的治理机制。2010 年 2 月挂靠 C 基金会之后，在创始人 Z 的主动推动下，B 组织开始陆续制定了一些规章制度，确立“集体领导、个人分工负责”的工作制度，设立了全体工作人员大会、执行委员会、执行长和教育长的两长制、监察委员会的监察制度等，2012 年之后，又在两长制的基础上增设政工委，形成三人团的日常工作机制。其中，全体工作人员会议是最高决策机构，每年的年中和年底集中召开会议，对组织中的各项工作进行总结，审议各志愿小组的工作报告，并对下一年或下半年的工作部署进行讨论和规划，讨论组织中重大事务、重要制度的设立、重要人事的安排等；执行委员会是全体工作人员会议的常设机构，两长制和后来的“三人团”是组织日常决策和管理工作的机制。从B组织的决策和治理机制来看，整个组织的决策和治理基本上都是在全体工作人员代表大会民主讨论和表决的基础上进行的，只有在涉及挂靠志愿小组的重大活动时，如户外筹款小组的大型筹款活动的设计、实施等方面，需要与挂靠单位进行协商，并需要得到挂靠单位的同意。此外，挂靠单位对组织的内部事务并不干涉。因此，从整体来看，B组织的决策治理保持高度完整的自主性，在遵纪守法的前提下，B组织几乎完全可以朝着自己设定的方向和目标前进；可以做组织想做的事情；可以按照组织的意愿来设计组织的规章制度等。

又如在激励机制上，B组织具有很大的自主发挥空间，创新建构并不断完善以精神共同体为先导，以事业共同体为核心，以生活共同体为保障，包括组织学习机制、民主参与合作的工作机制、互助共济的生活机制、家庭氛围营造等都是组织创新性和自主性的体现。

4. 财务的自主性

在财务上，挂靠单位C基金会为挂靠志愿组织提供财务托管服务，对外围志愿团队进行监督和指导，通过第三方监管提高草根公益组织的财务规范和公信力，从而降低资助方资助草根公益组织的风险，并提高资助方对草根公益组织的信任，同时也增强了草根公益组织的合法性，对草根公益组织财务规范能力提升也起到促进的作用。更重要的是，挂靠单位将自身的公募权转移到草根公益组织，使草根公益组织能够突破不能公开向社会募捐而带来的资源障碍，大大拓宽了草根公益组织的资源渠道，提高了组织的资源总量。如2012年，户外筹款小组与C基金会合作开展募款活动，直接动员体制内外资源共30多万元，占整个组织年度筹资总额的三分之一，成为B组织资源动员的重要方式；以C基金会外围志愿团队身份，以项目为形式向境内外基金会进行筹资的数量，挂靠C基金会所带来的资金是整个组织年度筹资额的半壁江山。

但这并不代表B组织在财务上依赖体制而失去自主性，因为倚靠体制，借助体制的合法性进行资源动员只是B组织多种动员方式中的一种，除此之外，私人化动员，市场化动员也是B组织主要动员方式。私人化动员是创始人依靠私人关系，通过关系运作，在熟人社会中进行动员，这种动员方式的动员效果一般比较稳定，使用也相对自由；市场化动员是B组织通过成立社会企业，以商业手段，通过市场机制进行动员，这种动员方式所得属于组织的自有资金，组织可以自由支配。私人化动员和市场化动员的总和也占据组织总收入的半数以上。组织资金来源渠道的多元化是B组织保持自主性的基础。

5. 组织文化的自主性

B组织挂靠官办公益组织，接受官办公益组织的指导，在某些公益理念和公益活动运作方法及经验上也会得到官办公益组织的真传，但这并不会导致草根公益组织完全接受官办公益组织的理念和文化，而损伤草根公益组织在组织文化上的独特性和自主性。恰恰相反，B组织挂靠C基金会后，组织文化的独特性和自主性却进一步彰显了。

我们在第五章中曾经详细描述和分析过B组织的组织文化。在A省，乃至在全国范围内，B组织的组织文化都称得上独树一帜，对组织成员具有很强的感染力，使组织成员产生较高的认同感。B组织的组织文化的特点可以概括为社会主义公益事业取向；马克思主义的人生观和价值观；反消费主义的、理想主义、集体主义的生活理念。在挂靠官办公益组织之前，B组织的组织文化主要停留在理念和宣传的层次上，而随着挂靠带来的组织发展机遇和资源的增多，B组织的文化理念也逐渐落实到实践层面，成为组织成员在日常工作和生活中践行的信条，在日复一日的践行中，成为一种自然而然的习惯。通过理念和实践两方面的强化，组织文化特色越加鲜明，与外部组织的边界更加清晰，而组织成员对组织文化的认同度也提高了。

实际上，组织各项事务不受外界的控制只是草根公益组织自主性发展的表象。而草根公益组织自主性发展的本质是保持草根公益组织与官办公益组织、营利组织、政府组织等的边界，维护及发展草根公益组织的灵活性、创新性、志愿性、公益性、社会性等特性。

三、“倚靠体制”与“自主性发展”的关系

“倚靠体制”与“自主性发展”是手段和目的的关系：“倚靠体制”是促进“自主性发展”的手段，“倚靠体制”的最终目的是为了实现“自主性发展”。此外，在一定阶段内，两者还具有互促共进的良性互动，即“倚靠体制”促进了组织的“自主性发展”，而“自主性发展”又增加了草根组织与体制合作的筹码，使“倚靠体制”更牢靠。

（一）“倚靠体制”促进草根公益组织“自主性发展”

草根公益组织“倚靠体制”的根本目的是借力发展，以体制提供的资源和平台为依托，全面提升自身的综合素质及能力。在中国的转型社会时期，草根公益组织的发展面临体制、社会、市场和草根公益组织本身四重制约。在这三者当中，体制又是首要的因素，体制因素影响着社会因素对草根公益的认识和支持程度，而草根公益组织本身的因素不和体制因素结合起来是难以突破的。因此，突破草根公益组织发展的困境关键在于草根公益组织与体制之间的良性互动。但在

"强国家——弱社会"的结构背景下，作为弱小社会力量之代表的草根公益组织自然需要首先采取积极主动。"倚靠体制"显示了弱小的草根公益组织对体制的主动接近，也表明了草根组织与体制之间更多的是不平衡的关系，即草根公益组织对体制的强依赖和体制对草根公益组织的弱依赖。尽管如此，草根公益组织"倚靠体制"仍给自身带来了更大的发展空间和发展动力。体制将自身的优势，包括合法性、公共性、权威性、公信力等直接转移到草根公益身上，大大减少了草根公益组织独自打拼和积累所需要的成本；而体制率先对草根公益组织的保驾护航，发挥了示范效益，很快引起了"社会"层面的纷纷"效仿"；在体制和社会两方面的障碍都有了突破之时，草根公益组织尤其重视在"倚靠体制"过程中通过公益实践进行学习和积累、提升专业能力、打造公益品牌、塑造公益形象、打造组织的公信力，不断提高自主性发展，最终目的是为了将来能够真正地与体制进行合作，独立地、直接地"面向社会"。

（二）"自主性发展"稳固草根公益组织与体制的合作

从资源的视角来看，合作的本质是合作双方的资源交换。当双方存在合作需求，且双方资源互补时，合作关系才能稳固。从体制的角度来看，政府部门或具有体制背景的官办组织之所以同意吸纳草根公益组织，主要是看上了草根公益组织来自社会，贴近基层民众，善于发现问题，具有灵活性和创新性等优势。政府部门借助草根公益组织可以弥补政府公共服务的不足，利用其社会服务功能来实现政府职能的转移，提高政府的政绩等；而官办公益组织将草根公益组织吸纳进来，实际等于增加或延长自己的腿脚和手臂，外围志愿团队的公益活动都是以其名义展开，这对于官办公益组织增加业绩，扩大宣传，塑造组织形象，提高组织影响力都大有裨益，同时，这也是官办公益组织对草根组织进行引领和培育的方式，是官办公益组织迎合政府期待，为政府分忧，体现其合法性的方式。然而，草根公益组织必然需要不断地提高自身的素质和能力，强化其独特优势，以继续赢得体制的青睐，巩固双方合作关系。

而草根公益组织的独特优势集中体现在其自主性发展方面。草根公益组织自主性发展的增强，意味着草根公益组织的综合素质、专业能力、服务能力的提升，创新能力不断发展，组织管理的规范化发展、组织公信力、影响力扩大等。一言以蔽之，草根公益组织自主性的发展就是草根公益组织作为来自社会的代表所具有的亲民性、基层性、灵活性、创新性等特性的发展和发挥。这是草根公益组织与官办公益组织、政府部门等相比的优势所在，是其核心竞争力，是草根公益组织赢得体制合作的关键。

本 B 案中，B 组织最初是以草根公益组织的社会合法性和创新性作为倚靠体制的敲门砖。而当农村扶贫志愿小组挂靠 C 基金会之后，策划、组织了为期半年之久的大型的民间抗旱救灾公益活动，受到全国主流媒体的广泛关注，并赢得了一系列公益界的奖项；而户外筹款小组也以户外活动与公益相结合、AA 制、跨界合作等创新理念策划、组织了一系列大型的具有创新性的户外筹款活动。这些创新性户外筹款活动因其广泛的社会动员、较高的社会参与、持续而密集的媒体宣传而带来了良好的社会效益，提升了挂靠单位 C 基金会的业绩和形象，传播了其公益理念。挂靠的草根公益组织用自己的创新性、专业能力，服务了挂靠单位，同时也展示了自己的实力，赢得了挂靠单位和其他体制力量的青睐，随后，B 组织旗下的两个草根志愿团队也因此顺利的挂靠，而户外筹款小组还直接获得了与地方政府部门长期合作的机会。这就是草根公益组织不断提高自主性发展巩固和拓展与体制合作的例子。

（三）如何在“倚靠体制”中实现“自主性发展”

在“倚靠体制的自主性发展”路径中，如何在“倚靠体制”借用体制的同时，实现“自主性发展”是关键。否则，“倚靠体制”就变为依附体制，变身为体制的附庸，失去了自主性，蜕变为官僚化、行政化的草根公益组织已经不能称之为草根公益组织，也就失去了其存在的意义。

那么如何在“倚靠体制”中确保“自主性发展”？这首先要知道影响组织自主性的因素有哪些。美国学者费希尔（Fisher）认为，社会组织的自主性与七个方面的要素紧密相关，即组织的承诺、财政分散、公众基础、技术专长、社会和管理知识、策略知识以及培训政府工作人员的经验①。这七个要素中的后四个要素可以归纳为社会组织的知识性能力。资源依赖理论认为资源来源的多元化、资源的相互依赖、自主资源增多等有利于增强组织的自主性；群体关系理论认为组织认同，组织内部的凝聚力对于组织自主性有正面影响；结构自主理论从组织与外部群体的结构性关系角度分析组织的自主性。综合现有的理论，我们认为草根公益组织至少应该具备文化的自主性、资源的自主性、结构的自主性和能力的自主性、社会基础的广泛性才能在“倚靠体制”中实现“自主性发展”。（如图 6-3 所示）

1. 组织文化的自主性

组织文化自主性指的是组织形成了独特、稳定、自成体系的组织文化，构成组织认同是重要因素，成为与外界区别的重要标志。“组织文化是处于一定社会经济文化背景下的组织在长期的发展过程中逐步形成和发展起来的日趋稳定的、独特的价值观（文化理念），以及以此为核心而形成的行为规范、道德准则、群

① ［美］朱莉·费希尔．NGO 与第三世界的政治发展［M］．邓国胜、赵秀梅译．北京：社会科学文献出版社，2002.

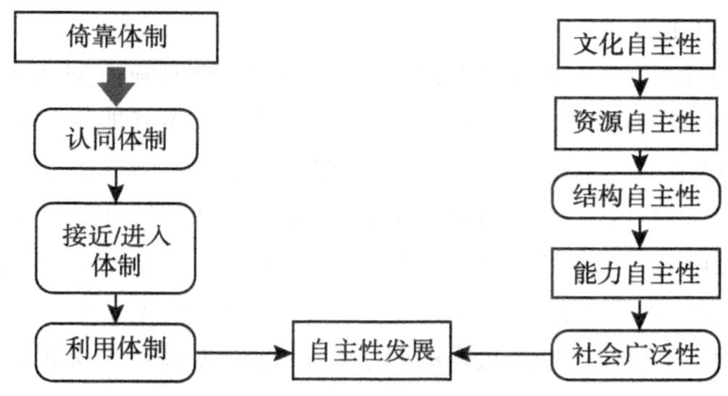

图 6-3 草根公益组织"倚靠体制"与"自主性发展"的关系

体意识、风俗习惯及外化的组织形象的集合"①，组织文化是组织共同思想、价值观念、作风和行为准则的集中体现。组织文化是公益组织的灵魂所在；而文化自主性则是组织向自主性发展的先导和动力，更是组织自主性发展的灵魂。文化自主性是产生组织自主性发展的动力，而缺乏文化自主性的组织，即使其他因素具备，即使其他条件具备也难以实现自主性发展。

文化自主性具体体现在：第一，组织具有清晰而明确的组织使命、组织定位和自主意识。对于社会组织的自主性而言，一个清晰的、自我意识的对自主性的承诺是首要而且是最为重要的。第二，组织具有稳定、自成一体的理念和价值体系，组织内部形成高度的组织认同和凝聚力。群体关系理论认为，决定组织自主性的关键因素是组织成员的外部群体关系是否具有同质性，强调组织边界是否被打破。组织成员对组织高度认同，使组织与外部组织形成清晰的边界，而在组织内部形成强大的凝聚力，进而使得组织在事务执行和决策过程中能够保持一致，从而抵制外部力量的控制，增强组织的自主性。

B 组织在"倚靠体制"中实现"自主性发展"的首要原因就是具有文化自主性，即形成了独特、稳定、自成一体的组织文化。社会主义的理想、社会主义新公益的组织定位和清晰的草根意识造成了强烈的自主意识和冲动；组织的理想主义、集体主义、社会主义文化使 B 组织与企业、政府、官办公益组织、其他草根公益组织都形成鲜明的区别，组织边界清晰，组织成员由此形成组织认同和个人的社会认同，组织成员同质性强，保持组织的独特性的强烈意识和动机。这些都促使 B 组织在"倚靠体制"时，始终把加强自身的自主性发展当作核心任务，

① 叶玉海．组织文化的演化及影响因素分析［D］．浙江大学博士学位论文，2005 年．

注意利用体制因素来提升组织自身。

2. 资源的自主性

经过费弗尔和萨兰奇克等学者修正和发展的资源依赖模型认为：一个组织因为资源尤其是关键资源而不得不依赖于其他组织，从而其他组织获得对其控制的权力；关键依赖是通过调整、适应、让步和妥协过程来运作的；除了资源外，组织受到其在面临限制和外部控制时为了自主和行动自由长期奋斗的目标引导。这种理论以组织自主性是组织保持其发展和建构组织间关系的主要动机之一为基本前提，并认为组织因为资源依赖而产生权力；权力是根据依赖程度来界定的，而依赖是由资源流向来确定的；组织的自主性是由资源流向来决定的，且受其自身所具有的资源多少的影响。资源依赖论意味着组织自身资源数量影响到组织自主性的程度，组织间因资源供给而形成的权力与一个组织对另一个组织的依赖程度呈负相关。当一个组织依赖一个单一的、不确定的关键资源来源时，就会缺乏自主性，其行为将受到限制；如果大量可供选择的来源存在，或者对关键资源有直接控制，组织将增加其自主性。如萨拉蒙所言，非营利组织对国家依赖太强烈，就会受到国家的约束，成为国家的唯一代理人，而不是国家真正的合伙者，“为了避免这种依赖，公民社会部门必须使国家资助与其他资助来源相对平衡。”①

资源依赖理论对组织发展自主性的启示是：（1）资源来源多元化，并尽量平衡；（2）增加自主资源；（3）努力提升自我，形成相互依赖关系。B 组织在“倚靠体制”中能够实现“自主性发展”，其基础在于资源的自主性。B 组织以“准社会化动员”为主，私人化动员为基础，市场化动员为补充的动员结构实现了资源来源的多元化，在准社会化动员中，国家合法性依赖于体制，其他资源的动员也有体制的因素，而私人化动员作为基础和市场化动员作为补充，两者所动员的资源大部分属于自主资源。如 2012 年的资源来源中，准社会化动员占 50% 左右，而私人化动员与市场化动员之和也能与其抗衡。B 组织自有资源总量的增加是其激励机制、治理机制等制度设计实现自主性的前提。另外，努力提升自我，强化组织的优势，展现其独特价值，增加体制对草根公益组织的依赖，不断平衡双方的依赖关系也是 B 组织在“倚靠体制”中实现“自主性发展”的策略。在具体实践中，B 组织通过不断地学习，引进专业人才等，提升组织成员的整体素质，从而提高组织的创新能力、项目策划能力、组织管理能力、项目执行能力等，提高组织服务社会的能力和质量，获得体制的认可，从而为自己赢得更多自主发展的空间。

---

① 何增科. 公民社会与第三部门［M］. 北京：社会科学文献出版社，2000.

3. 治理的自主性

治理的自主性主要指组织在人事安排和决策上能够按照组织的意愿、遵循组织特定的程序和制度进行，而不受挂靠单位的干涉和控制，具有高度的自主性。治理的自主性是组织实现自主性发展的关键。公益组织的发展归根到底依靠的是人才，而科学、自主的治理机制能够保障组织在复杂的内外环境中，能够根据自身条件和组织使命制定组织的战略发展计划和重要人事安排、各种重要决策，从而使组织朝着既定的方向发展。

B 组织在"倚靠体制"的同时，由创始人推动，设计并建立了以全体工作人员大会为最高权力机关，执行委员会为集体领导和决策机制，两人制或三人团为日常领导工作机制的组织治理制度；组织的重大事务，包括年度总结、年度计划、战略规划、重要人员调整等提交全体人员大会，经充分的民主讨论，最终由民主表决决定。B 组织的治理坚持以民主集中制基础上的集体领导制，这样的治理机制安排具有高度自主性，保证组织的发展遵从组织全体人员的意愿，它不仅保证组织免于受到组织中个人及外部力量的操控，还具有增加组织成员对组织的认同感的激励作用。B 组织坚持民主集中制的集体领导治理机制，发挥集体的智慧，降低组织决策的风险，凝聚团队共识，既是组织在挫折中重整出发的保证，也是其自主发展的有力保证。

4. 能力的自主性

美国学者费希尔（Fisher）提出的与社会组织的自主性紧密相关的七个要素中的最后四个，即技术专长、社会和管理知识、策略知识以及培训政府工作人员的经验可以归纳为社会组织的知识性能力①。在本文中，我们将其理解为能力的自主性，其关键部分包括学习能力、自主创新能力和专业能力。相对政府而言，草根公益组织的优势在于创新性。草根公益组织走向社会发展的前沿，常常以新兴的社会问题为关注的焦点，以为新兴社会问题探索和提供创新性的解决方案为组织存在的价值体现。草根公益组织的自主创新能力是其核心竞争力，是体制对草根公益组织形成依赖的关键点。因而，提升草根公益组织的自主创新能力是草根公益组织自主性发展的重要保证。而自主创新能力的提升不是无源之水、无本之木，它来自草根公益组织不断学习，吸收外界精华，进行内部消化后演变成自主的能力。从这个意义上说，草根公益组织的自主创新能力的前提是组织学习的能力。自主创新能力最后还需要落实到公益实践中，体现为其专业能力。草根公益组织必然要走专业化发展道路，因为这是发挥草根公益组织之社会功能，体现

---

① 唐文玉，马西恒．去政治的自主性：民办社会组织的生存策略［J］．浙江社会科学，2011（10）．

其特殊价值的根本之道。

B组织在"倚靠体制"的过程中将组织综合素质和能力的提升放在了核心位置，通过积极参加各种外部学习，构建内部学习机制，充分利用挂靠单位所提供的学习和交流平台、资源和机会，不断提升组织的自主创新能力和专业能力，创造了A省乃至全国的多个第一，包括A省第一家社会企业、全国第一个以户外活动方式进行筹资的志愿组织、全国首次的集体慈善婚礼公益项目、创新性的扩界合作公益理念等，使"倚靠体制"的发展过程成为组织不断创新发展的过程，从而赢得了挂靠单位、政府和社会等的认可和支持，也为自己赢得了更多的自主发展空间，提高了组织的自主性。

5. 社会基础的广泛性

广泛性的社会基础是社会组织获取自主性和社会资源的必然要求①。"倚靠体制的自主性发展"是草根公益组织自下而上，走向与体制合作发展的道路。然而，作为自下而上发展起来的草根公益组织，社会才是其安身立命之本，是草根公益组织的起点、依仗和最终归宿。只有服务社会、真正地满足了社会需求，草根公益组织才能得到社会的认可和支持，也才能得到体制的认可。对于草根公益组织而言，广泛性的社会基础，意味着首先必须从社会需求、基层群众的需求和利益出发，扎根社区、扎根农村、扎根基层，和服务对象紧密地团结在一起，通过实实在在的志愿性服务，真正满足服务对象的需要，维护其正当利益。其次，广泛性的社会基础要求，草根公益组织必须建构一种伞状形态的支持性体系，包括其他公益组织、企业、社区、高校、普通民众等，并得到它们的广泛参与、接受和认可。B组织经过7年多的发展，活动领域从思想文化交流，扩展为农村扶贫开发、环保和食品健康、教育、志愿文化传播、公益文艺演出等；服务对象从大学生扩展到农民、农民工、流动儿童、社区普通市民等；从单打独斗到与省内外数十家公益组织、省内十多所高校的学生社团、各大媒体、数十家企业、机关事业单位、基层社区等开展频繁的良性互动合作，从而建构起了广泛性的社会基础，赢得了社会各界的支持和尊重，不仅大大增强了组织的社会合法性，也提高了组织的自主性发展。

四、"倚靠体制的自主性发展"路径的意义

"倚靠体制的自主性发展"路径是草根公益组织融合了政府、社会、市场和草根公益组织自身的优势而形成的一种"综合取向的发展路径"。它首先以"社

① 唐文玉，马西恒．去政治的自主性：民办社会组织的生存策略［J］．浙江社会科学，2011（10）．

会取向"为发展的起点和基础，在这个过程中不断提升组织的社会合法性和自身素质，通过主动地直接或间接地靠近体制因素（包括具有体制背景的官办公益组织），借助体制因素，获得国家合法性，并借助体制的其他资源，如权威性、政治和符号资源、行政组织网络等不断扩充和提升草根公益组织的社会合法性和综合素质。在实现国家和社会的良性互动之时，草根公益组织又以市场取向的发展路径为补充，以增强组织的独立自主性和运作的可持续性，从而形成了以政府取向为先导、社会取向为基础和主体，市场取向为补充的综合取向发展道路，在这个发展道路上，草根公益组织本身的素质和能力的提升，务实和创新能力的发展始终是影响每一个关键步骤的直接原因。

"倚靠体制的自主性发展"中，充分体现了草根公益组织自身的积极性、主动性和创造性对于改变外界环境制约，赢得自身发展的正面作用。它说明，在政府、社会、市场所构建的发展环境，在面对外部环境的种种制约时，草根公益组织并不是只能被动地等待外部环境的变化，而是可以通过不断地提升自身的综合素质和能力，通过积极主动和创新有为，通过实实在在的努力和不懈的奋斗，在服务政府、满足社会需求中实现组织的发展和社会使命。

对于政府和社会，草根公益组织的"倚靠体制的自主性发展"路径也表明了草根公益组织的生存和发展并不是在真空中，更不是单靠草根公益组织自身可以实现的，而是需要政府和社会各界的扶持，通过改善草根公益组织的外部发展环境、加大对草根公益组织的培育和扶持力度、给予草根公益组织独立的合法地位、培育社会公益文化、提高社会对草根公益的支持等方面促进草根公益组织的发展。

结　　语

草根公益组织自21世纪以来迅猛发展，数量激增，很快占据了中国公益组织总数的90%，成为一支队伍庞大的公益事业的生力军。作为真正的民间组织，草根公益组织是货真价实的社会力量的代表，在草根公益组织的身上承载着太多太多，不管是对于中国公益事业的发展、社会领域的建设和发育、政府职能的改革、社会管理体制创新、转型期的社会重组和整合、社会资本的构建、社会精神文明建设等都有着重要的意义。然而，这支"庞大"的队伍却因为先天不足，后天积弱，在内外交困中徘徊，在现实与理想之间游走，其强大的能量未能得到释放，其巨大的潜力还未被人认识。庞大的草根公益组织群体被学术研究有意无意地忽略了，现有的研究成果与草根公益组织的数量远远不成正比，大量的研究还是在非营利组织、非政府组织、NGO、公民社会等的大框架下，将公益组织与互益组织混为一谈；而对公益组织的关注点主要还是停留在官办组织上；在有限的关于草根公益组织的专门研究中，自上而下，宏大视角的总体性研究，泛泛而谈居多，深入组织内部，从草根组织的视角，动态研究草根公益组织的生存、运行的研究还十分缺乏。可以说，草根公益组织真正的声音淹没在大量"第三部门"、"非政府组织"、"非营利组织"的汪洋大海中。

在这样的背景下，本书选择以草根公益组织的生存与发展为主题，采用草根公益组织本位的视角，考察了草根公益组织在社会转型的大背景下，在面对内外部环境的双重影响下的生存和发展之道，力求动态、真实、生动、完整地展示草根公益组织的困境与智慧。在具体方法上，采用质性研究方法，选取草根公益组织的典型个案，通过深入草根公益组织内部，对草根公益组织的运作和管理进行长期跟踪调查，抽离出与草根公益组织生存和发展密切相关的资源动员、内部治理和内部激励等机制，分别对各个机制的发展历程和特征进行了详细的描述，对其发展动力和发展逻辑进行了分析，然后通过探讨三个机制发展的共性和内在联系，总结归纳了影响中国草根公益组织发展的四维变量模式，即政府、社会、市场和草根公益组织本身，并提炼出中国草根公益组织"倚靠体制的自住性发展"的本土化发展路径。

本文的主要创新包括：首先，研究视角上采用宏观视角与中观视角的结合，将草根公益组织的发展放在当代中国社会转型的大背景中进行考察；同时结合系统论、权威理论、需要理论、共同体理论等对与草根公益组织发展密切相关的重要机制进行深入考察和分析，用自上而下的视角，分析草根公益组织生存发展的制度性、结构性制约；同时以深入草根公益组织的内部，坚持草根公益组织本位的视角来研究草根公益组织的发展路径。其二，研究内容方面的创新，研究了草根公益组织的资源动员机制、内部治理机制的发展，并在这些机制发展的共性和内在联系中探讨草根公益组织的发展路径。第三，在本文在对草根公益组织典型个案进行研究的基础上，结合相关理论总结提炼的一些概念和论断，如“准社会化动员”、个人精英治理与制度化治理相结合的综合治理模式、公益共同体激励论、“倚靠体制的自主性发展”等丰富了草根公益组织的研究。

文章的不足和需要进一步研究的地方主要有：第一，对于“倚靠体制的自主性发展”路径的具体适用条件，以及随着近年来政府支持力度的增加，草根公益组织发展政策环境的放宽和改善，该路径的发展走向等仍需要进一步研究。第二，对于中国数量庞大、内部差异巨大的草根公益组织而言，单独个案，即使是内涵丰富的综合性个案，也不足以概括或反映整个中国草根公益组织的总体情况，“倚靠体制的自主性发展”也并非中国草根公益组织发展的唯一道路，并非适应所有草根公益组织。在今后仍需要通过更多不同类型的草根公益组织的案例的比较与归纳，来论述整个中国草根公益组织的发展规律。

参考文献

著作：

［1］马克思，恩格斯. 马克思恩格斯全集（第1卷）［M］. 北京：人民出版社，1956.

［2］马克思，恩格斯. 马克思恩格斯全集（第3卷）［M］. 北京：人民出版社，1960.

［3］马克思，恩格斯. 马克思恩格斯全集（第23卷）［M］. 北京：人民出版社，1972.

［4］马克思，恩格斯. 马克思恩格斯全集（第30卷）［M］. 北京：人民出版社，1995.

［5］马克思，恩格斯. 马克思恩格斯全集（第42卷）［M］. 北京：人民出版社，1979.

［6］马克思，恩格斯. 马克思恩格斯全集（第47卷）［M］. 北京：人民出版社，1979.

［7］马克思，恩格斯. 马克思恩格斯全集（第46卷上册）［M］. 北京：人民出版社，1979.

［8］马克思，恩格斯. 马克思恩格斯全集（第46卷下册）［M］. 北京：人民出版社，1980.

［9］马克思，恩格斯. 马克思恩格斯选集（第1卷）［M］. 北京：人民出版社，1995.

［10］马克思，恩格斯. 马克思恩格斯选集（第3卷）［M］. 北京：人民出版社，1995.

［11］马克思，恩格斯. 马克思恩格斯选集（第4卷）［M］. 北京：人民出版社，1995.

［12］马克思. 1844年经济学—哲学手稿［M］. 北京：人民出版社，2000.

［13］马克思. 资本论（第3卷）［M］. 北京：人民出版社，2004.

［14］列宁. 列宁选集（第1卷）［M］. 北京：人民出版社，1995.

[15] [英] 安东尼·吉登斯. 李康，李猛译. 社会的构成：结构化理论大纲 [M]. 北京：三联书店，1998.

[16] [意] 安东尼奥·葛兰西. 曹雷雨等译. 狱中札记 [M]. 北京：中国社会科学出版社，2000.

[17] [美] 巴比. 李美华等译. 社会学研究方法. 时英出版有限公司，1998.

[18] [美] 比索普·格林. 丁开杰等译. 慈善资本主义：富人在如何拯救世界 [M]. 北京：社会科学文献出版社，2011.

[19] [美] 丹尼·L. 乔金森. 龙筱红、张小山译. 参与观察法 [M]. 重庆：重庆出版社，2008.

[20] [美] 迪斯等. 企业型非营利组织 [M]. 颜德治等译. 北京：北京大学出版社，2008.

[21] [德] 斐迪南·滕尼斯. 共同体与社会——纯粹社会学的基本概念 [M]. 北京：商务印书馆，1999.

[22] [美] 弗斯顿伯格. 非营利机构的生财之道 [M]. 北京：科学出版社，1991.

[23] [英] J. C. 亚历山大编. 邓正来译. 国家与市民社会——一种社会理论的研究路径 [M]. 北京：中央编译出版社，2005.

[24] [美] 科特勒著. 孟延春等译. 非营利组织的战略营销 [M]. 北京：中国人民大学出版社，2003.

[25] [美] 林南. 张磊译. 社会资本：关于社会结构与行动的理论 [M]. 上海：上海人民出版社，2005.

[26] [美] 罗伯特·帕特南. 王列等译. 使民主运转起来：现代意大利的公民传统 [M]. 南昌：江西人民出版社，2001.

[27] [德] 马克斯·韦伯. 李秋零，川薇译. 社会科学方法论 [M]. 北京：中国人民人学出版社，1999.

[28] [德] 马克斯·韦伯. 林荣远译. 经济与社会（下卷）[M]. 北京：商务印书馆，1997.

[29] [德] 马尔库塞. 刘继译. 单向度的人——发达工业社会意识形态研究 [M]. 上海：上海译文出版社，1989.

[30] [美] 迈尔斯，休伯曼. 张芬芬译. 质性资料的分析：方法与实践 [M]. 重庆：重庆大学出版社，2008.

[31] [美] 米歇尔·诺顿. 张秀琴，江立新译. 全球筹款手册 [M]. 北京：中国人民大学出版社，2005.

[32] [英] 齐格蒙特·鲍曼. 欧阳景根译. 共同体：在一个不确定的世界中寻找

安全［M］. 南京：江苏人民出版社，2003.
［33］［美］萨拉蒙等. 贾西津等译. 全球公民社会：非营利部门视界［M］. 北京：社会科学文献出版社，2007.
［34］［美］W. 理查德·斯科特. 黄洋等译. 组织理论：理性、自然和开放系统［M］. 北京：华夏出版社，2002.
［35］［美］詹姆斯·科尔曼. 邓方译. 社会理论的基础［M］. 北京：社会科学文献出版社，1990.
［36］陈津利. 中国慈善组织个案研究［M］. 北京：中国社会出版社，2008.
［37］陈华. 吸纳与合作：非政府组织与中国社会管理［M］. 北京：社会科学文献出版社，2011.
［38］陈践，彭华民. 社团大时代［M］. 北京：中国经济出版社，2011.
［39］陈向明. 质的研究方法与社会科学研究［M］. 北京：教育科学出版社，2000.
［40］陈学明等. 痛苦中的安乐［M］. 昆明：云南人民出版社，1998.
［41］陈晓春. 市场经济与非营利组织研究［M］. 长沙：湖南人民出版社，2001.
［42］程昔武. 非营利组织治理机制研究［M］. 北京：中国人民大学出版社，2008.
［43］邓胜国. 非营利组织评估［M］. 北京：社会科学文献出版社，2001.
［44］高红. 城市整合：社团、政府与市民社会［M］. 南京：东南大学出版社，2008.
［45］国务院发展研究中心社会发展研究部. 社会组织建设：现实、挑战与前景［M］. 北京：中国发展出版社，2011.
［46］郭国庆. 现代非营利组织研究［M］. 北京：首都师范大学出版社，2001.
［47］郭于华等. 事业共同体：第三部门激励机制个案探索［M］. 杭州：浙江人民出版社，1999.
［48］何增科主编. 公民社会与第三部门［M］. 北京：社会科学文献出版社，2000.
［49］何增科. 公民社会与民主治理［M］. 北京：中央编译出版社，2007.
［50］黄波，吴乐珍，古小华主编. 非营利组织管理［M］. 北京：中国经济出版社，2008.
［51］李亚平，于海编. 第三域的兴起——西方志愿工作及志愿组织理论文选［M］. 上海：复旦大学出版社，1997.
［52］梁漱溟. 中国文化要义［M］. 上海：上海人民出版社，2005.
［53］林滨. 儒家与基督教利他主义比较研究［M］. 北京：人民出版社，2011.

[54] 林修果主编. 非政府组织管理 [M]. 武汉：武汉大学出版社，2010.

[55] 廖鸿，石国亮等编著. 澳大利亚非营利组织 [M]. 北京：中国社会出版社，2011.

[56] 刘培峰. 结社自由及其限制 [M]. 北京：社会科学文献出版社，2007.

[57] 刘少杰主编. 当代国外社会理论 [M]. 北京：中国人民大学出版社，2009.

[58] 卢咏. 第三力量：美国非营利机构与民间外交 [M]. 北京：社会科学文献出版社，2011.

[59] 贾西津. 第三次改革——中国非营利部门战略研究 [M]. 北京：清华大学出版社，2005.

[60] 康晓光，冯利主编. 2011 中国第三部门观察报告 [M]. 北京：社会科学文献出版社，2011.

[61] 康晓光等. 依附式发展的第三部门 [M]. 北京：社会科学文献出版社，2011.

[62] 康晓光等. 公益组织与政府合作策略 [M]. 北京：社会科学文献出版社，2010.

[63] 秦晖. 政府与企业以外的现代化——中西公益事业史比较研究 [M]. 杭州：浙江人民出版社，1999.

[64] 施昌奎. 转型期慈善事业运营管理模式研究 [M]. 北京：中国经济出版社，2009.

[65] 孙立平等. 动员与参与：第三部门募捐机制个案研究 [M]. 杭州：浙江人民出版社，1999.

[66] 唐明勇，孙晓晖. 危难与应对：新中国视野下的危机事件与社会动员个案研究 [M]. 北京：中共党史出版社，2010.

[67] 田凯. 非协调约束与组织运行——中国慈善组织与政府关系的个案研究 [M]. 北京：商务印书馆，2004.

[68] 王名，刘国翰，何建宇. 中国社团改革：从政府选择到社会选择 [M]. 北京：社会科学文献出版社，2001.

[69] 王名. 非营利组织管理概论 [M]. 北京：中国人民大学出版社，2002.

[70] 王名. 民间组织通论 [M]. 北京：时事出版社，2004.

[71] 王名. 中国非政府公共部门 [M]. 北京：清华大学出版社，2004.

[72] 王名. 中国民间组织 30 年——走向公民社会 [M]. 北京：社会科学文献出版社，2008.

[73] 王名. 2003 中国非政府公共部门 [M]. 北京：清华大学出版社，2003.

[74] 王名. 英国非营利组织 [M]. 北京：社会科学文献出版社，2009.

[75] 王名. 德国非营利组织 [M]. 北京：清华大学出版社，2006.
[76] 王宁. 消费社会学——个分析的视角 [M]. 北京：社会科学文献出版社，2001.
[77] 王俊秋. 中国慈善与救济 [M]. 北京：中国社会科学出版社，2008.
[78] 王绍光. 多元与统一：第三部门国际比较研究 [M]. 杭州：浙江人民出版社，1999.
[79] 吴东民. 非营利组织管理 [M]. 北京：中国人民大学出版社，2003.
[80] 吴俊斌. 公民社会基础理论研究 [M]. 北京：人民出版社，2010.
[81] 萧美娟，林国才，庄玉惜. NGO 市场营销、筹募与问责理论与操作 [M]. 北京：社会科学文献出版社，2005.
[82] 徐晞. 我国非营利组织治理问题研究 [M]. 北京：知识产权出版社，2009.
[83] 徐麟. 中国慈善事业发展研究 [M]. 北京：中国社会出版社，2005.
[84] 俞可平等. 中国公民社会的兴起与治理的变迁 [M]. 北京：社会科学文献出版社，2002.
[85] 俞可平. 社群主义 [M]. 北京：中国社会科学出版社，1999.
[86] 杨国荣. 善的历程：儒家价值体系研究 [M]. 上海：上海人民出版社，2006.
[87] 杨团. 和谐社会与慈善事业 [M]. 北京：社会科学文献出版社，2006.
[88] 杨团. 中国慈善发展报告 2011 [M]. 北京：社会科学文献出版社，2011.
[89] 赵黎青. NGOs 非政府组织与可持续发展 [M]. 北京：经济科学出版社，1998.
[90] 赵荣等. 从政府公益到社会化公益：巨灾后看到的公民社会发育逻辑 [M]. 北京：社会科学文献出版社，2011.
[91] 张强，余晓敏等. NGO 参与汶川地震灾后重建研究 [M]. 北京：北京大学出版社，2009.
[92] 张兵武. 公益之痒：商业社会中如何做公益 [M]. 北京：北京大学出版社，2011.
[93] 张军涛，曹煜玲. 第三部门管理 [M]. 大连：东北财经大学出版社，2010.
[94] 张忠汝，范明林. 政府与非政府组织合作机制：对两个非政府组织的个案研究 [M]. 上海：上海大学出版社，2010.
[95] 朱健刚. 行动的力量——民间志愿组织实践逻辑研究 [M]. 北京：商务印书馆，2008.
[96] 资中筠. 财富的归宿——美国现代公益基金会述评 [M]. 北京：人民出版社，2005.

[97] 周秋光，曾桂林. 中国慈善简史 [M]. 北京：人民出版社，2006.
[98] 周雪光. 组织社会学十讲 [M]. 北京：社会科学文献出版社，2003.
[99] 郑功成. 中华慈善事业 [M]. 广州：广东经济出版社，1999.
[100] 郑功成. 当代中国慈善事业 [M]. 北京：人民出版社，2010.
[101] 郑杭生. 转型中的中国社会和中国社会的转型：中国社会主义现代化进程的社会学研究 [M]. 北京：首都师范大学出版社，1996.
[102] 郑杭生，李强. 当代中国社会结构和社会关系研究 [M]. 北京：首都师范大学出版社，1997.
[103] 郑杭生. 中国特色社会学理论的拓展：社会运行论、社会转型轮、学科本土论、社会互构论 [M]. 北京：中国人民大学出版社，2005.
[104] 郑杭生. 中国社会结构变化趋势研究 [M]. 北京：中国人民大学出版社，2004.
[105] 郑杭生. 中国特色社会学理论的应用：当代中国社会的热点问题 [M]. 北京：中国人民大学出版社，2005.

期刊论文：

[1] 和经纬，黄培茹，黄慧. 在资源与制度之间：农民工草根公益组织的生存策略——以珠三角农民工维权公益组织为例 [J]. 社会，2009 (6).
[2] 廖雪飞. 草根公益组织的“公募”之路——以“农家女文化发展中心”为例 [J]. 中国非营利评论，2007 (4).
[3] 熊小叶. 社会资本与草根非政府组织筹资 [J]. 经营管理者，2010 (3).
[4] 史传林. 草根公益组织的伦理困境与改善策略 [J]. 学术交流，2009 (8).
[5] 周雨. 论中国草根公益组织的异化困境及其对策 [J]. 传承，2007 (5).
[6] 李月娥，李坚. 草根公益组织发展的困境与对策——“沈阳青春志愿者”个案分析 [J]. 行政与法，2011 (4).
[7] 赵颖. 从社会运行角度看我国“草根”民间组织发展的困境与对策——北京“农友之家”的个案研究 [J]. 学会，2007 (3).
[8] 邓国胜. 中国草根公益组织发展的现状与障碍 [J]. 社会观察，2010 (5).
[9] 李利. 我国草根非政府组织的发展困境以及社会资本的提升——以草根非政府组织天津“太阳村”为例 [J]. 中国城市经济，2011 (8).
[10] 郭枫，邵亚雄. 从网络公益组织看中国“草根”非政府组织的合法性问题 [J]. 社团管理研究，2011 (3).
[11] 周玲. 中国草根非政府组织的合法性危机与治理困境及应对策略探析 [J]. 重庆大学学报，2009 (3).

[12] 杨晓光，丛玉飞. 低碳经济下我国草根环境公益组织与政府协同关系构建［J］. 当代经济研究，2010（11）.
[13] 朱峰. 草根志愿服务组织发展及其与政府关系模式初探——以河北省保定市爱心志愿者联盟为个案［J］. 广东青年干部学院学报，2011（8）.
[14] 周军，唐兴霖. 我国非政府组织与政府间的关系——以草根环境公益组织为例［J］. 理论探讨，2008（11）.
[15] 乔松，王乐芝. 中国草根组织与政府关系模式的探讨［J］. 吉林建筑工程学院学报，2009（8）.
[16] 周爱萍. 草根青年环保组织的志愿者动员与管理研究——以温州绿眼睛环保组织为例［J］. 生态经，2011（5）.
[17] 何雪松，董林茂. 认知、文化和结构的三重嵌入：草根非营利组织“绿”的个案研究［J］. 社会工作，2011（1）.
[18] 陈天祥，徐于琳. 游走于国家与社会之间：草根志愿组织的行动策略——以广州启智队为例［J］. 中山大学学报，2011（1）.
[19] 何艳玲，周晓锋. 边缘草根组织的行动策略及其解释［J］. 公共管理学报，2009（1）.
[20] 梁莹. 公民参与草根公益组织：现状与阻滞因素分析——基于对南京市500位公民的实证调查［J］. 社会主义研究，2007（10）.
[21] 张志祥. 网络草根组织的生发机制探析［J］. 南京社会科学，2008（6）.
[22] 杨群英，莫丽月. 我国民间组织的“草根”境遇及现行登记管理制度之改革［J］. 湘潭大学学报，2008（5）.
[23] 刘勇进. 草根青年组织的个案研究——对北京打工青年艺术团的调查与思考［J］. 中国青年研究，2009（5）.
[24] 徐宇珊. 中国草根组织发展的几大趋势［J］. 学会，2008（1）.
[25] 赵孟营. 组织合法性：在组织理性与事实的社会组织之间［J］. 北京师范大学学报，2005（2）.
[26] 刘杰，田毅鹏. 本土情境下中国第三部门发展困境及道路选择［J］. 社会科学研究，2010（5）.
[27] 孙莉莉. 政治结构与社会基础：中国草根志愿组织研究进展［J］. 求实，2010（5）.
[28] 李宜钊. 投资社会资本：中国非营利组织发展的另一种策略［J］. 海南大学学报，2010（4）.
[29] 龙永红. 官办慈善组织的资源动员：体制依赖及其转型［J］. 学习与实践，2011（10）.

[30] 石大建，李向平. 资源动员理论及其研究纬度［J］. 广西师范大学学报，2009（6）.
[31] 王宁. 代表性还是典型性？——个案的属性和个案研究方法的逻辑基础［J］. 社会学研究，2002（5）.
[32] 毕素华. 论政府在慈善事业发展中的推动作用［J］. 甘肃社会科学，2007（3）.
[33] 李国林. 略论政府在社会慈善事业中的地位和作用［J］. 求实，2005（5）.
[34] 李坚，李月娥，张进美. 政府主导的慈善事业发展模式及其转型［J］. 党政干部学刊，2010（2）.
[35] 刘亚娜. 我国慈善事业发展中的政府作用分析——基于中美比较的借鉴与启示［J］. 中国行政管理，2008（8）.
[36] 马国川. 政府包办的慈善模式观察与思考［J］. 观察与思考，2006（Z1）.
[37] 孙炳耀. 中国社会团体官民二重性问题［J］. 中国社会科学，1994（2）.
[38] 王俊秋. 论我国的政府与慈善机构的关系［J］. 沈阳大学学报，2008（4）.
[39] 孙萍，吕志娟. 慈善事业发展中的政府角色定位［J］. 中州学刊，2006（3）.
[40] 侯保龙. 我国民间志愿性慈善组织的困境与政府管理创新——一种善治的话语分析［J］. 湖北社会科学，2010（2）.
[41] 黄子建，申永丰. 良性互动是政府与非营利组织合作的必然趋势［J］. 理论前沿，2006（10）.
[42] 林尚立，王华. 创造治理：民间组织与公共服务型政府［J］. 学术月刊，2006（5）.
[43] 汪大海，何立军. 中国慈善事业的合作治理模式及其路径选择［J］. 江西社会科学，2010（5）.
[44] 张康之. 走向合作治理的历史进程［J］. 湖南社会科学，2006（4）.
[45] 张伟兵. 慈善组织与中国社会的治理和善治［J］. 晋阳学刊，2006（6）.
[46] 林尚立，王华. 创造治理：民间组织与公共服务型政府［J］. 学术月刊，2006（5）.
[47] 郁建兴，吴宇. 中国民间组织的兴起与国家—社会关系理论的转型［J］. 人文杂志，2003（4）.
[48] 田凯. 组织外形化：非协调约束下的组织运作——一个研究中国慈善组织与政府关系的理论框架［J］. 社会学研究，2004（4）.
[49] 康晓光，韩恒. 分类控制：当前中国大陆国家与社会关系研究［J］. 社会学研究，2005（6）.

[50] 田凯. 政府与非营利组织的信任关系研究——一个社会学理性选择理论视角的分析 [J]. 学术研究，2005 (1).
[51] 任慧颖. 对中国非营利组织与政府关系的研究探讨——以中国 C 基金会为个案 [J]. 山东社会科学，2005 (5).
[52] 田凯. 西方非营利组织理论述评 [J]. 中国行政管理，2003 (6).
[53] 田凯. 政府与非营利组织的信任关系研究——一个社会学理性选择理论视角的分析 [J]. 学术研究，2005 (1).
[54] 田凯. 机会与约束：中国福利制度转型中非营利部门发展的条件分析 [J]. 社会学研究，2003 (2).
[55] 刘继同. 转型期中国政府与慈善机构关系的战略转变 [J]. 甘肃理论学刊，2007 (1).
[56] 李迎生. 加快慈善公益事业发展与构建和谐社会 [J]. 中州学刊，2006 (4).
[57] 陶海洋. 慈善、慈善事业及其"现代困境" [J]. 浙江学，2008 (4).
[58] 邓国胜. 政府以及相关群体在慈善事业中的角色与责任 [J]. 国家行政学院学报，2010 (5).
[59] 刘威. 从"中国经验"到"中国模式"——慈善救助之文化逻辑、经验局限与发展走向 [J]. 福建论坛，2010 (2).
[60] 刘威. 反思与前瞻——中国社会慈善救助发展六十年 [J]. 学术论坛，2009 (12).
[61] 王守杰. 论慈善事业从传统恩赐向现代公益的转型 [J]. 河南师范大学学报，2010 (1).
[62] 杨方方. 现代发展现代慈善事业应该认识的几个基础性问题 [J]. 社会科学，2004 (3).
[63] 谢忠强，李云. 试论我国古代慈善事业的历史沿革 [J]. 延边大学学报，2010 (4).
[64] 刘祖云. 非政府组织：兴起背景与功能解读 [J]. 湖南社会科学，2008 (1).
[65] 王卫平. 论中国古代慈善事业的思想基础 [J]. 江苏社会科学，1999 (2).
[66] 孙中民. 论我国慈善理念的变迁与政府职责 [J]. 理论导刊，2009 (9).
[67] 康晓光，韩恒. 分类控制：当前中国大陆国家与社会关系研究 [J]. 社会学研究，2005 (6).
[68] 郑杭生. 改革开放 30 年：快速转型中的中国社会——从社会学视角看中国社会的几个显著特点 [J]. 社会科学研究，2008 (4).

[69] 郑杭生. 中国社会的巨大变化与中国社会学的坚实进展——以社会运行论、社会转型论、学科本土论和社会互构论为例 [J]. 江苏社会科学，2004 (5).
[70] 郑杭生. 社会转型论及其在中国的表现 [J]. 广西民族学院学报，2003 (5).
[71] 郑杭生. 中国社会大转型 [J]. 中国软科学，1994 (1).
[72] 郑杭生. 社会转型论及其在中国的表现——中国特色社会学理论探索的梳理和回顾之二 [J]. 社会学研究，2003 (5).
[73] 郑杭生，洪大用. 当代中国社会结构转型的主要内涵 [J]. 社会学研究，1996 (1).
[74] 孙立平，王汉生等. 改革以来中国社会结构的变迁 [J]. 中国社会科学，1994 (2).
[75] 罗兴佐. 中国国家与社会关系研究述评 [J]. 学术界，2006 (4).
[76] 李世书. 国家与社会关系的历史嬗变及其发展趋势 [J]. 理论月刊，2005 (12).
[77] 张焕明. 需要与消费：异化后的扬弃 [J]. 云南社会科学，2006 (2).
[78] 顾昕，王旭. 从国家主义到法团主义——中国市场转型过程中国家与专业团体关系的演变 [J]. 社会学研究，2005 (2).
[79] 高丙中. 社会团体的合法性问题 [J]. 中国社会科学，2000 (2).
[80] 邓万春. 动员主体再造与客体多元化——基层组织动员个案研究 [D]. 中国社会学学术年会论文，2006.
[81] 肖立斌. 中国传统道德中“仁”与“义”的对立统一 [J]. 道德与文明，2006 (1).
[82] 靳环宇. 马克思主义理论中慈善事业观的演变探讨 [J]. 商业时代，2008 (26).
[83] 康晓光，韩恒. 行政吸纳社会——当前中国大陆国家与社会关系在研究 [J]. 中国社会科学，2007 (2).
[84] 邓宁华. “寄居蟹的艺术”：体制内社会组织的环境适应策略——对天津市两个省级组织的个案研究 [J]. 公共管理学报，2011 (3).
[85] 刘威. 慈善资源动员与权力边界意识：国家的视角 [J]. 东南学术，2010 (4).
[86] 甘泉，骆郁廷. 社会动员的本质探析 [J]. 学术探索，2011 (12).
[87] 邓万春. 社会动员：能力与方向 [J]. 中国农业大学学报，2007 (1).
[88] 邓万春. 从能力到主体：社会动员研究的话语转向 [J]. 理论导刊，2009 (1).

[89] 龙太江. 从“对社会动员”到“由社会动员”——危机管理中的动员问题[J]. 政治与法律，2005（2）.
[90] 董临萍，张文贤. 国外组织情境下魅力型领导理论研究探析[J]. 外国经济与管理，2006（11）.
[91] 李松玉. 制度权威与个人权威[J]. 山东师范大学学报，2004（3）.
[92] 孙立平. 权威基础转换的异步性与“权威真空”——后发外生型现代化中的错位现象研究[J]. 天津社会科学，1990（6）.
[93] 戴景平. 人的需要：马克思人性生论的逻辑起点[J]. 长白学刊，2007（2）.
[94] 黄国秋. 论马克思主义人生观的核心及其基本要求[J]. 山东社会科学，2001（3）.
[95] 李燕，邵林. 网络时代马克思主义人生观教育的几点思考[J]. 毛泽东邓小平理论研究，2002（2）.
[96] 徐玮伶，郑伯壎. 组织认同：理论与本质之初步探索分析[J]. 中山管理评论，2002（1）.
[97] 胡群英. 共同体：人的类存在的基本方式及其现代意义[J]. 甘肃理论学刊，2010（1）.
[98] 秦龙. 马克思对“共同体”的探索[J]. 社会主义研究，2006（3）.
[99] 汪火根. 中国社会共同体的演变与重构：以民间组织为视角[J]. 南昌航空大学学报，2009（3）.
[100] 张云昊. 从前现代到现代——共同体变迁的内在逻辑及其启示[J]. 北京航空航天大学学报，2006（6）.
[101] 肖红军，秦在东. 精神共同体及其形成路径探析[J]. 学术论坛，2011（6）.
[102] 周建国. 单位制与共同体：一种可重拾的美德[J]. 浙江学刊，2009（4）.
[103] 楼慧心. 如何解读马克思恩格斯关于慈善的否定性论述[J]. 马克思主义研究，2008（12）.
[104] 戴景平. 人的需要：马克思人性生论的逻辑起点[J]. 长白学刊，2007（2）.
[105] 倪粱康.“全球伦理”的基础——儒家文化传统问题与“金规则”[J]. 江苏社会科学，2002（1）.
[106] 安晋军. 比较视野中儒家忠恕思想的特点探究[J]. 道德与文明，2011（2）.